The 2022 SSF National Sports-Life Survey

スポーツライフ・データ2022

スポーツライフに関する調査報告書

笹川スポーツ財団
SASAKAWA SPORTS FOUNDATION

はじめに

スポーツ・フォー・エブリワン社会の実現をミッションとする笹川スポーツ財団では、全国の運動・スポーツ活動の実態を把握するため、1992年から隔年で「スポーツライフに関する調査（スポーツライフ・データ）」を実施しています。

16回目となる2022年調査で、スポーツライフ・データは30周年を迎えました。この間、2011年のスポーツ基本法施行にはじまり、スポーツ基本計画の策定、スポーツ庁設置と、わが国のスポーツ政策は大きく前進しました。また、史上はじめて1年間の延期となった東京2020オリンピック・パラリンピック競技大会を含め、さまざまな国際大会の開催を経験しました。スポーツライフ・データはスポーツを「する」「みる」「ささえる」にかかわる基本的な調査項目を長期にわたり継続しつつ、国際大会への期待や観戦希望、「世界標準化身体活動質問票」（GPAQ）などの質問項目を取り入れ、時代に即した調査設計を試みてまいりました。本報告書の巻頭では、調査の足跡や意義を振り返り、今後の展望や課題を示しています。

また、2020年以降のコロナ禍において私たちの生活は一変しました。今回の2022年調査では「加速する社会変化とスポーツライフ」をコンセプトに、全国の18歳以上の男女3,000人を対象とした訪問留置法による質問紙調査を実施しました。調査内容は、過去1年間の運動・スポーツ実施状況（種目、頻度、時間、強度）、スポーツ観戦、スポーツボランティアをはじめ、スポーツ施設、スポーツクラブ、好きなスポーツ選手、身体活動、健康・生活習慣など、多岐にわたります。本報告書では、これらの調査項目について、過去調査からの変化も踏まえながら最新情報を取りまとめています。さらに調査コンセプトに即し、「運動・スポーツ実施における新型コロナウイルス感染拡大の影響」「ITやテクノロジーが生み出すスポーツの価値」「ゲームと運動・スポーツ実施の関係」「健康経営のスポーツ実施への影響」「日本と諸外国における身体活動」といった幅広いテーマを扱い、大きな社会変化の渦中にあるスポーツライフの現状と変化の様相を把握しています。

笹川スポーツ財団では、本報告書を刊行するとともに、1992年の調査開始当初からローデータを一般公開し、二次分析を可能としています。学術領域はもとより、行政、教育、メディア、マーケティングなど、さまざまな観点から広くご活用いただけますと幸いです。

最後に、本調査の実施にあたり貴重なご意見・ご指導をいただきました関係各所の皆様、調査にご協力いただきました回答者の皆様、そして、調査内容の検討から報告書制作まで多大なるご尽力を賜りましたSSFスポーツライフ調査委員会の皆様に厚く御礼申し上げます。

2022年12月
笹川スポーツ財団

目次

スポーツライフに関する調査

スポーツライフ・
データ1993

スポーツライフ・
データ1994

スポーツライフ・
データ1996

スポーツライフ・
データ1998

スポーツライフ・
データ2000

スポーツライフ・
データ2002

スポーツライフ・
データ2004

スポーツライフ・
データ2006

調査：'92
刊行：'93

'91
SSF
設立
'92 '93 '94 '95 '96 '97 '98 '99 '00 '01 '02 '03 '04 '05 '06 '07

10代のスポーツライフに関する調査

調査：'01
刊行：'02

調査：'05
刊行：'06

青少年の
スポーツライフ・
データ2002

青少年の
スポーツライフ・
データ2006

笹川スポーツ財団（SSF）が設立された当時、

普段の生活にスポーツがどのように溶け込み、習慣化されているのか、その詳細は不明であった。

そこで、スポーツ・フォー・エブリワン社会実現の指針とするため、スポーツライフ・データがスタートした。

調査開始から30年、その足跡や意義を振り返るとともに、

さまざまな社会変化を経た2022年現在のスポーツライフの現状を探った。

スポーツライフ・データの変遷

1992-2022

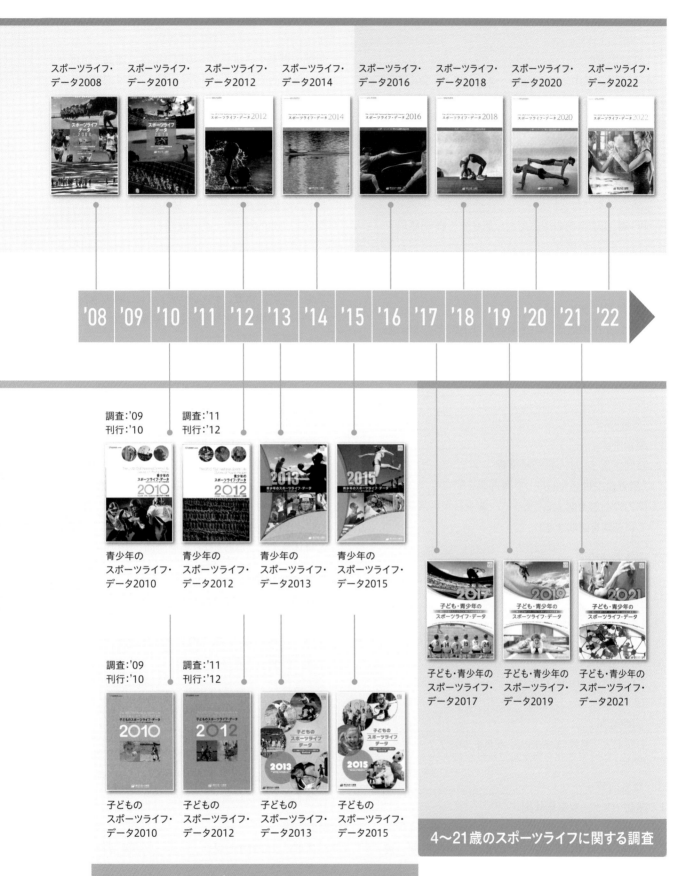

スポーツライフ・データ2008
スポーツライフ・データ2010
スポーツライフ・データ2012
スポーツライフ・データ2014
スポーツライフ・データ2016
スポーツライフ・データ2018
スポーツライフ・データ2020
スポーツライフ・データ2022

'08 '09 '10 '11 '12 '13 '14 '15 '16 '17 '18 '19 '20 '21 '22

調査:'09
刊行:'10

調査:'11
刊行:'12

青少年の
スポーツライフ・
データ2010

青少年の
スポーツライフ・
データ2012

青少年の
スポーツライフ・
データ2013

青少年の
スポーツライフ・
データ2015

子ども・青少年の
スポーツライフ・
データ2017

子ども・青少年の
スポーツライフ・
データ2019

子ども・青少年の
スポーツライフ・
データ2021

調査:'09
刊行:'10

調査:'11
刊行:'12

子どもの
スポーツライフ・
データ2010

子どもの
スポーツライフ・
データ2012

子どもの
スポーツライフ・
データ2013

子どもの
スポーツライフ・
データ2015

4〜21歳のスポーツライフに関する調査

4〜9歳のスポーツライフに関する調査

調査の概要

1．調査の目的

本調査は、スポーツ・フォー・エブリワン社会の実現のため、全国の運動・スポーツ活動の実態をする、みる、ささえるの視点から総合的に捉え、わが国の運動・スポーツ施策の推進に資する基礎資料を広く提供することを目的とする。

2．調査対象

1) 母 集 団：全国の市区町村に居住する満18歳以上の男女

2) 標 本 数：3,000人

3) 地 点 数：300地点
　　　（大都市90地点、人口10万人以上の市122地点、人口10万人未満の市64地点、町村24地点）

4) 抽出方法：割当法

3．調査方法

1) 調査手法
訪問留置法による質問紙調査
（調査員が世帯を訪問して調査票を配布し、一定期間内に回答を記入してもらい、調査員が再度訪問して調査票を回収する）

2) 調査委託機関
株式会社日本リサーチセンター
東京都墨田区江東橋4-26-5
TEL 03-6894-6400（代）

4．調査時期

2022年6月10日〜7月10日

5．回収結果

3,000人（男性：1,503人、女性1,497人）

6．調査内容

1) 運動・スポーツ実施状況
過去1年間に1回以上実施した種目、過去1年間でよく行った主な5種目、実施頻度、実施時間、運動強度、同伴者、実施日、今後行いたい運動・スポーツ種目、今後最も行いたい運動・スポーツ種目、コロナ前と比べた運動・スポーツ実施頻度、直近1ヶ月間の運動・スポーツへの取り組み、運動・スポーツ・身体活動におけるアプリ・ゲーム等の使用

2) 運動・スポーツ施設
利用施設・場所、施設のタイプ

3) スポーツクラブ・同好会・チーム
加入状況、加入しているスポーツクラブ・同好会・チームの種類、加入希望、加入を希望するスポーツクラブ・同好会・チームの種類

4) スポーツ観戦
直接スポーツ観戦、直接スポーツ観戦種目、直接スポーツ観戦頻度、テレビ観戦、テレビ観戦種目、インターネット観戦、インターネット観戦種目、好きなスポーツ選手（種目名含む）

5) スポーツボランティア
スポーツボランティア活動、活動内容、活動頻度、活動希望、希望する活動内容

6) 日常生活における身体活動
仕事中の強度の高い身体活動、仕事中の中程度の強さの身体活動、移動の身体活動、余暇時間の強度の高い身体活動、余暇時間の中程度の強さの身体活動、各身体活動の1週間あたりの実施日数、各身体活動の1日あたりの実施時間、座位時間

7) 生活習慣・健康
娯楽・ゲーム、朝食の摂取、平日・休日の就寝時刻・起床時刻、睡眠、体力の主観的評価、運動不足感、主観的健康感、平日・休日のメディアの利用時間、精神的健康度

8) 個人属性
年齢、性別、身長、体重、婚姻、家族構成、住居の形態、最終学歴、世帯年収、職業、実労働時間、残業時間、在宅勤務の頻度、勤め先の従業員数、勤め先の健康経営に関する認定・運動習慣の定着に関する支援の有無

9) 自由記述
スポーツに対する思い、スポーツの普及や発展に関する意見

7．標本抽出方法

1）地区の分類

全国の市区町村を都道府県単位で次の11地区に分類した。

北海道：北海道（1道）

東　北：青森県、岩手県、宮城県、秋田県、山形県、福島県（6県）

関　東：茨城県、栃木県、群馬県、埼玉県、千葉県、東京都、神奈川県（1都6県）

北　陸：新潟県、富山県、石川県、福井県（4県）

東　山：山梨県、岐阜県、長野県（3県）

東　海：静岡県、愛知県、三重県（3県）

近　畿：滋賀県、京都府、大阪府、兵庫県、奈良県、和歌山県（2府4県）

中　国：鳥取県、島根県、岡山県、広島県、山口県（5県）

四　国：徳島県、香川県、愛媛県、高知県（4県）

北九州：福岡県、佐賀県、長崎県、大分県（4県）

南九州：熊本県、宮崎県、鹿児島県、沖縄県（4県）

2）都市規模による層化

各地区内の市区町村（2021年1月1日現在の市制に基づく）を都市規模によって分類し、層化した。

○大都市（政令指定都市および東京都区部）

札幌市、仙台市、さいたま市、千葉市、東京都区部、横浜市、川崎市、相模原市、新潟市、静岡市、浜松市、名古屋市、京都市、大阪市、堺市、神戸市、岡山市、広島市、北九州市、福岡市、熊本市

○人口10万人以上の市

○人口10万人未満の市

○町村

3）地点と標本の配分

2021年1月1日時点の住民基本台帳人口をもとに推計された地区・都市規模別の各層における18歳以上の人口（便宜上、年齢上限を79歳と設定）に基づき、300の地点を比例配分した。1地点あたりの標本数は10とし、全3,000標本が各層の年齢別の人口構成比に近似するよう割り当てた。

4）抽出

(1) 2021年1月1日時点の市区町村における大字・町丁目を第1次抽出単位として使用した。

(2) 調査地点が2地点以上割り当てられた層では、

$$抽出間隔＝\frac{層における該当人口の合計}{層で算出された調査地点数}$$

を算出し、確率比例抽出法を用いた。

(3) 各層における大字・町丁目の配列順序は、2021年1月1日時点の「全国地方公共団体コード」に従った。

(4) 調査地点の範囲を大字・町丁目で指定し、調査員が現地を訪れた。訪問をスタートした世帯から番地の大きい方へと3世帯間隔で訪問し、人口構成比によって各地点に割り当てられた年代・性別に合った対象者に調査を依頼した。30~50歳代の女性は、有職・無職の割合も勘案した。

以上、抽出作業の結果得られた地区・都市規模別の地点数と標本数は**表A**および**表B**のとおり。

【表A】地区・都市規模別の地点数と標本数

地区＼都市規模	大都市	人口10万人以上の市	人口10万人未満の市	町村	計
北海道	5 (50)	3 (30)	2 (20)	2 (20)	12 (120)
東北	3 (30)	8 (80)	7 (70)	4 (40)	22 (220)
関東	43 (430)	44 (440)	14 (140)	4 (40)	105 (1,050)
北陸	2 (20)	5 (50)	5 (50)	1 (10)	13 (130)
東山	0	4 (40)	5 (50)	2 (20)	11 (110)
東海	9 (90)	13 (130)	6 (60)	2 (20)	30 (300)
近畿	15 (150)	21 (210)	9 (90)	3 (30)	48 (480)
中国	5 (50)	8 (80)	4 (40)	1 (10)	18 (180)
四国	0	5 (50)	3 (30)	1 (10)	9 (90)
北九州	6 (60)	6 (60)	5 (50)	2 (20)	19 (190)
南九州	2 (20)	5 (50)	4 (40)	2 (20)	13 (130)
計	90 (900)	122 (1,220)	64 (640)	24 (240)	300 (3,000)

注：（　）内は標本数

【表B】大都市の地点数と標本数

札幌市	5 (50)	名古屋市	6 (60)
仙台市	3 (30)	京都市	5 (50)
さいたま市	3 (30)	大阪市	6 (60)
千葉市	3 (30)	堺市	3 (30)
東京都区部	22 (220)	神戸市	1 (10)
横浜市	9 (90)	岡山市	2 (20)
川崎市	4 (40)	広島市	3 (30)
相模原市	2 (20)	北九州市	4 (40)
新潟市	2 (20)	福岡市	2 (20)
静岡市	2 (20)	熊本市	2 (20)
浜松市	1 (10)		

注：（　）内は標本数

用語の解説

本調査ならびに報告書内での各用語は、次の定義に基づいて使用している。

■ 運動・スポーツ

スポーツ基本法は、スポーツを「心身の健全な発達、健康及び体力の保持増進、精神的な充足感の獲得、自律心その他の精神の涵養等のために個人又は集団で行われる運動競技その他の身体活動」と定義する。

競技としてのスポーツだけではなく、健康づくりを目的としたトレーニングやフィットネス、楽しみとしてのレクリエーションやレジャーなど、余暇時間に意図をもって行われる身体活動を包含する。

本調査では、このスポーツの複合的な概念を回答者が想起できるように、運動・スポーツという表現を用いている。

なお、本調査が分析対象とする運動・スポーツの範囲は、学校や職場でのクラブ活動は含めるが、学校の授業は除く。

■ 実施種目

運動・スポーツの種類や名称。

本調査では、過去1年間に行った運動・スポーツの種目を複数回答でたずねた。そして、年間の実施回数が多い順に最大5種目の実施状況をたずねた。

■ 実施頻度

ある一定期間に運動・スポーツを行った回数。

本調査では、過去1年間に行った運動・スポーツの実施頻度を年間の実施回数が多い順に5種目を上限としてたずねた。実施頻度の回答方法は、種目ごとに年、月、週のいずれかを選択して、その回数を記入する形式とした。

表Iは、本調査で設定した運動・スポーツ実施頻度の算定基準である。1年間を月換算で12ヵ月、週換算で52週と定め、非実施(年0回)から週7回以上(年364回以上)とする運動・スポーツの週あたりおよび年間の実施回数を算出した。

■ 運動・スポーツ実施率

過去1年間に運動・スポーツを一定回数行った人が全標本に占める割合。

本調査では、種目別にたずねた実施頻度(実施回数の多い順に最大5種目まで)を合計し、年1回以上や週1回以上の運動・スポーツ実施率を算出している。また、種目別の運動・スポーツ実施率は、その種目を一定回数行った人が全標本に占める割合となる。

■ 推計人口

本調査で得られた運動・スポーツ実施率等(小数点第二位を四捨五入した値)に、満18歳以上人口(20歳以上は2021年1月1日時点の住民基本台帳人口、18・19歳は同時点の住民基本台帳人口のうち、15～19歳の人口に2020年の国勢調査から得られた18歳および19歳の人口割合を乗じて得られた推計値を利用)の「1億544万8,713人(男性:5,097万7,640人、女性:5,447万1,077人)」を乗じて算出した推計値。

なお、満18歳以上人口について、18・19歳人口を推計する際に端数が発生するため、男性と女性を合計した人口と全体の人口は一致しない。

■ 運動・スポーツ愛好者

週1回以上何らかの運動・スポーツを定期的に実施している者。

■ 実施時間

1回の運動・スポーツを継続して行った時間の長さ(単位:分)。

本調査では、過去1年間に行った運動・スポーツの実施時間を種目別(実施回数の多いものから順に最大5種目まで)にたずねた。

【表I】運動・スポーツ実施頻度の算定基準

基　準
非実施(年0回)
週1回未満(年1～51回)
週1回以上2回未満(年52～103回)
週2回以上3回未満(年104～155回)
週3回以上4回未満(年156～207回)
週4回以上5回未満(年208～259回)
週5回以上6回未満(年260～311回)
週6回以上7回未満(年312～363回)
週7回以上(年364回以上)

■ 運動強度

　運動のきつさ（負担の度合い）を表現する指標。

　先行研究により、主観的な運動強度を表す言語表示と生理学的指標である心拍数や酸素摂取量との対応関係が確認されている。**表Ⅱ**に示したBorg（1973）の主観的運動強度（RPE：Rating of Perceived Exertion）は、そのスケールが6から20に設定されており、あてはまる数字を10倍すると1分間あたりの心拍数に対応する。そして、RPEの英語表現に対応する日本語は「非常に楽である」から「非常にきつい」が適していると報告され

た（小野寺・宮下、1976）。Borg（1982）は心拍数や酸素摂取量との関係から、新たなスケールも検討している（**表Ⅲ**）。

　本調査では、**表Ⅳ**に示した運動強度の尺度（宮下、1980）を用いた。心拍数に対応する主観的な運動強度を簡易に評価できる。過去1年間に行った運動・スポーツについて、種目別（実施回数の多いものから順に最大5種目まで）にその運動のきつさを「かなり楽」から「かなりきつい」までの5段階で回答を得た。

【表Ⅱ】BorgのRPEスケールと日本語表示

英　語		日 本 語	
6		6	
7	Very, very light	7	非常に楽である
8		8	
9	Very light	9	かなり楽である
10		10	
11	Fairly light	11	楽である
12		12	
13	Somewhat hard	13	ややきつい
14		14	
15	Hard	15	きつい
16		16	
17	Very hard	17	かなりきつい
18		18	
19	Very, very hard	19	非常にきつい
20		20	

Borg（1973）、小野寺・宮下（1976）より作成

【表Ⅳ】運動強度の尺度

主観的強度			心 拍 数
効果なし ↑		0	80未満
		1 かなり楽	80～100未満
至適強度		2 楽	100～120未満
		3 ややきつい	120～140未満
		4 きつい	140～160未満
		5 かなりきつい	160～180未満
赤信号 ↓			180以上

宮下（1980）

【表Ⅲ】労作の強さを示すスケール

RPEスケール				新しいスケール			
英　語		日 本 語		英　語		日 本 語	
6		6		0	Nothing at all	0	まったく楽である
7	Very, very light	7	非常に楽である	0.5	Very, very weak	0.5	非常に楽である
8		8		1	Very weak	1	かなり楽である
9	Very light	9	かなり楽である	2	Weak	2	楽である
10		10		3	Moderate	3	ふつう
11	Fairly light	11	楽である	4	Somewhat strong	4	ややきつい
12		12		5	Strong	5	きつい
13	Somewhat hard	13	ややきつい	6		6	
14		14		7	Very strong	7	かなりきつい
15	Hard	15	きつい	8		8	
16		16		9		9	
17	Very hard	17	かなりきつい	10	Very, very strong	10	非常にきつい
18		18			Maximal		これ以上ムリ
19	Very, very hard	19	非常にきつい				
20		20					

Borg（1982）より作成

■ 運動・スポーツ実施レベル

「実施頻度」「実施時間」「運動強度」をもとに、運動・スポーツ実施状況を量的・質的観点から捉える本調査独自の指標（**表V**）。

運動・スポーツ実施レベルの算出方法は次のとおりである。過去1年間に運動・スポーツを一度も行わなかった者は「レベル0」、過去1年間に1回以上は行い、実施頻度が週2回未満（年1～103回）は「レベル1」、週2回以上（年104回以上）は「レベル2」と設定した。さらに実施時間と運動強度を条件に加え、週2回以上で実施時間が30分以上は「レベル3」、週2回以上、実施時間30分以上、かつ運動強度「ややきつい」以上は「レベル4」と設定した。

例をあげると、**表VI**に示すA氏は、ランニングを「週1回」「1回15分」「きつい」、フットサルを「週1回」「1回60分」「ややきつい」、水泳を「週1回」「1回30分」「楽」と回答した。A氏の運動・スポーツ実施頻度は週3回であり、この時点で「レベル2」の基準を満たす。次に、実施時間「1回30分以上」は水泳とフットサルの「週2回」であり、「レベル3」以上となる。レベル4の基準である実施時間「1回30分以上」かつ運動強度「ややきつい」以上の条件を満たすのはフットサルの「週1回」のみであるため、A氏の運動・スポーツ実施レベルは「レベル3」となる。

■ アクティブ・スポーツ人口

運動・スポーツ実施レベル「レベル4」、すわなち、週2回以上（年104回以上）、1回30分以上、運動強度「ややきつい」以上の条件を満たしている者。

■ 直接スポーツ観戦

スタジアムや体育館などに出向いて、直接スポーツの試合を観ること。

■ スポーツボランティア

報酬を目的とせずに自分の労力、技術、時間を提供して地域社会や個人・団体のスポーツ推進のために行う活動と定義する。ただし、活動にかかる交通費や食事代など、実費程度の金額の支払いは報酬とみなさない。

【表V】運動・スポーツ実施レベル

実施レベル	基　　　準
レベル0	過去1年間にまったく運動・スポーツを実施しなかった（年0回）
レベル1	年1回以上、週2回未満（年1～103回）
レベル2	週2回以上（年104回以上）
レベル3	週2回以上（年104回以上）、1回30分以上
レベル4 （アクティブ・スポーツ人口）	週2回以上（年104回以上）、1回30分以上、運動強度「ややきつい」以上

【表VI】A氏の運動・スポーツの実施状況

実施種目	実施頻度	実施時間	運動強度
ランニング	週1回	1回15分	きつい
フットサル	週1回	1回60分	ややきつい
水　泳	週1回	1回30分	楽

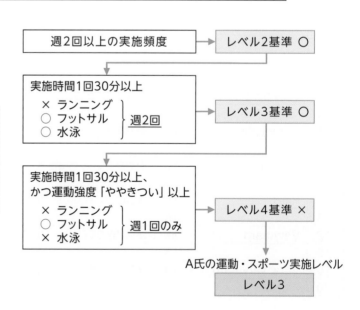

本報告書の読み方と留意点

■ 母集団について

スポーツ・フォー・エブリワン社会の実現を目指すためには、全国民の運動・スポーツに関する正確な実態の把握が必要不可欠である。

SSFでは成人を対象とする「スポーツライフに関する調査」を1992年から隔年で実施してきた。2014年調査までは対象年齢を20歳以上とし、2016年調査からは18歳以上に拡大した。

■ 単純集計結果について

本調査の単純集計結果は、統計学上、母集団の運動・スポーツに関する行動や意見などの動向を的確に反映していると考えられる。

■ クロス集計結果について

本報告書では、主な質問項目の単純集計結果を示すとともに、性、年代、運動・スポーツ実施レベルごとの動向をクロス集計により探った。過去調査との比較ができる項目はその変化にも注目した。そこから導き出された分析結果は、今後のスポーツ推進の方向性や課題解決の着眼点を示唆する判断材料になり得る。巻末のクロス集計表には、地域や都市規模、職業のクロス集計結果を掲載している。

なお、項目によってはクロス集計表の各マス目（セル）の標本数がごく少数となり、必ずしも母集団の情報を正確には反映していない可能性も含まれる。何らかの推計を行う際には、十分注意されたい。

■ 無回答の取り扱いについて

本文の調査結果は、無回答を除く有効回答を母数に集計しているが、巻末のクロス集計表は、基礎情報として無回答を含めた割合を掲載している。そのため、本文中の図表と巻末のクロス集計表で数値が異なる場合がある。

■ 割合の合計について

本文中および図表中で使用されているパーセント表示は、小数点第二位を四捨五入した後の数値を記載している。そのため、合計が100%にならない場合がある。

■ 同率順位について

順位を示した図表は、四捨五入後の数値が同じであれば、同率順位として扱っている。

■ 年次推移の図表について

本文中の年次推移の図表について、2014年までは20歳以上、2016年からは18歳以上が調査対象であるため、厳密には母集団の年齢範囲が異なるが、便宜的に連続する経年データとして取り扱っている。

■ 新型コロナウイルス感染症流行の影響について

本調査は新型コロナウイルス感染症の流行状況を考慮して行われた。調査員が世帯を訪問して調査対象者と接触する際、回答方法に関する注意事項をまとめたメモを渡し、調査員による説明時間の短縮を図った。調査票回収後、回答に不備等があった場合の確認のための再調査は可能な限り対面による接触を避け、電話等を用いて実施した。

また、前回2020年調査はコロナ禍の影響で8〜9月に実査を行った。本調査の実査時期は通常の6〜7月に戻しているため、経年変化を確認する際には結果の解釈に留意されたい。

運動・スポーツ実施レベル

		全体 (n)	レベル0	レベル1	レベル2	レベル3	レベル4
	全体	3,000	27.1	23.9	9.5	19.3	20.2
地域	北海道	120	30.0	19.2	10.8	17.5	22.5
	東北	220	41.4	18.2	7.7	15.9	16.8
	関東	1,050	24.9	26.2	7.7	21.1	20.1
	中部	540	28.3	23.5	10.4	17.4	20.4
	近畿	480	24.4	25.4	10.4	20.0	19.8
	中国	180	25.6	21.1	14.4	17.8	21.1
	四国	90	25.6	22.2	13.3	22.2	16.7
	九州	320	26.6	22.2	9.4	18.8	23.1
都市規模	21大都市（計）	900	25.9	27.0	8.3	18.7	20.1
	東京都区部	220	26.4	30.9	6.4	18.6	17.7
	20大都市	680	25.7	25.7	9.0	18.7	20.9
	その他の市（計）	1,860	27.0	22.7	10.2	19.7	20.3
	人口10万人以上の市	1,220	24.6	23.7	9.8	20.4	21.5
	人口10万人未満の市	640	31.6	20.9	10.9	18.4	18.1
	町村	240	32.1	20.8	8.3	18.8	20.0
年代	18・19歳	75	16.0	22.7	5.3	9.3	46.7
	20歳代	374	25.9	30.7	5.3	16.3	21.7
	30歳代	437	28.6	31.8	8.0	15.3	16.2
	40歳代	582	23.5	30.1	12.5	18.7	15.1
	50歳代	529	30.1	24.8	10.4	15.3	19.7
	60歳代	489	27.4	19.0	10.8	21.1	21.7
	70歳以上	514	28.8	8.9	8.9	29.6	23.7
性別	男性	1,503	24.8	26.1	8.3	18.0	22.9
	女性	1,497	29.3	21.6	10.8	20.7	17.6
性・年代	男性（計）	1,503	24.8	26.1	8.3	18.0	22.9
	18・19歳	41	9.8	29.3	4.9	2.4	53.7
	20歳代	193	21.8	29.0	4.1	18.1	26.9
	30歳代	223	26.9	33.2	8.1	11.2	20.6
	40歳代	299	21.4	32.8	11.4	18.1	16.4
	50歳代	267	30.3	28.8	7.1	10.9	22.8
	60歳代	241	26.1	19.9	9.5	23.7	20.7
	70歳以上	239	24.7	21.3	8.4	28.9	26.8
	女性（計）	1,497	29.3	21.6	10.8	20.7	17.6
	18・19歳	34	23.5	14.7	5.9	17.6	38.2
	20歳代	181	30.4	32.6	6.6	14.4	16.0
	30歳代	214	30.4	30.4	7.9	19.6	11.7
	40歳代	283	25.8	27.2	13.8	19.4	13.8
	50歳代	262	29.8	20.6	13.4	19.8	16.4
	60歳代	248	28.6	18.1	12.1	18.5	22.6
	70歳以上	275	32.4	6.9	9.5	30.2	21.1
職業	自営業（小計）	347	32.3	23.1	9.2	18.4	17.0
	農林漁業	29	44.8	13.8	13.8	10.3	17.2
	商工サービス業	216	32.4	19.9	10.2	19.9	17.6
	その他の自営業	68	27.9	33.8	4.4	17.6	16.2
	家族従業者	34	29.4	29.4	8.8	17.6	14.7
	勤め人（小計）	1,224	25.3	31.2	9.5	15.1	18.9
	管理職	107	19.6	32.7	8.4	16.8	22.4
	専門・技術職	230	21.3	35.7	7.8	15.2	20.0
	事務職	366	22.4	32.0	9.8	16.9	18.3
	技能・労務職	341	32.0	27.6	12.0	11.4	17.0
	サービス職	180	27.2	28.9	6.7	17.2	20.0
	パートタイム・アルバイト	401	31.2	20.7	11.5	22.2	14.5
	専業主婦・主夫	491	25.3	17.7	11.4	24.4	21.2
	学生	152	19.1	28.9	3.9	13.4	34.9
	無職	372	29.3	10.2	11.2	27.2	22.1
	その他	13	23.1	15.4	15.4	7.7	38.5

VII
クロス集計結果

I

要 約

Executive summary

要 約

本調査では、全国の市区町村に居住する満18歳以上の男女を対象に、割当法を用いて3,000サンプルを抽出し、2022年6月10日から2022年7月10日に訪問留置法による質問紙調査を行った。主な調査結果は、以下の通りである。

1 運動・スポーツ実施状況

運動・スポーツ実施率は年1回以上72.9%、週1回以上58.5%、アクティブ・スポーツ人口20.2%
(p.70【図1-1】)

- 年1回以上実施率は2020年調査から0.4ポイント減少したが、近年の調査で大きな変化はみられない。
- 週1回以上実施率は1.0ポイント減少、アクティブ・スポーツ人口（週2回以上、実施時間1回30分以上、運動強度「ややきつい」以上をすべて満たす運動・スポーツ実施者）も1.9ポイント減少した。

過去1年間に最も行われた運動・スポーツは「散歩（ぶらぶら歩き）」
(p.76【表1-2】)

- 最も行われた種目は「散歩（ぶらぶら歩き）」31.8%（3,353万人）であり、2位「ウォーキング」29.4%（3,100万人）、3位「体操（軽い体操、ラジオ体操など）」17.4%（1,835万人）、4位「筋力トレーニング」16.4%（1,729万人）、5位「ジョギング・ランニング」8.9%（938万人）と続く。

2 スポーツ施設

主な実施場所・利用施設は「道路」や「自宅（庭・室内等）」、「体育館」は減少傾向
(p.87【表2-1】、p.91【表2-5】)

- 過去1年間に「よく行った」（実施頻度の高い）運動・スポーツ種目の実施場所・利用施設は「道路」56.9%が最も高く、2位「自宅（庭・室内等）」31.3%、3位「公園」17.0%となった。2018年と2020年の3位であった「体育館」は2018年20.0%、2020年17.1%、2022年13.3%と徐々に減少した。
- 「道路」では「散歩（ぶらぶら歩き）」41.2%や「ウォーキング」37.2%、「自宅（庭・室内等）」では「体操（軽い体操、ラジオ体操など）」35.4%や「筋力トレーニング」32.7%が行われている。

3 スポーツクラブ・同好会・チーム

クラブ加入率16.6%、「地域住民が中心のクラブ」への加入が最多
(p.92【図3-1】、p.94【図3-4】)

- クラブ加入率は16.6%で、調査開始以降最も低い。
- 加入クラブの形態は「地域住民が中心のクラブ」30.8%が最も高く、「友人・知人が中心のクラブ」28.9%が続く。「地域住民が中心のクラブ」は2020年から4.1ポイント減少、「友人・知人が中心のクラブ」は3.9ポイント増加した。

4 スポーツ観戦

直接スポーツ観戦率19.3%、「プロ野球（NPB）」が1位
(p.98【図4-1】、p.100【表4-1】)

- 過去1年間にスタジアムや体育館等で直接スポーツを観戦した者の割合は2020年から2.5ポイント減少し、調査項目を追加した1994年以降最も低い。
- 観戦種目の1位は「プロ野球（NPB）」8.7%であり、「Jリーグ（J1、J2、J3）」3.0%、「高校野球」2.8%が続く。

テレビ観戦率は79.0%で「プロ野球（NPB）」が1位、インターネット観戦率は21.4%で「格闘技（ボクシング、総合格闘技など）」が1位
(p.102【図4-4】、p.104【表4-4】、p.106【図4-6】、p.107【表4-6】)

- 過去1年間のテレビによるスポーツ観戦の割合は2020年から1.0ポイント減少し、2004年以降最も低い。観戦種目の1位は「プロ野球（NPB）」46.0%であり、「サッカー日本代表試合（五輪代表・なでしこジャパン含む）」36.8%、「マラソン・駅伝」34.8%が続く。
- 過去1年間のインターネットスポーツ観戦率は21.4%で、2020年から7.5ポイント増加した。観戦種目には「格闘技（ボクシング、総合格闘技など）」6.7%、「プロ野球（NPB）」5.6%、「メジャーリーグ（アメリカ大リーグ）」4.7%が入る。

5	好きなスポーツ選手

大谷翔平選手（野球）が1位 (p.109【表5-1】)

- 全体の1位「大谷翔平」29.1%は、調査項目を追加した2002年以降で最も高い数値となった。2位は「羽生結弦」5.5%、3位は「イチロー」3.2%であった。
- 男女ともに1位は「大谷翔平」で、男性の2位は「イチロー」、女性の2位は「羽生結弦」であった。

6	スポーツボランティア

スポーツボランティア実施率4.2%、日常的な「団体・クラブの運営や世話」が中心
(p.112【図6-1】、p.113【表6-1】)

- 過去1年間のスポーツボランティア実施率は、調査項目に追加した1994年以降最も低くなった。
- 実施内容は『日常的な活動』における「団体・クラブの運営や世話」40.2%や「スポーツの指導」38.6%、『地域のスポーツイベント』における「大会・イベントの運営や世話」33.1%が多い。

スポーツボランティア希望率11.4%、「地域のスポーツイベントの運営や世話」を希望
(p.114【図6-4】、p.115【表6-2】)

- スポーツボランティア実施希望率は11.4%であり、2020年の12.5%を1.1ポイント下回った。
- 希望内容は「地域のスポーツイベントの運営や世話」51.0%が最も高く、2位「日常的なスポーツの指導」25.8%とは大きな差がある。

7	日常生活における身体活動・座位行動

世界保健機関（WHO）推奨の身体活動量基準は達成率53.6% (p.117【図7-1】)
厚生労働省基準は18～64歳34.8%、65歳以上50.1%が達成 (p.120【図7-3】、p.121【図7-4】)

- WHOが示す身体活動量「中強度を週に150分または高強度を週に75分、またはこれらと同等の組み合わせ」を満たす者は、男性60.7%、女性46.4%であった。
- 厚生労働省が推奨する18～64歳の身体活動量「強度が3メッツ以上の身体活動を毎日60分」の達成率は男性43.4%、女性25.8%、65歳以上の基準「強度を問わず身体活動を毎日40分」の達成率は男性56.8%、女性44.1%であった。

総身体活動量は男性45.2メッツ・時/週、女性23.8メッツ・時/週、1日の座位時間は5時間半
(p.123【図7-5】、p.125【図7-6】)

- 実施時間と強度を考慮した総身体活動量は、男性45.2メッツ・時/週、女性23.8メッツ・時/週で、男性のほうが多い。
- 普段の1日における座ったり横になったりして過ごす時間は333.8分であった。

8	体力の主観的評価・体格指数・生活習慣

体力評価「優れている」9.1%、「劣っている」40.0% (p.126【図8-1】)

- 自身の体力を「たいへん優れている」または「どちらかというと優れている」と感じている者は全体の1割に満たず、男性12.2%、女性6.1%であった。
- 「どちらかというと劣っている」「たいへん劣っている」を合わせた者は男性33.8%、女性46.3%であった。男性よりも女性の主観的評価が低い。

平日は「1～2時間未満」、休日は「3～4時間未満」メディアを利用 (p.132【図8-6】)

- 学校の授業や仕事以外でのテレビやDVDの視聴、パソコン、ゲーム、スマートフォンなどを利用する時間は、平日は「1～2時間未満」30.8%、休日は「3～4時間未満」25.8%が最も高い。

回答者の基本属性

Demographics

回答者の基本属性

　本調査における回答者の基本属性は以下のとおりである。いずれの基本属性においても2020年調査と大きな違いはみられない。

■ 1. 年代・性別

	全 体		男 性		女 性	
	n	%	n	%	n	%
18・19歳	75	2.5	41	2.7	34	2.3
20歳代	374	12.5	193	12.8	181	12.1
30歳代	437	14.6	223	14.8	214	14.3
40歳代	582	19.4	299	19.9	283	18.9
50歳代	529	17.6	267	17.8	262	17.5
60歳代	489	16.3	241	16.0	248	16.6
70歳以上	514	17.1	239	15.9	275	18.4
計	3,000	100.0	1,503	100.0	1,497	100.0

■ 2. 居住地域

		n	%
北海道		120	4.0
東 北		220	7.3
関 東		1,050	35.0
中 部	北 陸	130	4.3
	東 山	110	3.7
	東 海	300	10.0
近 畿		480	16.0
中 国		180	6.0
四 国		90	3.0
九 州	北九州	190	6.3
	南九州	130	4.3
計		3,000	100.0

■ 3. 居住地（市区町村）の都市規模

		n	%
大都市	東京都区部	220	7.3
	20大都市（政令指定都市）	680	22.7
人口10万人以上の市		1,220	40.7
人口10万人未満の市		640	21.3
町 村		240	8.0
計		3,000	100.0

■ 4. 住宅のタイプ

	n	%
一戸建て	2,408	80.3
2～3階建ての集合住宅	275	9.2
4～12階建ての集合住宅	273	9.1
13階建て以上の集合住宅	21	0.7
その他	16	0.5
無回答	7	0.2
計	3,000	100.0

■ 5. 家族構成

	n	%
一人暮らし	291	9.7
一世代家族	685	22.8
二世代家族	1,636	54.5
三世代家族	274	9.1
その他	114	3.8
計	3,000	100.0

■ 6. 最終学歴

	n	%
中学校	162	5.4
高 校	1,300	43.3
短大・高専	335	11.2
専門学校	395	13.2
大 学	730	24.3
大学院	60	2.0
その他の学校	7	0.2
無回答	11	0.4
計	3,000	100.0

■ 7. 婚姻状況

	n	%
未婚（結婚したことはない）	595	19.8
既婚（事実婚を含む）	2,120	70.7
離 別	128	4.3
死 別	121	4.0
無回答	36	1.2
計	3,000	100.0

■ 8. 職業

		n	%
自営業	農林漁業	29	1.0
	商工サービス業	216	7.2
	その他の自営業	68	2.3
	家族従業者	34	1.1
勤め人	管理的職業	107	3.6
	専門的・技術的職業	230	7.7
	事務的職業	366	12.2
	技能的・労務的職業	341	11.4
	サービス職業	180	6.0
その他	パートタイム・アルバイト	401	13.4
	専業主婦・主夫	491	16.4
	学 生	152	5.1
	無 職	372	12.4
	その他	13	0.4
計		3,000	100.0

■ 9. 世帯年収（税込）

	n	%
収入はなかった	34	1.1
200万円未満	181	6.0
200万～300万円未満	293	9.8
300万～400万円未満	331	11.0
400万～500万円未満	373	12.4
500万～600万円未満	319	10.6
600万～700万円未満	223	7.4
700万～800万円未満	183	6.1
800万～900万円未満	147	4.9
900万～1,000万円未満	103	3.4
1,000万円以上	181	6.0
わからない	632	21.1
計	3,000	100.0

スポーツライフ・データ
30周年を迎えて

Commemorating 30 years of the SSF National Sports-Life Survey

スポーツライフ・データ30周年を迎えて

スポーツライフ・データ30年を振り返って
― 継続と共有、そして証拠づくり―

尚美学園大学 スポーツマネジメント学部　教授　**海老原　修**

1　スポーツライフ・データの挑戦 —継続こそ力なり—

　行わない選択も含めてスポーツにかかわる根本的な権利は個々人の領域に委ねられねばならない。1975年ヨーロッパ評議会が制定するEuropean Sport for All Charterが"Every individual shall have the right to participate in sport."と明文化するとおりである。したがって、個々人にみるスポーツとのかかわりを丁寧に紐解く必要がある。第1回スポーツライフ・データ調査は1992年8月「スポーツに関する調査」質問票にて個々人のスポーツ活動の実情に接近した。先行する1965年内閣府「体力・スポーツに関する世論調査」ならびにAmerican College of Sports Medicine：ACSM（1986）や主観的運動強度（Rating of Perceived Exertion：RPE）を参照に運動・スポーツの活動内容の客観性に注目した。

　第1段階で過去1年間の運動・スポーツの実施状況の有無を質し、行った場合の第2段階で運動・スポーツ種目を選択する。ここでは、主要12種目を、もしくは、あてはまらない場合には13番から48番の運動・スポーツ種目番号を、それぞれ選択する。第3段階に至り、選択した運動・スポーツにおける頻度（7段階）、時間（6段階）、強度（5段階）に回答した。運動・スポーツ種目、頻度、時間、強度のいずれも選択的な回答方式であった。

　第2回調査はタイトルを「スポーツライフに関する調査1994」に変更し1994年6月に実施した。運動・スポーツ種目は選択式を続けたが、頻度と時間を選択式から自由記述式に変更した。さらに第3回調査「スポーツライフに関する調査1996」では主要な運動・スポーツを五十音順52種目のリストから5つ以内を選定し、その頻度と時間を自由記述とした。第4回調査では、調査票タイトル「スポーツ活動に関する全国調査」のもとで「スポーツライフ・データ1998」報告書が作成され、以後、

第5回「スポーツ活動に関する全国調査」「スポーツライフ・データ2000」を経て、第6回で調査票「スポーツ活動に関する全国調査2002」と報告書「スポーツライフ・データ2002」と年号を一致させて今日に至る。

　スポーツライフ・データの重要な視点のひとつである継続性を確認するために**図A**を準備した。1965年内閣府「体力・スポーツに関する世論調査」は名称を変更しながら2021年度「スポーツの実施状況等に関する世論調査」（2022年2月発表）に引き継がれ20回を数える。**図A**は、1979年から2013年までのウォーキング、ジョギング、スイミングの実施者と希望者、および2021年までの実施者の動向を折れ線グラフに示した。

　まずジョギングの実施者と希望者は10%前後で平行して推移する。ジョギングを行っている者は今後も続けたいと希望するとの解釈は連続説を支持する。同じく1994年から2013年までスイミング希望者は20%前後で、実施者は10%強で、それぞれ推移する。希望するが実際には行わない人々の存在が推定され、スイミングの実施者と希望者にも連続説が適用できる。これに対して、ウォーキングでは調査年ごとに実施者と希望者が約5%ずつ上昇する。これはウォーキングを希望しない者がウォーキングを開始しなければ、2つの同調は生まれない。ウォーキングはやりませんと回答したが、実際にはウォーキングを始めていた人々の新入がウォーキング・ブームを生む。これに従えば、ジョギングもまた2004年から2013年にかけて2つの折れ線が上昇し、その機運に東京マラソンが拍車をかける。

　実施と希望にかかわる質問はこのような興味深い動向を教えてくれるが、「現在行っている運動・スポーツも含めて今後行いたい運動・スポーツをお知らせください」との希望に関する質問は2015年に途絶える。果たして、2015年以降も希望者に関する質問を継続すれば、これらの3種目も含めて、さまざまな運動・スポーツに関してはどのような動向が明らかになっていたのだろう

か、悔やまれてならない。すなわち、スポーツライフ・データの重要な視点は継続性である。そのためには、同じ質問文と同じ選択肢で回答するといった調査方法が求められ、それを定期的に繰り返せば、その変動は正確さを提供してくれる。生涯スポーツ社会の実現を謳うとき、スポーツ人口の動向は主要な指標に違いない。

2 折れ線グラフの誘惑

小学校学習指導要領・算数における折れ線グラフの取り扱いは4学年で、関数的な関係をあらわしたり、関数的な関係にある2つの数量の変化を読み取ったりする。2学年で同じ種類のものを数量化して表やグラフを作り、3学年で資料を分類・整理する学習を積み上げ、時間ごとの気温、隔日の体温や体重を身近な教材とする。留意すべき視点は2学年で学習する同じ種類のものである。気温は同じ地点の、同じ高さの百葉箱で観測され、体温と体重は同じ児童でなければならない。関数的な変化を学習するには同一個体の追跡が求められ、測定機器の不変を伴ってはじめて、変化を的確に確認できる。だからこそ3学年での資料の分類・整理も慎重を期さねばな

らない。図Aの折れ線グラフで表記される回答者は同一人物ではなく、スポーツライフ・データの回答者もまた毎回異なる。3学年で資料の分類・整理を教える先生は、異なる母集団からのサンプリングの数値を折れ線グラフであらわしたならばどのように評価するだろうか。

さてスポーツライフ・データでは運動・スポーツ実施率やスポーツクラブ加入率の年次推移を、文部科学省スポーツ庁「第3期スポーツ基本計画の概要（詳細版）」では成人や障害者のスポーツ実施率の推移を、男女別・年代別など、複数のグループに分けて表示する。男性と女性のスポーツ実施状況を比較したり、若年層のスポーツ離れを危惧したり、高齢者のスポーツ参加の拡大を論じたりする。それは4学年で学習する関数的な関係にある2つの数量の変化を読み取る学習成果となろうか。

がしかし、変化を読み取る作業は、同一個体の追跡によってはじめてもたらされ、多くの人々が納得できる理解を生み出す。したがって、異なる母集団からのサンプリングに基づく折れ線グラフの動向は至適な解釈につながらず、むしろ恣意的な解釈を生み出す可能性は否定できない。

熊谷（2021）はEBPM（Evidence-Based Policy Making）の観点から、第2期スポーツ基本計画におい

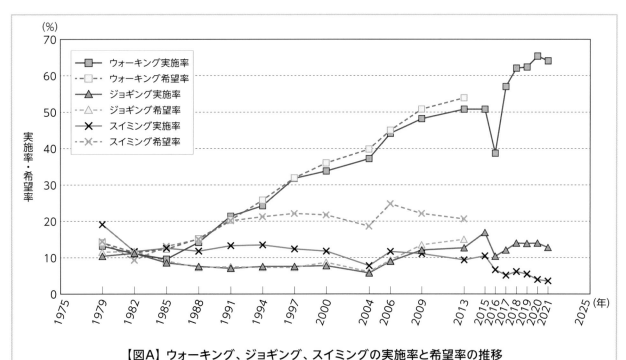

【図A】ウォーキング、ジョギング、スイミングの実施率と希望率の推移

注）内閣府（旧総理府）「体力・スポーツに関する世論調査」（1979〜2009）、文部科学省「体力・スポーツに関する世論調査」（2013）、内閣府「東京オリンピック・パラリンピックに関する世論調査」（2015）、スポーツ庁「スポーツの実施状況等に関する世論調査」（2016〜2021）より作図。

資料：笹川スポーツ財団「スポーツライフに関する調査」2022

て、政策体系の整合性、指標と方策の関係、指標そのものの設定に問題があり、スポーツ人口の拡大が目標ではなく、スポーツの力によってどのような社会を導くのか、ゴールを明確化した方法論の策定が求められると批判する。同じく熊谷（2022）はスポーツ庁による2022年度行政事業レビューを評価し、EBPMの観点からロジックモデルの適正性に視点が向くが、継続事業の把握が不適格であると判定する。果たして、変化をあらわすと期待する折れ線グラフは証拠に基づく論議となるのであろうか、心もとない。

　1992年に始まるスポーツライフ・データ報告書はデータの宝庫となる。ローデータの貸出も特筆でき、申請者の数に相当する分析が期待される。前項の反省を踏まえた上でも、障害やジェンダーなどにかかわるスポーツライフの断片的なデータ分析がさまざまな可能性を提示する。パラリンピックが障害者の、スペシャルオリンピックスが知的障害者の、デフリンピックが聴覚障害者の、スポーツライフを発展させるのだろうか。それぞれを母集団に継続的な調査が求められる。

3　EBPMからスポーツとまちづくりを評価するために

　第3期スポーツ基本計画では、東京オリパラのスポーツ・レガシーの継承・発展に向けて、特に重点的に取り組むべき施策のひとつに「東京大会で高まった地域住民等のスポーツへの関心の高まりを活かした地域創生・まちづくり」をあげる。熊谷（2021）の論考が指摘するとおり、論議の根拠となる証拠＝指標はまずはスポーツ人口が手がかりとなろう。したがって、スポーツとまちづくりを論じる証拠はスポーツ実施状況を全国から細分化

し、47都道府県、23特別区、1,724市町村、それぞれを母集団とするスポーツライフにかかわる調査が必須要件となる。

　それはスポーツがまちづくりに資するか否かを判断する材料を提示するからにほかならない。東京オリパラ選手村の跡地・晴海フラッグの入居者が東京都中央区の人口を増加せしめ、首都圏の一極集中を加速する様相を呈する。このようなスポーツとまちづくりの関係性の相似形は都道府県にあてはめると、県庁所在地を中心とする地方版一極集中を推進する可能性は否定できない。

　直近の注目すべき事例に長崎県を取り上げてみたい。2024年、V・ファーレン長崎はホームスタジアムを諫早市から長崎市に移し、新スタジアムを中核に、アリーナやオフィス、商業施設、ホテルなどで構成する複合施設・長崎スタジアムシティ構想を打ち出し、まちづくりとの一体化を目指す。西九州新幹線が開業し、長崎駅から徒歩圏内にあり、併設する36階建てホテルからのサッカー観戦は魅惑的である。がしかし、長崎市の充実をかかるスポーツが牽引し、周辺自治体の相対的な地盤低下を生み出しそうだ。それはスポーツによる吸引機能が地域格差を拡大する。だからこそ、諫早市と長崎市の比較はもとより、諫早市も含めた長崎県内自治体20市町の人口動態にとどまらず、スポーツ人口変動を把握しなければならない。

　一方で首都圏や大都市でスポーツの関心が高まり、スポーツを楽しむ人々に溢れるが、他方では周辺市町村のスポーツにかかわるインフラにみる貧弱さは過疎化とともに相対的に伸展しまいか。証拠に基づく活発な論議と適切な合意形成を導き出す、科学的な証拠の提供をスポーツライフ・データに期待する。

引用・参考文献　熊谷哲（2021）【提言】スポーツ基本計画策定に向けて－EBPM（Evidence-Based Policy Making）の観点を踏まえたスポーツ基本計画策定に関する提言－
https://www.ssf.or.jp/ssf_eyes/sport_topics/202112.html

熊谷哲（2022）スポーツ政策にこそ科学的検証を－公開プロセスに見るポストスポーツ・フォー・トゥモローの問題－　https://www.ssf.or.jp/ssf_eyes/sport_topics/20220725.html

スポーツライフ・データ30周年を迎えて

政策形成プロセスにおけるスポーツライフ・データの活用
―「する」「みる」「ささえる」スポーツ参画の検討を例に―

明治大学 政治経済学部 教授　**高峰 修**

1　はじめに

　2017年から5年間を施策期間とする第2期スポーツ基本計画においては、「今後5年間に総合的かつ計画的に取り組む施策」として4つの政策目標が設定され、そのうちのひとつが「スポーツを『する』『みる』『ささえる』スポーツ参画人口の拡大と、そのための人材育成・場の充実」であった。この政策目標は、2022年から始まった第3期スポーツ基本計画にも引き継がれている（注1）。しかしスポーツ参画における「する」「みる」「ささえる」という3つの指標のうち、160項目の具体的施策は「する」スポーツに偏っており、少なくとも「みる」「ささえる」スポーツ参画を促進するための数値目標は設定されていない（注2）。

　さらに、これら3つの指標はそれぞれ個別のものとして取り扱われており、それらの重複の度合いや各グループの構成員の特徴的な諸属性等についての検証はほとんど行われていない。これら3指標を二期にわたる基本計画の方針に位置づけるのであれば、まずはその現状の詳細な把握が必要となろう。

　国民のスポーツ文化享受を「する」「みる」「ささえる」スポーツから構想し、これらを構造化させた松尾（2012）は、2012年の段階では「する」のみのグループが35.7%で最も多く、「する・みる・ささえる」のすべてに関わるグループが12.7%いる一方で、「する・みる・ささえる」のいずれにも関わらないグループも18.8%を占めることを示している（注3）。

　東京2020オリンピック・パラリンピック大会の開催を通じて国民のスポーツ享受も豊かさを増すことが期

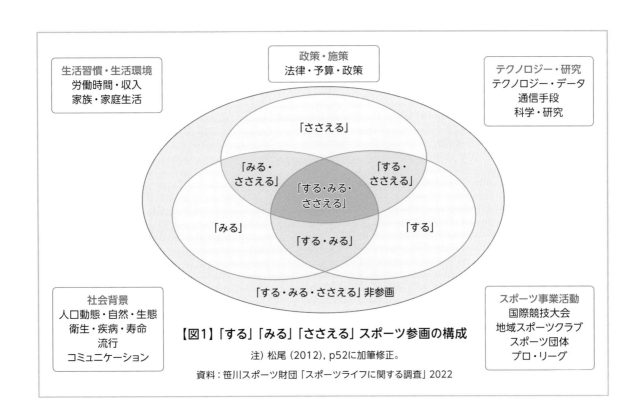

【図1】「する」「みる」「ささえる」スポーツ参画の構成
注）松尾（2012），p52に加筆修正。
資料：笹川スポーツ財団「スポーツライフに関する調査」2022

待されたが、その開催が決まったのは2013年のことであった。それから約10年が経ち、「する」「みる」「ささえる」からなるスポーツの参画構成はどのように変化した、あるいは変化していないのだろうか。本稿では松尾（2012）の分析枠組みに準拠し、過去10年間にわたる「する」「みる」「ささえる」スポーツ参画の動向と現状を探り、さらにスポーツ政策における有効なエビデンスとなるための課題について検討する。

　図1は松尾（2012）が示した図に筆者が加筆したものである。「する」「みる」「ささえる」スポーツ参画のベン図をもとに、各スポーツ参画やその重複度合いに影響を及ぼすと思われる外部要因を配置した。こうした外部要因との関係の中で「する」「みる」「ささえる」からなるスポーツの参画構成は変化する。さらにはその現状を把握することによって政策目標が定められ、施策のアウトプットやアウトカムを評価することになる。

2　「する」スポーツ参画について

　第3期スポーツ基本計画においては、「今後の施策目標」として次の3点が設定されている。
　1）成人の週1回以上実施率70%
　2）成人の年1回以上実施率を100%に近づける

　3）1回30分以上の軽く汗をかく運動を週2回以上実施し、1年以上継続している運動習慣者の割合の増加

　このうち1）と2）に該当するデータとして、**図2**に週1回以上および年1回以上運動・スポーツ実施率の2012年以降の推移を示した（注4）。週1回以上実施率はおよそ50%台後半にあり、年度による最大値と最小値の差は3.5ポイント、かつ微減と微増を繰り返しており、一貫した顕著な傾向は確認できない。こうした傾向は各帯グラフの左側に下線を引いて示した年1回以上実施率においてもほぼ同じである。施策目標である週1回以上実施率70%を達成するためには、現在の年1回以上実施率の水準まで高める必要がある。

　3）にある「運動習慣者」は厚生労働省「国民健康・栄養調査」に依るが、この運動習慣者をスポーツライフ・データの運動・スポーツ実施レベルにあてはめると、「1年以上継続」という条件は満たせないものの、「週2回以上、1回30分以上」というレベル3にほぼ該当する。**図3**には過去10年間の運動・スポーツ実施レベルの推移を示した。レベル0は**図2**の非実施に等しい。レベル3とレベル4（「週2回以上、1回30分以上」に「ややきつい」以上という運動強度を加えたもの）を合わせた割合が上記の運動習慣者に近いが、過去10年間ほぼ40%であり、3ポイントの幅で微増微減を示す。安定していると受け取ることも、何の変化も生じていないと受け取ることもできる。

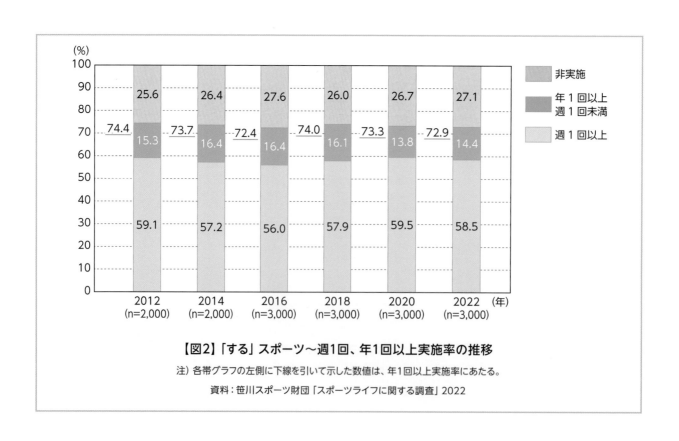

【図2】「する」スポーツ～週1回、年1回以上実施率の推移

注）各帯グラフの左側に下線を引いて示した数値は、年1回以上実施率にあたる。

資料：笹川スポーツ財団「スポーツライフに関する調査」2022

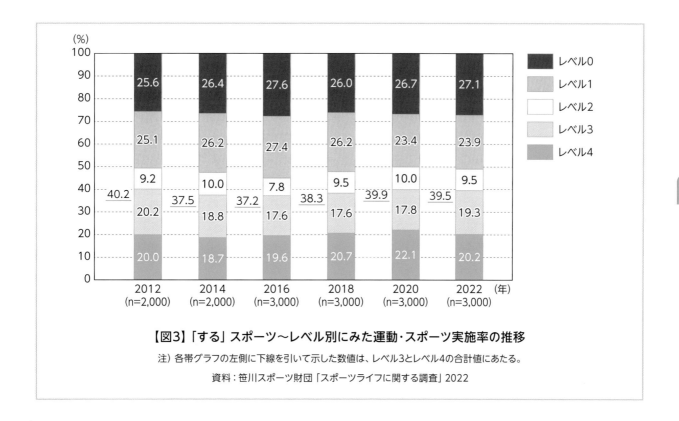

【図3】「する」スポーツ～レベル別にみた運動・スポーツ実施率の推移

注) 各帯グラフの左側に下線を引いて示した数値は、レベル3とレベル4の合計値にあたる。

資料：笹川スポーツ財団「スポーツライフに関する調査」2022

3 「みる」スポーツ参画について

「みる」スポーツ参画についてスポーツライフ・データでは、スタジアムや体育館など試合が展開される場で観戦する「直接観戦」、テレビ画面上で試合を観る「テレビ観戦」（2014年調査から現在の質問形式）、デバイスや有料か否かは問わずインターネット回線を通じて試合を観る「インターネット観戦」（2018年調査から）にわけて質問している。**図4**にはそれらの観戦率の推移を示した。直接観戦率は2018年調査までは30%をわずかに上回りながら推移していたが、2020年には10.0ポイントの減少をみせ、2022年はさらに2.5ポイント減少している。テレビ視聴も2018年調査までは90%前後を維持し

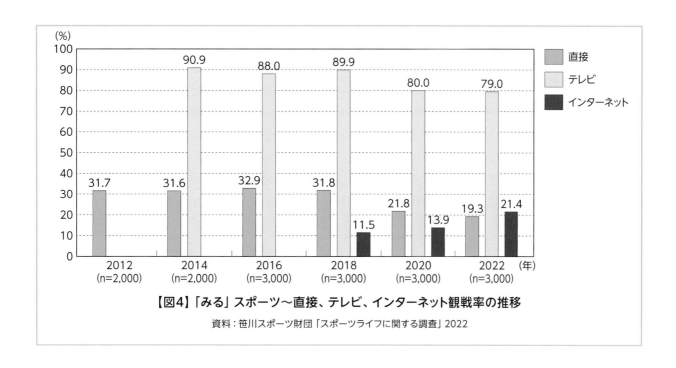

【図4】「みる」スポーツ～直接、テレビ、インターネット観戦率の推移

資料：笹川スポーツ財団「スポーツライフに関する調査」2022

てきたが2020年にはやはり約10ポイント減少し、2022年も回復傾向はみられない。

　2020年には新型コロナウイルス感染症拡大の影響を受け、プロスポーツのリーグ戦においては開催の遅れや試合数の削減など、従来とは異なる運営状況に陥った。またプロリーグとメディアとの契約にも変化が生じ、地上波での試合の放映が大幅に減少している。こうした社会情勢の影響が、特に直接観戦とテレビ観戦に大きく及んでいるのだろう。

　直接観戦とテレビ観戦が減少傾向を示す一方で、インターネット観戦は増加傾向にある。調査項目に加わった2018年調査では11.5％だったインターネット観戦率は、2020年を経て2022年には21.4％と9.9ポイント増加した。

4　「ささえる」スポーツ参画について

　「ささえる」スポーツ参画の一側面として、スポーツライフ・データではスポーツボランティア実施について質問している。基本的な質問パターンは、まず本調査におけるボランティア活動の定義を示した上で、過去1年間における「スポーツにかかわるボランティア活動」経験の有無について質問し、経験が「ある」と回答した人に対しては「日常的な活動」「地域のスポーツイベント」「全国・国際的イベント」の3カテゴリーを細分化した計11種（「その他」も含む）の具体的なボランティア活動を

示し、該当する活動を選択してもらっている。この回答は「スポーツにかかわるボランティア活動」という明示的条件に反応していることから、ここでは便宜的に「自覚的スポーツボランティア」実施とする。

　2012～2018年調査では上記項目に加え、さらに「居住地域のスポーツイベントや行事」「自分や家族が所属するスポーツ団体等」に関わる活動を計13項目準備し、その実施経験についてボランティアという用語は使わずに質問している。これらの項目は「スポーツボランティア」とは自覚せずに行っている活動を把握するために設けられたものであり、ここでは「無自覚的スポーツボランティア」実施とする。

　さらに「自覚的スポーツボランティア」実施と「無自覚的スポーツボランティア」実施を合わせたものをやはり便宜的に「包括的スポーツボランティア」実施とし、以上3種のスポーツボランティア実施率の推移を図5に示した。

　自覚的ボランティア実施率は2012年の7.7％から2018年にかけて1.0ポイント減少し、その後も微減傾向が続いている。無自覚的ボランティア実施率は2012年の調査結果で19.6％であり、自覚的ボランティア実施率の2倍以上の人が無自覚ながらスポーツボランティアを行っていることがわかる。しかしこの値もその後2016年にかけて4ポイントほど減少し、2018年にはわずかながら増加に転じた。これら両者を合わせた包括的ボランティア実施率は2012年から2018年にかけて25％前後で推移している。

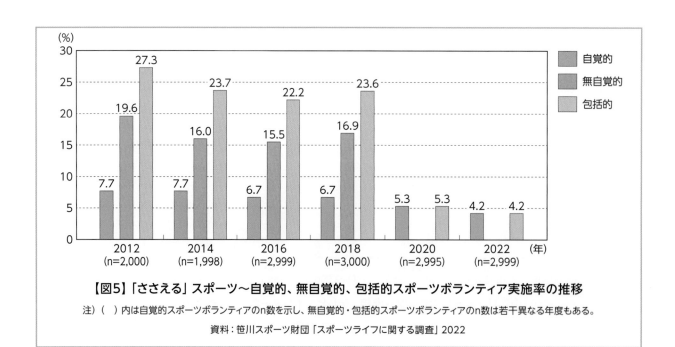

【図5】「ささえる」スポーツ～自覚的、無自覚的、包括的スポーツボランティア実施率の推移

注）（　）内は自覚的スポーツボランティアのn数を示し、無自覚的・包括的スポーツボランティアのn数は若干異なる年度もある。

資料：笹川スポーツ財団「スポーツライフに関する調査」2022

5 「する」「みる」「ささえる」スポーツ参画を把握する基準について

以上みてきたように、「する」「みる」「ささえる」スポーツ参画とはいってもそれぞれの状態を把握する基準はひとつではない。複数ある基準から選択する際には、どのようなデータを準備すれば政策の目的と手段の論理的な関係を検証できるのかといったロジックモデルとの関わりから判断することが求められる。しかし、第3期スポーツ基本計画においては「業績測定の前提となる指標の設定」「計画策定における政策分析」「目標から手段へと至るロジックの整合性」が十分とはいえない状況にある（熊谷, 2022）。

そうした前提のもと、ここでは第2期、第3期スポーツ基本計画を評価するという視点で、各スポーツ参画の状態を把握する基準を選択することにしたい。まず第3期基本計画において「する」スポーツ参画については、第2節で述べた3点が施策目標（値）として設定されているが、これらのうち明確な数値目標が設定されており、達成状況の評価が可能なことから、「する」スポーツ参画については「1）成人の週1回以上実施率」を採用する。

「みる」スポーツ参画については、第3期スポーツ基本計画において具体的な基準や数値目標は示されていない。しかし基本計画において「みる」スポーツは、単に何らかの方法でスポーツの試合を観戦することにとどまらず、応援という行為を通じたアスリートや他の観客との「一体感や帰属意識等」、言い換えるならばソーシャル・キャピタルとしての側面も重視されている（注5）。またスポーツ観戦がメンタルヘルスに及ぼす影響について考えると、たとえば日本人高齢者21,317人を対象とした郵便調査の横断データを使用し、抑うつ症状と過去1年間の直接およびテレビ／インターネットでのスポーツ観戦頻度の関連について分析したTsuji et. al.(2021)は、スポーツ観戦を年～月に数回ほど行う高齢者は抑うつ症状の有病率が低いことを報告している。抑うつ症状を有するリスクはテレビ／インターネット観戦者よりも直接観戦者のほうが全体的に低い。テレビ／インターネット観戦者では観戦頻度が高まるにつれてリスクは低減するが、直接観戦者では観戦頻度が週1回以上になると逆にリスクが高まる。さらにTsuji et. al.(2021)は、こうしたスポーツ観戦と抑うつ症状との間で社会的結束力やネットワークが媒介効果をもたらしていると指摘する。以上のようにスポーツ観戦に社会的な繋がりを求め、さら

にはそれがメンタルを含む健康状態にも及ぶことを期待するのであれば、外出を伴い、試合会場にて他の観戦者との直接的コミュニケーションがとれる直接観戦に焦点をあてるのが合理的かと思われる。

最後に「ささえる」スポーツ参画については、無自覚的でありながらスポーツボランティアと捉えられる活動を行っている人が15～20%いることを考えれば、自覚的スポーツボランティアだけを採用するのでは「ささえる」スポーツ参画の全体像を捉えきれていないことになる。したがって、自覚的／無自覚的スポーツボランティアを合わせた包括的なスポーツボランティア実態を把握する必要があるだろう。

以上のことから、図1に示した「する」「みる」「ささえる」スポーツ参画の構成を把握する際は、各スポーツ参画について次の基準で評価することが理想的だと思われる。

- ・「する」スポーツ参画～週1回以上運動・スポーツ実施
- ・「みる」スポーツ参画～直接スポーツ観戦実施
- ・「ささえる」スポーツ参画～包括的スポーツボランティア実施

ただし2022年度のスポーツライフ・データには「ささえる」スポーツ参画の無自覚ボランティア実施にかかわるデータが含まれていないため、本稿では包括的スポーツボランティア実施に代えて自覚的スポーツボランティア実施の値を採用する。

6 「する」「みる」「ささえる」スポーツ参画の構成

これらの基準に基づいて図1に示した8グループの割合とその推移を求め、図6に示した。8グループ中最多の割合を占めるのが①「する」だけの参画グループであり、2016年に最小の32.4%であったが2022年には43.2%まで11ポイント近く増加している。次いで「する」「みる」「ささえる」いずれのスポーツにも参画しない⑧非参画グループが30%強を占め、2012年には29.5%であったが2022年の35.6%へと6.1ポイント増加している。3番目の割合を占めるのは④「する」「みる」参画グループであり、2016年に18.2%を占めたが2022年には11.6%まで減少している。全体としては、①「する」参画グループと⑧非参画グループがそれぞれ割合を増やし、その他のグループが減らすという二極化の傾向を確認できる。

2022年調査データに基づく「する」「みる」「ささえる」スポーツ参画の構成比を**図7**に示した。国民のスポーツ参画は「する」側面に偏っており、同時に「ささえる」参画が弱くかつ減少傾向にあるため、極端に偏った状態にある。そして「する」「みる」「ささえる」すべてのスポーツ参画にかかわる人がわずか2.1%でしかないこと、すべてのスポーツ参画にかかわらない人が35.6%を占めることを、まずは認識する必要があるだろう。

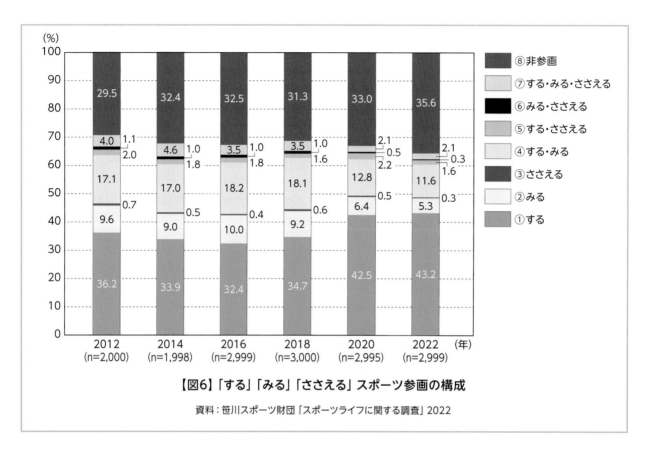

【図6】「する」「みる」「ささえる」スポーツ参画の構成

資料：笹川スポーツ財団「スポーツライフに関する調査」2022

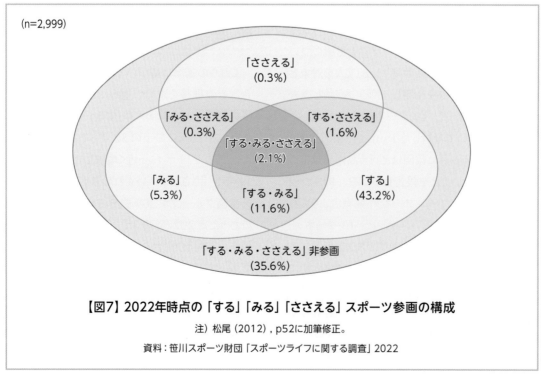

【図7】2022年時点の「する」「みる」「ささえる」スポーツ参画の構成

注）松尾（2012）, p52に加筆修正。

資料：笹川スポーツ財団「スポーツライフに関する調査」2022

7　政策としての「する」「みる」「ささえる」スポーツ参画の促進

ところで、**図7**における各グループがどの程度の構成比を達成すれば理想的なのかといった姿もスポーツ基本計画には示されていない。現状としては極端に偏った分布であることを踏まえた上で、「する」「みる」「ささえる」スポーツ参画の構成はどのように発展していくべきなのだろうか。**図8**には大枠として考えられる発展イメージを2つ示した。左の「拡張イメージ」は「する」「みる」「ささえる」の各参画人口がそれぞれ独立して増加し、スポーツ文化を享受する人口を増やしていくイメージである。この場合、「する」「みる」「ささえる」の重複はそれほど重視せずに、各自がいずれかを享受できればよしとする考え方である。一方、右の「重複イメージ」は3つの各参画人口が単に増えるだけではなく、重複部分も極力増やしていくことを重視する。これは、「する」と「みる」あるいは「ささえる」スポーツに重複して参画することでスポーツ文化をより深く享受できるという価値観に基づく。

このように2パターンに大別しただけでも、発展イメージによって人々への働きかけは異なってしかるべきということが理解できるだろう。拡張イメージの場合、「する」「みる」「ささえる」スポーツそれぞれへの新規参画者を見つけ出し、働きかける必要がある。重複イメージの場合、それに加えて既存の参画者にも別の参画へと促す働きかけや仕組みが必要になる。

発展イメージによって働きかけが異なるとしても、総論としてはまず「する」「みる」「ささえる」スポーツ参画構成における各グループの諸属性の把握は欠かせないだろう。本稿では紙面の関係から示せなかったが、性別や年齢層をはじめとして職業や婚姻状況、家族構成、世帯年収などの特徴を把握することで、各グループを構成する人たちがどのような属性をもつ集団なのかが判明し、理想とする発展イメージに近づけるためにはどのような具体的施策が有効なのかの合理的な選択が可能になる。

各論として、まず「する」スポーツ参画は**図2**・**図3**に示したように「みる」「ささえる」参画と比べて高い割合を維持しており、**図7**における8グループの中で最も高い割合を占めていた。この割合を「成人の週1回以上実施率70%」という目標に向けてさらに高める施策をとれば**図8**の拡張イメージに近づくであろうし、重複イメージを志向するのであれば、このグループの既存の参画者に「みる」「ささえる」参画を促す施策が有効になるだろう。

次に「みる」スポーツ参画については直接観戦を基準として採用し、その動向は2018年から2020年にかけて10.0ポイントの減少をみせていた。2020年調査の推計人口のもととなる満18歳以上人口は1億575万654人であり、その10%は約1,000万人になる。主要プロスポーツのコロナ禍前の観客動員数は概算で約4,000万

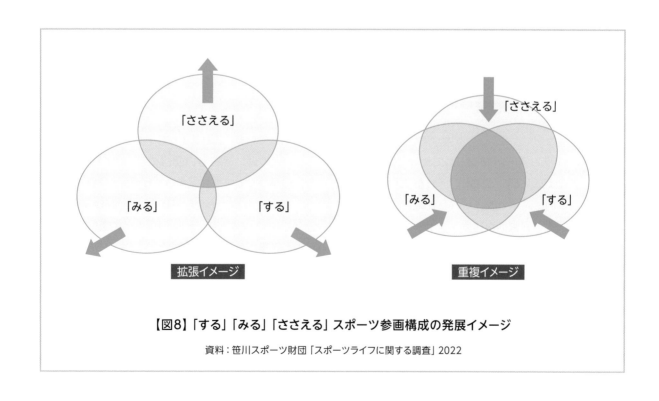

【図8】「する」「みる」「ささえる」スポーツ参画構成の発展イメージ

資料：笹川スポーツ財団「スポーツライフに関する調査」2022

III　スポーツライフ・データ30周年を迎えて――政策形成プロセスにおけるスポーツライフ・データの活用

人（注6）であり、単純に考えればコロナ禍の影響で年間観客動員数の1/4が減少したことになる。まずはこの減少分の回復が目標になるだろう。ところで今回の調査結果からもわかるように、直接観戦の対象となる主な競技はプロ野球（観戦率8.7%）やJリーグ（3.0%）、高校野球（2.8%）などであり、収容人数が比較的多い屋内外の野球場やスタジアムで行われるものの、年間試合数には上限がある。このことはつまり、観客を収容する競技会場のキャパシティが限られていることを意味する。直接観戦率をコロナ禍以前のレベルに戻し、さらに増加を目指すのであれば、その目標値設定に際しては現実的にそれを受け入れる競技会場のキャパシティも勘案する必要があるだろう。

「ささえる」スポーツ参画に関して、無自覚的ボランティア実施率が自覚的ボランティア実施率の2倍以上にのぼっていた。活動実態としてはボランティアとして20%以上の人がスポーツにかかわり、ささえているのであるから、その自覚を促すようなメッセージの発信が必要であろう。第3期スポーツ基本計画において第1期、第2期基本計画にはなかった「『スポーツ』の捉え方」が言及された背景には、多くの人々にとって「スポーツ＝するもの」であり、さらにスポーツをすることがある意味で大層なものであると認識される傾向が強く、こうした認識を解きほぐす意図があるのではと推測する。同様に、ボランティアも硬直化したイメージで捉えられており、そのために日々行っている活動をボランティアだとは自覚しない傾向があるのかもしれない。スポーツだけでなくボランティアにも、関わり方には多様性と可能性があることを示していくことが重要だろう。

8　エビデンスに資するスポーツライフ・データの可能性と課題

「スポーツライフ・データ」がはじめて刊行されたのは1993年（調査は1992年）であり、それから30年間にわたって、基本的に隔年で調査が行われ報告書が刊行されてきた。成人の日常的な運動・スポーツ実施の把握に際しては実施頻度にとどまらず、運動時間、運動強度も測定することによって5段階からなる「運動・スポーツ実施レベル」という独自の指標を設定し、そこからアクティブ・スポーツ人口（＝レベル4）を求め、成人の運動・スポーツ実施を重層的に把握してきたといえるだろう。さらには調査データを公開することで第三者の評価

にも耐え、また多様な視点や発想による分析を通じて成人の運動・スポーツ状況の把握や解明に役立ってきたと評価できるだろう。

他方、国内の政策評価に関する動きをみると、2002年に「行政機関が行う政策の評価に関する法律」が施行されるなど、2000年をすぎた頃から政策評価制度が整えられはじめた。2006年には「簡素で効率的な政府を実現するための行政改革の推進に関する法律」が公布され、新自由主義の流れに即した行政改革の文脈において政策評価が推進される。さらに2010年には行政事業レビューが始まり、国が行う事業についてPDCAサイクルを用いた点検・見直しが行われるようになった。こうした流れの中で政策を客観的に評価、見直し、さらには立案するための証拠が求められるようになり、EBPM（Evidence-Based Policy Making）の導入と普及に至る（熊谷, 2021）。

このように、スポーツライフ・データの蓄積が進む一方で、社会においては客観的に政策を評価するニーズが高まっており、スポーツ政策を評価するエビデンスとしてスポーツライフ・データの価値はますます高まりつつある。このことは、スポーツライフ・データ自体の点検・見直しをする必要性の高まりを意味するのかもしれない。たとえば本稿で着目してきた「する」「みる」「ささえる」スポーツ参画に関しては、政策にかかわる指標の測定という観点からは、それらの測定方法に一貫性をもたせるための検討も必要だろう。スポーツライフ・データにおいて「する」スポーツについては過去1年間に行った運動・スポーツに関する情報を申告してもらい、その頻度や時間、強度等から週1回以上実施者や運動・スポーツ実施レベルを把握している。他方、「みる」「ささえる」スポーツ参画については、まず直接スポーツ観戦やボランティア実施の有無を質問し、それから具体的な内容に踏み込んでいる。これによって「する」と「みる」「ささえる」との間に回答者の認識の差が生じる可能性がある。政策プロセスを検証するエビデンスに資するためには、過去30年間にわたる調査方法や項目の蓄積と継続性ともバランスをとりながら、測定の精度を高める等の検討も必要になってくるだろう。

注1）　第3期スポーツ基本計画の「『スポーツ』の捉え方の整理」においては、スポーツを「する」「みる」「ささえる」というさまざまな形での自発的参加を通じて、スポーツの価値を享受できると捉えて

いることを確認できる。

注2) この点については熊谷（2022）の議論が参考になるだろう。つまり政策、施策、さらには具体的施策間のロジックモデルの検討が不十分なため、それらの因果関係についての検証が困難な状況にある。

注3) これらの数値は、「する」スポーツを年1回以上の運動・スポーツ実施、「みる」スポーツを直接観戦、「ささえる」スポーツを包括的スポーツボランティア実施（第4節を参照）で捉えた場合の値である。

注4) 笹川スポーツ財団が実施している「スポーツライフ・データ」（2012, 2014, 2016, 2018, 2020, 2022）を用いて分析を行った。スポーツライフ・データでは2016年から対象年齢や人数等が変更になり、2014年までの対象年齢は満20歳以上だったのに対して2016年からは満18歳以上になった。また調査対象人数も2,000人から3,000人に増えた。

注5) たとえば第3期スポーツ基本計画の「基本計画で取り扱う『スポーツ』」においては、「スポーツを『みる』という観点からは、選手が試合や競技に挑戦する姿を『観る』ことから得られる感動に加え、更に『応援』することを通じて、選手と観客が一つとなれる一体感や帰属意識等も得ることが可能になると考えられる」（文部科学省、2022:p10）と説明されている。

注6) 詳細は以下のとおり。プロ野球セ・リーグ：14,867,071人、パ・リーグ：11,669,891人（以上、各リーグ「年度別入場者数」より、いずれも2019年度）、JリーグJ1：6,349,681人、J2：3,315,234人、J3：732,567人（以上、Jリーグ公式ページより算出、いずれも2019年度）、B.LEAGUE：2,590,000人（B.LEAGUEクラブ決算概要　発表資料（2018-19シーズン）より）、大相撲：約500,000人。

引用・参考文献　熊谷哲（2021）「【提言】スポーツ基本計画策定に向けて－EBPM（Evidence-Based Policy Making）の観点を踏まえたスポーツ基本計画策定に関する提言－」https://www.ssf.or.jp/ssf_eyes/sport_topics/202112.html（最終アクセス：2022年12月20日）

熊谷哲（2022）「スポーツ政策立案におけるEBPMの推進について」日本体育・スポーツ・健康学会体育・スポーツ政策専門領域2022年度第1回研究会配付資料.

松尾哲矢（2012）「スポーツボランティアの現在地とその特徴」スポーツライフ・データ2012　スポーツライフに関する調査報告書, pp46-52.

文部科学省（2017）「第2期スポーツ基本計画」

文部科学省（2022）「第3期スポーツ基本計画」

Tsuji Taishi, Satoru Kanamori, Ryota Watanabe, Meiko Yokoyama, Yasuhiro Miyaguni, Masashige Saito & Katsunori Kondo (2021) "Watching sports and depressive symptoms among older adults: a cross-sectional study from the JAGES 2019 survey", Scientific Reports 11: 10612 https://doi.org/10.1038/s41598-021-89994-8

IV

トピック

Topics

成人の運動・スポーツ実施における
新型コロナウイルス感染拡大の影響

トピック
A

愛知東邦大学 人間健康学部 人間健康学科　教授　大勝 志津穂

A-1　はじめに

　2020年初頭から始まった新型コロナウイルスパンデミックにより、世界中の人々の生活は大きく変化した。日本では、2020年4月に政府が全国に緊急事態宣言を発令し、「接触機会の8割削減」を目標に、生活や健康の維持に必要なもの以外の活動自粛を要請した。屋外での運動や散歩などはその要請外とされたものの、スポーツ施設の閉鎖や休業もあり、人々の意識の中ではこれまでどおりの運動やスポーツ活動を継続する状況にはなかったことが推測される。また、「出勤者数の7割削減」の目標も掲げられ、テレワークやローテーション勤務などが推進され、人々の働き方も大きく変化した。その後、2回目の緊急事態宣言が2021年1月から3月にかけて出され、3回目、4回目が2021年4月から7月にかけて感染拡大状況が懸念された都道府県に発令された。このように、2020年から2021年前半にかけて、人々はこれまでとは大きく異なる生活を送ることとなったのである。

　ここでは、新型コロナウイルスパンデミック前（以下、新型コロナ前）の2018年調査とコロナ禍で実施された2020年調査、さらにWithコロナとなった2022年調査の結果から、成人の運動・スポーツ実施状況における新型コロナウイルス感染拡大の影響を探る。注目する項目は、運動・スポーツ実施レベルと種目別実施率の推移である。種目別実施率については、2022年調査において年1回以上の上位10種目を取り上げる。2018年から2020年の変化は新型コロナ前とコロナ禍での変化、2020年から2022年は新型コロナの影響が少し緩和されつつある状況での変化を示している。また、2018年から2022年の変化は、コロナ禍を経てWithコロナとなった社会において新型コロナ前との状況の変化と捉える。つまり、新型コロナ前の状況に戻ったのか、変化したかである。

A-2　分析方法

　本稿で用いた分析方法について説明する。運動・スポーツ実施レベルでは、非実施者（レベル0）の割合の変化と定期的実施者（レベル2以上）の変化に着目した。それぞれ非実施者については「レベル0」と「それ以外」、定期的実施者については「レベル2以上」と「それ以外」で該当する割合の変化をχ^2検定により検証した。種目別実施率については、2022年の年1回以上の上位10種目について、実施者と非実施者の割合の差異をχ^2検定により検証した。

　検証内容は、2018年、2020年、2022年の3回の調査結果における割合の変化と、2018年と2020年、2020年と2022年、2018年と2022年の年度ごとの割合の変化である。

A-3　運動・スポーツ実施レベルの変化
－性別・年代別・都市規模別・職業別－

　運動・スポーツ実施レベルの変化について、**表A-1**に「レベル0」の割合、**表A-2**に「レベル2以上」の割合を示した。

　まず、「レベル0」の変化量をみる。3回の調査結果において有意な変化がみられたのは「人口10万人以上の市」「パートタイムやアルバイト」であった。「人口10万人以上の市」では減少傾向、「パートタイムやアルバイト」では増加傾向がみられた。「レベル0」の年度ごとの変化をみると、2018年から2022年における「人口10万人以上の市」「人口10万人未満の市」で有意な変化がみられた。「人口10万人以上の市」では減少、「人口10万人未満の市」では増加と逆の変化となった。つまり、コロナ禍を経て「人口10万人以上の市」では非実施者が減少し、「人口10万人未満の市」では非実施者が増加したことになる。

　次に、「レベル2以上」の変化をみる。3回の調査結果において有意な変化がみられたのは、「18・19歳」「40歳代」「人口10万人以上の市」「勤め人」で、いずれの

カテゴリーも増加傾向を示した。「レベル2以上」の年度ごとの変化では、2018年から2020年の変化において「人口10万人以上の市」「勤め人」で有意な増加がみられ、都市部に住む人において、コロナ禍で定期的な運動・スポーツ実施者が増加したことがうかがえた。2020年から2022年の変化では、「18・19歳」「30歳代」が有意に減少していた。2018年から2022年の変化では、「18・19歳」「40歳代」「人口10万人以上の市」で有意に増

【表A-1】「レベル0」の割合の推移

		割合の推移 (%)					年度の変化		
		2018	2020	2022	χ^2値	p	2018→2020	2020→2022	2018→2022
性別	男性	23.8	23.9	24.8	0.50				
	女性	28.2	29.4	29.3	0.63				
年代	18・19歳	18.3	18.1	16.0	0.16				
	20歳代	29.9	28.9	25.9	1.59				
	30歳代	25.0	25.8	28.6	1.67				
	40歳代	23.7	24.7	23.5	0.26				
	50歳代	29.3	27.6	30.1	0.77				
	60歳代	26.8	28.5	27.4	0.43				
	70歳以上	23.6	26.4	28.8	3.24				
都市規模	東京都区部	23.6	28.2	26.4	1.20				
	20大都市	21.7	24.0	25.7	3.08				
	人口10万人以上の市	29.2	26.4	24.6	6.66	*			−4.6*
	人口10万人未満の市	25.7	28.4	31.6	5.45				+5.9*
	町村	25.2	29.2	32.1	2.86				
職業	自営業・家族従事者	28.4	29.7	32.3	1.40				
	勤め人	26.1	26.1	25.3	0.24				
	パートタイムやアルバイト	22.3	28.1	31.2	8.09	*			
	専業主婦・主夫	30.2	28.3	25.3	2.99				
	その他	23.3	22.3	26.3	2.50				

* p<.05, ** p<.01, ***p<.001
資料：笹川スポーツ財団「スポーツライフに関する調査」2022

【表A-2】「レベル2以上」の割合の推移

		割合の推移 (%)					年度の変化		
		2018	2020	2022	χ^2値	p	2018→2020	2020→2022	2018→2022
性別	男性	45.5	47.8	49.2	3.91				
	女性	50.0	52.0	49.1	2.93				
年代	18・19歳	60.6	63.9	61.3	11.17	**		−2.6**	+0.7**
	20歳代	37.1	42.7	43.3	3.79				
	30歳代	41.9	46.6	39.5	4.58			−7.1*	
	40歳代	38.0	43.2	46.3	8.73	*			+8.3**
	50歳代	45.3	48.3	45.2	1.27				
	60歳代	57.2	51.9	53.6	3.30				
	70歳以上	65.9	64.4	62.2	1.37				
都市規模	東京都区部	48.6	44.5	42.7	1.63				
	20大都市	51.1	52.8	48.5	2.53				
	人口10万人以上の市	45.2	49.6	51.7	10.93	**	+4.4*		+6.5**
	人口10万人未満の市	47.5	49.8	47.5	0.93				
	町村	52.0	48.4	47.1	1.28				
職業	自営業・家族従事者	46.1	47.1	44.7	0.44				
	勤め人	38.4	43.5	43.5	8.21	*	+5.1*		
	パートタイムやアルバイト	51.3	50.6	48.1	0.88				
	専業主婦・主夫	53.5	54.9	57.0	1.23				
	その他	61.0	62.7	58.1	2.38				

* p<.05, ** p<.01, ***p<.001
資料：笹川スポーツ財団「スポーツライフに関する調査」2022

IV

トピック A 成人の運動・スポーツ実施における新型コロナウイルス感染拡大の影響

加していた。「18・19歳」では、コロナ禍からWithコロナの変化の中で定期的な実施者の揺り戻し現象がうかがえた。「40歳代」「人口10万人以上の市」では、コロナ禍で定期的な実施者が増加する傾向が示された。

A-4　性別にみる運動・スポーツ種目別実施率の変化

　表A-3には各年度の種目別実施率を性別で示した。3回の調査結果において有意な変化がみられたのは、男性の「ウォーキング」「ゴルフ（コース）」、女性の「ウォーキング」「筋力トレーニング」「ボウリング」であった。男性の「ウォーキング」では増加傾向、「ゴルフ（コース）」では減少傾向となった。女性の「ウォーキング」は増加傾向、「筋力トレーニング」では揺り戻し傾向がみられた。「ボウリング」は、コロナ禍で大きく減少したものの、緩やかな増加傾向がうかがえた。

　2018年から2020年の変化をみると、女性において有意な変化が多くみられた。有意に増加したのは「散歩」「ウォーキング」「筋力トレーニング」「なわとび」「サイクリング」であり、有意に減少したのは「ヨーガ」「バドミントン」「ボウリング」「ジョギング・ランニング」であった。

男性では「ゴルフ（コース）」のみ有意に減少していた。女性においては、コロナ禍で特別な施設をあまり必要としないエクササイズ系種目の実施者が増加したことがうかがえた。

　2020年から2022年においても、女性で有意な変化が多くみられた。有意に増加したのは「ウォーキング」「バドミントン」「サイクリング」「ボウリング」であり、有意に減少したのは「散歩」「体操」「筋力トレーニング」「ヨーガ」「なわとび」「ジョギング・ランニング」であった。男性では、「ジョギング・ランニング」が有意に減少していた。女性では、コロナ禍で実施できなかった種目をWithコロナになりつつある社会の中で、再開する人が増えた可能性が考えられる一方、コロナ禍で運動やスポーツを始めた人が継続できず離脱した状況もうかがえた。

　2018年から2022年の変化では、男性では「ウォーキング」が有意に増加、「ゴルフ（コース）」が有意に減少していた。女性では、「ウォーキング」が有意に増加、「ボウリング」が有意に減少していた。コロナ禍で健康に対する意識が高まり、男女ともに手軽に身近に実施できるウォーキングの実施者が増加したことが推測される。一方、施設を利用する種目については、一旦やめてしまった人々を呼び戻す状況には至っていないことがうかがえた。

【表A-3】性別による上位種目の運動・スポーツ実施率の推移

| | | | 割合の推移 (%) | | | | | 年度の変化 | | |
			2018	2020	2022	χ²値	p	2018→2020	2020→2022	2018→2022
男性	1	ウォーキング	24.1	26.5	28.6	7.68	*			+4.5**
	2	散歩（ぶらぶら歩き）	26.0	28.1	27.3	1.81				
	3	筋力トレーニング	17.4	19.4	19.4	2.68				
	4	ジョギング・ランニング	13.3	15.3	12.6	4.68			-2.7*	
	5	体操（軽い体操、ラジオ体操など）	14.0	13.1	11.8	3.38				
	6	ゴルフ（コース）	14.8	11.5	11.7	9.50	**	-3.3**		-3.1*
	7	釣り	11.6	13.3	11.5	2.73				
	8	ゴルフ（練習場）	11.7	10.0	10.2	2.59				
	9	サイクリング	7.7	8.6	8.7	1.15				
	10	登山	5.6	5.8	6.2	0.53				
女性	1	散歩（ぶらぶら歩き）	35.8	37.6	36.4	1.14		+1.8***	-1.2***	
	2	ウォーキング	26.6	30.1	30.2	6.28	*	+3.5***	+0.1**	+3.6*
	3	体操（軽い体操、ラジオ体操など）	25.0	25.7	23.0	3.06			-2.7***	
	4	筋力トレーニング	13.1	16.5	13.4	8.68	*	+3.4***	-3.1***	
	5	ヨーガ	9.7	9.4	8.4	1.67		-0.3***	-1.0***	
	6	なわとび	6.0	8.0	6.7	4.87		+2.0***	-1.3***	
	7	バドミントン	6.4	5.6	6.1	1.00		-0.8***	+0.5***	
	8	サイクリング	4.2	4.6	5.2	1.84		+0.4***	+0.6***	
		ボウリング	8.7	5.0	5.2	22.74	***	-3.7***	+0.2***	-3.5***
	10	ジョギング・ランニング	6.0	5.9	5.1	1.39		-0.1***	-0.8***	

* p<.05, ** p<.01, ***p<.001
資料：笹川スポーツ財団「スポーツライフに関する調査」2022

A-5 年代別にみる運動・スポーツ種目別実施率の変化

表A-4には各年度の種目別実施率を年代別に示した。3回の調査結果において有意な変化がみられたのは、20歳代の「筋力トレーニング」「ウォーキング」「ボウリング」、30歳代の「ジョギング・ランニング」、40歳代の「ウォーキング」「ゴルフ（コース）」、50歳代の「散歩」、70歳以上の「グラウンドゴルフ」であった。減少傾向がみられたのは、20歳代の「ボウリング」、30歳代の「ジョギング・ランニング」、40歳代の「ゴルフ（コース）」、70歳以上の「グラウンドゴルフ」であり、増加傾向がみられたのは、20歳代と40歳代の「ウォーキング」であった。コロナ禍で揺り戻し現象がみられたのは、20歳代の「筋力トレーニング」、50歳代の「散歩」であった。

2018年から2020年の変化をみると、20歳代の「筋力トレーニング」「ウォーキング」、50歳代の「散歩」が有意に増加しており、一人で実施できるエクササイズ系種目の増加がうかがえた。一方、有意に減少したのは、20歳代の「ボウリング」、40歳代の「キャンプ」「ゴル

フ（コース）」、70歳以上の「ゴルフ（コース）」であり、施設を利用する種目の減少がうかがえた。

2020年から2022年においては、有意に増加した種目はみられなかった。有意に減少した種目は、20歳代の「筋力トレーニング」「ジョギング・ランニング」、30歳代の「筋力トレーニング」「体操」、50歳代の「散歩」「体操」「ジョギング・ランニング」であった。エクササイズ系種目が多く、2018年から2020年において実施していた人々が、継続できずにやめてしまった可能性がうかがえた。

2018年から2022年の変化において有意に増加したのは、20歳代と40歳代の「ウォーキング」であった。一方、有意に減少したのは、20歳代の「ボウリング」、30歳代の「体操」「ジョギング・ランニング」、40歳代の「ゴルフ（コース）」、50歳代の「体操」、70歳以上の「グラウンドゴルフ」であった。コロナ禍において、20歳代が多くの種目で変化をしており、彼らが大きな影響を受けていたことが示唆された。70歳以上の高齢者層では、コロナ禍で集団で実施する種目を中止・中断せざるを得なくなった状況から再開できずにいる状況がうかがえた。

【表A-4】年代別による上位種目の運動・スポーツ実施率の推移

			割合の推移 (%)					年度の変化		
			2018	2020	2022	χ^2値	p	2018→2020	2020→2022	2018→2022
18・19歳	1	筋力トレーニング	22.5	34.7	36.0	3.70				
	2	ジョギング・ランニング	22.5	25.0	24.0	0.12				
	3	散歩（ぶらぶら歩き）	21.1	33.3	21.3	3.74				
	4	ボウリング	25.4	19.4	20.0	0.90				
		バスケットボール	16.9	12.5	20.0	1.51				
		サッカー	23.9	18.1	20.0	0.79				
	7	ウォーキング	14.1	20.8	14.7	1.46				
	8	キャッチボール	14.1	18.1	10.7	1.65				
		バドミントン	16.9	16.7	10.7	1.47				
		野球	7.0	15.3	10.7	2.49				
		バレーボール	15.5	8.3	10.7	1.88				
20歳代	1	散歩（ぶらぶら歩き）	26.5	30.0	26.7	1.41				
	2	筋力トレーニング	19.9	29.7	23.3	10.14	**	+9.8**	−6.4*	
	3	ウォーキング	13.9	20.7	20.9	7.91	*	+6.8*		+7.0*
	4	ボウリング	20.5	13.0	12.6	11.52	**	−7.5**		−7.9**
	5	ジョギング・ランニング	15.2	17.8	12.3	4.39			−5.5*	
	6	バドミントン	9.2	7.7	9.6	0.96				
	7	バスケットボール	7.6	6.9	9.1	1.30				
	8	サイクリング	6.6	7.2	7.8	0.40				
	9	キャッチボール	7.6	8.8	7.5	0.50				
		体操（軽い体操、ラジオ体操など）	7.6	9.8	7.5	1.70				

〈次ページへ〉

			割合の推移 (%)					年度の変化		
			2018	2020	2022	χ²値	p	2018→2020	2020→2022	2018→2022
30歳代	1	散歩（ぶらぶら歩き）	28.8	34.1	34.1	4.06				
	2	ウォーキング	19.4	20.3	20.1	0.14				
	3	筋力トレーニング	18.5	23.1	17.6	5.01			−5.5*	
	4	体操（軽い体操、ラジオ体操など）	17.3	17.0	12.6	4.73			−4.4*	−4.7*
	5	ジョギング・ランニング	15.2	14.2	9.8	6.40	*			−5.4*
		釣り	9.6	8.7	9.8	0.36				
	7	なわとび	9.2	12.0	7.6	2.21				
		キャンプ	5.6	6.8	7.6	1.40				
	9	サイクリング	5.0	7.0	6.4	1.71				
		キャッチボール	9.4	8.7	6.4	2.91				
40歳代	1	散歩（ぶらぶら歩き）	29.2	30.1	32.1	1.21				
	2	ウォーキング	20.5	25.2	30.2	14.77	*			+9.7***
	3	体操（軽い体操、ラジオ体操など）	19.7	16.1	17.2	2.76				
	4	筋力トレーニング	15.3	16.2	15.8	0.20				
	5	ジョギング・ランニング	9.4	12.5	12.5	3.78				
	6	釣り	9.4	10.7	10.0	0.51				
	7	サイクリング	8.9	9.5	9.3	0.12				
		バドミントン	6.9	9.3	9.3	2.93				
	9	キャンプ	8.7	5.4	8.1	5.34		−3.3*		
	10	ゴルフ（コース）	11.1	5.6	7.6	12.43	**	−5.5***		−3.5*
50歳代	1	ウォーキング	25.6	29.8	29.3	2.60				
	2	散歩（ぶらぶら歩き）	29.5	35.4	28.7	6.24	*	+5.9*	−6.7*	
	3	筋力トレーニング	14.3	18.1	16.8	2.59				
	4	体操（軽い体操、ラジオ体操など）	20.2	20.1	15.3	5.29			−4.8*	−4.9*
	5	釣り	7.9	6.4	8.3	1.55				
	6	ジョギング・ランニング	9.4	11.5	7.6	4.75			−3.9*	
		サイクリング	6.4	7.2	7.6	0.49				
	8	ヨーガ	6.4	6.8	7.0	0.12				
	9	ゴルフ（コース）	9.1	8.5	6.2	3.31				
	10	ゴルフ（練習場）	7.5	7.4	5.5	2.06				
60歳代	1	散歩（ぶらぶら歩き）	35.3	32.2	35.2	1.44				
	2	ウォーキング	36.9	34.7	35.0	0.68				
	3	体操（軽い体操、ラジオ体操など）	24.5	22.6	21.7	1.22				
	4	筋力トレーニング	12.1	10.2	13.3	2.44				
	5	ゴルフ（コース）	9.8	10.5	9.8	0.22				
	6	ゴルフ（練習場）	7.3	9.0	7.8	1.16				
	7	サイクリング	4.4	4.4	6.7	3.75				
	8	釣り	6.0	5.9	6.3	0.08				
	9	登山	3.9	4.4	5.5	1.63				
	10	ジョギング・ランニング	5.1	4.2	5.3	0.78				
70歳以上	1	ウォーキング	35.5	38.4	39.5	1.63				
	2	散歩（ぶらぶら歩き）	36.9	35.6	34.8	0.45				
	3	体操（軽い体操、ラジオ体操など）	26.6	29.8	28.6	1.11				
	4	筋力トレーニング	11.2	11.7	10.7	0.27				
	5	ゴルフ（コース）	9.8	6.1	7.8	4.36		−3.7*		
	6	ゴルフ（練習場）	5.8	5.2	7.0	1.40				
	7	グラウンドゴルフ	9.8	6.9	5.3	7.36	*			−4.5**
	8	卓球	3.3	4.4	4.9	1.52				
	9	ハイキング	4.4	6.1	4.5	1.75				
	10	サイクリング	4.2	3.6	4.1	0.29				
		水泳	5.6	4.8	4.1	1.19				

* p<.05, ** p<.01, ***p<.001

資料：笹川スポーツ財団「スポーツライフに関する調査」2022

都市規模別にみる運動・スポーツ種目別 実施率の変化

 職業別にみる運動・スポーツ種目別 実施率の変化

表A-5には各年度の種目別実施率を都市規模別に示した。都市規模別の実施種目の傾向として、「散歩」「ウォーキング」「筋力トレーニング」「体操」がどのカテゴリーにおいても上位4種目に入っていることがあげられる。一方、「ゴルフ（コース）」「水泳」「ボウリング」などの種目は、都市規模別によって異なる傾向がみられた。

3回の調査結果において有意な変化がみられたのは、20大都市の「ジョギング・ランニング」、人口10万人以上の市の「ウォーキング」「筋力トレーニング」「サイクリング」「ボウリング」、町村の「なわとび」であり、人口10万人以上の市の人々に多くの変化があったことがうかがえた。増加傾向を示したのは、人口10万人以上の市の「ウォーキング」「筋力トレーニング」「サイクリング」、町村の「なわとび」であり、減少傾向を示したのは、20大都市の「ジョギング・ランニング」、人口10万人以上の市の「ボウリング」であった。

2018年から2020年の変化をみると、有意に増加したのは、人口10万人以上の市の「ウォーキング」「ジョギング・ランニング」、町村の「なわとび」であった。有意に減少したのは、20大都市の「水泳」、人口10万人以上の市の「ボウリング」、人口10万人未満の市の「ゴルフ（コース）」であり、コロナ禍で施設を利用する種目が実施できなかった状況が示された。

2020年から2022年の変化をみると、有意に増加したのは、町村の「登山」だけであった。一方、有意に減少したのは、20大都市の「筋力トレーニング」「ジョギング・ランニング」、人口10万人未満の市の「体操」、町村の「釣り」であり、エクササイズ系種目に影響がみられた。

最後に、2018年から2022年にかけての変化をみる。有意に増加したのは、人口10万人以上の市の「ウォーキング」「筋力トレーニング」「サイクリング」、町村の「なわとび」であった。一方、有意に減少したのは、20大都市の「体操」「筋力トレーニング」、人口10万人以上の市の「ボウリング」、人口10万人未満の市の「体操」であった。緊急事態宣言の発令や感染拡大の影響は、都道府県や都市規模によって異なっていた。また、居住地域によってコロナに対する人々の意識も異なる可能性がある。人口10万人以上の市において、多くの変化がみられた背景をさらに探る必要があるだろう。

表A-6には各年度の種目別実施率を職業別に示した。職業別の実施種目の傾向としては、「自営業・家族従事者」「パートタイムやアルバイト」「専業主婦・主夫」の各カテゴリーにおける上位種目は同様の傾向を示しながらも、それぞれに特徴的な傾向もみられた。たとえば、「自営業・家族従事者」では「釣り」「ゴルフ（コース）」「ゴルフ（練習場）」があり、「パートタイムやアルバイト」「専業主婦・主夫」では「なわとび」「ヨーガ」「水泳」などのエクササイズ系種目が上位にあった。

3回の調査結果において有意な変化がみられたのは、自営業・家族従事者の「ゴルフ（コース）」「ゴルフ（練習場）」、勤め人の「ウォーキング」「ジョギング・ランニング」「体操」、パートタイムやアルバイトの「登山」、その他の「体操」であった。増加傾向を示したのは、勤め人の「ウォーキング」、パートタイムやアルバイトの「登山」であり、減少傾向を示したのは、勤め人の「体操」であった。コロナ禍で揺り戻し現象がみられたのは、自営業・家族従事者の「ゴルフ（コース）」「ゴルフ（練習場）」、勤め人の「ジョギング・ランニング」、その他の「体操」であった。

2018年から2020年の変化をみる。有意に増加したのは、勤め人の「筋力トレーニング」「ジョギング・ランニング」、専業主婦・主夫の「なわとび」、その他の「ウォーキング」「筋力トレーニング」「体操」であり、コロナ禍でエクササイズ系種目の実施率が高くなったことがうかがえた。一方、有意に減少したのは、自営業・家族従事者の「ゴルフ（コース）」「ゴルフ（練習場）」、その他の「ボウリング」であり、施設利用の制限が影響したと考えられる。

2020年から2022年の変化をみると、有意に増加したのは、自営業・家族従事者の「ゴルフ（練習場）」、パートタイムやアルバイトの「登山」であった。一方、有意に減少したのは、勤め人の「ジョギング・ランニング」、その他の「体操」であった。自営業・家族従事者の「ゴルフ（練習場）」や勤め人の「ジョギング・ランニング」、その他の「体操」などは、コロナ禍で揺り戻しの状況がうかがえる結果となった。

2018年から2022年の変化をみると、有意に増加したのは、自営業・家族従事者と勤め人の「ウォーキング」

IV

トピック｜A　成人の運動・スポーツ実施における新型コロナウイルス感染拡大の影響

【表A-5】都市規模別による上位種目の運動・スポーツ実施率の推移

			割合の推移 (%)					年度の変化		
			2018	2020	2022	χ²値	p	2018→2020	2020→2022	2018→2022
東京都区部	1	散歩（ぶらぶら歩き）	33.6	37.3	33.2	0.98				
	2	ウォーキング	21.8	27.3	26.4	2.00				
	3	筋力トレーニング	18.2	20.0	20.0	0.31				
	4	体操（軽い体操、ラジオ体操など）	15.0	15.5	17.3	0.48				
	5	ジョギング・ランニング	13.6	11.8	10.9	0.80				
	6	水泳	10.0	8.2	9.1	0.44				
	7	サイクリング	10.0	8.6	8.2	0.48				
	8	ボウリング	10.5	6.8	7.7	2.06				
	9	ゴルフ（練習場）	5.5	5.0	7.3	1.14				
	10	なわとび	6.8	4.5	6.4	1.14				
20大都市	1	散歩（ぶらぶら歩き）	34.1	35.2	34.3	0.22				
	2	ウォーキング	29.7	29.9	30.6	0.15				
	3	体操（軽い体操、ラジオ体操など）	21.4	19.9	16.9	4.41				−4.5*
	4	筋力トレーニング	20.6	20.0	15.9	5.83			−4.1*	−4.7*
	5	釣り	7.9	8.2	9.0	0.55				
	6	ジョギング・ランニング	10.9	11.8	7.9	6.00	*		−3.9*	
	7	サイクリング	7.4	8.8	7.6	1.00				
	8	水泳	8.2	5.1	6.9	5.19		−3.1*		
	9	ゴルフ（練習場）	7.3	7.0	6.6	0.23				
		登山	5.5	5.8	6.6	0.85				
人口10万人以上の市	1	散歩（ぶらぶら歩き）	29.9	32.5	31.9	2.01				
	2	ウォーキング	23.0	28.3	31.4	21.82	***	+5.3**		+8.4***
	3	筋力トレーニング	13.0	18.0	17.9	14.42	***			+4.9***
	4	体操（軽い体操、ラジオ体操など）	19.2	19.8	17.5	2.28				
	5	ジョギング・ランニング	8.7	11.2	9.3	4.94		+2.5*		
	6	サイクリング	5.0	6.3	7.5	6.69	*			+2.5**
	7	ゴルフ（コース）	7.3	6.5	6.9	0.64				
	8	釣り	6.7	8.1	6.8	2.23				
	9	ゴルフ（練習場）	6.9	5.5	5.9	2.19				
	10	ボウリング	9.7	7.0	5.7	14.88	***	−2.7*		−4.0***
人口10万人未満の市	1	散歩（ぶらぶら歩き）	28.2	31.1	28.6	1.56				
	2	ウォーキング	25.8	27.2	25.8	0.42				
	3	体操（軽い体操、ラジオ体操など）	20.3	20.2	15.9	5.17			−4.3*	−4.4*
	4	筋力トレーニング	13.5	15.6	14.4	1.15				
	5	ジョギング・ランニング	10.0	8.8	8.4	1.07				
	6	ゴルフ（コース）	8.8	5.3	7.5	5.89		−3.5*		
	7	釣り	7.7	6.6	6.7	0.74				
	8	ゴルフ（練習場）	6.9	5.6	6.3	0.93				
	9	サイクリング	5.5	4.5	5.6	0.96				
	10	キャッチボール	5.8	5.3	5.2	0.33				
町村	1	散歩（ぶらぶら歩き）	32.0	29.6	32.1	0.46				
	2	ウォーキング	27.2	28.0	28.3	0.08				
	3	体操（軽い体操、ラジオ体操など）	18.8	18.4	22.5	1.56				
	4	筋力トレーニング	13.6	16.4	12.5	1.64				
	5	ジョギング・ランニング	6.4	7.6	8.8	0.97				
	6	ゴルフ（コース）	7.6	6.8	6.7	0.19				
		釣り	8.4	12.0	6.7	4.43			−5.3*	
		登山	3.2	2.8	6.7	5.48			+3.9*	
	9	なわとび	1.6	5.6	6.3	7.37	*	+4.0*		+4.7**
		ヨーガ	4.8	5.2	6.3	0.53				

* p<.05, ** p<.01, ***p<.001

資料：笹川スポーツ財団「スポーツライフに関する調査」2022

【表A-6】職業別による上位種目の運動・スポーツ実施率の推移

			割合の推移 (%)					年度の変化		
			2018	2020	2022	χ²値	p	2018→2020	2020→2022	2018→2022
自営業・家族従事者	1	ウォーキング	25.1	26.1	32.0	5.17				+6.9*
	2	散歩（ぶらぶら歩き）	29.8	29.5	30.0	0.02				
	3	体操（軽い体操、ラジオ体操など）	17.3	15.0	16.1	0.75				
	4	筋力トレーニング	13.9	13.7	13.5	0.03				
	5	釣り	9.9	9.7	12.4	1.67				
	6	ゴルフ（コース）	12.5	7.1	10.4	6.54	*	−5.4*		
	6	ゴルフ（練習場）	9.5	5.5	10.4	6.42	*	−4.0*	+4.9*	
	8	ジョギング・ランニング	8.7	8.4	7.8	0.24				
	9	サイクリング	5.9	7.4	6.9	0.72				
	10	登山	4.5	5.0	6.3	1.37				
勤め人	1	散歩（ぶらぶら歩き）	25.3	27.5	26.3	1.50				
	2	ウォーキング	20.0	23.2	25.7	11.05	**			+5.7***
	3	筋力トレーニング	16.4	20.1	19.2	5.83		+3.7*		
	4	ジョギング・ランニング	12.8	15.7	12.4	6.53	*	+2.9*	−3.3*	
	4	体操（軽い体操、ラジオ体操など）	16.1	13.6	12.4	6.93	*			−3.7*
	6	釣り	9.7	11.5	10.0	2.37				
	7	ゴルフ（コース）	11.3	9.7	9.6	2.47				
	8	サイクリング	7.4	7.1	8.7	2.28				
	9	ゴルフ（練習場）	9.4	8.6	7.9	1.54				
	10	キャンプ	5.0	5.2	6.4	2.48				
パートタイムやアルバイト	1	散歩（ぶらぶら歩き）	34.8	37.1	34.2	0.87				
	2	ウォーキング	29.6	31.9	29.7	0.68				
	3	体操（軽い体操、ラジオ体操など）	23.8	23.6	19.7	2.50				
	4	筋力トレーニング	14.7	14.9	14.0	0.15				
	5	なわとび	6.5	9.5	7.2	2.63				
	6	バドミントン	8.1	6.4	6.7	1.01				
	7	登山	3.1	2.8	6.0	6.37	*		+3.2*	
	8	ヨーガ	8.1	7.3	5.7	1.77				
	9	水泳	5.5	5.2	5.2	0.04				
	10	サイクリング	6.0	5.4	5.0	0.41				
専業主婦・主夫	1	散歩（ぶらぶら歩き）	37.2	42.0	43.2	4.01				
	2	ウォーキング	28.7	30.1	33.2	2.40				
	3	体操（軽い体操、ラジオ体操など）	28.3	31.0	30.1	0.87				
	4	筋力トレーニング	12.8	14.5	11.4	2.02				
	5	ヨーガ	10.1	10.9	9.6	0.48				
	6	なわとび	5.4	8.7	6.3	4.33		+3.3*		
	7	卓球	3.9	3.8	5.3	1.59				
	8	水泳	6.6	4.9	4.7	2.09				
	9	サイクリング	3.1	4.2	4.1	0.99				
	9	ハイキング	5.6	4.7	4.1	1.23				
その他	1	散歩（ぶらぶら歩き）	35.2	37.1	33.5	1.53				
	2	ウォーキング	30.9	37.5	32.4	5.83		+6.6*		
	3	筋力トレーニング	16.4	22.1	18.2	5.86		+5.7*		
	4	体操（軽い体操、ラジオ体操など）	18.1	23.2	16.2	9.13	*	+5.1*	−7.0**	
	5	ジョギング・ランニング	9.7	9.3	9.3	0.08				
	6	サイクリング	5.2	7.8	7.3	3.18				
	6	ボウリング	10.6	7.0	7.3	5.82		−3.6*		
	8	ゴルフ（練習場）	6.0	5.9	6.3	0.10				
	9	ゴルフ（コース）	6.9	6.1	6.1	0.33				
	10	卓球	8.3	6.1	5.8	3.30				

* p<.05, ** p<.01, ***p<.001

資料：笹川スポーツ財団「スポーツライフに関する調査」2022

であり、有意に減少したのは、勤め人の「体操」であった。コロナ禍でテレワークや在宅勤務などが普及し、通勤での移動が少なくなった人々が、意識的に歩く運動を行った可能性が推測された。

A-8　まとめ

　笹川スポーツ財団では、2020年6月と10月、2021年2月にコロナ禍における成人の運動・スポーツ実施状況について調査[*1]を実施している。この3調査では、実施レベルの割合の変化、種目別実施率の増減に注目している。本稿では、成人の運動・スポーツ実施状況における新型コロナウイルス感染症拡大の影響を、2018年、2020年、2022年調査の結果から、実施レベルの割合と種目別実施者の割合の変化から検討した。実施レベルでは、「レベル0」と「レベル2以上」のそれぞれの項目に注目した。種目別実施者の割合では、2022年調査の年1回以上実施した上位10種目に注目し、性別、年代別、都市規模別、職業別において各カテゴリーでの実施した人の割合（実施率）の変化を検討した。

　実施レベルでは、「レベル0」の非実施者の変化より、「レベル2以上」の定期的実施者に有意な変化が多くみられた。「レベル2以上」の有意な変化では増加傾向がみられ、コロナ禍を経てポジティブな変化となったことがうかがえた。しかしながら、「パートタイムやアルバイト」において「レベル0」が大きく増加しており、これらの職業に就く人々がコロナ禍において、他の職業の人々より生活時間に制約が生じた可能性が推測された。

　種目別実施率については、「女性」「20歳代」「人口10万人以上の市」「勤め人」の各カテゴリーで3種目以上に有意な変化がみられ、さらにこれらのカテゴリーでは各年度でも有意な変化が多くみられた。これらの結果

から、いわゆる大都市の勤め人ではなく、地方圏の10万人以上の市に住む勤め人が、意識的に運動やスポーツを実施するようになった可能性がうかがえた。この背景には、テレワークの推進により通勤時間の削減や働き方の変化とともに生活時間に変化があったことが推測され、これらの変化が彼らの意識的な運動やスポーツ実施の契機となっている可能性が示唆され大変興味深い結果となった。

　以上、本稿では、成人の全体的な傾向を俯瞰してきたが、その結果、カテゴリー別に変化の差異がみられ、影響の程度がカテゴリーによって異なることが明らかとなった。しかしながら、各カテゴリーにおいて性別や年齢など属性の違いによって実施傾向が異なることが考えられる。今後より詳細に検討することで、誰が影響を受けたのかが明確になり、どの集団をターゲットにどのような施策を進めるべきなのかをさらに検討できると思われる。

*1：詳細は以下の調査結果をご覧ください。
- 笹川スポーツ財団（2020）新型コロナウイルスによる運動・スポーツへの影響に関する全国調査（2020年6月調査），
  https://www.ssf.or.jp/files/covid19_nr2020_rv.pdf
- 笹川スポーツ財団（2020）新型コロナウイルスによる運動・スポーツへの影響に関する全国調査（2020年10月調査），
  https://www.ssf.or.jp/files/covid19_nr202010.pdf
- 笹川スポーツ財団（2021）新型コロナウイルスによる運動・スポーツへの影響に関する全国調査（2021年2月調査），
  https://www.ssf.or.jp/files/covid19_04_202107f.pdf

ITやテクノロジーは
スポーツの新たな価値を生み出すか？

トピック
B

日本体育大学 スポーツマネジメント学部　准教授　横田 匡俊

B-1　はじめに

　世界中で猛威を振るった新型コロナウイルス感染症が、社会・経済に大きな影響を与えたことはいうまでもないだろう。

　スポーツや健康に関する産業、市場も例外ではない。2020年4月7日～5月25日に発令された第1回緊急事態宣言では、「スポーツクラブ」が休業要請の対象となり、また、「イベント」は開催停止を強いられた。プロスポーツ等のイベントは、第1回緊急事態宣言解除以降もさまざまな制約を受け、無観客や入場者数の制限が長く続き、2022年12月現在でも声出し応援が禁止されるなど、コロナ以前の姿には戻れずにいる。

　一方で、2021年に無観客で東京オリンピック・パラリンピック競技大会が開催された前後から、ポジティブな動向も散見されるようになる。たとえば、株式会社アシックスは、ランニング人気の高まりにより、2021年12月期決算において、ランニングパフォーマンス（ランニングシューズ）カテゴリーの売上高が全地域において大幅増収となり、前期比30%以上増となった（株式会社アシックス、2021年12月期 決算短信〔日本基準〕（連結））。また、ミズノ株式会社の2021年4～9月期の連結決算は、欧米でのゴルフ用品の販売が好調だったことを受け、売上高が前年同期比28%増となった（日本経済新聞、2021年11月10日）。さらに、キャンプの人気の高まりによって、関連用品を扱う専門店やメーカーは、店舗を増やしたり、キャンプ場を開設するなど、事業を広げている（日本経済新聞、2022年9月15日）。いわゆる"3密"を回避するために、一人で、あるいは屋外で行う運動やスポーツの人気が高まるという現象が起きたのである。

　加えて、コロナ禍において注目が高まったのは、ITやテクノロジーの活用である。休業要請を受けたフィットネスクラブが、オンラインでトレーニング動画を配信したことを皮切りに、さまざまなアプリ、ウェアラブル端末等が公開されている。また、スポーツ、ヘルスケア市場への新規参入もみられる。たとえば、凸版印刷株式会社は、

野球やゴルフなどの9種類のスポーツについて、プロ選手の動きの共通部分をセンシング技術で抽出し、理想的な動作である「標準モデル」を作成、将来的には学校等へのサービス提供を計画している（日本経済新聞、2021年10月28日）。

　コロナ禍以前、2016年6月にスポーツ庁と経済産業省が合同で発表した「スポーツ未来開拓会議中間報告」では、5.5兆円のスポーツ市場を2025年までに3倍の15.2兆円に拡大するとしているが、その中で、「IoT活用（施設、サービスのIT化進展とIoT導入）」が新たに創出する市場として位置づけられ、1兆円規模の市場への成長が期待されている。つまり、スポーツ分野におけるITやテクノロジーの活用は、働き方におけるリモートワークやオンラインミーティングと同様、もともと構想・計画があった、あるいは成長が見込まれていたビジネスが、コロナ禍によって一気に進展した事例といえるだろう。

　このように、新型コロナウイルス感染症の影響については、スポーツクラブやプロスポーツ等の興行が大きなダメージを受けた一方で、ポジティブな側面も少なからず報道されている。

B-2　問題認識

　しかしながら、特定の市場や企業、あるいは一部の商品やサービスの活況の裏には、「限られたパイの奪い合い」が起きている可能性も否定できない。たとえば、"3密"を回避するためにフィットネスクラブを退会した人が、一人でランニングを始めたかもしれないし、週末は野球やサッカーなどのチームスポーツを楽しんでいた人が、試合ができなくなったため家族でキャンプを始めたかもしれない。

　まずは、コロナ禍において、人々の運動・スポーツ実施が変化したのか、あるいは、報道等で散見される新たな商品やサービスの活況が、どの程度、人々のスポーツライフに浸透しているのかについて、実態を把握することが必要だろう。そこで本稿では、以下の3点について

「スポーツライフ・データ2022」の調査結果をもとに実態を整理する。

① コロナ禍前後において、運動やスポーツを実施する頻度が増えた人、減った人はどれくらいいるのか？

② 運動やスポーツを行う際に、ITやテクノロジーを活用している人はどれくらいいるのか？

③ ITやテクノロジーの活用は、コロナ禍前後の運動やスポーツ実施頻度の増減と関係があるのか？

B-3 コロナ禍前後の運動やスポーツ実施頻度の増減

　まずは、コロナ禍前後の運動・スポーツ実施頻度の増減をみてみよう。「コロナ禍の前の1年間と比べて、現在の運動・スポーツを実施する頻度は増えましたか、減りましたか。」という質問に対して、「増えた」と回答した人は10.9%であった（**表B-1**）。また、「変わらない」は52.9%、「減った」は31.4%であった。

　性別、年代別にみると、「増えた」が約1割、「減った」が約3割という点に大きな違いはないが、以下のような傾向がみてとれる。

　◇　全体としては、「増えた」1割、「減った」3割。
　◇　女性の方がやや増加に転じた人が多い。
　◇　20歳代、40歳代は、やや二極化の傾向。
　◇　70歳以上は、増加に転じた人が少ない。

　また、都市規模別では、傾向は明らかだ。「変わらない」と回答した割合は、人口10万人以上の地域では5割前後（21大都市49.4%、人口10万人以上の市51.6%）であるのに対して、人口10万人未満の地域では6割に近い（人口10万人未満の市58.1%、町村59.2%）。同時に、人口10万人以上の地域では、人口10万人未満の地域と比較して、「増えた」「減った」の割合が高く、特に「減った」は、21大都市34.4%、人口10万人以上の市32.4%であるのに対して、人口10万人未満の市は26.6%、町村は28.3%であり、人口規模が大きい地域の方が運動やスポーツの実施頻度が減少した人が多い傾向にある。

【表B-1】コロナ禍前と比べた運動・スポーツの実施頻度の変化

(%)

		n	増えた	変わらない	減った	わからない	無回答
全 体		3,000	10.9	52.9	31.4	4.6	0.1
性別	男性	1,503	9.8	53.5	31.9	4.5	0.2
	女性	1,497	11.9	52.4	30.9	4.7	0.1
年代	18・19歳	75	14.7	42.7	37.3	5.3	0.0
	20歳代	374	14.4	49.7	33.2	2.4	0.3
	30歳代	437	11.7	55.4	28.1	4.8	-
	40歳代	582	14.3	47.9	34.0	3.8	-
	50歳代	529	11.5	52.6	30.8	4.7	0.4
	60歳代	489	9.0	56.0	29.7	5.3	-
	70歳以上	514	4.3	57.8	31.5	6.2	0.2
都市規模	21大都市	900	11.1	49.4	34.4	4.9	0.1
	人口10万人以上の市	1,220	11.6	51.6	32.4	4.3	0.1
	人口10万人未満の市	640	9.5	58.1	26.6	5.5	0.3
	町村	240	9.6	59.2	28.3	2.9	-

注1）　網掛けはサンプル数が少ないため参考値として扱う。
注2）「21大都市」は政令指定都市および東京都区部を指す。

資料：笹川スポーツ財団「スポーツライフに関する調査」2022

B-4 ITやテクノロジーの活用

次に、ITやテクノロジーの活用についてみてみよう。運動やスポーツをする際に使用したアプリやゲーム・インターネット等について、表B-2のように具体的な商品・サービス名を例示して、複数回答方式で回答を求めた。

「この1年間に運動・スポーツは行わなかった」人を除いた2,188人（以下、「スポーツ実施者」という）を対象として集計した結果、「インターネット上の無料動画」が最も多く24.7％、次いで「健康・ヘルスケアデータの管理用アプリ」が16.8％、「ゲーム」が9.5％、「ウェアラブル端末」が7.9％、「トレーニング・運動の記録用アプリ」が6.2％であった（表B-3）。また、「特になし」が58.4％を占めた。

性別、年代別にみると、20～40歳代の利用が多いこ

【表B-2】運動・スポーツ・身体活動における使用アプリ・ゲーム等の一覧

区分	活用した商品・サービス	例示
アプリ等	トレーニング・運動の記録用アプリ	腹筋アプリ、Nike Training Club、adidas Runningなど
	健康・ヘルスケアデータ（体重、歩数など）の管理用アプリ	FiNC、Google Fit、iOSヘルスケアなど
	オンライン上の交流（バーチャルランニングイベントへの参加など）を伴う参加型のアプリ	ラントリップなど
	スポーツ団体の管理用（社会人サークルの出欠管理、集金等）のアプリ	Player！など
	ウェアラブル端末（スマートウォッチ、歩数計）	Garmin、Apple Watch、Fitbitなど
ゲーム・インターネット等	ゲーム（Nintendo Switch、スマホゲーム等で、身体活動を伴うもの）	Fit Boxing、リングフィット アドベンチャー、ポケモンGo、ドラゴンクエストウォークなど
	インターネット上の無料動画	YouTube、ニコニコ動画、TikTok、自治体が提供する体操・エクササイズの動画など
	インターネット上の有料動画	フィットネスクラブによるライブレッスン、FIT RIKE、YOGATIVE（ヨガティブ）など
その他	自治体の健康ポイント事業	歩数や運動実施などでポイントを得て商品等と交換する事業

資料：笹川スポーツ財団「スポーツライフに関する調査」2022

【表B-3】運動・スポーツ・身体活動におけるアプリ・ゲーム等の使用

(%)

		n	トレーニング・運動の記録用アプリ	健康・ヘルスケアデータの管理用アプリ	オンライン上の交流を伴う参加型のアプリ	スポーツ団体の管理用のアプリ	ウェアラブル端末	ゲーム（身体活動を伴うもの）	インターネット上の無料動画	インターネット上の有料動画	自治体の健康ポイント事業	特になし
全体		2,188	6.2	16.8	0.6	0.4	7.9	9.5	24.7	0.8	1.8	58.4
性別	男性	1,127	8.1	14.7	1.0	0.4	9.0	9.7	22.4	1.1	1.3	59.3
	女性	1,056	4.3	19.0	0.2	0.5	6.8	9.4	27.3	0.5	2.3	57.4
年代	18・19歳	62	12.9	12.9	0.0	0.0	11.3	16.1	54.8	0.0	3.2	35.5
	20歳代	277	11.9	21.3	0.4	0.0	9.0	17.7	39.7	1.8	2.2	44.0
	30歳代	312	9.9	20.2	0.6	1.0	10.6	19.2	34.3	1.0	1.9	43.3
	40歳代	444	7.0	22.1	1.1	0.2	9.2	11.5	30.4	0.7	1.6	48.4
	50歳代	368	4.6	18.8	0.8	1.1	9.5	6.0	23.4	0.8	1.6	58.4
	60歳代	355	3.9	12.7	0.6	0.3	6.2	3.7	13.5	0.6	2.5	70.1
	70歳以上	365	0.5	6.8	0.0	0.0	2.7	0.8	5.5	0.3	0.8	86.6

注1）複数回答。
注2）▨網掛けはサンプル数が少ないため参考値として扱う。
資料：笹川スポーツ財団「スポーツライフに関する調査」2022

とがわかる。「特になし」は、20歳代44.0%、30歳代43.3%、40歳代48.4%であり、20〜40歳代においては、運動・スポーツ実施者の半数以上が、何かしらのアプリやインターネットを使用していることがわかった。一方で、50歳代以上は、年代が高いほど「特になし」と回答する割合が高く、70歳以上では86.6%を占めた。

　商品・サービス別では、「トレーニング・運動の記録用アプリ」は、女性と比較して男性の使用が多い（+3.8ポイント）。また、20歳代、30歳代では、1割前後が使用している。

　「健康・ヘルスケアデータの管理用アプリ」は、男性と比較して女性の使用が多い（+4.3ポイント）。また、20〜40歳代では2割以上が使用している。

　「ウェアラブル端末」は、女性と比較して男性の使用が多い（+2.2ポイント）。20〜50歳代では1割前後が使用している。

　「ゲーム」は、男女ともに1割弱の使用である。他の年代と比較して、20歳代（17.7%）、30歳代（19.2%）で使用した割合が高くなっている。

　「インターネット上の無料動画」は、男性と比較して女性の使用が多い（+4.9ポイント）。特に20歳代

（39.7%）の使用が多く、30歳代（34.3%）、40歳代（30.4%）でも3割を超えている。

B-5　ITやテクノロジーの活用と運動・スポーツ実施

　アプリやインターネットを使用している人は、コロナ禍前と比較して、運動やスポーツを実施する頻度はどう変わったのだろうか。

　スポーツ実施者全体では、「増えた」が14.8%、「変わらない」が48.2%、「減った」が35.2%であったが、アプリやインターネットを使用している人では、「変わらない」と回答した割合が10ポイント程度低く、「トレーニング・運動の記録用アプリ」使用者では39.7%、「健康・ヘルスケアデータの管理用アプリ」39.5%、「ウェアラブル端末」38.7%、「ゲーム」40.9%、「インターネット上の無料動画」39.0%であった（**表B-4**）。その分「増えた」と回答した割合が高く、それぞれ18.8〜25.3%となっている。「減った」と回答した割合に、大きな差はなかった。

【表B-4】コロナ禍前と比べた運動・スポーツの実施頻度の変化（使用したアプリ・ゲーム等の種類別）

(%)

	n	増えた	変わらない	減った	わからない
全体	2,188	14.8	48.2	35.2	1.7
トレーニング・運動の記録用アプリ	136	21.3	39.7	38.2	0.7
健康・ヘルスケアデータの管理用アプリ	367	25.3	39.5	34.1	1.1
オンライン上の交流を伴う参加型のアプリ	13	15.4	46.2	38.5	0.0
スポーツ団体の管理用のアプリ	9	11.1	22.2	66.7	0.0
ウェアラブル端末	173	24.9	38.7	33.5	2.9
ゲーム（身体活動を伴うもの）	208	18.8	40.9	39.4	1.0
インターネット上の無料動画	539	22.4	39.0	36.7	1.9
インターネット上の有料動画	17	41.2	41.2	17.6	0.0
自治体の健康ポイント事業	39	20.5	43.6	35.9	0.0
特になし	1,273	10.5	52.3	35.4	1.7

注1）使用したアプリ・ゲーム等は複数回答。
注2）　　　網掛けはサンプル数が少ないため参考値として扱う。
資料：笹川スポーツ財団「スポーツライフに関する調査」2022

B-6 まとめ

結果を簡潔にまとめると、次のようになる。

◇ 運動・スポーツの実施頻度をコロナ禍前と比較すると「増えた」約1割、「減った」約3割。

◇ 都市規模が大きいほど「減った」が多い。

◇ 20～40歳代では、運動・スポーツ実施者の半数以上が、何かしらのアプリ等を使用しているが、60歳以上では極めて限定的。

◇ アプリ等を使用している人は、コロナ禍前と比較して実施頻度が「増えた」割合が高い。

まず、前提として押さえておきたいことは、コロナ禍前と比べて運動やスポーツの実施頻度が「減った」人が、「増えた」人の3倍いるという事実である。ランニング人気の高まりなど、コロナ禍におけるポジティブな側面は、新たな需要を喚起したというよりは、もともと何かしらの運動やスポーツをやっていた人が、それらに加えてランニングを始めたか、あるいは、コロナ禍の制約によってフィットネスクラブやチームスポーツ等ができなくなり、ランニング等に流れたと考えるのが自然であり、それ以上に、運動やスポーツの実施頻度が減った人が多いのが実態である。

ITやテクノロジーの活用については、20～40歳代では、一定程度浸透しているといえるだろう。20～40歳代のスポーツ実施者は、1割がウェアラブル端末を身につけ、2割が体重や歩数をスマホに記録し、3～4割が無料動画を見てトレーニングや運動を行い、1割がアプリに体重や運動の履歴などを記録しているという姿が浮かび上がる。

そして、アプリ等を使用している人は、スポーツ実施者全体と比較して、コロナ禍前と比べて運動・スポーツの実施頻度が「増えた」と回答する割合が10ポイントほど高かった。今回の結果から因果関係にまで言及することはできないが、ITやテクノロジーの活用によって、運動やスポーツの実施頻度を増加させる可能性が示唆されたといえるだろう。

B-7 今後の展望

コロナ禍における運動やスポーツ実施において、ITやテクノロジーは、何をもたらしたのか？

ひとつは、"見える化"である。ウェアラブル端末は、バイタルや運動量を定量化するものであり、トレーニング記録アプリやヘルスケアデータ管理アプリは、結果や効果の蓄積を一覧するためのツールである。他者とのコミュニケーション機会が減ってしまったコロナ禍において、自身の身体や健康の状態、実施したトレーニングの成果などを可視化することは、自分自身とのコミュニケーション機会を創出し、一人で運動やスポーツを行うためのモチベーションを高めたのかもしれない。

もうひとつは、時間・空間・距離の概念を変えたことである。オンラインで配信されたさまざまなプログラムは、自宅からフィットネスクラブまでの距離と移動時間をゼロにし、自宅をフィットネススタジオに変えた。「サービス提供拠点に行かないとサービスを消費できない」というサービスビジネスの原則、障壁をなくしたのである。それによって、新たな余暇時間が生み出されたり、スタジオのスケジュールに左右されず、自分の好きな時間にエクササイズを行うことができたり、あるいは、フィットネスクラブに入会する敷居の高さを取り払うきっかけになったりしたかもしれない。

前述のとおり、コロナ禍以前の2016年の段階で、ITやテクノロジーの活用は、スポーツ産業における新たな成長分野として期待されていた。新型コロナウイルス感染症がアクセラレータとなり、さまざまな商品やサービスが開発されてきたが、きっかけは、コロナ禍で失われた機会や場をITやテクノロジーで代替するという観点、つまり、マイナスを補うことが中心であったように思う。しかし、それを超えた、新たな価値を生み出し始めている。

今後、20～40歳代を中心に一定程度浸透したことをベースとして、ITやテクノロジーが新たなスポーツの形を創り出し、スポーツの価値を高め、魅力的な市場として成長することを期待したい。

テレビゲーム、カードゲーム、ボードゲーム実施者の特徴と運動・スポーツ実施との関係

明治大学 商学部　准教授　澤井 和彦

 はじめに

「スポーツ」の語源はラテン語の「デポルターレ」で、その意味は「娯楽・慰み・気晴らし」であったといわれているが（坂上ら、2018）、近代以降、「スポーツ」といえば専らオリンピックや国体、体育の授業で行われているような「近代スポーツ」「競技スポーツ」のことを指すようになった。一方で、20世紀中ごろにはニュースポーツ（アメリカではニューゲームズ、欧州ではトリム運動など）が誕生し、近年は障がい者スポーツが注目されるようになっているが、これらは過熱しがちな近代スポーツの「競争原理」に対し、「適合原理」に基づいてあらゆる人々にスポーツ参加の可能性を広げる「Sports for All」の試みであるとされ（野々宮、2000）、近年はさらに「マインドスポーツ」や「eスポーツ」が、「スポーツ」の外延を拡張しつつある（澤井、2020）。

「マインドスポーツ」（頭脳スポーツ）とは、知的能力を競うゲームを「スポーツ」とみなしたもので、チェスや将棋、囲碁などのボードゲーム、ブリッジ、ポーカーなどのカードゲーム、競技かるた、百人一首などのかるた競技、麻雀などのテーブル競技などがある（頭脳スポーツ財団）。アジア・オリンピック評議会（OCA）が主催するアジア競技大会では、2006年のドーハ大会でチェスが、2010年の広州大会ではチェスと囲碁が、2018年のジャカルタ大会でコントラクトブリッジが正式種目となった。また、2005年に設立された国際マインドスポーツ連盟（IMSA）は、ワールドマインドスポーツゲームズを主催し、オリンピックムーブメントにマインドスポーツを含めることを目的としている（International Mind Sports Association）。

一方、「eスポーツ」とは「エレクトロニック・スポーツ（electronic sports）」の略で、パーソナルコンピューター（PC）ゲーム、家庭用ゲーム、モバイルゲームを用いて行う競技である（総務省、2018）。2022年のアジア競技大会では正式種目となり、オリンピック種目入りも検討されているといわれる。

本稿ではさしあたり既存の「スポーツ」を「フィジカルスポーツ」と呼ぶこととするが、フィジカルスポーツが「身体能力に基づくゲーム」であるがゆえに、「性別」「年齢別」「体重別」「オリンピックとパラリンピック」というように、身体プロフィールによって人々をそれぞれのカテゴリーに「分断」するのに対し、マインドスポーツやeスポーツはそうした分断を乗り越える可能性をもつと期待されている（澤井、2020）。たとえば、eスポーツがオリンピック種目になる際には馬術に次いで性別によるカテゴリー分けのない競技になるかもしれないし、障がい者がメダル争いをする種目になるかもしれない。

こうしたマインドスポーツやeスポーツに対して「"スポーツ"とは呼べない」という批判も多い（注1）。しかし、スポーツの定義に関する形而上学的な議論より、マインドスポーツやeスポーツを「スポーツ」として振興することの社会的意義や影響についてエビデンスベースで議論するほうが、社会的にはより有意義で生産的であろう。

本稿では、囲碁、将棋、麻雀、トランプなどマインドスポーツの種目となるボードゲームやカードゲームを「マインドゲーム」、テレビゲームやパソコンゲーム、スマホゲーム、ゲームセンターでのアーケードゲームなどeスポーツの種目となるようなゲームを「eゲーム」と呼ぶこととする。レジャー白書（2022）の「娯楽部門」の集計によれば、「テレビゲーム（家庭での）」の実施率は成人の21.3%、「ゲームセンター、ゲームコーナー」12.7%、「トランプ、オセロ、カルタ、花札など」18.1%、「将棋」5.1%、「囲碁」1.5%、「麻雀」4.6%となっているが、こうしたマインドゲームやeゲームの実施者は、マインドスポーツやeスポーツの潜在的な実施者、消費者になると期待される。

マインドスポーツやeスポーツのマーケティングを考えると、まずはこうしたマインドゲームやeゲームの実施者の属性や特性を明らかにすることは有意義であろう。また、既存の運動・スポーツ実施との競合関係も重要なポイントになるかもしれない。たとえば、武長（2015）や鈴木（2020）は、子どもや青少年においてゲームやパソコン・スマートフォンを使用するスクリーンタイムが運動実施を減少させるとしており、さらに長野ら（2015）によ

れば、体力水準が低い子どもほどスクリーンタイムが有意に長く、運動系・文化系活動時間、学習塾と外あそび時間が有意に短いという。このように、ゲームやパソコン・スマートフォンが子どもや青少年の可処分時間を奪うことがしばしば問題視されているが、成人については管見ではあるがデータが見当たらない。

また、2019年には世界保健機関（WHO）が、オンラインゲームやテレビゲームのやり過ぎで日常生活が困難になる「ゲーム障害」を新たな依存症として認定した「国際疾病分類」を承認するなど、健康に対するネガティブな影響に懸念がもたれている。こうしたマインドゲームやeゲームの実施による、運動・スポーツ実施や健康・体力への影響について、子どもや青少年については盛んに研究されてきているが、やはり成人についてはまだ少ないようである。

一方、運動・スポーツの中でも特に「グループ運動」をすることは、1人での運動と比べて身体活動の継続、心理的要因・社会関係を改善させることで、身体的・精神的疾患のリスクを下げることが示唆されている（金森ら、2017）。こうした研究を踏まえ、2018年9月にスポーツ庁が発表した「スポーツ実施率向上のための行動計画」では、スポーツをするために必要な施策として「スポーツをする仲間づくり」があげられている。しかし、大勝（2018）によれば、運動・スポーツ実施率の上位を占める「ウォーキング」や「ジョギング・ランニング」、「筋力トレーニング」などのエクササイズ系種目は1人で行うものが多く、運動・スポーツ実施者全体の2割が常に「1人で」行っているとされる。この点、マインドゲームやeゲームではどうだろうか。特にeゲームは1人で行うものという印象があるが、近年はオンラインプレイが普及してきている。その動向によっては、マインドゲームやeゲームにはウォーキングや筋力トレーニングといったエクササイズ系種目にはない機能を補完する役割が期待できるかもしれない。

以上のような背景から、本稿ではテレビゲームやカードゲーム、ボードゲームの実施率、実施者の性別、年齢といったプロフィール、実施状況（誰と行っているか）、運動・スポーツ実施との関係、主観的な健康や体力評価との関係について、統計的に検証することを目的とした。

C-2 調査項目

マインドスポーツとeスポーツの種目となるような「娯楽」として、レジャー白書を参考に、以下のような活動の「過去1年間の実施の有無」「誰と行ったか」「年間の実施頻度」「1回あたりの実施時間」を聞いた。

① マインドゲーム：囲碁、将棋、麻雀、トランプ
② eゲーム：家庭用ゲーム機で行うゲーム、パソコンで行うゲーム、スマホ・タブレットで行うゲーム（以下、スマホで行うゲームと表記）、ゲームセンターで行うビデオゲーム

C-3 結果

（1）マインドゲーム、eゲームの実施率、実施頻度、実施時間、誰としているか

各ゲームの1年間の実施率と実施頻度、実施時間を、運動・スポーツ実施率の上位5種目（散歩・ぶらぶら歩き、ウォーキング、体操、筋力トレーニング、ジョギング・ランニング）と、さらにレジャー白書（2022）と比較したのが表C-1である。ただし、レジャー白書では全国の15〜79歳男女を対象としたインターネット調査（住民基本台帳利用、層化二段無作為抽出法）であり、スポーツライフ・データとは調査の母集団やサンプリング、調査方法が異なる点に注意が必要である。

実施率（過去1年間に1回以上実施）について、コロナ禍で家庭用ゲーム機やパソコン、スマホを用いたゲームの実施者数が増加しているといわれているが（Toto, 2022）、本調査においてもマインドゲームに比べてeゲームの実施者数、実施率、実施頻度が高く、マインドスポーツよりeスポーツのほうが潜在的なマーケットはかなり大きいと考えられる。スマホゲームの実施率は散歩・ぶらぶら歩きに、家庭用ゲームの実施率は体操に匹敵し、それぞれ実施頻度も高い。マインドゲームの中では麻雀とトランプの実施率が高い。トランプの実施率がレジャー白書より低いのは、レジャー白書では「トランプ、オセロ、カルタ、花札など」と幅広くたずねているのと、15〜17歳の高校生年代を含んでいるためと思われる。レジャー白書における「トランプ、オセロ、カルタ、花札など」の男性10代の実施率は38.6%、女性10代は40.4%で、それぞれ全世代で最も高い（レジャー白書、2022, p.44）。また、本調査でゲームセンターでのゲーム遊びの実施率がレジャー白書の半分になっているのは、本調査ではプリクラやメダルゲームなどeスポーツとはあまり関係のないゲームを除く目的で「ゲームセンターで行うビデオゲーム」と限定的に聞いているためと思われる。レジャー白書と比較して囲碁・将棋の実施率が低いのも、やはりレジャー白

書が15〜17歳を含むためと思われる。10代の囲碁の実施率は男性4.5％、女性1.1％、将棋は男性12.5％、女性4.5％と、囲碁の70代男性を除いていずれも他世代より高い（レジャー白書、2022、p.44）。反対に麻雀の実施率はスポーツライフ・データのほうが高いのも、やはり同じ理由によるものと考えられる。レジャー白書（2022）によれば、男性10代の麻雀の実施率は8.0％だが、この10代というのは15〜19歳の狭い範囲であり、そのうち18・19歳の大学や専門学校の学生の実施率が高いためと考えられる。一般に、学校や家庭の管理下にある高校生年代の実施率はかなり低いと予想され、高校生年代を調査対象に含むレジャー白書の実施率が、18歳以上を対象としたスポーツライフ・データよりも低くなったものと考えられる。

　一方、実施頻度についてみると、本調査のほうがレジャー白書（2022）より全体的に実施頻度が高い。特に麻雀はレジャー白書の2倍程度であるが、この理由は不明である。eスポーツの観点から注目されるのは、パソコンゲームの平均実施頻度が家庭用ゲーム機の2倍となっていることである。パソコンやスマホゲームでは年200回以上実施している「高頻度群」の割合が高い。eスポーツでは世界的にパソコンゲーム（クラウドゲーム）のタイトルが人気だが（澤井、2019）、こうした実施頻度の違いはその要因のひとつかもしれない。

　実施時間についてみると、マインドゲーム、eゲームではエクササイズより長い傾向がみられ、特に囲碁や麻雀、パソコンで行うゲームの1回あたりの実施時間はかなり長い。

　図C-1はマインドゲームとeゲームをそれぞれ誰と行っているのか、エクササイズと比較したグラフである。エク

【表C-1】エクササイズ、マインドゲーム、eゲームの実施率、実施頻度・時間

		実施者数 (人)	実施率 (%)	実施頻度 平均値 (回／年)	実施頻度 中央値 (回／年)	SD	実施頻度 年1〜49回 (%)	実施頻度 年50回以上 (%)	実施頻度 年200回以上 (%)	実施時間 平均値 (分)	実施時間 中央値 (分)	SD
エクササイズ	散歩・ぶらぶら歩き	955	31.8	115.7	60.0	109.0				43.0	30.0	31.5
	ウォーキング	882	29.4	143.7	104.0	112.8				50.4	45.0	29.2
	体操	522	17.4	158.2	150.0	118.0				19.1	10.0	22.0
	筋力トレーニング	492	16.4	138.0	104.0	103.1				32.6	30.0	26.3
	ジョギング・ランニング	266	8.9	104.9	52.0	94.5				43.1	30.0	25.1
マインドゲーム	囲碁	19	0.6	18.5	10.0	25.2	57.9	42.1	0.0	83.2	60.0	47.7
	将棋	83	2.8	22.4	5.0	55.8	86.6	13.4	3.7	50.4	30.0	51.4
	麻雀	181	6.0	35.2	10.0	72.0	80.1	19.9	5.5	117.7	60.0	115.1
	トランプ	471	15.7	14.0	5.0	36.3	94.2	5.8	1.3	44.6	30.0	35.0
eゲーム	家庭用ゲーム機で行うゲーム	573	19.1	60.8	20.0	88.8	64.5	35.5	11.7	76.4	60.0	63.9
	パソコンで行うゲーム	171	5.7	122.6	60.0	130.5	40.9	59.1	30.4	83.2	60.0	81.4
	スマホ・タブレットで行うゲーム	979	32.6	189.5	200.0	142.9	25.3	74.7	50.6	51.2	30.0	54.5
	ゲームセンターで行うビデオゲーム	175	5.8	15.1	5.0	34.4	92.6	7.4	0.6	44.2	30.0	43.7

資料：笹川スポーツ財団「スポーツライフに関する調査」2022

参考資料　レジャー白書2022（調査は2021）

		実施率 (%)	実施頻度※ (回／年)
マインドゲーム	囲碁	1.5	26.3
	将棋	5.1	20.0
	麻雀	4.6	18.0
	トランプ、オセロ、カルタ、花札など	18.1	10.8
eゲーム	テレビゲーム（家庭での）	21.3	49.4
	ゲームセンター、ゲームコーナー	12.7	14.6

※「レジャー白書」では「年間平均活動回数（回）」
※「レジャー白書」の実施率＝「過去1年間に1回以上実施」

ササイズ種目は「いつも1人で行っている」者が半数以上であるのに対し、マインドゲームは活動の性質上、当然ながら他者と実施している者が多い。興味深いのは1人で行うことが可能であるeゲームも、家庭用ゲーム機やゲームセンターでのビデオゲームはオンライン含め6割が他者と行うことがあると回答し、エクササイズ種目に比べて多い点である。パソコンゲームも36%が他者と行っており、オンラインでの他者との対戦が一般化しているように思われる。運動・スポーツ実施率の上位種目であるウォーキングや体操、筋力トレーニング、ジョギング・ランニングなどのエクササイズ系種目がほとんど1人で行う活動であることから、マインドゲームやeゲームはそうした運動・スポーツ実施を社会的・心理的な側面で補完する機能をもつことが期待できるかもしれない。

(2) マインドゲーム、eゲーム実施者の特徴

　マインドゲームはトランプ以外、男性の実施者が多い（表C-2）。特に囲碁は70代男性が半数以上（囲碁実施者の52.6%）を占める。麻雀は20〜40歳代の若年層の男性が多い。eゲームも家庭用ゲーム機で行うゲームやパソコンゲームは男性が多いが、特にパソコンゲームでは男性への偏りが顕著である。家庭用ゲーム機は若年層での男女差は小さい。スマホゲームとゲームセン

ターでのゲームでも男女差はみられないが、やはり20〜40歳代の若年層に偏っている。eゲームは高齢者層で実施率が低いのが特徴である。以上のようなそれぞれのプラットフォーム（家庭用ゲーム機、パソコン、スマホ・タブレット）のゲームにおける性別・年代別の実施率は、「ファミ通ゲーム白書2022」（2022）の報告と傾向はほぼ一致する。家庭用ゲームについては、若年層では男女差はみられないが、同書によれば、ゲームタイトルによって性別で異なる傾向がみられる。マインドゲームもeゲームも、女性の実施率向上が課題という点では既存の運動・スポーツとあまり変わらないといえるかもしれない。

　リー（2021）によれば、eスポーツのトップカテゴリーはマッチョな業界であり、女性プレイヤーに対する偏見や差別が存在するという。フィジカルスポーツは男女別の競技が原則であるが、男女が同じカテゴリーで対戦するeスポーツでは、女性に対する偏見や差別が顕在化しやすいのかもしれない。ただし、こうした特徴は既存のフィジカルスポーツも同様である（注2）。

(3) ゲーム実施と運動・スポーツ実施

　次に、マインドゲーム、eゲームの実施と、運動・スポーツ実施との関係について、ひとまずクロス集計で全体の傾向を捉えることを試みた（図表は割愛）。マインド

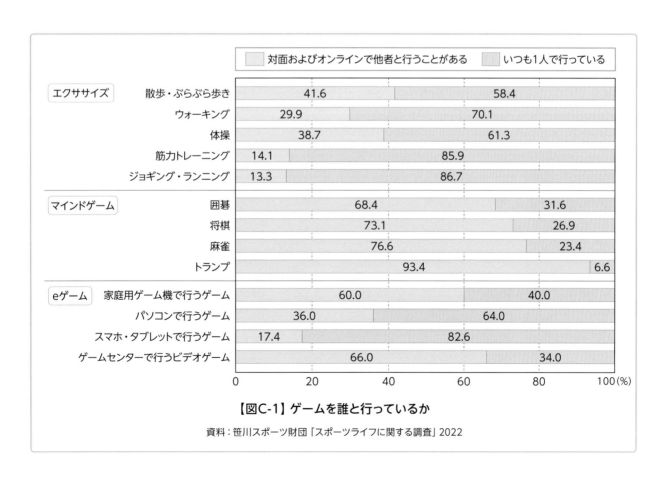

【図C-1】ゲームを誰と行っているか

資料：笹川スポーツ財団「スポーツライフに関する調査」2022

ゲームもeゲームも性別、年齢によって実施率が異なるため、性・年代別にマインドゲーム、eゲームの「習慣的実施群」（週1回以上／年50回以上実施）と、運動・スポーツの「習慣的実施群」（週1回以上／年52回以上実施）のそれぞれダミー変数をクロス集計してχ²検定を行った。期待度数5未満のセルが発生しているため検定結果については留保付きである。マインドゲームとeゲームそれぞれの週1回以上の習慣的実施と運動・スポーツ実施との間には有意な関係はほとんどみられなかったが（p>0.05）、20歳代男性のパソコンゲームの習慣的実施者のみ運動・スポーツの習慣的な実施率が低かった

（p<0.05、期待度数5未満のセルは0）。マインドゲーム、eゲームの「習慣的実施群」と、「運動・スポーツ実施レベル」（レベル0～4）についても性・年代別にクロス集計とχ²検定を行ったが、いずれの性・年代カテゴリーにおいても有意な関係はみられなかった（p>0.05、期待度数5未満のセルあり）。

実施頻度でみたように、特にeゲームは年200回以上の高頻度実施者の割合が多い（**表C-1**）。そこで、家庭用ゲーム機、パソコンゲームをそれぞれ年200回以上実施した者と、スマホゲームについては年300回以上実施した者を「高頻度実施群」とし、性・年代別に運動・ス

【表C-2】マインドゲーム・eゲームの年1回以上実施者

マインドゲーム（年1回以上実施者）								
	囲碁		将棋		麻雀		トランプ	
全体度数	19		83		181		471	
全体の%	0.6%		2.8%		6.0%		15.7%	
性別比較	男性	女性	男性	女性	男性	女性	男性	女性
χ²検定			p<0.01		p<0.01		p<0.01	
	0.9%	0.4%	4.7%	0.9%	9.9%	2.2%	12.9%	18.6%
性年代別比較	男性	女性	男性	女性	男性	女性	男性	女性
χ²検定			p<0.01		p<0.01		p<0.01	
18・19歳	0.0%	0.0%	17.1%	2.9%	2.4%	5.9%	26.8%	47.1%
20歳代	0.0%	0.0%	3.1%	0.6%	14.6%	5.0%	19.3%	21.0%
30歳代	0.0%	0.0%	4.0%	2.3%	13.0%	1.9%	13.0%	28.2%
40歳代	0.0%	0.4%	7.7%	0.7%	12.7%	1.4%	22.4%	27.6%
50歳代	0.4%	0.4%	1.5%	0.4%	6.7%	0.8%	7.1%	10.0%
60歳代	0.8%	0.4%	5.0%	0.8%	7.1%	1.2%	6.3%	13.3%
70歳以上	4.2%	1.1%	3.8%	0.4%	7.1%	3.3%	6.7%	9.5%

eゲーム（年1回以上実施者）								
	家庭用ゲーム機		パソコンゲーム		スマホゲーム		ゲームセンター	
全体度数	573		171		979		175	
全体の%	19.1%		5.7%		32.6%		5.8%	
性別比較	男性	女性	男性	女性	男性	女性	男性	女性
χ²検定	p<0.01		p<0.01		ns		ns	
	21.5%	16.8%	8.5%	2.9%	32.5%	32.9%	6.0%	5.7%
性年代別比較	男性	女性	男性	女性	男性	女性	男性	女性
χ²検定	p<0.01		p<0.01		p<0.01		p<0.01	
18・19歳	58.5%	26.5%	26.8%	5.9%	65.9%	52.9%	17.1%	11.8%
20歳代	38.5%	39.2%	15.6%	7.7%	62.0%	49.7%	15.1%	11.6%
30歳代	40.4%	36.2%	9.4%	0.5%	47.1%	42.3%	12.6%	13.6%
40歳代	30.8%	21.6%	7.4%	1.8%	40.5%	41.7%	7.4%	7.8%
50歳代	10.5%	6.5%	6.4%	0.4%	27.3%	34.9%	0.7%	2.3%
60歳代	3.8%	5.6%	6.3%	4.8%	14.6%	26.2%	0.8%	0.4%
70歳以上	2.1%	0.7%	5.0%	2.9%	3.3%	7.0%	0.0%	0.7%

注1)　▨▨▨は調整済み残差>1.96、▨▨▨は<-1.96
注2)　期待度数5未満のセルが発生しているため、検定結果については留意が必要である。囲碁は全体度数が少ないため、検定結果を示していない。

資料：笹川スポーツ財団「スポーツライフに関する調査」2022

ポーツの習慣的な実施（週1回以上）とクロス集計・χ^2検定を行った。その結果、いずれのeゲームの高頻度実施と運動・スポーツの習慣的実施との間にも有意な関係はみられなかった（p>0.05）。

（4）eゲームと健康・体力

　最後に、eゲームの家庭用ゲーム、パソコンゲーム、スマホゲームそれぞれの習慣的実施群について、性別に自己の体力評価、運動不足感、現在の健康状態のそれぞれとクロス集計し、χ^2検定を行った（**表C-3**）。性・年代別に集計するとサンプル数が少なくなって分析の精度が低くなることから、eゲームの習慣的実施者の多い18・19歳、20歳代、30歳代を分析の対象とした。これらの世代は自己の体力評価、運動不足感、健康状態についての回答に性・年代間でほとんど差はみられない。

　家庭用ゲームを習慣的に行っている若年層の男性において、自己の体力評価について「どちらかというと劣っている」および健康状態について「あまり健康ではない」と回答する割合が多かった（p<0.05）。パソコンゲームの習慣的実施者には統計的に有意な関係はみられなかった（p>0.05）。スマホゲームを習慣的に行っている女性については、自己の体力が「どちらかというと劣っている」、運動不足を「とても感じる」、健康状態を「あまり健康ではない」と感じている者が多かった（p<0.05）。スマホゲームを習慣的に実施している男性にもややその傾向がみられた。なお、一部のカテゴリーでは期待度数5未満のセルが一定数みられるものもあり、分析結果については留意が必要である。また、eゲームでは年200回以上高頻度で実施している者が一定数存在するが、そちらで分析しても傾向自体はあまり変わらなかった。

　特にeゲームと運動・スポーツ実施の間には目立った関係はみられなかったが、体力や運動不足、健康状態についての自己評価との間には一定のネガティブな関係がみられた。ただし、こうしたワンショットサーベイの統計分析では因果関係を特定することはできない。たとえば、想定されるシナリオとしては以下のようなものが考えられる。

① eゲーム実施増　→　運動不足・体力低下・健康状態悪化（主観）
　　eゲーム実施増により、運動不足・体力低下・健康状態が悪化しているという印象をもった。
② 運動不足・体力低下・健康状態悪化（主観）→
　　eゲーム実施増

もともと運動が苦手、体力・健康に自信がないのでeゲーム実施が増えた。
③ eゲーム　←　要因X'（交絡因子）　→　運動不足・体力低下・健康状態悪化（主観）
　　eゲーム実施増と、運動不足・体力低下・健康状態悪化（主観）の両方に作用する交絡因子X'が存在する。

　③については、たとえば、1人で行うことの多いスマホゲームの習慣的実施者に運動・体力・健康に関するネガティブな評価が特にみられたことから、ゲームに没頭させる何らかの要因が、1人でのeゲーム実施増と運動・体力・健康に対するネガティブな評価に同時に作用していることも考えられる。

C-4 まとめ

◇ 囲碁、将棋、麻雀、トランプといったマインドゲームに比べて、家庭用ゲーム機、パソコン、スマホ・タブレットを用いたeゲームのほうが実施率と実施頻度が高く、潜在的なマーケットとしてはマインドスポーツよりeスポーツのほうが大きそうである。

◇ パソコンゲームの平均実施頻度は家庭用ゲーム機の約2倍と高頻度である。これはeスポーツの人気タイトルにパソコンゲームが多いことと関係しているかもしれない。

◇ 家庭用ゲーム機、パソコンゲーム、スマホゲームでは年200回以上実施しているという高頻度群が多い。

◇ マインドゲームとeゲームの家庭用ゲーム、ゲームセンターでのビデオゲームはオンラインを含め他者と行っている者が6割以上おり、これはウォーキングや体操といったエクササイズよりもかなり多い。またパソコンゲームも3割以上が他者と行っている（おそらくオンラインであろう）。こうしたマインドゲームやeゲームの社交的な特徴は、1人で行うことの多いエクササイズ実施に対し、特に社会的・心理的な側面から補完する機能が期待できるかもしれない。

◇ マインドゲームはトランプ以外、男性の実施者が多い。eゲームも家庭用ゲーム機で行うゲームやパソコンゲームは男性が多い。ただし家庭用ゲーム機は若年層では男女差は小さく、高齢女性の実施率が低いためである。eゲームは全体的に高齢者層での実施率が低い。

【表C-3】若年層におけるゲームの実施頻度と体力・運動不足感・健康状態のクロス集計

			自己の体力評価					
			たいへん優れている	どちらかというと優れている	体力は普通である	どちらかというと劣っている	たいへん劣っている	p
家庭用ゲーム機を使ったゲーム	男性	週1回以上実施	7.4%	5.3%	50.0%	34.0%	3.2%	0.030 *
		週1回未満もしくは非実施	9.4%	12.4%	52.1%	20.4%	5.8%	
	女性	週1回以上実施	0.0%	6.8%	31.8%	45.5%	15.9%	0.162
		週1回未満もしくは非実施	3.6%	5.5%	46.4%	35.4%	9.1%	
パソコンを使ったゲーム	男性	週1回以上実施	11.6%	2.3%	55.8%	25.6%	4.7%	0.419
		週1回未満もしくは非実施	8.7%	11.8%	51.2%	22.9%	5.3%	
	女性	週1回以上実施	0.0%	20.0%	0.0%	40.0%	40.0%	0.061
		週1回未満もしくは非実施	3.3%	5.4%	45.4%	36.4%	9.5%	
スマホを使ったゲーム	男性	週1回以上実施	6.5%	12.4%	50.3%	24.3%	6.5%	0.412
		週1回未満もしくは非実施	10.7%	9.9%	52.6%	22.4%	4.4%	
	女性	週1回以上実施	3.1%	4.7%	34.1%	45.7%	12.4%	0.030 *
		週1回未満もしくは非実施	3.3%	6.0%	49.5%	32.4%	8.7%	

			運動不足感				
			とても感じる	少しは感じる	あまり感じない	まったく感じない	p
家庭用ゲーム機を使ったゲーム	男性	週1回以上実施	38.3%	37.2%	14.9%	9.6%	0.218
		週1回未満もしくは非実施	27.3%	45.6%	17.1%	9.9%	
	女性	週1回以上実施	61.4%	29.5%	9.1%	0.0%	0.236
		週1回未満もしくは非実施	46.0%	41.3%	10.9%	1.8%	
パソコンを使ったゲーム	男性	週1回以上実施	46.5%	37.2%	11.6%	4.7%	0.069
		週1回未満もしくは非実施	27.8%	44.6%	17.2%	10.4%	
	女性	週1回以上実施	60.0%	40.0%	0.0%	0.0%	0.852
		週1回未満もしくは非実施	47.4%	40.1%	10.8%	1.7%	
スマホを使ったゲーム	男性	週1回以上実施	36.2%	39.5%	16.8%	7.6%	0.054
		週1回未満もしくは非実施	25.1%	46.9%	16.6%	11.4%	
	女性	週1回以上実施	61.5%	29.2%	7.7%	1.5%	0.002 **
		週1回未満もしくは非実施	41.5%	44.8%	12.0%	1.7%	

			現在の健康状態				
			非常に健康だと思う	健康な方だと思う	あまり健康ではない	健康ではない	p
家庭用ゲーム機を使ったゲーム	男性	週1回以上実施	6.4%	57.4%	28.7%	7.4%	0.034 *
		週1回未満もしくは非実施	12.7%	64.7%	18.2%	4.4%	
	女性	週1回以上実施	2.3%	65.9%	27.3%	4.5%	0.272
		週1回未満もしくは非実施	8.6%	69.9%	18.4%	3.1%	
パソコンを使ったゲーム	男性	週1回以上実施	11.6%	53.5%	27.9%	7.0%	0.493
		週1回未満もしくは非実施	11.4%	64.3%	19.6%	4.8%	
	女性	週1回以上実施	0.0%	40.0%	60.0%	0.0%	0.137
		週1回未満もしくは非実施	8.0%	69.8%	18.9%	3.3%	
スマホを使ったゲーム	男性	週1回以上実施	5.4%	64.9%	22.7%	7.0%	0.004 **
		週1回未満もしくは非実施	15.4%	62.1%	18.8%	3.7%	
	女性	週1回以上実施	5.4%	59.2%	30.0%	5.4%	0.000 ***
		週1回未満もしくは非実施	9.0%	73.9%	14.7%	2.3%	

注1) *:p<0.05、**:p<0.01、***:p<0.001
注2) ▨は調整済み残差>1.96、▨は<-1.96
注3) 18・19歳〜30歳代を分析対象としている。

資料：笹川スポーツ財団「スポーツライフに関する調査」2022

◇ マインドゲーム、eゲームの習慣的な実施と運動・スポーツの実施の間には統計的には関係がみられなかった。eゲーム実施が運動・スポーツ実施を阻害しているという明確な証拠は、本調査ではみつからなかった。

◇ 一方、eゲームの習慣的な実施と自己の体力、運動不足、健康状態についてのネガティブな評価の間に一定の関係がみられた。この傾向は特に１人で行うことの多いスマホゲームに顕著であり、パソコンゲームにはあまりみられない。本調査のようなワンショットサーベイでは因果関係を特定することは困難であるが、特にスマホゲームと体力・運動不足・健康に

ついてのネガティブな自己評価との関係についてはさらなる検討を要する。

◇ eゲームを他者と行う場合はそうしたネガティブな自己評価に結び付きにくい可能性についても検討が必要と思われる。

注1）特にeスポーツに対する批判について澤井（2018、2019）を参照。
注2）東京六大学野球において、女性投手が登板した際にみられた差別や偏見の構造については澤井（2003）を参照。

引用・参考文献　坂上康博・中房敏朗・石井昌幸・高嶋航「スポーツの世界史」一色出版、2018

野々宮徹「ニュースポーツ用語辞典」遊戯社、2000

澤井和彦「するスポーツの新たな潮流」（「スポーツ白書2020 −2030年のスポーツのすがた−」）笹川スポーツ財団、2020

頭脳スポーツ財団　https://web.archive.org/web/20070929154711/http://www.brain-sports.jp/?A%2Fwhats_bs（アーカイブ。2022年12月確認）

International Mind Sports Association, "History" http://www.imsaworld.com/wp/history/（2022年12月確認）

総務省「eスポーツ産業に関する調査研究報告書」、2018

澤井和彦「eスポーツは"スポーツ"か? −eスポーツの認知度とスポーツとしての認識度−」（「スポーツライフ・データ2018」）笹川スポーツ財団、2018

澤井和彦「eスポーツが"スポーツ"に問うもの」体育の科学Vol.69（1）、杏林書院、pp.6-10、2019

日本生産性本部「レジャー白書」、2022

武長理栄「青少年の運動・スポーツ実施とスクリーンタイムとの関連」（「子ども・青少年のスポーツライフ・データ2015」）笹川スポーツ財団、2015

鈴木貴大「子ども・青少年の運動・スポーツ実施状況とスクリーンタイム」、2020 https://www.ssf.or.jp/thinktank/sports_life/column/20201028.html

長野真弓・足立稔・椿ちか子・熊谷秋三「児童の体力ならびにスクリーンタイムと心理的ストレス反応との関連性−地方都市郊外の公立および都市部私立小学校における検討−」体力科学64（1）、pp.195−206、2015

金森悟・高宮朋子・井上茂「成人・高齢者のグループ運動：グループ運動参加の規定要因および健康アウトカムとの関連」運動疫学研究 19（1）、pp.54-61、2017

スポーツ庁「スポーツ実施率向上のための行動計画 −「スポーツ・イン・ライフ」を目指して−」、2018

大勝志津穂「誰と運動やスポーツを実施しているのか?−種目別動向−」（「スポーツライフ・データ2018」）笹川スポーツ財団、2018

Serkan Toto, "JAPAN'S PC GAMING MARKET DOUBLES IN SIZE IN 3 YEARS", Kantan Games, November 6, 2022 https://www.serkantoto.com/2022/11/06/japan-pc-gaming-market/（2023年1月確認）

角川アスキー総合研究所「ファミ通ゲーム白書2022」、2022

ローランド・リー（著）・小浜杏（翻訳）「ライズ・オブ・eスポーツ ゲーマーの情熱から生まれた巨大ビジネス」白揚社、2021

澤井和彦「スポーツとジェンダーのパラドクス　女性選手のスポーツ参加について−N.ルーマンの社会システム理論による把握−」（海老原修編「現代スポーツ社会学序説 第6章」、pp.49-57）杏林書院、2003

IV

トピック ｜ C テレビゲーム、カードゲーム、ボードゲーム実施者の特徴と運動・スポーツ実施との関係

健康経営はスポーツ実施に寄与しているか

公益財団法人明治安田厚生事業団 体力医学研究所　上席研究員　甲斐 裕子

D-1　はじめに

　働き世代は、他の世代と比較してスポーツ実施率や運動習慣者の割合が低いことが知られている。厚生労働省の令和元年「国民健康・栄養調査」によると、20〜50歳代の運動しない主な理由には「仕事や家事や子育てが忙しい」「面倒くさい」などがあげられており、「スポーツをしましょう」という単純な情報提供だけでは、この世代のスポーツ実施率を向上させることは困難と考えられる。

　エコロジカルモデルに基づくと、人の行動は、その人を取り巻く環境からも影響を受けている。働き世代のスポーツ実施率を向上させるためには、身近な環境＝職場での具体的な支援や働きかけがひとつのポイントになると考えられる。

　労働環境に目を向けると、近年では、「健康経営」が盛り上がりをみせている。健康経営とはNPO法人健康経営研究会の登録商標で、「従業員等の健康管理や健康増進の取り組みを『投資』と捉え、経営的な視点で考えて、戦略的に実行する新たな経営手法」とされている。経済産業省が2014年に「健康経営銘柄」、2016年に「健康経営優良法人認定制度」を創設し、認定される企業は年々増加している。健康経営の認定制度は、国だけでなく、自治体でも次々と創設されている。加えて、スポーツ庁も、従業員のスポーツの実施に向けた積極的な取り組みを行っている企業を認定する制度である「スポーツエールカンパニー」を2017年に新設した。この流れを受けて、スポーツ実施支援は健康経営の一部として取り組まれるようになってきている。健康経営の認定を希望する企業が経済産業省に提出する「健康経営度調査」によると、健康経営に取り組む企業の約9割で、スポーツや運動習慣の定着に向けた具体的な支援が実施されている。

　しかし、このような支援が働き世代のスポーツ実施率向上につながっているかについては、明らかになっていない。そこで本稿では、スポーツライフ・データから、勤め先におけるスポーツや運動習慣の定着に向けた具体的な支援と、スポーツ実施率や余暇身体活動量の関連を検討した。

D-2　分析対象者

　スポーツライフ・データ2022の3,000名の回答者のうち、「スポーツや運動習慣の定着に向けた具体的な支援」について回答した1,955名を分析対象者とした。具体的な設問は、「あなたのお勤め先では、スポーツや運動習慣の定着に向けた具体的な支援はありますか（スポーツクラブ補助、職場体操の実施、歩数アプリの推奨、運動の奨励、職場内運動スペース設置など）。健保のサービスも含めますが、特定保健指導や単純な情報提供にとどまるものは除きます。」であった。なお、設問の例示は「健康経営度調査」を参考に作成した。回答の選択肢は「支援がある」「支援はない」「わからない」とした。この回答によって、分析対象者を「支援あり群」「支援なし群」「不明群」の3グループに分類した。

D-3　職場での支援の実態

　勤め先でスポーツや運動習慣の定着に向けた具体的な支援がある人（支援あり群）は255名であり、全体の13％であった（**表D-1**）。支援がないと回答した人（支援なし群）は1,083名（55.4％）と過半数を占めた。「わからない」と回答した人（不明群）は617名（31.6％）と比較的多く、設問の回答が難しかった可能性もあるが、職場での取り組みが周知されていない可能性も考えられた。

　支援あり群では、従業員1,000名以上の大企業もしくは官公庁に勤務する人が62.5％を占めており、50名未満の小規模企業の勤務者は9.1％に過ぎなかった。一方、支援なし群では61.9％が50名未満の企業に勤める人であった。つまり、スポーツや運動習慣の定着に向けた具体的な支援は、主に大企業や官公庁で行われてお

り、中小企業と大きな格差があることが示された。50名未満の企業は、法律上の位置づけにより産業医の選任やストレスチェックなどの義務が免除されている。多くの中小企業では人的資源を含め経営資源が乏しく、従業員の健康管理や支援が手薄になりがちである。支援なし群では、健康経営に関する認定を「受けていない」と認識する人が71.6%と最多であり、このような現状を反映している結果と考えられた。

【表D-1】勤め先のスポーツや運動習慣の定着に向けた具体的な支援でグループ化した際の各グループの特徴

	支援あり群 n=255	支援なし群 n=1,083	不明群 n=617	p
スポーツ・身体活動の状況				
過去1年間のスポーツ実施頻度				
年0回	40 （15.7）	301 （27.8）	200 （32.4）	
年1回以上～週1回未満	40 （15.7）	182 （16.8）	109 （17.7）	<0.01
週1回以上～週2回未満	33 （12.9）	110 （10.2）	67 （10.9）	
週2回以上	142 （55.7）	490 （45.2）	241 （39.1）	
余暇身体活動の時間（分/週）	119.2±195.5	73.5±161.3	72.6±249.2	<0.01
基本属性				
平均年齢（歳）	45.8±12.3	49.5±14.4	44.9±14.5	<0.01
性別				
男性	183 （71.8）	662 （61.1）	323 （52.4）	<0.01
女性	72 （28.2）	421 （38.9）	294 （47.6）	
最終学歴				
中学校・高校	76 （29.8）	468 （43.2）	299 （48.5）	
短大・高専・専門学校	60 （23.5）	292 （27.0）	153 （24.8）	<0.01
大学・大学院	117 （45.9）	316 （29.2）	160 （25.9）	
その他・無回答	2 （ 0.8）	7 （ 0.6）	5 （ 0.8）	
世帯年収				
400万円未満	26 （10.2）	250 （23.1）	150 （24.3）	
800万円未満	110 （43.1）	482 （44.5）	245 （39.7）	<0.01
800万円以上	77 （30.2）	187 （17.3）	89 （14.4）	
わからない	42 （16.5）	164 （15.1）	133 （21.6）	
仕事の状況				
平均勤務時間（時間/週）	41.4±14.5	38.0±16.6	35.4±16.2	<0.01
平均残業時間（時間/週）	5.0±6.2	3.1±5.4	3.2±5.3	<0.01
在宅勤務（テレワーク）				
していない	186 （72.9）	977 （90.5）	547 （88.7）	<0.01
月数回以上実施	69 （27.1）	103 （ 9.5）	70 （11.3）	
勤務先の状況				
従業員数				
50名未満	23 （ 9.1）	665 （61.9）	201 （33.2）	
50名以上	72 （28.5）	291 （27.1）	215 （35.5）	<0.01
1,000名以上・官公庁	158 （62.5）	118 （11.0）	190 （31.4）	
健康経営に関する認定				
受けている	96 （37.6）	58 （ 5.4）	36 （ 5.8）	
受けていない	38 （14.9）	775 （71.6）	50 （ 8.1）	<0.01
わからない	121 （47.5）	249 （23.0）	530 （86.0）	

注1）連続変数：平均値±標準偏差で表記、P値は一元配置分散分析による。
注2）カテゴリカル変数：N数（%）で表記、P値はχ²検定による。
資料：笹川スポーツ財団「スポーツライフに関する調査」2022

D-4　各グループのスポーツ実施状況と属性

　過去1年間のスポーツ実施頻度を各グループで比較したところ、分布に有意差が認められた（**表D-1**）。週2回以上スポーツを実施した人の割合は、支援あり群でのみ55.7％と半数を上回っており、支援なし群と不明群よりも10.5～16.6ポイント高かった。さらに、世界標準化身体活動質問票（GPAQ）から算出された余暇身体活動の時間を各グループ間で比較したところ、グループ間に有意差が認められた。支援あり群が最も時間が長く119.2分／週であり、支援なし群と不明群の平均値よりも週あたり45分以上長かった。

　一方、スポーツ実施以外の属性においても、多くの項目でグループ間での差が認められた。支援あり群は、年齢が若く、男性が多く、高学歴で高収入な人が多かった。勤務時間は、残業時間も含めてやや長く、3割弱がテレワークを行っていた。総じて、支援あり群は「社会的に恵まれている」層が多く含まれていた。これらの項目は、職場の支援とスポーツ実施の関係において交絡要因になると判断されたため、週2回以上のスポーツ実施の有無を従属変数として、職場での支援の有無を独立変数、年齢、性別、最終学歴、世帯年収、勤め先の従業員数を共変量としたロジスティック回帰分析を実施した（**表D-2**）。その結果、支援なし群と比較して、支援あり群のオッズ比は1.45（95％信頼区間：1.06-1.97）と有

【表D-2】ロジスティック回帰分析による「週2回以上のスポーツ実施」のオッズ比

	n	case	%	OR	95%IC	p
支援なし群	1,074	488	45.4	1.00		
支援あり群	253	142	56.1	1.45	（ 1.06 － 1.97 ）	0.02
不明群	606	236	38.9	0.77	（ 0.62 － 0.96 ）	0.02

注）年齢、性別、最終学歴、世帯年収、勤め先の従業員数で調整済み。
資料：笹川スポーツ財団「スポーツライフに関する調査」2022

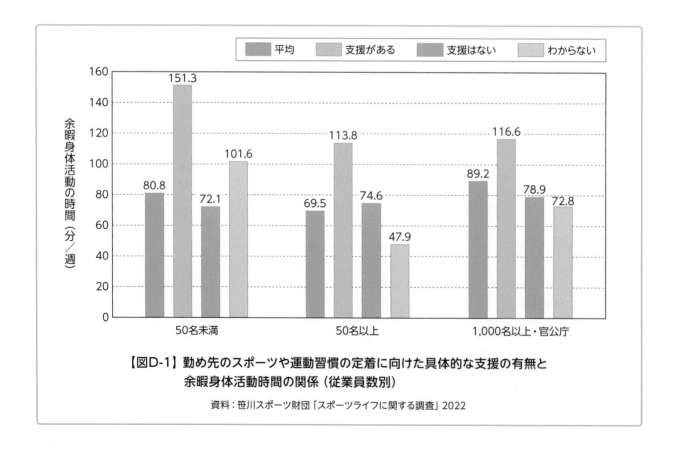

【図D-1】勤め先のスポーツや運動習慣の定着に向けた具体的な支援の有無と余暇身体活動時間の関係（従業員数別）

資料：笹川スポーツ財団「スポーツライフに関する調査」2022

意に高かった。この分析結果は、性、年齢、社会経済的状況を調整しても、職場においてスポーツ実施の支援がある人は、支援がない人と比較して、週2回以上スポーツを実施している可能性が約45％高いということを示している。

以上のことから、職場におけるスポーツや運動習慣の定着に向けた具体的な支援は、従業員のスポーツ実施に一定の好影響を与えている可能性が見出された。

D-5 企業規模による格差の状況

職場の支援がスポーツ実施率に好影響を与えていることが確認されたが、その恩恵を受けている人の多くは大企業に勤務している。すなわち、勤め先の企業規模によって格差が生じていると考えられた。そこで、企業規模による格差の状況を確認するために、企業規模ごとの余暇身体活動の時間を算出した（**図D-1**）。余暇身体活動の平均時間は、1,000名以上の大企業・官公庁が89.2分／週と最長であった。さらに、職場におけるスポーツや運動習慣の定着に向けた具体的な支援の有無でグループを細分化して、同様に余暇身体活動時間を算出した。すると、最も余暇身体活動時間が長かったのは、50名未満の小規模企業のうち職場から支援を受けている群であった（151.3分／週）。23名と少数であるため、統計的な偶然の可能性もある。しかし、小規模企業こそ職場におけるスポーツや運動習慣の定着に向けた具体的な支援を行えば、余暇での運動やスポーツ実施を促せるという「伸びしろ」を示しているとも考えられる。一般的に小規模な企業ほど、意思決定が早く、経営層と従業員の距離が近いため、従業員のニーズを経営層がくみ取りやすい環境にある。これらの長所をうまく活かすことで、効果的なスポーツや運動習慣の定着に向けた具体的な支援が可能になるのではないかと考えられる。

D-6 データ解釈の注意点と課題

本調査は横断的検討であり、また未測定の交絡要因も十分に考えられるため、結果の解釈には注意が必要である。職場においてスポーツ実施の支援があると回答した人は、支援がないと回答した人と比較して、スポーツ実施率が高かったが、もしかするとスポーツを実施して

いるからこそ、職場の支援を認識しやすいことも考えられる（因果の逆転）。もしくは、スポーツ実施の支援をするような従業員を大切にする企業に勤務している人のほうが、単にスポーツを行う余裕があるだけの可能性もある（交絡）。

また、今回は職場環境をスポーツ実施に影響を及ぼす身近な環境と捉えて分析を行った。スポーツ実施に影響を及ぼす職場環境としては、他にも業種やテレワーク等が考えられる。特にテレワークはコロナ禍により急速に広がったため、スポーツ実施とどのように関連するのか検討が必要と考えられた。しかし、今回の調査回答者は、月数回でもテレワークをしている人が245名（12.5％）と少数であったため分析は断念した。引き続き注視が必要なテーマであると考えられる。

D-7 まとめ

企業におけるスポーツや運動習慣の定着に向けた具体的な支援と、スポーツ実施率や余暇身体活動量の関連について、スポーツライフ・データを用いて検討した。その結果、以下が明らかとなった。

① 職場におけるスポーツや運動習慣の定着に向けた具体的な支援を受けている人は13％と少数である。

② 職場における支援を受けている人は、男性が多く、大企業に勤めている人が6割以上を占めており、総じて社会的に恵まれている人が多い。

③ 性、年齢、社会経済的状況を調整しても、職場での具体的な支援がある人は、支援がない人と比較してスポーツ実施率が高い。

④ 従業員数50名未満の小規模企業に勤務する人であっても、職場でスポーツ実施の支援があると、余暇身体活動時間が長い。

以上より、横断的な検討であるものの、職場でのスポーツや運動実施に向けた具体的な支援は、働き世代のスポーツ実施に一定の好影響を与えていることが示唆された。ただし、現状では支援を受けられているのは社会的に恵まれた人が多いという格差の存在も合わせて明らかとなった。今後は、中小企業でもスポーツや運動実施に向けた支援に取り組める仕組みを社会全体で構築していくことが必要ではないだろうか。

日本と諸外国における身体活動
−GPAQ2020-2022データー

トピック
E

東京大学大学院 医学系研究科　講師　鎌田 真光

E-1　はじめに

　2020年および2022年に実施された「スポーツライフに関する調査」（以下、スポーツライフ調査）では、世界保健機関（World Health Organization: WHO）が開発した「世界標準化身体活動質問票（Global Physical Activity Questionnaire: GPAQ）」（日本語版、身体活動研究プラットフォーム）を用いて日常の身体活動が調査された。同じ質問票を用いた諸外国の調査結果と比較しやすく、また、「仕事」「移動」「余暇」「座位」の領域別のデータが得られることなどから、日本の現状を把握する上で貴重な全国データである。本稿では、過去2回分のGPAQの結果を読み解いていきたい。

E-2　2020年および2022年の調査結果

　GPAQが導入された2020年のスポーツライフ調査は、新型コロナウイルス感染症（COVID-19）流行後

はじめての調査ということもあり、結果の解釈が難しい点もあった。2022年調査時点でも、感染対策がさまざまな社会活動や人々の日常行動に影響を与えており、こうした社会背景を加味して調査結果を読み解く必要があるが、2年間の間隔を空けて2回の調査結果が出たことで、一定期間持続していると考えられる現在の日本人の身体活動の状況がみえてきた。

　まず、WHOの身体活動ガイドライン（WHO, 2020）の推奨基準である「中強度の身体活動を週に150分、または高強度の身体活動を週に75分、またはこれらと同等の組み合わせ（GPAQにおける週600メッツ・分（注1）に相当）」の2022年の達成率をみると、全体では53.6%と、2020年の53.3%とほぼ変わらず（**図E-1**）、男性（2022年：60.7%、2020年：59.6%）の方が女性（2022年：46.4%、2020年：46.9%）よりも達成率が高い点も2回の調査で同様であった（**図E-2**）。また、身体活動量（メッツ・分／週）は、男女ともにおおまかには年齢が上がるほど低くなるが、子育て期に相当する30歳代女性が最も「余暇」目的の身体活動量が低いことなども共通した傾向として確認されている（注2）。

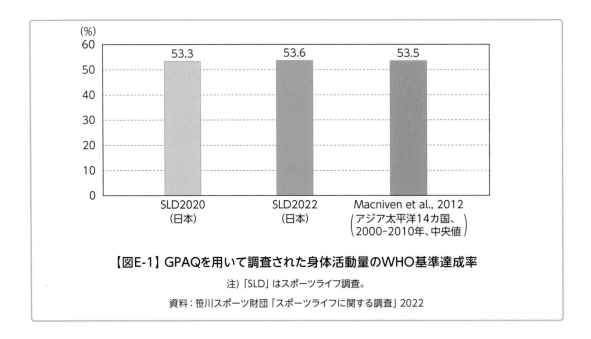

【図E-1】GPAQを用いて調査された身体活動量のWHO基準達成率

注）「SLD」はスポーツライフ調査。

資料：笹川スポーツ財団「スポーツライフに関する調査」2022

E-3 諸外国との比較

これら基準達成率は、他国においてはどのような状況だろうか。COVID-19流行前のデータではあるが、アジア太平洋地域において2000−2010年に各国で身体活動量を調査したデータをレビューした研究では、14カ国においてGPAQを用いてWHO基準の達成率が調べられ、その中央値（四分位値）は53.5%（44.5-80.5）であったことが報告されている（Macniven et al., 2012）。2020年・2022年にスポーツライフ調査において得られた結果と同様の達成率であったことがわかる（図E-1）。

直接比較することは難しいものの、COVID-19流行後の各国の身体活動のデータも報告されている。たとえば、イギリスActive Lives Surveyのデータを用いた研究（Strain et al., 2022）では、COVID-19流行前後における種目別活動の変化を検証した結果、余暇の歩行（+11%）とガーデニング（+15%）が増えたものの、チーム／ラケット・スポーツ（−76%）や移動のための歩行（−66%）などの減少の程度がかなり大きく、全体（種目を問わず何らかの身体活動の実践）では、減少（−30%）したことが報告されている。わが国においても、さまざまな角度から身体活動の傾向や変化を注視していく必要がある。

E-4 座位時間の実態

身体活動と関連し、健康に影響を与える生活習慣として、座ったり寝転んだりする座位行動（Sedentary behavior：正確には、座ったり寝転んだりした状態で「非活動的な」行動・時間を指す）がある。1日の座位時間が長いと総死亡のリスクが高いこともわかっている。なお、座位時間に睡眠は含まれない。GPAQにも座位行動の項目があり、普段の1日における座ったり横に

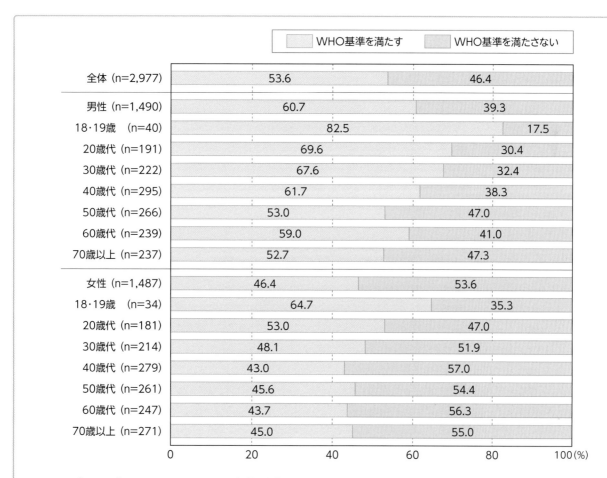

【図E-2】SLD2022における身体活動量のWHO基準達成率（全体・性別・性別×年代別）

資料：笹川スポーツ財団「スポーツライフに関する調査」2022

なったりして過ごす時間（座位時間）の平均値は、全体では2022年が334分（約5時間半）と、2020年の332分とほぼ変わらなかった（**図E-3**）。また、他国の状況を確認してみると、COVID-19流行前のデータではあるが、これまでに世界62カ国で調査された座位時間の

中央値（四分位値）は4.7時間（3.5-5.1）、高所得国に限定すると4.9時間（4.7-5.3）と報告されている（McLaughlin et al., 2020）。日本人の座位時間が世界の中でもトップクラスに長いことは過去にも指摘されており（Bauman et al., 2011）、改めてその対策の必

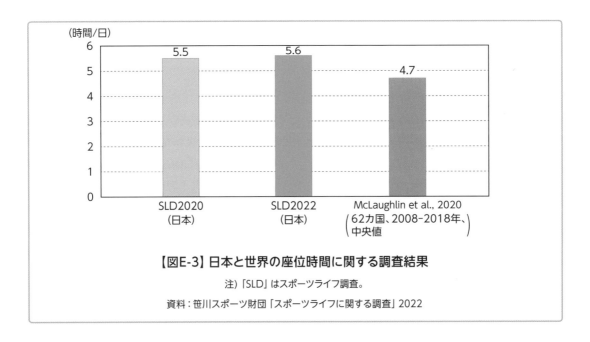

【図E-3】日本と世界の座位時間に関する調査結果

注）「SLD」はスポーツライフ調査。

資料：笹川スポーツ財団「スポーツライフに関する調査」2022

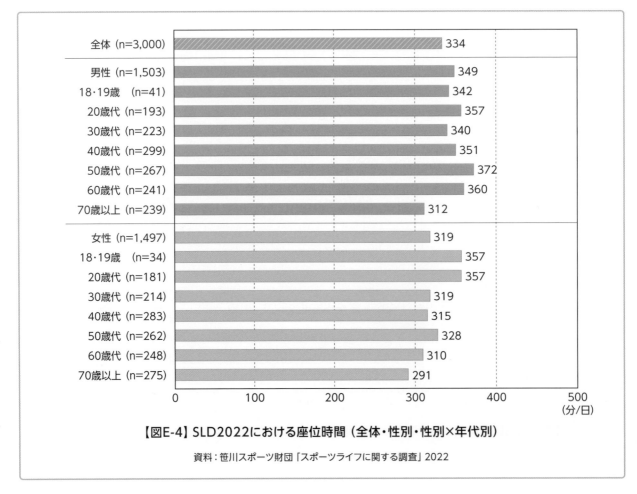

【図E-4】SLD2022における座位時間（全体・性別・性別×年代別）

資料：笹川スポーツ財団「スポーツライフに関する調査」2022

要性が示されたといえる。

また、今回の調査結果を性別にみると、男性は349分、女性319分と、2020年と同様にやや男性が長かった（**図E-4**）。男女ともに、加齢とともに増加または減少といった単純な傾向はみられなかったが、今回の調査では、70歳以上の女性が291分と最も座位時間が短く、唯一5時間未満であった。一方、50歳代および60歳代の男性ではともに6時間以上と最も長く、各種疾患リスクの高まる年代であることを踏まえると、何らかの対策が必要と考えられる。GPAQからは合計の座位時間までしかわからないが、座位時間についても、年代別にその行動の種類や内訳（デスクワーク、テレビ視聴、車の運転等）がわかれば、具体的な対策を考える上で有用と考えられる。

E-5 まとめ

スポーツライフ調査における2020年・2022年のGPAQの結果を身体活動ガイドラインの達成率と座位時間から確認してきた。身体活動・スポーツ普及施策を進める上で改めて整理しておきたいポイントとしては、やはり子育て世代女性における余暇の身体活動量の低さと、全世代共通して座位時間が長い点は外せないだろう。余暇時間がもてていない層に対して、リフレッシュ効果の大きい「余暇」身体活動の時間をいかに提供・支援できるか。子育て支援施策の総合的な推進と合わせて、ソーシャル・マーケティング等に基づき丁寧に対象層の理解を深め、そして対象者らとともに、身体活動の普及戦略を進めることが求められる（鎌田，2018）。また、座位時間の対策として、職場や在宅勤務でのデスクワークについては、スタンディングデスクの活用のほか、労働時間の適正化をはじめとした働き方改革も必要と考えられる。

2020年と2022年の間に大きな変化は確認されなかったが、今後、3時点、4時点と継続調査のデータが蓄積されるにつれ、さまざまな取り組みの成果が国民の行動の変化となって表れるのか、身体活動・座位行動のデータを注視していきたい。

注1）GPAQでは、中・高強度の質問項目にそれぞれ固定したメッツ値（4または8）が付与されてメッツ・時の身体活動量が計算されるため、ガイドラインに基づく最小値の週7.5メッツ・時（=450メッツ・分）とは異なる値が基準値として用いられる。

注2）V調査結果 図7-5参照。

引用・参考文献

1) Bauman A, Ainsworth BE, Sallis JF et al. The descriptive epidemiology of sitting. A 20-country comparison using the International Physical Activity Questionnaire (IPAQ). Am J Prev Med. 2011;41(2):228-35.

2) Macniven R, Bauman A, Abouzeid M. A review of population-based prevalence studies of physical activity in adults in the Asia-Pacific region. BMC Public Health. 2012;12:41.

3) McLaughlin M, Atkin AJ, Starr L et al. Worldwide surveillance of self-reported sitting time: A scoping review. Int J Behav Nutr Phys Act. 2020;17(1):111.

4) Strain T, Sharp SJ, Spiers A et al. Population level physical activity before and during the first national COVID-19 lockdown: A nationally representative repeat cross-sectional study of 5 years of Active Lives data in England. Lancet Reg Health Eur. 2022;12:100265.

5) World Health Organization (WHO). WHO guidelines on physical activity and sedentary behaviour. Geneva: WHO, 2020. Available from: https://www.who.int/publications/i/item/9789240015128.（最終アクセス日：2021年9月23日）

6) 鎌田真光. その方法で本当にスポーツ実施率が高まりますか？ 2. 身につけておきたいソーシャル・マーケティングの基本. 諸外国のスポーツ政策, 笹川スポーツ財団ウェブサイト. 2018年2月16日掲載 http://www.ssf.or.jp/research/international/spioc/us/tabid/1500/Default.aspx

7) 身体活動研究プラットフォーム. 世界標準化身体活動質問票（第2版 日本語版）. http://paplatform.umin.jp/questionnaire.html（最終アクセス日：2021年9月23日）

調査結果

Results

1 運動・スポーツ実施状況

1-1 運動・スポーツ実施率の年次推移

　1992年に開始した本調査は、今回の2022年調査で16回目となった。**図1-1**には、運動・スポーツ実施率の年次推移を示した。各調査年の標本抽出方法は、1992年から2006年までの調査ではランダムサンプリングのひとつである層化二段無作為抽出法を用い、2008年以降は割当法を採用している。また、母集団の年齢下限は2014年までは20歳、2016年からは18歳と厳密には範囲が異なるが、便宜的に連続する経年データとして取り扱っている。

　年1回以上の運動・スポーツ実施率をみると、1992年には50.9％と半数をわずかに超える程度であったが、2000年には70.7％に上昇した。その後、2006年までは60％台から70％台の範囲を行き来し、2008年以降は70％台での横ばい状態が続いている。今回の2022年調査では72.9％となり、前回調査から0.4ポイント減少したが、年1回以上の運動・スポーツ実施率の大きな変化はみられない。

　週1回以上の運動・スポーツ実施率は、1992年の23.7％から漸増を続けていたが、2012年の59.1％から2016年まではわずかに減少傾向へと転じ、定常状態となっていた。2018年に再び上昇し、2020年には過去最高の59.5％となったが、今回の2022年調査では58.5％となり、前回調査を1.0ポイント下回った。

　週2回以上の運動・スポーツ実施率は、週1回以上の実施率の約10ポイント下方で並行した軌跡をたどる。1992年の16.1％から漸次増加を続け、2000年には40％台に達した。2008年以降は40％台後半で推移する。今回の2022年調査では49.1％となり、前回調査を0.8ポイント下回った。

　さらに本調査では、週2回以上、実施時間1回30分以上、運動強度「ややきつい」以上という3つの条件をクリアしている運動・スポーツ実施者を「アクティブ・スポーツ人口」と定義し、その割合を追跡している。2014年以降はゆるやかな増加傾向が続いていたものの、2022年調査の割合は20.2％で、前回調査を1.9ポイント下回った。

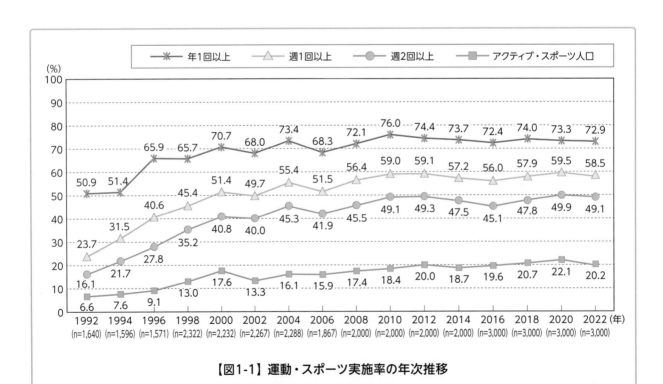

【図1-1】運動・スポーツ実施率の年次推移

注1）2014年までは20歳以上、2016年以降は18歳以上を調査対象としている。
注2）アクティブ・スポーツ人口：運動・スポーツ実施レベル4（週2回以上、1回30分以上、運動強度「ややきつい」以上の実施者）

資料：笹川スポーツ財団「スポーツライフに関する調査」2022

本調査では回答者に対して、運動・スポーツの実施回数の多い順に最大5種目を選択し、種目ごとに年、月、週のいずれかの単位を選んで回数を記入するよう求めた。1年を12ヶ月または52週に換算し、5種目の実施回数を合算すると、年間および週あたりの運動・スポーツ実施頻度を算出できる。

図1-2には、全体および性別、年代別の運動・スポーツ実施頻度を「非実施」から「週7回以上」までの9区分で示した。全体では「非実施」27.1%、「週1回未満」14.4%、「週1回以上2回未満」9.5%、「週2回以上3回未満」8.1%、「週3回以上4回未満」6.5%、「週4回以上5回未満」5.7%、「週5回以上6回未満」6.0%、「週6回以上7回未満」5.2%、「週7回以上」17.6%であった。

性別にみると、「非実施」の割合は男性で24.8%、女性で29.3%と女性が4.5ポイント上回るが、「週7回以上」の割合は男性が16.4%、女性が18.7%と、大きな差はみられなかった。

年代別にみると、18・19歳は「非実施」が16.0%と低く、「週7回以上」は24.0%と高い。また、「週2回以上3回未満」が14.7%とほかの年代よりも高い。20歳代から50歳代では、「非実施」や「週1回未満」の割合が高くなる。「非実施」と「週1回未満」を合計すると、20歳代46.5%、30歳代47.6%、40歳代42.6%、50歳代44.1%と、いずれも4割強が週1回未満の運動・スポーツ実施頻度である。一方、「週7回以上」の割合は20歳代12.0%、30歳代13.0%、40歳代12.4%、50歳代14.7%と10%台前半にとどまり、ほかの年代よりも低い。

60歳代以降では、「週1回未満」の割合は60歳代10.8%、70歳以上4.9%と、年代が上がるとともに低くなっている。一方、「週7回以上」の割合は60歳代が21.3%、70歳以上が29.8%と、年代が上がるにつれて高くなる。70歳以上では「非実施」の28.8%、「週7回以上」の29.8%ともにほかの年代に比べて高く、運動・スポーツをしない者とほぼ毎日行う者の両極に分かれている。

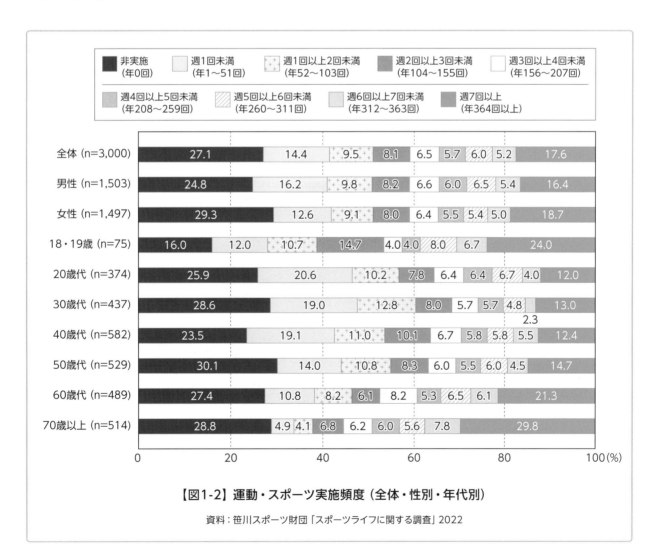

【図1-2】運動・スポーツ実施頻度（全体・性別・年代別）

資料：笹川スポーツ財団「スポーツライフに関する調査」2022

1-3　運動・スポーツ実施レベル

　本調査では、運動・スポーツの実施状況をより的確に把握するため、実施頻度、実施時間、運動強度の観点から分析を試みた。**表1-1**の基準に基づき、運動・スポーツ実施状況を「レベル0」から「レベル4」までの5段階で分類した。まず、実施頻度によって、過去1年間にまったく運動・スポーツをしなかった「レベル0」、年1回以上、週2回未満（年1～103回）の「レベル1」、週2回以上（年104回以上）の「レベル2」に分類する。次に「レベル2」以上のうち、1回あたりの実施時間30分以上の条件を加えて「レベル3」を、さらに運動強度「ややきつい」以上を加えて「レベル4」と設定する。そして、この「レベル4」を「アクティブ・スポーツ人口」と定義している。

　図1-3に示す運動・スポーツ実施レベルの割合は「レベル0」27.1％、「レベル1」23.9％、「レベル2」9.5％、「レベル3」19.3％、「レベル4」（アクティブ・スポーツ人口）20.2％であった。

　また、2021年1月1日時点の住民基本台帳人口より、18歳以上の人口1億544万8,713人に基づいて推計人口を算出した。非実施者の「レベル0」は2,858万人、「レベル1」2,520万人、「レベル2」1,002万人、「レベル3」2,035万人であり、高頻度・高強度実施者の「レベル4」（アクティブ・スポーツ人口）は2,130万人と推計される。

【表1-1】運動・スポーツ実施レベルの設定

実施レベル	基　　　準
レベル0	過去1年間にまったく運動・スポーツを実施しなかった
レベル1	年1回以上、週2回未満（年1～103回）
レベル2	週2回以上（年104回以上）
レベル3	週2回以上、1回30分以上
レベル4（アクティブ・スポーツ人口）	週2回以上、1回30分以上、運動強度「ややきつい」以上

資料：笹川スポーツ財団「スポーツライフに関する調査」2022

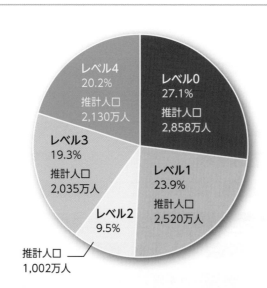

【図1-3】運動・スポーツ実施レベルと推計人口（全体：n=3,000）

注）推計人口：18歳以上人口（20歳以上は2021年1月1日時点の住民基本台帳人口、18・19歳は同時点の住民基本台帳人口のうち、15～19歳の人口に2020年の国勢調査から得られた18歳および19歳の人口割合を乗じて得られた推計値を利用）の105,448,713人に、実施レベルの割合を乗じて算出。

資料：笹川スポーツ財団「スポーツライフに関する調査」2022

図1-4に運動・スポーツ実施レベルの年次推移を示した。「レベル4」（アクティブ・スポーツ人口）は、1992年の6.6%に始まり、漸次増加し2012年には20.0%に達した。2014年に18.7%へと減少した後は増加傾向が続き、2020年には22.1%と過去最高となった。今回調査では20.2%と、2020年を1.9ポイント下回る結果となった。

「レベル3」は1992年に2.7%であり、ほかのレベルと比べて最も割合が低かったが、1998年に10%を超えた後、2010年には21.5%まで上昇した。直近では減少または横ばい傾向が続いていたが、2022年は19.3%となり、2020年を1.5ポイント上回った。1992年からの変化率は「レベル3」が最も大きい。

週2回以上の「レベル2」は、今回調査では9.5%であり、1992年以降6%から10%の範囲を推移している。「レベル1」は2000年以降、20%台後半で微増と微減を繰り返していたが、2020年に23.4%へと減少し、今回調査では23.9%であった。非実施の「レベル0」は、1994年に50.1%と半数を占めていたが、今回調査では27.1%となり、全体の4分の1程度にまで減少している。

1990年代に比べると、2000年代では「レベル0」「レベル1」が減少し、「レベル3」「レベル4」が増加した。一方で、2008年頃からレベル別の割合に顕著な変化は起きていない。2020年以降は新型コロナウイルス感染症の流行により、運動・スポーツ実施の環境は変化したものの、各レベルの割合においては大きな増減はみられない。

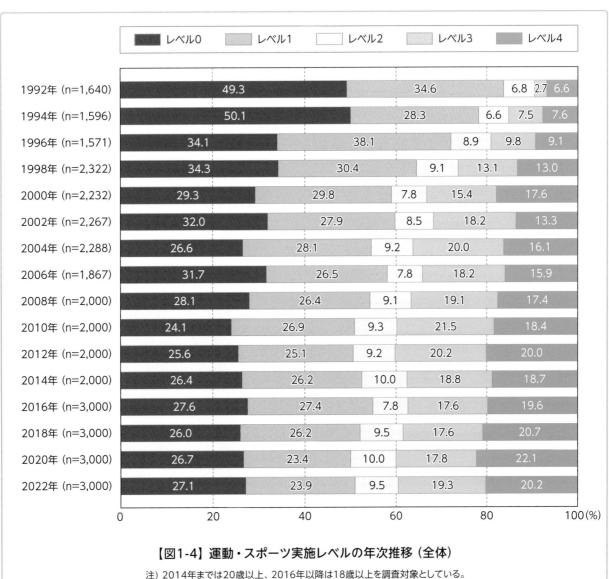

【図1-4】運動・スポーツ実施レベルの年次推移（全体）

注）2014年までは20歳以上、2016年以降は18歳以上を調査対象としている。

資料：笹川スポーツ財団「スポーツライフに関する調査」2022

1-5 性別、年代別の 運動・スポーツ実施レベル

図1-5には、性別、年代別の運動・スポーツ実施レベルを示した。性別にみると、「レベル4」は男性22.9%、女性17.6%、「レベル3」は男性18.0%、女性20.7%、「レベル2」は男性8.3%、女性10.8%、「レベル1」は男性26.1%、女性21.6%であった。高頻度・高強度の「レベル4」は、男性が女性を5.3ポイント上回る。しかし、習慣的な運動・スポーツ実施となる「レベル2」以上の合計は男性49.2%、女性49.1%となり、差はみられない。2018年以降の推移は、男性では2018年45.5%、2020年47.8%、2022年49.2%と徐々に増加しているのに対して、女性では2018年50.0%、2020年52.0%、2022年49.1%と、2020年から2022年にかけて2.9ポイント減少している。

一方で、非実施の「レベル0」は男性24.8%、女性29.3%と女性が男性を4.5ポイント上回る。男女ともに

近年の割合に大きな変化はみられない。

年代別にみると、「レベル4」は18・19歳で46.7%と最も高い。20歳代21.7%、30歳代16.2%と徐々に低くなり、40歳代が15.1%と最も低い割合を示す。続く年代では50歳代19.7%、60歳代21.7%、70歳以上23.7%となり、「レベル4」の割合は40歳代を底に中年期から高齢期にかけて再び高くなる。「レベル2」以上の合計値は18・19歳61.3%、20歳代43.3%、30歳代39.5%、40歳代46.3%、50歳代45.2%、60歳代53.6%、70歳以上62.2%となり、30歳代で低い割合を示している。「レベル0」は、18・19歳では16.0%と低いが、20歳代から70歳以上は2割以上となる。学校卒業と就職に伴う環境やライフスタイルの変化が影響していると予想される。

2018年以降の推移では、70歳以上で「レベル0」が2018年23.6%、2020年26.4%、2022年28.8%と増加し、「レベル4」は2018年27.6%、2020年25.8%、2022年23.7%と減少した。

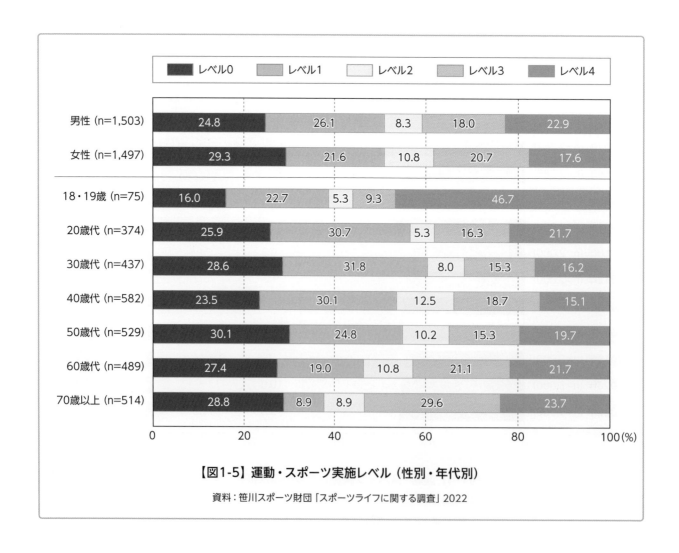

【図1-5】運動・スポーツ実施レベル（性別・年代別）

資料：笹川スポーツ財団「スポーツライフに関する調査」2022

図1-6には、性・年代別の運動・スポーツ実施レベルを示した。男性の「レベル4」は18・19歳53.7%、20歳代26.9%、30歳代20.6%と年代とともに低くなり、40歳代にて16.4%と最も低い割合を示す。50歳代22.8%、60歳代20.7%、70歳以上26.8%と、50歳代以降では2割台となる。女性の「レベル4」も18・19歳38.2%が最も高く、20歳代は16.0%、30歳代で11.7%と最も低くなる。続いて40歳代13.8%、50歳代16.4%、60歳代22.6%と増加し、70歳以上は21.1%である。性別にみると、「レベル4」の割合は60歳代（男性20.7%、女性22.6%）を除いた年代で、女性よりも男性が高い。また、非実施の「レベル0」の割合は50歳代（男性30.3%、女性29.8%）を除いた年代で、女性が男性を上回る。

2018年以降の推移をみると、70歳以上の「レベル0」が、男性では2018年18.6%、2020年22.0%、2022年24.7%、女性では27.8%、30.1%、32.4%と男女ともに増加した。また、女性の60歳代および70歳以上では、「レベル2」以上の合計値が減少傾向にある。2018年から順に、女性の60歳代では60.1%、54.5%、53.2%、70歳以上では65.8%、61.4%、60.8%と推移した。コロナ禍で運動・スポーツを控えた高齢者が一定数いることが推察される。

ほかには20歳代から50歳代の女性で、「レベル4」や「レベル2」以上の合計値が2020年から減少傾向にある。「レベル4」は女性の40歳代で19.7%から13.8%へ、50歳代で23.2%から16.4%へと推移した。「レベル2」以上の合計値は女性の20歳代で43.5%から37.0%へ、30歳代で45.7%から39.2%へと、いずれも6.5ポイント減少している。

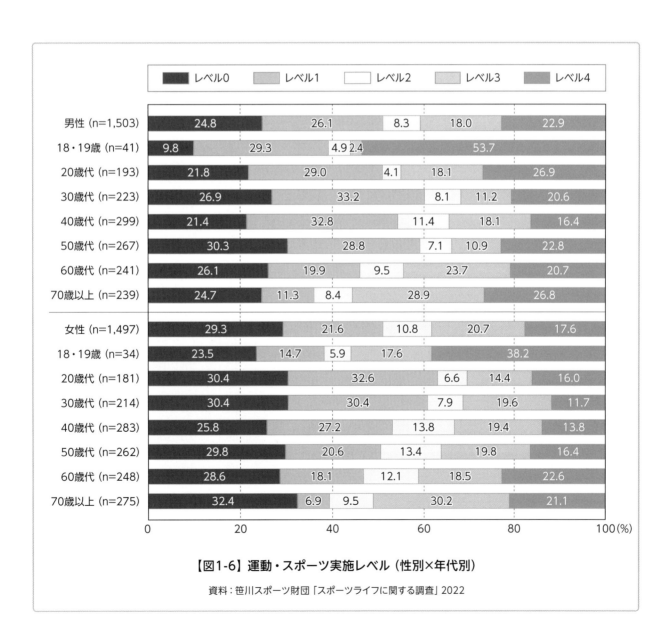

【図1-6】運動・スポーツ実施レベル（性別×年代別）

資料：笹川スポーツ財団「スポーツライフに関する調査」2022

1-6 種目別の運動・スポーツ実施率（年1回以上）

表1-2には、この1年間に行われた運動・スポーツの種目別実施率と推計人口を示した。全体では「散歩（ぶらぶら歩き）」31.8%が1位、次いで「ウォーキング」29.4%、「体操（軽い体操、ラジオ体操など）」17.4%、「筋力トレーニング」16.4%、「ジョギング・ランニング」8.9%、「釣り」7.2%であった。これら上位6種目は2020年調査と変わらず、実施率にも大幅な増減はみられなかった。推計人口は、「散歩（ぶらぶら歩き）」3,353万人、「ウォーキング」3,100万人、「体操（軽い体操、ラジオ体操など）」1,835万人、「筋力トレーニン

グ」1,729万人で、5位以下は1,000万人未満となる。

性別にみると、男性で「ウォーキング」、女性では「散歩（ぶらぶら歩き）」が1位であった。女性の「散歩（ぶらぶら歩き）」の実施率は男性よりも9.1ポイント高い。また、男女共通で上位に入る「体操（軽い体操、ラジオ体操など）」も男性11.8%に対して女性23.0%と、11.2ポイントの差がみられる。

女性の実施種目の選択は、「散歩（ぶらぶら歩き）」「ウォーキング」「体操（軽い体操、ラジオ体操など）」「筋力トレーニング」に集中しているが、男性はこれら4種目に加え、「ジョギング・ランニング」「ゴルフ（コース）」「釣り」「ゴルフ（練習場）」といった複数の種目が10%を超え、より多様化している。

【表1-2】年1回以上の種目別運動・スポーツ実施率および推計人口（全体・性別：複数回答）

全体 (n=3,000)				男性 (n=1,503)			女性 (n=1,497)		
順位	実施種目	実施率(%)	推計人口(万人)	順位	実施種目	実施率(%)	順位	実施種目	実施率(%)
1	散歩（ぶらぶら歩き）	31.8	3,353	1	ウォーキング	28.6	1	散歩（ぶらぶら歩き）	36.4
2	ウォーキング	29.4	3,100	2	散歩（ぶらぶら歩き）	27.3	2	ウォーキング	30.2
3	体操（軽い体操、ラジオ体操など）	17.4	1,835	3	筋力トレーニング	19.4	3	体操（軽い体操、ラジオ体操など）	23.0
4	筋力トレーニング	16.4	1,729	4	ジョギング・ランニング	12.6	4	筋力トレーニング	13.4
5	ジョギング・ランニング	8.9	938	5	体操（軽い体操、ラジオ体操など）	11.8	5	ヨーガ	8.4
6	釣り	7.2	759	6	ゴルフ（コース）	11.7	6	なわとび	6.7
7	サイクリング	7.0	738	7	釣り	11.5	7	バドミントン	6.1
8	ゴルフ（コース）	6.7	707	8	ゴルフ（練習場）	10.2	8	サイクリング	5.2
9	ゴルフ（練習場）	6.1	643	9	サイクリング	8.7		ボウリング	5.2
10	ボウリング	5.5	580	10	登山	6.2	10	ジョギング・ランニング	5.1
11	登山	5.1	538	11	キャッチボール	6.1	11	水泳	4.6
12	なわとび	5.0	527	12	キャンプ	6.0	12	卓球	4.4
13	水泳	4.8	506	13	ボウリング	5.9	13	登山	4.0
	バドミントン	4.8	506	14	サッカー	5.3	14	キャンプ	3.3
15	キャンプ	4.6	485	15	水泳	5.1		ハイキング	3.3
16	ヨーガ	4.5	475	16	野球	5.0	16	バレーボール	3.1
17	キャッチボール	4.4	464	17	卓球	3.7	17	海水浴	2.8
18	卓球	4.0	422		ハイキング	3.7		釣り	2.8
19	ハイキング	3.5	369		バスケットボール	3.7	19	キャッチボール	2.6
20	サッカー	3.4	359	20	バドミントン	3.5	20	エアロビックダンス	2.2
21	海水浴	3.0	316	21	海水浴	3.3		テニス（硬式テニス）	2.2
22	バスケットボール	2.8	295		なわとび	3.3	22	ゴルフ（練習場）	2.0
	野球	2.8	295	23	テニス（硬式テニス）	3.1	23	バスケットボール	1.9
24	テニス（硬式テニス）	2.7	285	24	スノーボード	3.0		ピラティス	1.9
25	バレーボール	2.3	243	25	スキー	2.6	25	アクアエクササイズ（水中歩行・運動など）	1.8
26	スキー	2.1	221	26	フットサル	2.1	26	ゴルフ（コース）	1.7
	スノーボード	2.1	221	27	ソフトボール	1.6	27	グラウンドゴルフ	1.5
28	アクアエクササイズ（水中歩行・運動など）	1.3	137	28	バレーボール	1.4		サッカー	1.5
	グラウンドゴルフ	1.3	137	29	ソフトテニス（軟式テニス）	1.3		スキー	1.5
30	エアロビックダンス	1.2	127	30	ロードレース（駅伝・マラソンなど）	1.2	30	スノーボード	1.3
	フットサル	1.2	127					フラダンス	1.3

注）推計人口：18歳以上人口（20歳以上は2021年1月1日時点の住民基本台帳人口、18・19歳は同時点の住民基本台帳人口のうち、15～19歳の人口に2020年の国勢調査から得られた18歳および19歳の人口割合を乗じて得られた推計値を利用）の105,448,713人に、実施率を乗じて算出。

資料：笹川スポーツ財団「スポーツライフに関する調査」2022

表1-3には、年1回以上の種目別運動・スポーツ実施率を年代別に示した。18・19歳は「筋力トレーニング」、20歳代から40歳代、60歳代は「散歩（ぶらぶら歩き）」、50歳代と70歳以上では「ウォーキング」が1位であった。これらの種目以外に、「ジョギング・ランニング」「体操（軽い体操、ラジオ体操など）」もすべての年代において上位15種目に入る。「ジョギング・ランニング」は、40歳代以下では上位5位以内に入るが、50歳代以降では順位が低くなる。一方、「体操（軽い体操、ラジオ体操など）」は18・19歳では15位、20歳代では9位だが、30歳代以降では上位4位以内に入り、中高年層の順位が高い。

また、18・19歳や20歳代では「サッカー」「バスケットボール」「バレーボール」「野球」といった球技系のチームスポーツが上位に入る。20歳代以降で「サイクリング」、30歳代以降で「ゴルフ（コース）」「ゴルフ（練習場）」、50歳代以降で「ヨーガ」が上位15種目に入る。

レジャー系種目の実施率も年代によって違いがみられる。「ボウリング」は30歳代以下の年代で上位15種目に入り、18・19歳では実施率が20.0％と特に高い。30歳代以降では「釣り」、40歳代以降では「登山」、50歳代以降では「ハイキング」が上位15種目にあがる。

2020年調査と比較すると、18・19歳で「散歩（ぶらぶら歩き）」が33.3％から21.3％へ、「ウォーキング」が20.8％から14.7％へ、20歳代では「筋力トレーニング」が29.7％から23.3％へ、30歳代では「筋力トレーニング」が23.1％から17.6％へと、それぞれ減少した。これらの実施率は2018年から2020年にかけて増加し、その後2022年調査において減少した点で共通している。2020年には若年層において、コロナ禍でも特定の施設を必要とせず一人で行える種目の実施率が大きく増加したが、2022年はその傾向が落ち着き、2018年と同程度に戻っている。

【表1-3】年1回以上の種目別運動・スポーツ実施率（年代別：複数回答）

順位	18・19歳 (n=75) 実施種目	実施率(%)	順位	20歳代 (n=374) 実施種目	実施率(%)	順位	30歳代 (n=437) 実施種目	実施率(%)	順位	40歳代 (n=582) 実施種目	実施率(%)
1	筋力トレーニング	36.0	1	散歩（ぶらぶら歩き）	26.7	1	散歩（ぶらぶら歩き）	34.1	1	散歩（ぶらぶら歩き）	32.1
2	ジョギング・ランニング	24.0	2	筋力トレーニング	23.3	2	ウォーキング	20.1	2	ウォーキング	30.2
3	散歩（ぶらぶら歩き）	21.3	3	ウォーキング	20.9	3	筋力トレーニング	17.6	3	体操（軽い体操、ラジオ体操など）	17.2
4	サッカー	20.0	4	ボウリング	12.6	4	体操（軽い体操、ラジオ体操など）	12.6	4	筋力トレーニング	15.8
4	バスケットボール	20.0	5	ジョギング・ランニング	12.3	5	ジョギング・ランニング	9.8	5	ジョギング・ランニング	12.5
4	ボウリング	20.0	6	バドミントン	9.6	5	釣り	9.8	6	釣り	10.0
7	ウォーキング	14.7	7	バスケットボール	9.1	7	キャンプ	7.6	7	サイクリング	9.3
8	キャッチボール	10.7	8	サイクリング	7.8	7	なわとび	7.6	7	バドミントン	9.3
8	バドミントン	10.7	9	キャッチボール	7.5	9	キャッチボール	6.4	9	キャンプ	8.1
8	バレーボール	10.7	9	体操（軽い体操、ラジオ体操など）	7.5	9	サイクリング	6.4	10	ゴルフ（コース）	7.6
8	野球	10.7	11	サッカー	7.2	11	ゴルフ（コース）	6.2	11	登山	7.4
12	水泳	8.0	11	スノーボード	7.2	12	海水浴	5.9	12	なわとび	7.2
12	卓球	8.0	11	バレーボール	7.2	12	ゴルフ（練習場）	5.9	13	水泳	6.9
12	フットサル	8.0	11	野球	7.2	14	サッカー	5.7	14	キャッチボール	6.5
15	キャンプ	6.7	15	卓球	6.4	15	水泳	5.5	14	ゴルフ（練習場）	6.5
15	体操（軽い体操、ラジオ体操など）	6.7				15	ボウリング	5.5			

順位	50歳代 (n=529) 実施種目	実施率(%)	順位	60歳代 (n=489) 実施種目	実施率(%)	順位	70歳以上 (n=514) 実施種目	実施率(%)
1	ウォーキング	29.3	1	散歩（ぶらぶら歩き）	35.2	1	ウォーキング	39.5
2	散歩（ぶらぶら歩き）	28.7	2	ウォーキング	35.0	2	散歩（ぶらぶら歩き）	34.8
3	筋力トレーニング	16.8	3	体操（軽い体操、ラジオ体操など）	21.7	3	体操（軽い体操、ラジオ体操など）	28.6
4	体操（軽い体操、ラジオ体操など）	15.3	4	筋力トレーニング	13.3	4	筋力トレーニング	10.7
5	釣り	8.3	5	ゴルフ（コース）	9.8	5	ゴルフ（コース）	7.8
6	サイクリング	7.6	6	ゴルフ（練習場）	7.8	6	ゴルフ（練習場）	7.0
6	ジョギング・ランニング	7.6	7	サイクリング	6.7	7	グラウンドゴルフ	5.3
8	ヨーガ	7.0	8	釣り	6.3	8	卓球	4.9
9	ゴルフ（コース）	6.2	9	登山	5.5	9	ハイキング	4.9
10	ゴルフ（練習場）	5.5	10	ジョギング・ランニング	5.3	10	サイクリング	4.1
11	登山	5.3	11	ヨーガ	4.9	10	水泳	4.1
12	キャンプ	4.2	12	なわとび	4.5	12	ジョギング・ランニング	3.9
13	ハイキング	3.8	13	水泳	4.3	13	登山	3.7
14	スキー	3.6	14	ハイキング	4.1	14	ヨーガ	3.5
15	水泳	3.4	15	キャンプ	2.9	15	釣り	3.1
15	バドミントン	3.4						

資料：笹川スポーツ財団「スポーツライフに関する調査」2022

1-7 種目別の運動・スポーツ実施率（週1回以上）

表1-4は、週1回以上の種目別運動・スポーツ実施率と推計人口を示す。年間で不定期に実施される種目が除外されるため、日常的な運動・スポーツへの参加状況（運動・スポーツ愛好者人口）を把握できる。全体の1位は「ウォーキング」21.1%で、次いで「散歩（ぶらぶら歩き）」20.3%、「体操（軽い体操、ラジオ体操など）」12.5%、「筋力トレーニング」12.4%、「ジョギング・ランニング」5.6%であった。推計人口は、「ウォーキング」2,225万人、「散歩（ぶらぶら歩き）」2,141万人、「体操（軽い体操、ラジオ体操など）」1,318万人、「筋力トレーニング」1,308万人、「ジョギング・ランニング」591万人となる。推計人口が100万人を超える運動・スポーツ種目は13位までの16種目であった。

性別では、男性の1位は「ウォーキング」20.6%、次いで「散歩（ぶらぶら歩き）」16.8%、「筋力トレーニン

グ」14.6%であった。男性では「ゴルフ（練習場）」「サッカー」「キャッチボール」「野球」「バスケットボール」といった球技系スポーツが上位に並んでいる。

一方、女性では「散歩（ぶらぶら歩き）」が23.8%で1位となり、次いで「ウォーキング」21.7%、「体操（軽い体操、ラジオ体操など）」17.1%であった。また、男性の上位種目にはみられない「ヨーガ」「ピラティス」などのフィットネス系種目や「エアロビックダンス」「社交ダンス」などのダンス系種目があがった。

2020年調査における種目別の週1回以上運動・スポーツ実施率と比較すると、2022年調査に大きな変動はみられない。全体における上位5種目をみると、「ウォーキング」は20.0%から21.1%へ、「散歩（ぶらぶら歩き）」は20.7%から20.3%へ、「体操（軽い体操、ラジオ体操など）」は13.5%から12.5%へ、「筋力トレーニング」は13.8%から12.4%へ、「ジョギング・ランニング」は5.8%から5.6%へと、いずれもわずかな増減にとどまった。

【表1-4】週1回以上の種目別運動・スポーツ実施率および推計人口（全体・性別：複数回答）

全 体 (n=3,000)				男 性 (n=1,503)			女 性 (n=1,497)		
順位	実施種目	実施率(%)	推計人口(万人)	順位	実施種目	実施率(%)	順位	実施種目	実施率(%)
1	ウォーキング	21.1	2,225	1	ウォーキング	20.6	1	散歩（ぶらぶら歩き）	23.8
2	散歩（ぶらぶら歩き）	20.3	2,141	2	散歩（ぶらぶら歩き）	16.8	2	ウォーキング	21.7
3	体操（軽い体操、ラジオ体操など）	12.5	1,318	3	筋力トレーニング	14.6	3	体操（軽い体操、ラジオ体操など）	17.1
4	筋力トレーニング	12.4	1,308	4	ジョギング・ランニング	8.2	4	筋力トレーニング	10.3
5	ジョギング・ランニング	5.6	591	5	体操（軽い体操、ラジオ体操など）	8.0	5	ヨーガ	4.8
6	サイクリング	2.9	306	6	サイクリング	3.9	6	ジョギング・ランニング	3.0
7	ヨーガ	2.5	264	7	ゴルフ（練習場）	3.3	7	サイクリング	1.9
8	ゴルフ（練習場）	1.9	200	8	サッカー	1.8	8	なわとび	1.7
9	水泳	1.2	127	9	キャッチボール	1.6	9	エアロビックダンス	1.5
9	なわとび	1.2	127	10	野球	1.5	9	バドミントン	1.5
11	サッカー	1.1	116	11	バスケットボール	1.3	9	バレーボール	1.5
11	テニス（硬式テニス）	1.1	116	12	ゴルフ（コース）	1.2	12	水泳	1.2
13	キャッチボール	1.0	105	12	釣り	1.2	13	卓球	1.1
13	卓球	1.0	105	12	テニス（硬式テニス）	1.2	14	テニス（硬式テニス）	1.0
13	バドミントン	1.0	105	15	水泳	1.1	15	ピラティス	0.9
13	バレーボール	1.0	105	16	卓球	0.9	16	アクアエクササイズ（水中歩行・運動など）	0.7
17	バスケットボール	0.9	95	17	なわとび	0.8	16	グラウンドゴルフ	0.7
18	エアロビックダンス	0.8	84	18	空手	0.5	18	キャッチボール	0.5
18	野球	0.8	84	18	ソフトテニス（軟式テニス）	0.5	18	ゴルフ（練習場）	0.5
20	釣り	0.7	74	18	バドミントン	0.5	18	社交ダンス	0.5
				18	バレーボール	0.5	18	ストレッチ	0.5
				18	フットサル	0.5	18	ソフトバレー	0.5
							18	太極拳	0.5
							18	バスケットボール	0.5

注1) 推計人口：18歳以上人口（20歳以上は2021年1月1日時点の住民基本台帳人口、18・19歳は同時点の住民基本台帳人口のうち、15～19歳の人口に2020年の国勢調査から得られた18歳および19歳の人口割合を乗じて得られた推計値を利用）の105,448,713人に、実施率を乗じて算出。

注2) 回答選択肢「その他（自由記述式）」の内訳も集計に含めている。

資料：笹川スポーツ財団「スポーツライフに関する調査」2022

表1-5は、年代別にみた週1回以上の種目別運動・スポーツ実施率である。18・19歳と20歳代では「筋力トレーニング」が最も高く、18・19歳29.3%、20歳代17.9%であった。30歳代では「散歩（ぶらぶら歩き）」の実施率が22.2%と最も高い。40歳代以降の1位は「ウォーキング」で、40歳代19.8%、50歳代20.4%、60歳代26.6%、70歳以上33.3%であった。「ウォーキング」は年代が高いほど実施率も高い。

20歳代から50歳代までは、「ウォーキング」「散歩（ぶらぶら歩き）」「体操（軽い体操、ラジオ体操など）」「筋力トレーニング」「ジョギング・ランニング」が上位5種目を占めている。18・19歳の2位以下は「ジョギング・ランニング」「散歩（ぶらぶら歩き）」「バスケットボール」「バドミントン」と続き、4位と5位に球技が入る。60歳代以降では「ジョギング・ランニング」が6位以下となり、代わりに「ゴルフ（練習場）」や「グラウンドゴルフ」が5位に入っている。

2020年調査と比較して5ポイント以上の変化がみられたのは、18・19歳の「バスケットボール」「バドミントン」と20歳代の「筋力トレーニング」であった。18・19歳の「バスケットボール」は1.4%から9.3%へ、「バドミントン」は2.8%から8.0%へと大幅に増加した。コロナ禍における運動・スポーツ施設の利用制限が解除された点も影響したと考えられる。一方、20歳代の「筋力トレーニング」の実施率は23.6%から17.9%へと、5.7ポイント減少した。表1-3でみた年1回以上の実施率と同様の傾向で、2018年から2020年にかけて大きく増加したが、今回は減少している。

【表1-5】週1回以上の種目別運動・スポーツ実施率（年代別：複数回答）

順位	18・19歳 (n=75) 実施種目	実施率(%)	順位	20歳代 (n=374) 実施種目	実施率(%)	順位	30歳代 (n=437) 実施種目	実施率(%)	順位	40歳代 (n=582) 実施種目	実施率(%)
1	筋力トレーニング	29.3	1	筋力トレーニング	17.9	1	散歩（ぶらぶら歩き）	22.2	1	ウォーキング	19.8
2	ジョギング・ランニング	14.7	2	散歩（ぶらぶら歩き）	15.5	2	筋力トレーニング	13.5	2	散歩（ぶらぶら歩き）	17.5
3	散歩（ぶらぶら歩き）	13.3	3	ウォーキング	12.8	3	ウォーキング	13.0	3	筋力トレーニング	10.8
4	バスケットボール	9.3	4	ジョギング・ランニング	7.5	4	体操（軽い体操、ラジオ体操など）	7.8	4	体操（軽い体操、ラジオ体操など）	10.0
5	バドミントン	8.0	5	体操（軽い体操、ラジオ体操など）	5.6	5	ジョギング・ランニング	5.0	5	ジョギング・ランニング	8.4
6	ウォーキング	6.7	6	サイクリング	3.5	6	サイクリング	2.5	6	サイクリング	4.8
7	サッカー	5.3		バスケットボール	3.5	7	サッカー	2.1	7	ヨーガ	2.7
8	体操（軽い体操、ラジオ体操など）	4.0	8	サッカー	1.9	8	なわとび	1.6		サッカー	1.5
	野球	4.0	9	バレーボール	1.6	9	キャッチボール	1.4	8	なわとび	1.5
	キャッチボール	2.7		野球	1.6		ヨーガ	1.4		バドミントン	1.5
10	サイクリング	2.7									
	バレーボール	2.7									
	陸上競技	2.7									

順位	50歳代 (n=529) 実施種目	実施率(%)	順位	60歳代 (n=489) 実施種目	実施率(%)	順位	70歳以上 (n=514) 実施種目	実施率(%)
1	ウォーキング	20.4	1	ウォーキング	26.6	1	ウォーキング	33.3
2	散歩（ぶらぶら歩き）	17.2	2	散歩（ぶらぶら歩き）	22.5	2	散歩（ぶらぶら歩き）	27.2
3	筋力トレーニング	13.0	3	体操（軽い体操、ラジオ体操など）	17.6	3	体操（軽い体操、ラジオ体操など）	23.0
4	体操（軽い体操、ラジオ体操など）	10.6	4	筋力トレーニング	10.8	4	筋力トレーニング	7.8
5	ジョギング・ランニング	5.9	5	ゴルフ（練習場）	3.9	5	グラウンドゴルフ	2.9
6	ヨーガ	4.5	6	ジョギング・ランニング	3.1		ゴルフ（練習場）	2.9
7	サイクリング	3.0	7	ヨーガ	2.7	7	卓球	2.7
8	テニス（硬式テニス）	1.7	8	サイクリング	2.0	8	水泳	2.5
9	エアロビックダンス	1.1	9	テニス（硬式テニス）	1.8	9	ジョギング・ランニング	2.3
	ゴルフ（練習場）	1.1	10	水泳	1.4		ヨーガ	2.3
				なわとび	1.4			

資料：笹川スポーツ財団「スポーツライフに関する調査」2022

1-8　種目別の運動・スポーツ実施率（週2回以上）

　表1-6は、週2回以上の種目別運動・スポーツ実施率と推計人口である。週2回以上の実施は、運動・スポーツ実施「レベル2」以上に該当する。週1回以上に比べ、より積極的な運動・スポーツ実施者の姿を確認できる。

　全体では「ウォーキング」が17.0%で最も高く、次いで「散歩（ぶらぶら歩き）」14.2%、「体操（軽い体操、ラジオ体操など）」9.8%、「筋力トレーニング」9.6%、「ジョギング・ランニング」3.4%であった。1位の「ウォーキング」から9位の「水泳」までは、**表1-4**に示した週1回以上の実施種目と同じであった。上位5種目の推計人口は、「ウォーキング」1,793万人、「散歩（ぶらぶら歩き）」1,497万人、「体操（軽い体操、ラジオ体操など）」1,033万人、「筋力トレーニング」1,012万人、「ジョギング・ランニング」359万人と見込まれる。推計人口が

100万人を超える運動・スポーツ種目は7位までで、いずれの種目も一人でも実施できる運動・スポーツである。

　性別にみると、男性では「ウォーキング」が16.1%で1位となり、続いて「筋力トレーニング」11.8%、「散歩（ぶらぶら歩き）」11.2%、「体操（軽い体操、ラジオ体操など）」6.7%、「ジョギング・ランニング」5.1%であった。女性では「ウォーキング」が17.8%で最も高く、次いで「散歩（ぶらぶら歩き）」17.2%、「体操（軽い体操、ラジオ体操など）」12.9%、「筋力トレーニング」7.3%、「ヨーガ」2.2%であった。女性は男性に比べ、「体操（軽い体操、ラジオ体操など）」が6.2ポイント、「散歩（ぶらぶら歩き）」が6.0ポイント高い。

　2020年調査と比較すると、各種目の週2回以上運動・スポーツ実施率は大きく変わらず、20位以内にあがる種目もほぼ同様であった。2020年調査と2022年調査を性別に比較した場合も、上位20種目と実施率ともに大きな変化はみられない。

【表1-6】週2回以上の種目別運動・スポーツ実施率および推計人口（全体・性別：複数回答）

全　体 (n=3,000)				男　性 (n=1,503)			女　性 (n=1,497)		
順位	実施種目	実施率(%)	推計人口(万人)	順位	実施種目	実施率(%)	順位	実施種目	実施率(%)
1	ウォーキング	17.0	1,793	1	ウォーキング	16.1	1	ウォーキング	17.8
2	散歩（ぶらぶら歩き）	14.2	1,497	2	筋力トレーニング	11.8	2	散歩（ぶらぶら歩き）	17.2
3	体操（軽い体操、ラジオ体操など）	9.8	1,033	3	散歩（ぶらぶら歩き）	11.2	3	体操（軽い体操、ラジオ体操など）	12.9
4	筋力トレーニング	9.6	1,012	4	体操（軽い体操、ラジオ体操など）	6.7	4	筋力トレーニング	7.3
5	ジョギング・ランニング	3.4	359	5	ジョギング・ランニング	5.1	5	ヨーガ	2.2
6	サイクリング	1.9	200	6	サイクリング	2.5	6	ジョギング・ランニング	1.7
7	ヨーガ	1.2	127	7	ゴルフ（練習場）	1.5	7	サイクリング	1.3
8	ゴルフ（練習場）	0.9	95	8	サッカー	1.0	8	なわとび	1.0
9	水泳	0.8	84	9	キャッチボール	0.9	9	エアロビックダンス	0.9
10	サッカー	0.6	63		野球	0.9		水泳	0.9
	卓球	0.6	63	11	水泳	0.7	11	バドミントン	0.6
	テニス（硬式テニス）	0.6	63	12	卓球	0.6	12	アクアエクササイズ（水中歩行・運動など）	0.5
	なわとび	0.6	63		テニス（硬式テニス）	0.6		グラウンドゴルフ	0.5
14	エアロビックダンス	0.5	53	14	釣り	0.5		ストレッチ	0.5
	キャッチボール	0.5	53		バスケットボール	0.5		卓球	0.5
	バレーボール	0.5	53	16	ソフトテニス（軟式テニス）	0.4		テニス（硬式テニス）	0.5
17	グラウンドゴルフ	0.4	42		バレーボール	0.4		バレーボール	0.5
	バドミントン	0.4	42		空手	0.3		社交ダンス	0.3
	野球	0.4	42		グラウンドゴルフ	0.3	18	ピラティス	0.3
20	アクアエクササイズ（水中歩行・運動など）	0.3	32	18	ゴルフ（コース）	0.3		30分女性専用フィットネス	0.3
	釣り	0.3	32		登山	0.3			
	バスケットボール	0.3	32		なわとび	0.3			
					ボクシング	0.3			

注1）推計人口：18歳以上人口（20歳以上は2021年1月1日時点の住民基本台帳人口、18・19歳は同時点の住民基本台帳人口のうち、15〜19歳の人口に2020年の国勢調査から得られた18歳および19歳の人口割合を乗じて得られた推計値を利用）の105,448,713人に、実施率を乗じて算出。

注2）回答選択肢「その他（自由記述式）」の内訳も集計に含めている。

資料：笹川スポーツ財団「スポーツライフに関する調査」2022

表1-7は、年代別にみた週2回以上の種目別運動・スポーツ実施率である。それぞれの年代で実施率の最も高い種目は、18・19歳と20歳代が「筋力トレーニング」（18・19歳25.3％、20歳代14.7％）、30歳代が「散歩（ぶらぶら歩き）」14.2％、40歳代以降が「ウォーキング」（40歳代15.8％、50歳代17.0％、60歳代20.0％、70歳以上28.6％）であった。いずれも日常生活に取り入れやすい種目である。

18・19歳から30歳代までは「サッカー」「野球」など、球技系のチームスポーツが上位に並んでいる。一方で、60歳代以降では「体操（軽い体操、ラジオ体操など）」の実施率が10％を超え、特に70歳以上では18.7％と高い。この年代では運動強度が比較的低いまたは自身で調整しやすい種目が上位にランクインするといった特徴がみられる。

2020年調査と比較して5ポイント以上増加した種目は、18・19歳の「バスケットボール」（2020年1.4％、2022年6.7％）と40歳代の「ウォーキング」（2020年10.7％、2022年15.8％）である。いずれの年代でも実施率が顕著に減少した種目はみられなかった。

【表1-7】週2回以上の種目別運動・スポーツ実施率（年代別：複数回答）

順位	18・19歳 (n=75) 実施種目	実施率(%)	順位	20歳代 (n=374) 実施種目	実施率(%)	順位	30歳代 (n=437) 実施種目	実施率(%)	順位	40歳代 (n=582) 実施種目	実施率(%)
1	筋力トレーニング	25.3	1	筋力トレーニング	14.7	1	散歩（ぶらぶら歩き）	14.2	1	ウォーキング	15.8
2	散歩（ぶらぶら歩き）	9.3	2	散歩（ぶらぶら歩き）	11.0	2	筋力トレーニング	9.6	2	散歩（ぶらぶら歩き）	11.7
	ジョギング・ランニング	9.3	3	ウォーキング	9.9	3	ウォーキング	9.2	3	体操（軽い体操、ラジオ体操など）	7.6
4	ウォーキング	6.7	4	ジョギング・ランニング	4.8	4	体操（軽い体操、ラジオ体操など）	6.6	4	筋力トレーニング	7.0
	バスケットボール	6.7	5	体操（軽い体操、ラジオ体操など）	4.0	5	ジョギング・ランニング	3.0	5	ジョギング・ランニング	4.6
	サッカー	4.0	6	サイクリング	1.9	6	サイクリング	1.6	6	サイクリング	3.3
6	体操（軽い体操、ラジオ体操など）	4.0	7	サッカー	1.3	7	サッカー	0.9	7	ヨーガ	1.2
	野球	4.0	8	バレーボール	1.1		エアロビックダンス	0.7	8	なわとび	0.9
9	キャッチボール	2.7		ソフトボール	0.8		ゴルフ（練習場）	0.7		キャッチボール	0.7
	バドミントン	2.7	9	なわとび	0.8	8	卓球	0.7	9	水泳	0.7
				バスケットボール	0.8		バレーボール	0.7		釣り	0.7
				野球	0.8		野球	0.7			

順位	50歳代 (n=529) 実施種目	実施率(%)	順位	60歳代 (n=489) 実施種目	実施率(%)	順位	70歳以上 (n=514) 実施種目	実施率(%)
1	ウォーキング	17.0	1	ウォーキング	20.0	1	ウォーキング	28.6
2	散歩（ぶらぶら歩き）	12.1	2	散歩（ぶらぶら歩き）	15.7	2	散歩（ぶらぶら歩き）	20.8
3	筋力トレーニング	10.2	3	体操（軽い体操、ラジオ体操など）	12.5	3	体操（軽い体操、ラジオ体操など）	18.7
4	体操（軽い体操、ラジオ体操など）	8.7	4	筋力トレーニング	9.0	4	筋力トレーニング	6.2
5	ジョギング・ランニング	3.4	5	ゴルフ（練習場）	2.0	5	ジョギング・ランニング	2.1
6	ヨーガ	2.5	6	ジョギング・ランニング	1.8	6	グラウンドゴルフ	1.9
7	サイクリング	2.3		サイクリング	1.2	7	水泳	1.8
	エアロビックダンス	0.8	7	水泳	1.2		卓球	1.8
8	テニス（硬式テニス）	0.8		ヨーガ	1.2		ゴルフ（練習場）	1.2
	なわとび	0.8	10	テニス（硬式テニス）	0.8	9	サイクリング	1.2
				なわとび	0.8		ヨーガ	1.2

注) 回答選択肢「その他（自由記述式）」の内訳も集計に含めている。

資料：笹川スポーツ財団「スポーツライフに関する調査」2022

1-9 今後行いたい運動・スポーツ

現在行っている運動・スポーツも含めて、今後行いたい種目を複数回答でたずね、運動・スポーツ実施希望率を算出し図1-7に示した。今後行いたい運動・スポーツが1種目以上「ある」と回答した者は、全体で80.0%であった。性別では男性79.6%、女性80.5%と差はみられなかった。

年代別にみると、「ある」と回答した者は74~88%の範囲内にあり、18・19歳88.0%が最も高く、70歳以上は最も低い74.9%であった。

表1-8には、今後行いたい運動・スポーツ種目を示した。全体では「ウォーキング」が25.6%で最も高く、「散歩（ぶらぶら歩き）」24.3%、「筋力トレーニング」19.5%、「体操（軽い体操、ラジオ体操など）」15.0%、「キャンプ」11.9%が続く。

性別にみると、男性の1位は「ウォーキング」22.6%で、2位以下は「筋力トレーニング」21.2%、「散歩（ぶらぶら歩き）」19.7%、「釣り」17.5%、「ゴルフ（コース）」13.4%であった。女性の1位には「散歩（ぶらぶら歩き）」28.9%が入り、「ウォーキング」28.6%、「体操（軽い体操、ラジオ体操など）」22.2%、「ヨーガ」21.1%、

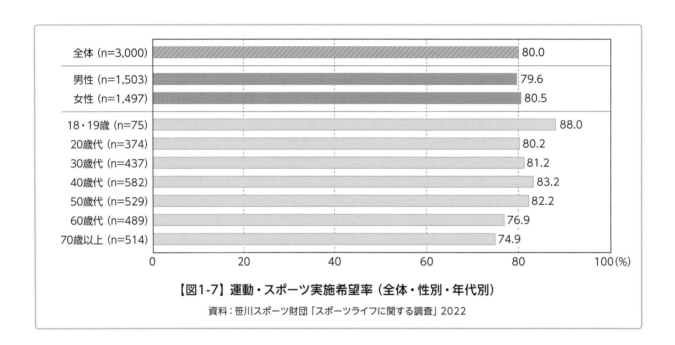

【図1-7】運動・スポーツ実施希望率（全体・性別・年代別）

資料：笹川スポーツ財団「スポーツライフに関する調査」2022

【表1-8】今後行いたい運動・スポーツ種目（全体・性別：複数回答）

全　体 (n=3,000)				男　性 (n=1,503)			女　性 (n=1,497)	
順位	希望種目	希望率(%)	推計人口(万人)	順位	希望種目	希望率(%)	順位	希望種目	希望率(%)

順位	希望種目	希望率(%)	推計人口(万人)	順位	希望種目	希望率(%)	順位	希望種目	希望率(%)
1	ウォーキング	25.6	2,699	1	ウォーキング	22.6	1	散歩（ぶらぶら歩き）	28.9
2	散歩（ぶらぶら歩き）	24.3	2,562	2	筋力トレーニング	21.2	2	ウォーキング	28.6
3	筋力トレーニング	19.5	2,056	3	散歩（ぶらぶら歩き）	19.7	3	体操（軽い体操、ラジオ体操など）	22.2
4	体操（軽い体操、ラジオ体操など）	15.0	1,582	4	釣り	17.5	4	ヨーガ	21.1
5	キャンプ	11.9	1,255	5	ゴルフ（コース）	13.4	5	筋力トレーニング	17.9
6	ヨーガ	11.6	1,223	6	キャンプ	13.1	6	キャンプ	10.6
7	釣り	10.8	1,139	7	ジョギング・ランニング	12.4	7	水泳	10.5
8	水泳	10.2	1,076	8	サイクリング	10.6	8	ハイキング	9.8
9	ジョギング・ランニング	9.4	991	9	登山	10.1	9	バドミントン	9.3
9	登山	9.4	991	10	ゴルフ（練習場）	10.0	10	登山	8.8
				10	水泳	10.0	11	卓球	7.9
11	ハイキング	8.9	938	12	ボウリング	9.0	12	ピラティス	7.7
12	サイクリング	8.8	928	13	ハイキング	8.1	13	ボウリング	7.2
13	ゴルフ（コース）	8.3	875	14	体操（軽い体操、ラジオ体操など）	7.9	14	サイクリング	6.9
14	ボウリング	8.1	854	15	野球	7.2	15	ジョギング・ランニング	6.3
15	バドミントン	7.4	780						

注) 推計人口：18歳以上人口（20歳以上は2021年1月1日時点の住民基本台帳人口、18・19歳は同時点の住民基本台帳人口のうち、15～19歳の人口に2020年の国勢調査から得られた18歳および19歳の人口割合を乗じて得られた推計値を利用）の105,448,713人に、希望率の割合を乗じて算出。

資料：笹川スポーツ財団「スポーツライフに関する調査」2022

「筋力トレーニング」17.9%が続く。

上位15種目を概観すると、男女共通して「ウォーキング」「散歩（ぶらぶら歩き）」「筋力トレーニング」「体操（軽い体操、ラジオ体操など）」「ジョギング・ランニング」といった実施率の高い種目や、「キャンプ」「登山」「ハイキング」「サイクリング」「ボウリング」といったレジャー系種目が含まれている。そのほか、男性では「ゴルフ（コース）」「ゴルフ（練習場）」など、女性では「ヨーガ」「ピラティス」などがあがっている。

表1-9には、今後行いたい運動・スポーツ種目を年代別に示した。18・19歳から30歳代の1位は「筋力トレーニング」（18・19歳32.0%、20歳代25.4%、30歳代23.1%）であった。「筋力トレーニング」の希望率の推移は、18・19歳では2018年19.7%、2020年26.4%、2022年32.0%と、4年間で12.3ポイント増加している。

同様に20歳代でも、2018年17.3%、2020年21.0%、2022年25.4%へと増加傾向にある。2位には18・19歳では「バドミントン」18.7%、20歳代と30歳代では「散歩（ぶらぶら歩き）」（20歳代20.3%、30歳代22.4%）が入った。

40歳代以降の1位は「ウォーキング」（40歳代22.9%、50歳代31.2%、60歳代32.1%、70歳以上34.4%）であった。2位には40歳代で「筋力トレーニング」（21.1%）、50歳代以降では「散歩（ぶらぶら歩き）」（50歳代26.1%、60歳代29.4%、70歳以上29.4%）が入った。50歳代以降では「ハイキング」が10位以内に入る特徴がみられる。2020年調査と比較すると、50歳代では「ウォーキング」が25.6%から31.2%に増加した。一方、70歳以上では「散歩（ぶらぶら歩き）」が35.4%から29.4%に減少した。

【表1-9】今後行いたい運動・スポーツ種目（年代別：複数回答）

18・19歳 (n=75)			20歳代 (n=374)			30歳代 (n=437)			40歳代 (n=582)		
順位	希望種目	希望率(%)	順位	希望種目	希望率(%)	順位	希望種目	希望率(%)	順位	希望種目	希望率(%)
1	筋力トレーニング	32.0	1	筋力トレーニング	25.4	1	筋力トレーニング	23.1	1	ウォーキング	22.9
2	バドミントン	18.7	2	散歩（ぶらぶら歩き）	20.3	2	散歩（ぶらぶら歩き）	22.4	2	筋力トレーニング	21.1
3	水泳	17.3	3	キャンプ	16.8	3	ウォーキング	19.7	3	散歩（ぶらぶら歩き）	19.9
	スキー	17.3	4	スノーボード	12.6	4	キャンプ	16.5	4	キャンプ	16.5
	スノーボード	17.3	5	ウォーキング	11.8	5	ヨーガ	13.5	5	ヨーガ	16.2
6	ジョギング・ランニング	16.0		バドミントン	11.8	6	ジョギング・ランニング	12.8	6	水泳	14.6
	バレーボール	16.0		水泳	11.0	7	釣り	11.7	7	ジョギング・ランニング	13.7
8	卓球	14.7	7	釣り	11.0	8	水泳	9.8	8	登山	13.1
	釣り	14.7		ボウリング	11.0	9	バドミントン	9.6	9	サイクリング	12.2
	ボウリング	14.7	10	海水浴	9.9	10	ゴルフ（コース）	8.7		釣り	12.2
11	バスケットボール	13.3		バスケットボール	9.9	11	体操（軽い体操、ラジオ体操など）	8.0	11	体操（軽い体操、ラジオ体操など）	11.3
12	キャンプ	12.0	12	テニス（硬式テニス）	9.4	12	サイクリング	7.8	12	バドミントン	10.8
	サッカー	12.0	13	ジョギング・ランニング	8.8	13	スノーボード	7.6	13	ゴルフ（コース）	9.6
14	ボルダリング	10.7	14	バレーボール	8.6		登山	7.6	14	ハイキング	9.3
15	海水浴	9.3	15	登山	7.8	15	ボウリング	7.3	15	卓球	8.6
				野球	7.8					ボウリング	8.6

50歳代 (n=529)			60歳代 (n=489)			70歳以上 (n=514)		
順位	希望種目	希望率(%)	順位	希望種目	希望率(%)	順位	希望種目	希望率(%)
1	ウォーキング	31.2	1	ウォーキング	32.1	1	ウォーキング	34.4
2	散歩（ぶらぶら歩き）	26.1	2	散歩（ぶらぶら歩き）	29.4	2	散歩（ぶらぶら歩き）	29.4
3	筋力トレーニング	20.2	3	体操（軽い体操、ラジオ体操など）	23.1	3	体操（軽い体操、ラジオ体操など）	28.2
4	体操（軽い体操、ラジオ体操など）	15.3	4	筋力トレーニング	16.6	4	筋力トレーニング	10.7
	ヨーガ	15.3	5	ハイキング	12.3	5	ハイキング	10.5
6	釣り	12.5	6	登山	11.9	6	卓球	8.2
7	キャンプ	12.3	7	釣り	10.6	7	ゴルフ（コース）	7.8
8	ハイキング	11.9		ヨーガ	10.6	8	水泳	7.0
9	登山	11.0	9	サイクリング	9.6	9	ゴルフ（練習場）	6.4
10	サイクリング	9.3	10	ゴルフ（コース）	9.2	10	ヨーガ	6.2
	水泳	9.3	11	ゴルフ（練習場）	8.6	11	釣り	6.0
12	ゴルフ（コース）	8.5	12	水泳	8.2	12	サイクリング	5.6
	ジョギング・ランニング	8.5	13	ボウリング	7.8	13	ボウリング	5.4
14	ボウリング	8.3	14	キャンプ	6.7	14	グラウンドゴルフ	5.1
15	ゴルフ（練習場）	7.2		ジョギング・ランニング	6.7	15	太極拳	4.9
				卓球	6.7			

資料：笹川スポーツ財団「スポーツライフに関する調査」2022

1-10 今後、最も行いたい運動・スポーツ

複数回答でたずねた今後行いたい運動・スポーツ種目の中から、最も行いたい運動・スポーツを回答するよう求めた。**表1-10**に示す全体の結果は「ウォーキング」が11.9%で1位となり、次いで「散歩（ぶらぶら歩き）」7.6%、「筋力トレーニング」7.5%、「ヨーガ」6.6%、「ゴルフ（コース）」5.2%であった。

性別にみると、男女ともに「ウォーキング」が1位で、男性10.5%、女性13.4%であった。男性の2位以下は「筋力トレーニング」「ゴルフ（コース）」が同率で8.3%、「釣り」8.1%、「散歩（ぶらぶら歩き）」6.1%と続く。女性の2位以下は「ヨーガ」12.5%、「散歩（ぶらぶら歩き）」9.1%、「筋力トレーニング」6.8%、「体操（軽い体操、ラジオ体操など）」6.3%であった。

上位15種目のうち、男性のみに入った種目は「釣り」「野球」「サイクリング」「サッカー」「バスケットボール」、女性のみに入った種目は「ヨーガ」「体操（軽い体操、ラジオ体操など）」「バドミントン」「ピラティス」「ハイキング」である。

【表1-10】今後、最も行いたい運動・スポーツ種目（全体・性別：1種目記入式）

全 体 (n=2,398)			男 性 (n=1,194)			女 性 (n=1,204)		
順位	希望種目	希望率(%)	順位	希望種目	希望率(%)	順位	希望種目	希望率(%)
1	ウォーキング	11.9	1	ウォーキング	10.5	1	ウォーキング	13.4
2	散歩（ぶらぶら歩き）	7.6	2	筋力トレーニング	8.3	2	ヨーガ	12.5
3	筋力トレーニング	7.5		ゴルフ（コース）	8.3	3	散歩（ぶらぶら歩き）	9.1
4	ヨーガ	6.6	4	釣り	8.1	4	筋力トレーニング	6.8
5	ゴルフ（コース）	5.2	5	散歩（ぶらぶら歩き）	6.1	5	体操（軽い体操、ラジオ体操など）	6.3
6	釣り	4.7	6	キャンプ	5.5	6	水泳	4.4
7	キャンプ	4.5	7	ジョギング・ランニング	4.7	7	キャンプ	3.5
8	水泳	4.1	8	水泳	3.8	8	バドミントン	2.7
9	体操（軽い体操、ラジオ体操など）	4.0	9	野球	3.4	9	卓球	2.5
10	ジョギング・ランニング	3.4	10	サイクリング	2.9	10	ピラティス	2.4
11	登山	2.5		登山	2.9	11	ゴルフ（コース）	2.2
12	卓球	2.3	12	テニス（硬式テニス）	2.2	12	ジョギング・ランニング	2.1
13	テニス（硬式テニス）	2.1	13	卓球	2.1		テニス（硬式テニス）	2.1
	バドミントン	2.1	14	サッカー	1.8		登山	2.1
15	サイクリング	1.9		バスケットボール	1.8	15	ハイキング	2.0

資料：笹川スポーツ財団「スポーツライフに関する調査」2022

COMMENTS

資料：笹川スポーツ財団「スポーツライフに関する調査」2022

●3人の息子達が体を動かすのが好きで、ハンドボールやサッカーやなわとびをしています。私も主人もそれに付き合ったり、スノーボードや海水浴に行くことが好きです。もう少し時間があればどんどんやりたいものです。 （42歳 女性 無職）

●美しい景色の場所を散歩したりしていると普段では味わえない気持ち良さ、癒し効果があり体にも心にも良い。 （47歳 女性 パートタイム・アルバイト）

●子ども達と大人の関係において子ども達の自主性、自立性を育むような関係の中でスポーツが取組まれることを望みます。 （63歳 男性 事務的職業）

●スポーツは健康に一番効くものですし、日々のストレスの発散にも十分になるものだと思うので、少なくても週に1日はみんなで汗をかいて運動するということをするべきだと思います。 （19歳 男性 学生）

表1-11には、年代別にみた今後最も行いたい運動・スポーツ種目を示した。18・19歳から30歳代では「筋力トレーニング」（18・19歳12.1%、20歳代9.4%、30歳代9.6%）が1位であった。特に18・19歳の「筋力トレーニング」は2020年調査の6.7%から5.4ポイント増加し、2018年調査と2020年調査で1位であった「スノーボード」を上回る結果となった。

40歳代では「ヨーガ」（9.9%）が1位で、順位・希望率ともに2020年調査と変わらなかった。50歳代以降は「ウォーキング」（50歳代16.8%、60歳代17.0%、70歳以上21.9%）が1位であった。2位には50歳代では「ヨーガ」9.0%、60歳代以降では「散歩（ぶらぶら歩き）」（60歳代9.8%、70歳以上13.8%）が入った。50歳代以降では「体操（軽い体操、ラジオ体操など）」が上位10種目にあがり、年代が高いほど希望率も高い。「筋力トレーニング」のみ、18・19歳から70歳以上まですべての年代で上位10種目に入っている。

【表1-11】今後、最も行いたい運動・スポーツ種目（年代別：1種目記入式）

18・19歳 (n=66)			20歳代 (n=299)			30歳代 (n=355)			40歳代 (n=484)		
順位	希望種目	希望率(%)	順位	希望種目	希望率(%)	順位	希望種目	希望率(%)	順位	希望種目	希望率(%)
1	筋力トレーニング	12.1	1	筋力トレーニング	9.4	1	筋力トレーニング	9.6	1	ヨーガ	9.9
2	スキー	6.1	2	キャンプ	8.4	2	ウォーキング	7.9	2	筋力トレーニング	9.1
	スノーボード	6.1	3	散歩（ぶらぶら歩き）	7.7	3	キャンプ	7.6	3	水泳	6.6
	釣り	6.1	4	テニス（硬式テニス）	5.4		ヨーガ	7.6	4	ウォーキング	6.4
5	バスケットボール	4.5	5	スノーボード	5.0	5	釣り	7.0	5	ジョギング・ランニング	6.0
	バドミントン	4.5	6	野球	4.7	6	ジョギング・ランニング	6.8	6	ゴルフ（コース）	5.0
	アイススケート	3.0	7	バスケットボール	4.3	7	ゴルフ（コース）	5.1	7	キャンプ	4.8
	ゴルフ（コース）	3.0		ヨーガ	4.3		散歩（ぶらぶら歩き）	5.1		散歩（ぶらぶら歩き）	4.8
	サッカー	3.0	9	水泳	3.0	9	バドミントン	3.4	9	釣り	4.5
	ソフトテニス（軟式テニス）	3.0		バドミントン	3.0		水泳	2.5	10	サイクリング	3.5
	テニス（硬式テニス）	3.0				10	バスケットボール	2.5			
	登山	3.0					ピラティス	2.5			
7	ピラティス	3.0									
	フットサル	3.0									
	ボウリング	3.0									
	ボクシング	3.0									
	ボルダリング	3.0									
	野球	3.0									
	ラグビー	3.0									

50歳代 (n=434)			60歳代 (n=376)			70歳以上 (n=384)		
順位	希望種目	希望率(%)	順位	希望種目	希望率(%)	順位	希望種目	希望率(%)
1	ウォーキング	16.8	1	ウォーキング	17.0	1	ウォーキング	21.9
2	ヨーガ	9.0	2	散歩（ぶらぶら歩き）	9.8	2	散歩（ぶらぶら歩き）	13.8
3	散歩（ぶらぶら歩き）	6.7	3	筋力トレーニング	7.7	3	体操（軽い体操、ラジオ体操など）	10.7
4	筋力トレーニング	6.5	4	ゴルフ（コース）	7.2	4	ゴルフ（コース）	6.5
5	釣り	5.3	5	体操（軽い体操、ラジオ体操など）	6.9	5	卓球	4.9
6	ゴルフ（コース）	5.1	6	釣り	5.6	6	グラウンドゴルフ	3.9
7	キャンプ	4.1	7	ヨーガ	5.3	7	水泳	3.6
	水泳	4.1	8	登山	4.3	8	太極拳	3.1
9	体操（軽い体操、ラジオ体操など）	3.7	9	水泳	4.0	9	ヨーガ	2.9
10	ジョギング・ランニング	3.0	10	ハイキング	3.5	10	筋力トレーニング	2.6
							釣り	2.6

資料：笹川スポーツ財団「スポーツライフに関する調査」2022

1-11 直近1ヶ月間の運動・スポーツへの取り組み（行動変容ステージ）

　図1-8には、直近1ヶ月間の運動・スポーツへの取り組みについてたずねた結果を示した。この質問は、運動や食事・禁煙など健康に関するさまざまな行動を対象とした研究で用いられる「行動変容ステージ」という考え方をもとにしている。具体的には運動・スポーツについて、「ここ1ヶ月間行っていないし、これから先もするつもりはない」「ここ1ヶ月間行っていないが近い将来（6ヶ月以内）に始めようと思っている」「ここ1ヶ月間行っているが週2回未満である」「ここ1ヶ月間、週2回以上行っているが、始めてから6ヶ月以内である」「ここ1ヶ月間、週2回以上行っていて6ヶ月以上継続している」の5つの選択肢からひとつを選択する形式で、それぞれが「無関心期」「関心期」「準備期」「実行期」「維持期」のステージに該当する。人が行動を変える場合にはこれら5つのステージを通ると考え、実践においては対象者のステー

ジを把握し、それぞれに合わせた働きかけを検討する。

　全体では「無関心期」28.8%が最も高く、「維持期」25.0%、「準備期」20.1%と続く。

　性別にみると、「無関心期」は男性26.8%、女性30.9%と女性のほうが高く、「維持期」は男性27.4%、女性22.6%と男性の比率が高い。

　年代別にみると、「無関心期」は20歳代以降ではいずれも3割前後である。「関心期」は30歳代が27.0%と、ほかの年代に比べて高い。「実行期」は18・19歳が17.3%、20歳代が10.2%と1割を超えている。「維持期」は60歳代で31.7%、70歳以上で40.3%と、高齢期で高いことがわかる。

　運動・スポーツ実施レベル別にみると、「レベル0」では「無関心期」が69.6%と、ほかのレベルに比べて高い割合を示している。「準備期」が高いのは「レベル1」（43.1%）と「レベル2」（27.6%）である。「レベル3」「レベル4」では「維持期」が最も高く、それぞれ42.3%、62.8%となった。

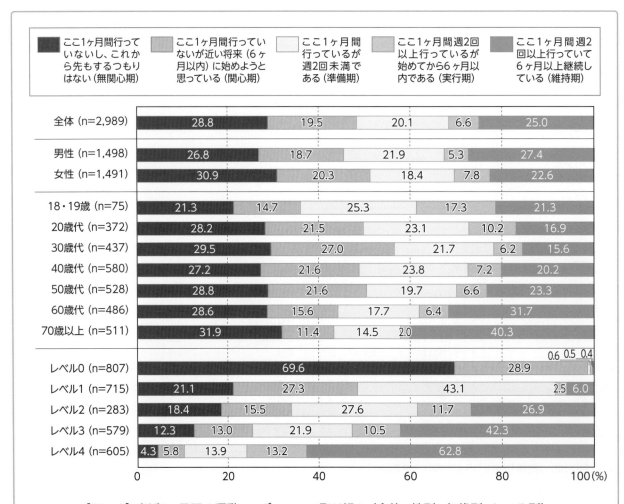

【図1-8】直近1ヶ月間の運動・スポーツへの取り組み（全体・性別・年代別・レベル別）

資料：笹川スポーツ財団「スポーツライフに関する調査」2022

2 スポーツ施設

2-1 運動・スポーツの実施場所・利用施設

表2-1に過去1年間に「よく行った」（実施頻度の高い）運動・スポーツ種目の実施場所・利用施設の年次推移を示した。2018年調査以降は「道路」の利用率が最も高く、2018年の50.3％から2020年の57.3％へと7.0ポイント増加した。2022年は56.9％で前回調査と同程度であった。2位は「自宅（庭・室内等）」で、2018年の23.9％から2020年の32.9％へと9.0ポイント増加し、2022年では31.3％となった。2018

年と2020年の3位は「体育館」であったが、2018年20.0％、2020年17.1％、2022年13.3％と徐々に減少し、2022年は「公園」に抜かれ、4位となった。新型コロナウイルス感染症の拡大による運動・スポーツ施設の利用制限が続き、2020年に増加した自宅および自宅周辺の公共空間の高い利用率が継続していると考えられる。また、「ボウリング場」は2018年の10.5％から2020年の6.6％へと利用率が3.9ポイント下降し、2022年ではさらに減少して5.9％となった。

【表2-1】運動・スポーツの実施場所・利用施設の年次推移（全体：複数回答）

2018年（n=2,219）			2020年（n=2,200）			2022年（n=2,188）		
順位	実施場所・利用施設	利用率（%）	順位	実施場所・利用施設	利用率（%）	順位	実施場所・利用施設	利用率（%）
1	道路	50.3	1	道路	57.3	1	道路	56.9
2	自宅（庭・室内等）	23.9	2	自宅（庭・室内等）	32.9	2	自宅（庭・室内等）	31.3
3	体育館	20.0	3	体育館	17.1	3	公園	17.0
4	公園	16.9	4	公園	16.0	4	体育館	13.3
5	海・海岸	11.9	5	海・海岸	12.9	5	高原・山	11.4
6	ボウリング場	10.5	6	高原・山	11.1	6	海・海岸	10.4
7	ゴルフ場（コース）	10.4	7	トレーニングルーム	9.6	7	ゴルフ場（コース）	8.8
8	高原・山	10.1	8	ゴルフ場（コース）	8.6	8	トレーニングルーム	8.7
9	グラウンド	10.0	9	河川敷	7.2	9	ゴルフ場（練習場）	7.2
10	トレーニングルーム	9.6	9	グラウンド	7.2	10	河川敷	6.0
11	ゴルフ場（練習場）	7.8		ゴルフ場（練習場）	7.2	11	ボウリング場	5.9
12	屋内プール	7.4	12	ボウリング場	6.6	12	グラウンド	5.8
13	河川敷	6.4	13	屋内プール	6.1	13	屋内プール	5.6
14	スキー場	5.5	14	野球場・ソフトボール場	4.0	14	テニスコート	3.9
14	野球場・ソフトボール場	5.5	15	テニスコート	3.6	15	スキー場	3.6
16	テニスコート	3.7	16	スキー場	3.1	16	野球場・ソフトボール場	3.1
17	職場・勤務先	3.2	17	ダンススタジオ	2.2	17	ダンススタジオ	2.2
18	ダンススタジオ	2.2	18	職場・勤務先	1.7	18	コミュニティセンター・公民館	1.9
19	コミュニティセンター・公民館	1.7	19	コミュニティセンター・公民館	1.5	18	職場・勤務先	1.9
20	屋内プール	1.6	20	陸上競技場	1.3		陸上競技場	1.9
20	陸上競技場	1.6						

注) 過去1年間に「よく行った」運動・スポーツの上位5種目のうち、同一人物が異なる種目で同じ施設を利用していた場合、施設数は1として計上。

資料：笹川スポーツ財団「スポーツライフに関する調査」2022

表2-2には、性別にみた運動・スポーツの実施場所・利用施設を示した。男女ともに「道路」の利用率が最も高く、男性53.1％、女性60.9％であった。2位は「自宅（庭・室内等）」で男性26.2％、女性36.8％、3位は「公園」で男性16.8％、女性17.1％であり、上位3位までは男女ともに同じ施設があげられた。以下、男性では「ゴルフ場（コース）」15.0％、「海・海岸」14.6％と続く。女性では「体育館」15.7％、「トレーニングルーム」10.8％となった。

男女で比較すると、上位3位まではいずれも女性の利用率が高い。また、「体育館」（男性11.2％、女性15.7％）や「トレーニングルーム」（男性6.8％、女性10.8％）などの屋内施設は女性の利用率が高く、「ゴルフ場（コース）」（男性15.0％、女性2.2％）や「グラウンド」（男性8.8％、女性2.6％）などの屋外施設は男性の利用率が高い。前回2020年調査に比べると、上位2施設の「道路」と「自宅（庭・室内等）」は男性の利用率がわずかに増加した一方（「道路」0.9ポイント増、「自宅（庭・室内等）」1.7ポイント増）、女性においては減少傾向がみられる（「道路」1.8ポイント減、「自宅（庭・室内等）」5.0ポイント減）。全体と同様に「体育館」の利用率は男女ともに低下している（男性4.3ポイント減、女性3.1ポイント減）。

【表2-2】運動・スポーツの実施場所・利用施設（性別：複数回答）

男　性 (n=1,130)			女　性 (n=1,058)		
順位	実施場所・利用施設	利用率(%)	順位	実施場所・利用施設	利用率(%)
1	道路	53.1	1	道路	60.9
2	自宅(庭・室内等)	26.2	2	自宅(庭・室内等)	36.8
3	公園	16.8	3	公園	17.1
4	ゴルフ場(コース)	15.0	4	体育館	15.7
5	海・海岸	14.6	5	トレーニングルーム	10.8
6	高原・山	13.6	6	高原・山	9.1
7	ゴルフ場(練習場)	11.9	7	海・海岸	6.0
8	体育館	11.2	7	屋内プール	6.0
9	グラウンド	8.8	7	ボウリング場	6.0
10	河川敷	7.1	10	河川敷	4.9
11	トレーニングルーム	6.8	11	ダンススタジオ	4.5
12	ボウリング場	5.8	12	テニスコート	3.4
13	屋内プール	5.2	13	コミュニティセンター・公民館	3.2
14	野球場・ソフトボール場	4.9	14	グラウンド	2.6
15	スキー場	4.5	14	スキー場	2.6
16	テニスコート	4.4	16	ゴルフ場(コース)	2.2
17	職場・勤務先	2.6	16	ゴルフ場(練習場)	2.2
18	陸上競技場	2.4	18	陸上競技場	1.3
19	武道場	1.4	19	野球場・ソフトボール場	1.2
20	サイクリングコース	1.1	20	職場・勤務先	1.1

注）過去1年間に「よく行った」運動・スポーツの上位5種目のうち、同一人物が異なる種目で同じ施設を利用していた場合、施設数は1として計上。

資料：笹川スポーツ財団「スポーツライフに関する調査」2022

表2-3には、年代別にみた運動・スポーツの実施場所・利用施設を示した。すべての年代で1位は「道路」（18・19歳46.0%、20歳代47.3%、30歳代49.0%、40歳代58.2%、50歳代57.0%、60歳代61.1%、70歳以上66.7%）であった。特に60歳代以降の「道路」の利用率が6割台と高く、「散歩（ぶらぶら歩き）」「ウォーキング」の実施率の高さが反映されたと考えられる。18・19歳の2位は「体育館」39.7%で、ほかの年代と比較して高い割合を示した。20歳代以降の2位は「自宅（庭・室内等）」（20歳代30.0%、30歳代35.6%、40歳代33.7%、50歳代31.4%、60歳代27.9%、70歳以上30.1%）であった。

3位は18・19歳が「自宅（庭・室内等）」25.4%、20歳代が「体育館」22.4%、50歳代が「高原・山」11.9%で、それ以外の年代は「公園」（30歳代16.0%、40歳代18.9%、60歳代15.5%、70歳以上20.5%）であった。18・19歳では4位に「グラウンド」20.6%が続き、ほかの年代と比較して高い割合を示した。

【表2-3】運動・スポーツの実施場所・利用施設（年代別：複数回答）

18・19歳 (n=63)			20歳代 (n=277)			30歳代 (n=312)			40歳代 (n=445)		
順位	実施場所・利用施設	利用率(%)	順位	実施場所・利用施設	利用率(%)	順位	実施場所・利用施設	利用率(%)	順位	実施場所・利用施設	利用率(%)
1	道路	46.0	1	道路	47.3	1	道路	49.0	1	道路	58.2
2	体育館	39.7	2	自宅(庭・室内等)	30.0	2	自宅(庭・室内等)	35.6	2	自宅(庭・室内等)	33.7
3	自宅(庭・室内等)	25.4	3	体育館	22.4	3	公園	16.0	3	公園	18.9
4	グラウンド	20.6	4	公園	18.8	4	海・海岸	15.4	4	高原・山	16.4
5	公園	19.0	5	ボウリング場	12.6	5	高原・山	12.5	5	体育館	13.5
6	ボウリング場	17.5	6	海・海岸	9.7	6	体育館	9.0	6	海・海岸	12.6
7	海・海岸	7.9	6	グラウンド	9.7	7	ゴルフ場(コース)	7.7	7	ゴルフ場(コース)	9.4
7	トレーニングルーム	7.9		トレーニングルーム	9.7	8	ゴルフ場(練習場)	7.1	8	屋内プール	8.3
7	野球場・ソフトボール場	7.9	9	スキー場	7.6	9	ボウリング場	6.7	9	ゴルフ場(練習場)	7.6
10	屋内プール	6.3	10	高原・山	6.5	10	屋内プール	6.4	10	河川敷	7.0
10	高原・山	6.3	11	河川敷	6.1	10	グラウンド	6.4	10	トレーニングルーム	7.0
12	ダンススタジオ	4.8	11	テニスコート	6.1	12	河川敷	6.1	12	グラウンド	5.8
12	テニスコート	4.8	13	野球場・ソフトボール場	5.8	13	野球場・ソフトボール場	4.8	12	ボウリング場	5.8
14	ゴルフ場(練習場)	3.2	14	ゴルフ場(練習場)	4.3	14	テニスコート	4.5	14	スキー場	5.6
14	武道場	3.2		屋内プール	3.2	14	トレーニングルーム	4.5	15	テニスコート	3.4
			15	ゴルフ場(コース)	3.2						
				武道場	3.2						

50歳代 (n=370)			60歳代 (n=355)			70歳以上 (n=366)		
順位	実施場所・利用施設	利用率(%)	順位	実施場所・利用施設	利用率(%)	順位	実施場所・利用施設	利用率(%)
1	道路	57.0	1	道路	61.1	1	道路	66.7
2	自宅(庭・室内等)	31.4	2	自宅(庭・室内等)	27.9	2	自宅(庭・室内等)	30.1
3	高原・山	11.9	3	公園	15.5	3	公園	20.5
4	公園	11.6	4	ゴルフ場(コース)	13.0	4	体育館	14.2
5	海・海岸	11.1	5	高原・山	11.8	5	ゴルフ場(コース)	10.9
6	トレーニングルーム	10.3	6	トレーニングルーム	11.3	6	トレーニングルーム	9.8
7	ゴルフ場(コース)	8.4	7	体育館	10.4	7	高原・山	8.2
8	体育館	7.6	8	海・海岸	10.1	8	ゴルフ場(練習場)	7.9
9	河川敷	7.3	9	ゴルフ場(練習場)	9.0	9	河川敷	6.3
9	ゴルフ場(練習場)	7.3	10	屋内プール	4.8	10	グラウンド	6.0
11	ボウリング場	4.6	11	河川敷	3.9	11	屋内プール	5.7
12	スキー場	4.1	12	ダンススタジオ	3.7	12	海・海岸	4.1
12	ダンススタジオ	4.1	12	テニスコート	3.7	12	コミュニティセンター・公民館	4.1
12	テニスコート	4.1	14	コミュニティセンター・公民館	3.4	14	ボウリング場	3.0
15	屋内プール	3.8	15	グラウンド	2.5	15	テニスコート	2.5
			15	職場・勤務先	2.5			

注）過去1年間に「よく行った」運動・スポーツの上位5種目のうち、同一人物が異なる種目で同じ施設を利用していた場合、施設数は1として計上。

資料：笹川スポーツ財団「スポーツライフに関する調査」2022

表2-4は、運動・スポーツ実施レベル別にみた実施場所・利用施設である。「レベル1」の1位は「道路」35.9％で、「自宅（庭・室内等）」17.2％、「公園」14.8％、「高原・山」14.5％、「海・海岸」「体育館」が同率で13.1％と続く。ただし、「道路」と「自宅（庭・室内等）」の利用率はほかのレベルに比べて低い。「レベル2」は「道路」61.8％が最も高く、次いで「自宅（庭・室内等）」56.5％、「公園」13.3％、「体育館」8.8％、「グラウンド」「高原・山」が同率で7.7％となる。特に「自宅（庭・室内等）」の割合はほかのレベルよりも高い。「レベル3」は「道路」75.5％が最も高く、次いで「自宅（庭・室内等）」31.4％、「公園」20.7％、「海・海岸」10.5％、「体育館」10.3％であった。特に「道路」の割合がほかのレベルより高い点が特徴である。最後に「レベル4」は「道路」61.4％、「自宅（庭・室内等）」36.1％、「体育館」18.6％、「トレーニングルーム」18.1％、「公園」17.6％の順である。アクティブ・スポーツ人口である高頻度・高強度実施者の「レベル4」は、ほかのレベルと比較して「体育館」「トレーニングルーム」といったスポーツ施設の利用率が高い特徴がみられる。

前回の2020年調査と比べて、すべてのレベルで「体育館」の割合が減少した。コロナ禍での使用人数の制限や、屋内施設における「三密」への抵抗感などが要因として考えられる。そのほか、「海・海岸」「ボウリング場」の利用率が「レベル1」（「海・海岸」5.4ポイント、「ボウリング場」3.5ポイント）と「レベル2」（「海・海岸」6.4ポイント、「ボウリング場」3.1ポイント）で減少した。

【表2-4】運動・スポーツの実施場所・利用施設（レベル別：複数回答）

レベル1 (n=716)		
順位	実施場所・利用施設	利用率(%)
1	道路	35.9
2	自宅(庭・室内等)	17.2
3	公園	14.8
4	高原・山	14.5
5	海・海岸	13.1
5	体育館	13.1
7	ゴルフ場(コース)	12.7
8	ゴルフ場(練習場)	9.9
9	河川敷	6.8
10	ボウリング場	6.7
11	屋内プール	6.0
11	スキー場	6.0
13	グラウンド	5.0
14	テニスコート	3.9
14	野球場・ソフトボール場	3.9

レベル2 (n=285)		
順位	実施場所・利用施設	利用率(%)
1	道路	61.8
2	自宅(庭・室内等)	56.5
3	公園	13.3
4	体育館	8.8
5	グラウンド	7.7
5	高原・山	7.7
7	職場・勤務先	7.4
8	海・海岸	6.3
9	ボウリング場	5.6
10	屋内プール	4.9
10	トレーニングルーム	4.9
12	ゴルフ場(コース)	4.2
13	ゴルフ場(練習場)	3.9
14	河川敷	3.5
15	スキー場	2.5

レベル3 (n=580)		
順位	実施場所・利用施設	利用率(%)
1	道路	75.5
2	自宅(庭・室内等)	31.4
3	公園	20.7
4	海・海岸	10.5
5	体育館	10.3
6	高原・山	10.0
7	トレーニングルーム	7.1
8	ゴルフ場(コース)	6.9
9	河川敷	6.2
10	ゴルフ場(練習場)	5.7
11	ボウリング場	5.3
12	テニスコート	4.3
13	屋内プール	4.0
13	グラウンド	4.0
15	コミュニティセンター・公民館	2.6

レベル4 (n=607)		
順位	実施場所・利用施設	利用率(%)
1	道路	61.4
2	自宅(庭・室内等)	36.1
3	体育館	18.6
4	トレーニングルーム	18.1
5	公園	17.6
6	高原・山	10.9
7	海・海岸	9.1
8	ゴルフ場(コース)	8.2
9	グラウンド	7.6
10	ゴルフ場(練習場)	7.1
11	屋内プール	6.9
12	河川敷	6.1
13	ボウリング場	5.6
14	ダンススタジオ	4.8
15	テニスコート	4.4

注) 過去1年間に「よく行った」運動・スポーツの上位5種目のうち、同一人物が異なる種目で同じ施設を利用していた場合、施設数は1として計上。

資料：笹川スポーツ財団「スポーツライフに関する調査」2022

表2-5には、利用率の上位にあげられた「道路」「自宅（庭・室内等）」「公園」「体育館」の4施設で行われる運動・スポーツの上位5種目をまとめた。

「道路」をみると、「散歩（ぶらぶら歩き）」が41.2%で最も高く、次いで「ウォーキング」37.2%、「ジョギング・ランニング」8.5%、「サイクリング」8.0%、「バドミントン」0.9%であった。

「自宅（庭・室内等）」では、「体操（軽い体操、ラジオ体操など）」が35.4%で最も高く、次いで「筋力トレーニング」32.7%、「なわとび」9.1%、「ヨーガ」5.2%、「バ

ドミントン」2.8%であった。

「公園」では、「散歩（ぶらぶら歩き）」が29.1%で最も高く、次いで「ウォーキング」25.3%、「キャッチボール」7.3%、「ジョギング・ランニング」6.8%、「バドミントン」5.7%であった。

「体育館」をみると、「バスケットボール」が13.8%で最も高く、次いで「バドミントン」13.2%、「バレーボール」11.9%、「卓球」11.6%、「体操（軽い体操、ラジオ体操など）」7.8%であった。

年1回以上および週1回以上の運動・スポーツ実施率の上位2種目である「散歩（ぶらぶら歩き）」「ウォーキング」の実施場所・利用施設は、「道路」や「公園」が中心となっている。

【表2-5】 実施場所・利用施設別にみた運動・スポーツ種目（複数回答）

道路 (n=1,670)		
順位	種目	実施率(%)
1	散歩（ぶらぶら歩き）	41.2
2	ウォーキング	37.2
3	ジョギング・ランニング	8.5
4	サイクリング	8.0
5	バドミントン	0.9

自宅（庭・室内等）(n=886)		
順位	種目	実施率(%)
1	体操（軽い体操、ラジオ体操など）	35.4
2	筋力トレーニング	32.7
3	なわとび	9.1
4	ヨーガ	5.2
5	バドミントン	2.8

公園 (n=454)		
順位	種目	実施率(%)
1	散歩（ぶらぶら歩き）	29.1
2	ウォーキング	25.3
3	キャッチボール	7.3
4	ジョギング・ランニング	6.8
5	バドミントン	5.7

体育館 (n=370)		
順位	種目	実施率(%)
1	バスケットボール	13.8
2	バドミントン	13.2
3	バレーボール	11.9
4	卓球	11.6
5	体操（軽い体操、ラジオ体操など）	7.8

資料：笹川スポーツ財団「スポーツライフに関する調査」2022

COMMENTS

資料：笹川スポーツ財団「スポーツライフに関する調査」2022

● 人は置かれた住環境・生活環境でいくらでも変わることができるのだと思います。何でも良いから、子どもの身近な所にスポーツのある環境を整える使命が大人にはあるのだと思います。　　　　　　（66歳　女性　パートタイム・アルバイト）

● 幼少期から色々なスポーツが体験できる環境づくりが大切で、国・自治体は環境づくりの支援を行って欲しい。　　　　　　　　　　　　　　　　　　　　　　　　　　（47歳　男性　専門的・技術的職業）

● 今は、コロナ禍で、ふさぎがちな場面が多くありますが、更に元気を取り戻すために、地域の身近な様々な所で、もっともっと気軽にスポーツを楽しめる場が増えたら良いなと思います。　　　　　　　　（42歳　男性　事務的職業）

3　スポーツクラブ・同好会・チーム

3-1　スポーツクラブ・同好会・チームへの加入状況

　スポーツクラブや同好会・チーム（以下、スポーツクラブ）への加入状況をたずねた。

　図3-1は、スポーツクラブ加入率の年次推移である。調査を開始した1992年の加入率は19.7％で、1994年の16.9％に減少した後、2000年22.0％まで上昇が続く。その後、2006年18.4％まで再び下降するが、全体的には横ばい状態にある。2014年20.0％を起点に、2016年18.1％、2018年18.5％、2020年17.3％と再び下降の推移をみせ、今回の2022年調査では16.6％と調査開始以降最も低い水準となった。

　性別にみると、1992年は男性24.2％、女性15.6％と8.6ポイントの差があったが、今回の2022年調査では男性16.9％、女性16.2％となり、加入率の男女差はほとんどない。

　図3-2では、性別や年代別、性・年代別に加入状況を示した。全体をみると「加入している」（加入者）は16.6％で、「過去に加入していたが、現在は加入していない」（加入経験者）は24.0％、「これまでに加入したことはない」（加入未経験者）は59.4％であった。

　性別にみると、加入者の割合は男性16.9％、女性16.2％で、男女差は0.7ポイントと小さいが、加入未経験者の割合は男性57.5％、女性61.4％で、3.9ポイントの男女差がある。年代別にみると、加入者の割合は18・19歳が29.3％、70歳以上が23.8％と2割以上で高い。

　さらに性・年代別にみると、男性の加入者は30歳代が13.9％、50歳代が13.5％、60歳代が13.3％と少なく、18・19歳で36.6％と高くなっている。加入未経験者は、30歳代、50歳代、70歳以上が6割台、40歳代と60歳代が5割台、20歳代が4割台、18・19歳が3割台である。女性の加入率は18・19歳、60歳代、70歳以上が2割台と高く、特に60歳代では24.9％、70歳以上では27.3％となり、それぞれ男性の60歳代を11.6ポイント、男性の70歳以上を7.5ポイント上回っている。加入未経験者は20歳代と30歳代で7割台と高い。

　図3-3には、運動・スポーツ実施レベル別に加入状況を示した。「レベル0」は加入者0.9％、加入経験者20.3％、加入未経験者が78.8％となり、加入未経験者が8割近くを占める。「レベル1」以上の加入未経験者は、「レベル2」が58.6％と最も高く、次いで「レベル1」が56.0％、「レベル3」が55.7％、「レベル4」が41.6％であった。「レベル2」以上の加入率はレベルが上がるとともに高くなっている。

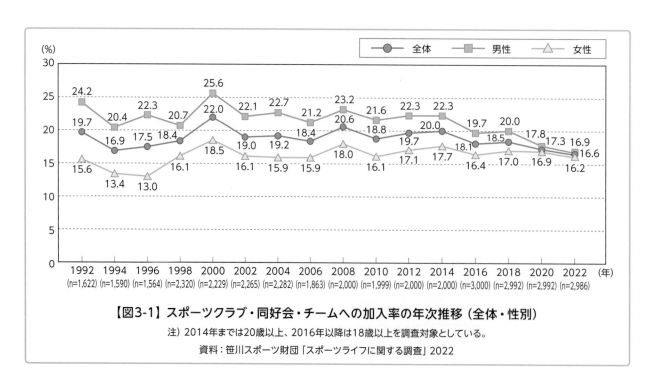

【図3-1】スポーツクラブ・同好会・チームへの加入率の年次推移（全体・性別）

注）2014年までは20歳以上、2016年以降は18歳以上を調査対象としている。

資料：笹川スポーツ財団「スポーツライフに関する調査」2022

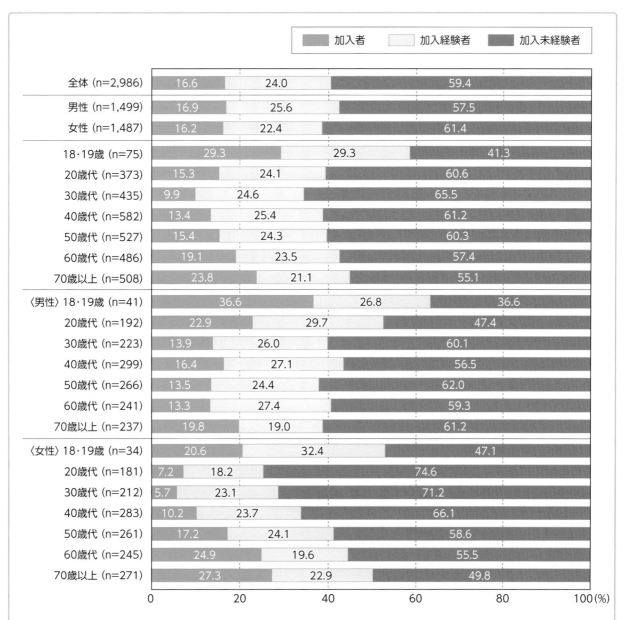

【図3-2】スポーツクラブ・同好会・チームへの加入率（全体・性別・年代別・性別×年代別）

資料：笹川スポーツ財団「スポーツライフに関する調査」2022

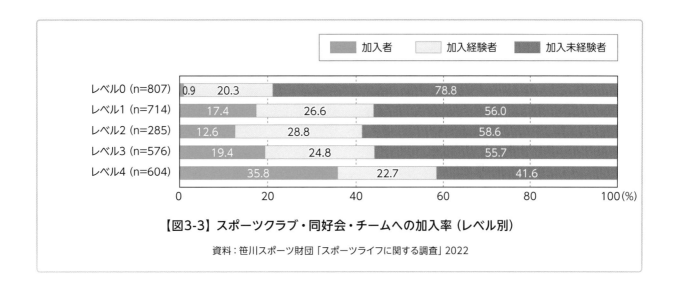

【図3-3】スポーツクラブ・同好会・チームへの加入率（レベル別）

資料：笹川スポーツ財団「スポーツライフに関する調査」2022

スポーツクラブ・同好会・チームの形態

スポーツクラブ加入者に、その加入しているスポーツクラブはどのような人たちの集まりかをたずねた。

図3-4は加入しているスポーツクラブの形態の年次推移である。今回の2022年調査では、「地域住民が中心となったクラブ・同好会・チーム」（地域住民が中心のクラブ）が30.8%と最も高く、次いで「友人・知人が中心のクラブ・同好会・チーム」（友人・知人が中心のクラブ）が28.9%、「民間の会員制スポーツクラブやフィットネスクラブ」（民間の会員制クラブ）が24.3%の順となっている。2002年調査以降、いずれの調査年も「地域住民が中心のクラブ」への加入率が最も高い傾向は変わっていない。しかし、今回「地域住民が中心のクラブ」は2020年から4.1ポイント減少し、調査開始以来最も低い水準となった。コロナ禍で、総合型地域スポーツクラブなど地域住民が中心となったクラブが利用できる施設において使用人数の制限が求められた影響もあったと推察される。一方で「友人・知人が中心のクラブ」は、2020年から3.9ポイント上昇した。

なお、2012年から2014年にかけて「地域住民が中心のクラブ」の加入率が49.5%から37.0%へと大幅に減少しているが、これは2014年調査から選択肢に「友人・知人が中心のクラブ」を追加したため、従来の選択肢では「地域住民が中心のクラブ」や「その他」に該当していた回答の一部が分散した影響と考えられる。

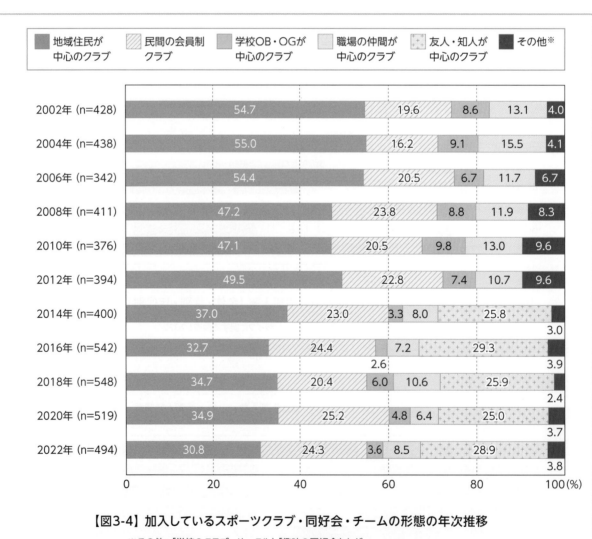

【図3-4】加入しているスポーツクラブ・同好会・チームの形態の年次推移

※その他：「学校のクラブ・サークル」「趣味の同好会」など
注1）「友人・知人が中心のクラブ」は2014年調査から新たに追加した選択肢。
注2）2014年までは20歳以上、2016年以降は18歳以上を調査対象としている。

資料：笹川スポーツ財団「スポーツライフに関する調査」2022

図3-5には、加入しているスポーツクラブの形態を性別、年代別、運動・スポーツ実施レベル別に示した。

性別にみると、男性は「友人・知人が中心のクラブ」が33.2%で最も高く、次いで「地域住民が中心のクラブ」28.9%、「民間の会員制クラブ」15.0%、「職場の仲間が中心のクラブ」13.8%、「学校OB・OGが中心のクラブ」4.3%であった。女性は「民間の会員制クラブ」が34.0%で最も高く、次いで「地域住民が中心のクラブ」32.8%、「友人・知人が中心のクラブ」24.5%、「学校OB・OGが中心のクラブ」「職場の仲間が中心のクラブ」が同率で2.9%の順であった。男女で加入しているスポーツクラブの形態に違いがみられ、特に「民間の会員制クラブ」は、女性が男性よりも19.0ポイント高い。

年代別にみると、「地域住民が中心のクラブ」への加入率は60歳代で39.8%、70歳以上で39.2%と高くなっている。これに対して「職場の仲間が中心のクラブ」への加入率は、20歳代で21.1%、30歳代で23.3%と高い。また、「民間の会員制クラブ」は50歳代で32.1%、60歳代で32.3%と、ほかの年代と比較して高い割合を示した。

運動・スポーツ実施レベル別にみると、「レベル1」では「民間の会員制クラブ」が13.7%と低く、「友人・知人が中心のクラブ」が36.3%と高い特徴がある。また、「レベル3」は「地域住民が中心のクラブ」が45.0%とほかのレベルに比べて最も高い割合を示している。

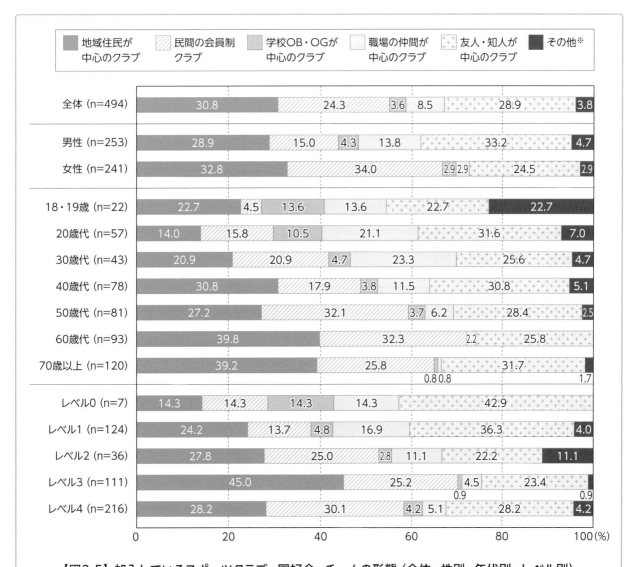

【図3-5】加入しているスポーツクラブ・同好会・チームの形態（全体・性別・年代別・レベル別）

※その他：「学校のクラブ・サークル」「趣味の同好会」など

資料：笹川スポーツ財団「スポーツライフに関する調査」2022

3-3 スポーツクラブ・同好会・チームへの加入希望

　現在、スポーツクラブ・同好会・チームに加入していない者（加入経験者および加入未経験者）に、今後の加入希望をたずね、**図3-6**にスポーツクラブへの加入希望率を性別、年代別、運動・スポーツ実施レベル別に示した。

　全体をみると「加入したいと思う」（加入希望者）は15.2%であり、「加入したいとは思わない」（非加入希望者）は84.8%であった。なお、加入希望者は2016年調査では19.5%、2018年調査では16.8%、2020年調査では13.9%と減少を続けたが、今回の2022年調査では1.3ポイント上昇し、わずかに増加に転じた。

　性別にみると、加入希望者の割合は男性が13.8%、女性が16.7%であった。2020年調査と比べ、男性は1.8ポイント、女性は1.0ポイント増加した。

　年代別にみると、加入希望者の割合は70歳以上が9.7%と最も低く、そのほかの年代では1割台である。

　運動・スポーツ実施レベル別にみると、「レベル0」の加入希望率は9.1%に留まり、90.9%が非加入希望者である。

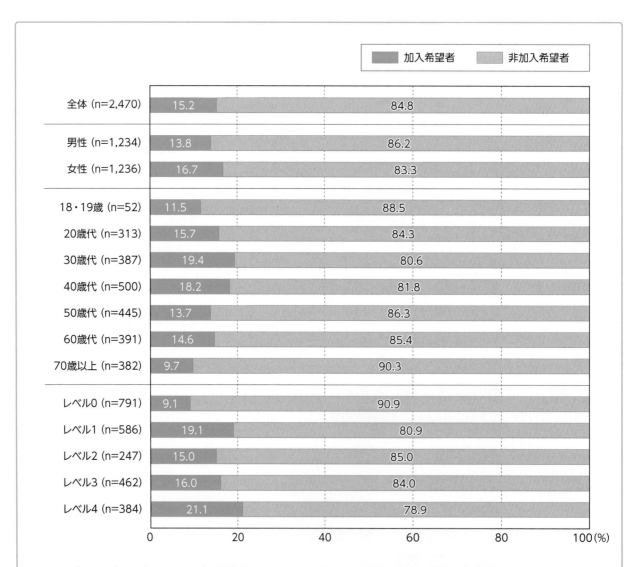

【図3-6】スポーツクラブ・同好会・チームへの加入希望率（全体・性別・年代別・レベル別）

資料：笹川スポーツ財団「スポーツライフに関する調査」2022

さらに、加入希望者に対して、どのような人たちの集まりのスポーツクラブに加入したいかをたずね、**図3-7**に今後加入したいスポーツクラブの形態を示した。

はじめに、全体をみると「民間の会員制クラブ」が42.4%で最も高く、次いで「友人・知人が中心のクラブ」41.6%、「地域住民が中心のクラブ」35.5%、「職場の仲間が中心のクラブ」12.0%、「学校OB・OGが中心のクラブ」7.5%であった。

性別にみると、男性では「友人・知人が中心のクラブ」が50.0%と最も高く、次いで「地域住民が中心のクラ

ブ」38.8%、「民間の会員制クラブ」31.2%、「職場の仲間が中心のクラブ」20.0%、「学校OB・OGが中心のクラブ」9.4%の順であった。一方、女性は「民間の会員制クラブ」が51.7%で最も高く、次いで「友人・知人が中心のクラブ」34.6%、「地域住民が中心のクラブ」32.7%、「学校OB・OGが中心のクラブ」5.9%、「職場の仲間が中心のクラブ」5.4%となり、男性は友人・知人が中心のクラブ、女性は民間の会員制クラブへの加入希望率が高い。

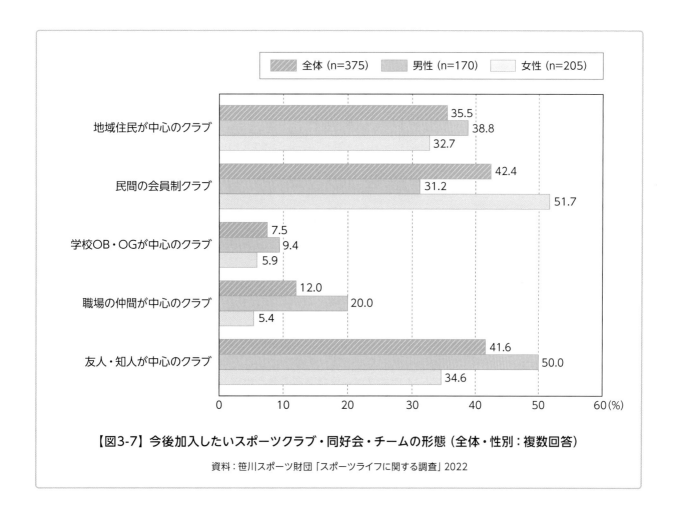

【図3-7】今後加入したいスポーツクラブ・同好会・チームの形態（全体・性別：複数回答）

資料：笹川スポーツ財団「スポーツライフに関する調査」2022

4 スポーツ観戦

4-1　直接スポーツ観戦率

　過去1年間にスタジアムや体育館等で直接スポーツを観戦した者の割合を**図4-1**に示した。2022年の直接スポーツ観戦率は19.3%であり、前回2020年の21.8%から2.5ポイント減少し、1994年以降で最低となった。また、今回の結果から、過去1年間のわが国における直接スポーツ観戦人口は2,035万人と推計された。

　2020年の調査時には、設問でたずねている「過去1年間」には、新型コロナウイルス感染拡大前の時期が半年ほど含まれていた。それに対して2022年調査の対象となる期間は、「過去1年間」を通してコロナ禍にあった。そのため、直接観戦の機会がより限られていたと推察される。

　図4-2は性別にみた直接観戦率である。男性は23.2%、女性は15.4%で、男性が女性を7.8ポイント上回っている。2020年調査と比較すると、女性は19.4%から15.4%へと、4.0ポイント減少した。

【図4-1】直接スポーツ観戦率の年次推移

注）2014年までは20歳以上、2016年以降は18歳以上を調査対象としている。

資料：笹川スポーツ財団「スポーツライフに関する調査」2022

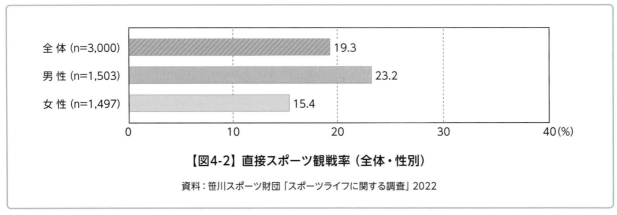

【図4-2】直接スポーツ観戦率（全体・性別）

資料：笹川スポーツ財団「スポーツライフに関する調査」2022

図4-3には、年代別、運動・スポーツ実施レベル別の直接観戦率を示した。年代別では18・19歳の直接観戦率が30.7%と最も高く、次いで40歳代23.9%、30歳代20.8%、20歳代20.3%、50歳代18.3%、60歳代16.0%、70歳以上14.6%であった。2020年調査と比較すると、50歳代は28.2%から18.3%へ、40歳代は27.2%から23.9%へと減少した。

運動・スポーツ実施レベル別にみると、最も高い直接観戦率は「レベル4」の27.2%であった。次いで「レベル1」21.5%、「レベル3」21.4%、「レベル2」19.6%となり、過去1年間にまったく運動・スポーツを行わなかった「レベル0」の直接観戦率は9.9%と最も低かった。

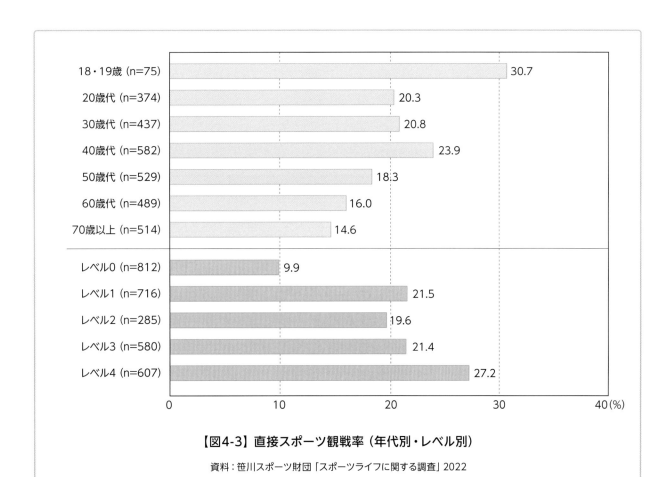

【図4-3】直接スポーツ観戦率（年代別・レベル別）

資料：笹川スポーツ財団「スポーツライフに関する調査」2022

COMMENTS

資料：笹川スポーツ財団「スポーツライフに関する調査」2022

● どんな時代にあっても人々に感動と勇気、情熱を与えてくれるものは文化とスポーツだと思う。それは見る側も行う側も共に実感できるものであると思う。　　　　　　　　　　　　　　　　　　　　　　　　　（60歳　男性　商工サービス業）

● スポーツ観戦は、興奮と感動があり、自分自身で体験しても、心地良い疲労感で健康にもとても良いものだと思っています。　　　　　　　　　　　　　　　　　　　　　　　　　　　　　　　　　　　　　　　（50歳　女性　専業主婦・主夫）

● 東京オリンピックのバスケットのチケットが当選していて、楽しみにしていたのに、無観客になり見れなくて残念だった。　　（20歳　男性　学生）

● スポーツ観戦は好きです。コロナ以前は実際にフットボール、野球（息子の部活など）、サッカーなどをスタジアムなどで見ました。真剣に競技に取り組んでいる選手を見ている事で、こちらも元気になります。（59歳　女性　パートタイム・アルバイト）

4-2 直接スポーツ観戦種目

表4-1は種目別の直接スポーツ観戦状況である。まず、回答者全体において観戦率が高かった上位10種目を取り出し、18歳以上人口を乗じて推計観戦人口を算出した。1位の「プロ野球（NPB）」の観戦率は8.7％、推計観戦人口は917万人となる。2位から5位の観戦率は「Jリーグ（J1、J2、J3）」3.0％、「高校野球」2.8％、「サッカー（高校、大学、JFL、WEリーグなど）」1.3％、「プロバスケットボール（Bリーグ）」1.0％であった。2020年と比較しても、各種目の観戦率に大きな変化はない。6位以降にはバレーボールや格闘技、ラグビーなどが入った。

次に、各種目の観戦者における観戦回数の平均値を算出した。観戦回数が最も多いのは「サッカー（高校、大学、JFL、WEリーグなど）」3.49回であったが、2020年の6.51回からは減少している。次いで「高校野球」3.29回、「バレーボール（高校、大学、Vリーグなど）」3.11回、「Jリーグ（J1、J2、J3）」2.93回であった。

さらに、推計観戦人口に観戦回数を乗じ、のべ観戦者数である推計動員数を算出した。推計動員数は多い順に「プロ野球（NPB）」2,513万人、「高校野球」971万人、「Jリーグ（J1、J2、J3）」926万人を算定した。

【表4-1】種目別直接スポーツ観戦状況（複数回答）

順位	観戦種目	2022年 (n=3,000)				2020年 (n=3,000)			
		観戦率 (%)	① 推計観戦 人口 (万人)	② 観戦回数 (回／年)	③ 推計動員数 (①×②) (万人)	観戦率 (%)	④ 推計観戦 人口 (万人)	⑤ 観戦回数 (回／年)	⑥ 推計動員数 (④×⑤) (万人)
1	プロ野球（NPB）	8.7	917	2.74	2,513	9.6	1,015	2.48	2,517
2	Jリーグ（J1、J2、J3）	3.0	316	2.93	926	3.3	349	2.85	995
3	高校野球	2.8	295	3.29	971	2.8	296	2.94	870
4	サッカー（高校、大学、JFL、WEリーグなど）	1.3	137	3.49	478	1.4	148	6.51	963
5	プロバスケットボール（Bリーグ）	1.0	105	2.50	263	1.0	106	2.21	234
6	アマチュア野球（大学、社会人など）	0.9	95	2.73	259	0.8	85	1.67	142
6	バスケットボール（高校、大学、Wリーグなど）	0.9	95	2.89	275	1.0	106	5.83	618
6	バレーボール（高校、大学、Vリーグなど）	0.9	95	3.11	295	0.8	85	2.78	236
9	格闘技（ボクシング、総合格闘技など）	0.8	84	2.17	182	0.6	63	1.78	112
9	ラグビー（高校、大学、リーグワンなど）	0.8	84	2.48	208	0.7	74	2.38	176

注1) 2022年の推計観戦人口：18歳以上人口（20歳以上は2021年1月1日時点の住民基本台帳人口、18・19歳は同時点の住民基本台帳人口のうち、15〜19歳の人口に2020年の国勢調査から得られた18歳および19歳の人口割合を乗じて得られた推計値を利用）の105,448,713人に観戦率を乗じて算出。

注2) 2020年の推計観戦人口：18歳以上人口（20歳以上は2019年1月1日時点の住民基本台帳人口、18・19歳は同時点の住民基本台帳人口のうち、15〜19歳の人口に2015年の国勢調査から得られた18歳および19歳の人口割合を乗じて得られた推計値を利用）の105,750,654人に観戦率を乗じて算出。

注3) 「サッカー（高校、大学、JFL、WEリーグなど）」の2020年は「サッカー（高校、大学、JFLなど）」の値。

資料：笹川スポーツ財団「スポーツライフに関する調査」2022

COMMENTS
資料：笹川スポーツ財団「スポーツライフに関する調査」2022

● プロスポーツを直接観ることは、スポーツ全体の振興につながると思いますが、地方で生活をしているとなかなかそういう機会がありません。国や自治体の支援のもと、子ども達にプロスポーツ観戦の場を、どこに住んでいても与えていただければありがたいです。
（47歳　男性　事務的職業）

● 今後、スポーツを行ったり、観戦したり様々な形で携わっていき感動や喜びを味わいたいです。近いうち、サッカーの試合を生で見たいです。
（30歳　男性　技能的・労務的職業）

表4-2には、直接スポーツ観戦率の上位5種目を性別に示した。「プロ野球（NPB）」が男性11.6%、女性5.8%と最も高く、男性が女性よりも5.8ポイント高い。「高校野球」は男性の2位（4.2%）と女性の3位（1.5%）に、「Jリーグ（J1、J2、J3）」は男性の3位（3.9%）と女性の2位（2.0%）に入る。男性の4位は「プロバスケットボール（Bリーグ）」1.4%、5位は「格闘技（ボクシング、総合格闘技など）」「サッカー（高校、大学、JFL、WEリーグなど）」が同率で1.3%であった。女性は4位が「サッカー（高校、大学、JFL、WEリーグなど）」1.2%、5位が「バスケットボール（高校、大学、

Wリーグなど）」1.0%であった。

表4-3に示す年代別の直接スポーツ観戦率上位5種目をみると、18・19歳は「高校野球」、20歳代以降は「プロ野球（NPB）」が最も高い。2位と3位には、18・19歳は「バスケットボール（高校、大学、Wリーグなど）」と「プロ野球（NPB）」、20歳代と70歳以上は「高校野球」と「Jリーグ（J1、J2、J3）」、30歳代から60歳代までは「Jリーグ（J1、J2、J3）」と「高校野球」が入る。また、60歳代以降では「大相撲」が上位5種目に入る特徴を見出せる。

【表4-2】種目別直接スポーツ観戦率（性別：複数回答）

	男 性 (n=1,503)			女 性 (n=1,497)	
順位	観 戦 種 目	観戦率 (%)	順位	観 戦 種 目	観戦率 (%)
1	プロ野球 (NPB)	11.6	1	プロ野球 (NPB)	5.8
2	高校野球	4.2	2	Jリーグ (J1、J2、J3)	2.0
3	Jリーグ (J1、J2、J3)	3.9	3	高校野球	1.5
4	プロバスケットボール (Bリーグ)	1.4	4	サッカー (高校、大学、JFL、WEリーグなど)	1.2
5	格闘技 (ボクシング、総合格闘技など)	1.3	5	バスケットボール (高校、大学、Wリーグなど)	1.0
	サッカー (高校、大学、JFL、WEリーグなど)	1.3			

資料：笹川スポーツ財団「スポーツライフに関する調査」2022

【表4-3】種目別直接スポーツ観戦率（年代別：複数回答）

	18・19歳 (n=75)			20歳代 (n=374)			30歳代 (n=437)			40歳代 (n=582)	
順位	観戦種目	観戦率 (%)	順位	観戦種目	観戦率 (%)	順位	観戦種目	観戦率 (%)	順位	観戦種目	観戦率 (%)
1	高校野球	8.0	1	プロ野球 (NPB)	11.5	1	プロ野球 (NPB)	11.0	1	プロ野球 (NPB)	8.9
2	バスケットボール(高校、大学、Wリーグなど)	5.3	2	高校野球	2.9	2	Jリーグ (J1、J2、J3)	3.7	2	Jリーグ (J1、J2、J3)	4.5
	プロ野球 (NPB)	5.3	3	Jリーグ (J1、J2、J3)	2.1	3	高校野球	2.3	3	高校野球	4.1
4	サッカー(高校、大学、JFL、WEリーグなど)	4.0	4	バスケットボール(高校、大学、Wリーグなど)	1.9	4	アマチュア野球(大学、社会人など)	1.8	4	サッカー(高校、大学、JFL、WEリーグなど)	1.7
	アマチュア野球(大学、社会人など)	2.7		プロバスケットボール(Bリーグ)	1.9		サッカー(高校、大学、JFL、WEリーグなど)	1.8		プロバスケットボール(Bリーグ)	1.7
5	プロバスケットボール(Bリーグ)	2.7									
	マラソン・駅伝	2.7									

	50歳代 (n=529)			60歳代 (n=489)			70歳以上 (n=514)	
順位	観戦種目	観戦率 (%)	順位	観戦種目	観戦率 (%)	順位	観戦種目	観戦率 (%)
1	プロ野球 (NPB)	8.1	1	プロ野球 (NPB)	6.7	1	プロ野球 (NPB)	7.4
2	Jリーグ (J1、J2、J3)	2.8	2	Jリーグ (J1、J2、J3)	2.9	2	高校野球	2.5
3	高校野球	2.5	3	高校野球	1.6	3	Jリーグ (J1、J2、J3)	1.8
4	格闘技(ボクシング、総合格闘技など)	1.1	4	大相撲	1.0	4	大相撲	1.4
	バスケットボール(高校、大学、Wリーグなど)	1.1		サッカー(高校、大学、JFL、WEリーグなど)	1.0		マラソン・駅伝	1.4
	プロバスケットボール(Bリーグ)	1.1						

資料：笹川スポーツ財団「スポーツライフに関する調査」2022

4-3　テレビによるスポーツ観戦率

　過去1年間のテレビによるスポーツ観戦状況の推移を**図4-4**に示した。2022年のテレビスポーツ観戦率は、全体の79.0%であった。2020年の80.0%から1.0ポイント減少し、2004年以降で最低となった。新型コロナ

ウイルス感染症の拡大に伴うスポーツイベントの中止、テレビ中継の減少やネット配信メディアの定着など、さまざまな状況が影響したと考えられる。今回の結果から、過去1年間のわが国におけるテレビスポーツ観戦人口は、8,330万人と推計された。

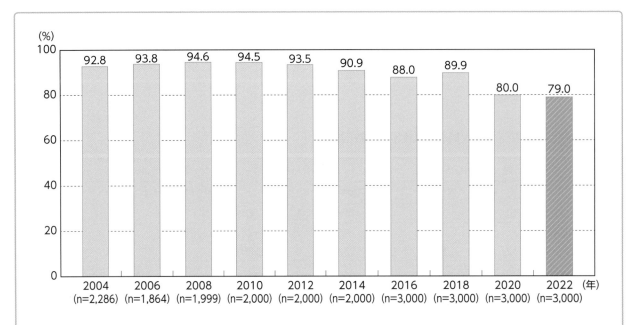

【図4-4】テレビによるスポーツ観戦率の年次推移

注）2014年までは20歳以上、2016年以降は18歳以上を調査対象としている。

資料：笹川スポーツ財団「スポーツライフに関する調査」2022

COMMENTS

資料：笹川スポーツ財団「スポーツライフに関する調査」2022

●どんなスポーツでもアスリートの頑張っている姿を見させてもらう事は自分に元気をもらえるし、感動を与えてくれ、生活に張りを持つ事が出来る。若い人達がスポーツが出来る平和な環境が保たれる事を強く願っています。

（70歳　女性　専業主婦・主夫）

●ネット等いろいろなコンテンツでスポーツが見られることはよいが、やはりテレビ放送をしないと普及にはつながらないと思う。

（46歳　男性　事務的職業）

●自分ではなかなかスポーツをする時間や意欲を持てずにいますが、テレビでスポーツをしている方々を観て感動する事が沢山あります。スポーツは、自分だけでなく、周りの方々の力になるものだと感じています。

（35歳　女性　パートタイム・アルバイト）

●自宅でテレビ等で観戦して少しでもスポーツする人々の応援はしたいと思っています。　（59歳　女性　専業主婦・主夫）

●腰痛なのでスポーツは出来ないですが、スポーツ観戦は好きです。特に冬は、マラソン、駅伝、ラクビーなど番組表を探しまくります。選手の方のガンバリを見ていると私もガンバローと思います。

（78歳　男性　無職）

図4-5は、テレビスポーツ観戦率を性別、年代別、運動・スポーツ実施レベル別に示している。性別にみると、男性は82.6%、女性は75.4%であり、男性が女性を7.2ポイント上回る。

　年代別にみると、18・19歳72.0%、20歳代60.7%、30歳代70.5%、40歳代78.2%と、40歳代までのテレビ観戦率は6～7割台である。50歳代以降では、50歳代84.3%、60歳代87.5%、70歳以上87.7%と、8割を上回っていた。テレビ観戦率は年代によって差があり、特に20歳代が低い。20歳代の観戦率は2018年83.2%、2020年67.1%、2022年60.7%と、近年の低下が著しい。

　運動・スポーツ実施レベル別にみると、「レベル4」が84.8%と最も高い。次いで「レベル3」83.8%、「レベル2」82.5%、「レベル1」80.7%であり、過去1年間に運動・スポーツを行った者のテレビ観戦率は8割台であった。一方で、過去1年間にまったく運動・スポーツを行わなかった「レベル0」のテレビ観戦率は68.3%であり、ほかのレベルと比べて低かった。

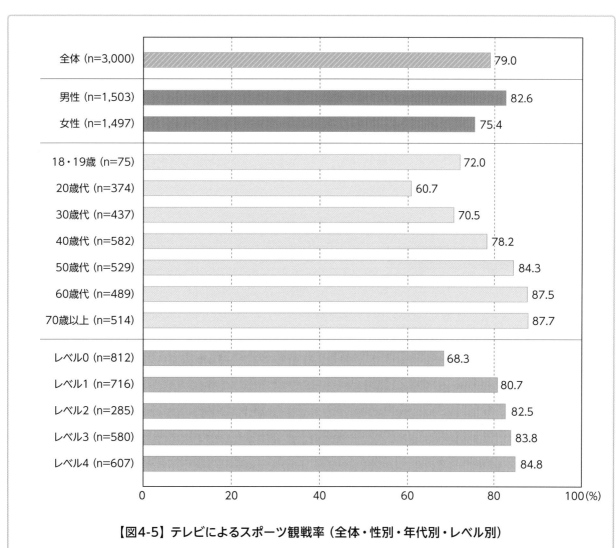

【図4-5】テレビによるスポーツ観戦率（全体・性別・年代別・レベル別）

資料：笹川スポーツ財団「スポーツライフに関する調査」2022

4-4 テレビによるスポーツ観戦種目

表4-4に、過去1年間にテレビ観戦した上位15種目を示した。1位は「プロ野球（NPB）」46.0%であり、2位の「サッカー日本代表試合（五輪代表・なでしこジャパン含む）」36.8%とは9.2ポイントの差がある。3位以降には「マラソン・駅伝」34.8%、「高校野球」33.9%、「フィギュアスケート」30.2%が入った。18歳以上人口を乗じて推計観戦人口を算出すると、1位の「プロ野球（NPB）」は4,851万人であった。

性別にみると、男性は「プロ野球（NPB）」が55.9%と最も高く、「サッカー日本代表試合（五輪代表・なでしこジャパン含む）」42.6%、「高校野球」37.1%と続く。女性は「フィギュアスケート」が42.4%と最も高く、次いで「プロ野球（NPB）」が36.0%、「マラソン・駅伝」が35.1%であった。テレビ観戦率上位15種目には、女性よりも男性の観戦率が高い種目が多く、「プロ野球（NPB）」（男性55.9%、女性36.0%）や「メジャーリーグ（アメリカ大リーグ）」（男性31.0%、女性17.0%）、「格闘技（ボクシング、総合格闘技など）」（男性27.6%、

女性10.1%）などは男性が女性を大きく上回る。一方で「フィギュアスケート」は男性18.2%に対して女性42.4%と、女性が24.2ポイント高い。また、「卓球」（男性19.4%、女性24.4%）、「バレーボール（高校、大学、Vリーグ、日本代表など）」（男性11.7%、女性18.0%）も、男性より女性のテレビ観戦率が高かった。

2020年調査と比較すると、「メジャーリーグ（アメリカ大リーグ）」は13.8%から24.0%へ、「格闘技（ボクシング、総合格闘技など）」は13.1%から18.9%へと増加した。また、「サッカー日本代表試合（五輪代表・なでしこジャパン含む）」については、これまでは「サッカー日本代表試合（五輪代表含む）」と「サッカー日本女子代表試合（なでしこジャパン）」に分けてたずねていたが、2020年調査でいずれかをテレビで観戦したのは20.9%で、今回は15.9ポイント増加した。コロナ禍で試合数が減少した2020年に対して、今回はFIFAワールドカップカタール2022に向けたアジア予選の一部がテレビ中継された点も影響したと考えられる。また、近年の調査において「その他」の中で記述数が多かった「バドミントン」を今回初めて選択肢に入れたところ、全体では

【表4-4】テレビによる種目別スポーツ観戦率（全体・性別：複数回答）

全 体 (n=3,000)				男 性 (n=1,503)			女 性 (n=1,497)		
順位	観戦種目	観戦率(%)	推計観戦人口(万人)	順位	観戦種目	観戦率(%)	順位	観戦種目	観戦率(%)
1	プロ野球（NPB）	46.0	4,851	1	プロ野球（NPB）	55.9	1	フィギュアスケート	42.4
2	サッカー日本代表試合（五輪代表・なでしこジャパン含む）	36.8	3,881	2	サッカー日本代表試合（五輪代表・なでしこジャパン含む）	42.6	2	プロ野球（NPB）	36.0
3	マラソン・駅伝	34.8	3,670	3	高校野球	37.1	3	マラソン・駅伝	35.1
4	高校野球	33.9	3,575	4	マラソン・駅伝	34.5	4	サッカー日本代表試合（五輪代表・なでしこジャパン含む）	30.9
5	フィギュアスケート	30.2	3,185	5	メジャーリーグ（アメリカ大リーグ）	31.0	5	高校野球	30.7
6	大相撲	26.0	2,742	6	大相撲	30.5	6	卓球	24.4
7	メジャーリーグ（アメリカ大リーグ）	24.0	2,531	7	格闘技（ボクシング、総合格闘技など）	27.6	7	大相撲	21.5
8	卓球	21.9	2,309	8	プロゴルフ	25.7	8	バレーボール（高校、大学、Vリーグ、日本代表など）	18.0
9	プロゴルフ	20.0	2,109	9	Jリーグ（J1、J2、J3）	21.8	9	メジャーリーグ（アメリカ大リーグ）	17.0
10	格闘技（ボクシング、総合格闘技など）	18.9	1,993	10	卓球	19.4	10	プロテニス	15.1
11	Jリーグ（J1、J2、J3）	16.9	1,782	11	フィギュアスケート	18.2	11	プロゴルフ	14.2
12	バレーボール（高校、大学、Vリーグ、日本代表など）	14.8	1,561	12	ラグビー（高校、大学、リーグワンなど）	15.6	12	バドミントン	14.0
13	プロテニス	14.7	1,550	13	プロテニス	14.4	13	Jリーグ（J1、J2、J3）	12.0
14	バドミントン	12.8	1,350	14	バレーボール（高校、大学、Vリーグ、日本代表など）	11.7	14	格闘技（ボクシング、総合格闘技など）	10.1
15	ラグビー（高校、大学、リーグワンなど）	11.8	1,244	15	バドミントン	11.5	15	ラグビー（高校、大学、リーグワンなど）	7.9
	テレビで観戦した種目はない	20.3	－		テレビで観戦した種目はない	16.6		テレビで観戦した種目はない	24.0

注）推計観戦人口：18歳以上人口（20歳以上は2021年1月1日時点の住民基本台帳人口、18・19歳は同時点の住民基本台帳人口のうち、15〜19歳の人口に2020年の国勢調査から得られた18歳および19歳の人口割合を乗じて得られた推計値を利用）の105,448,713人に観戦率を乗じて算出。

資料：笹川スポーツ財団「スポーツライフに関する調査」2022

12.8%、男性11.5%、女性14.0%となった。

表4-5には、年代別のテレビ観戦種目を示した。すべての年代で「プロ野球（NPB）」が1位になり、60歳代以降は6割前後（60歳代56.9%、70歳以上61.1%）と、特に高齢者の観戦率が高かった。2位には18・19歳から50歳代までは「サッカー日本代表試合（五輪代表・なでしこジャパン含む）」、60歳代では「マラソン・駅伝」、70歳以上では「大相撲」が入った。

すべての年代で上位10位以内に入るのは、「プロ野球(NPB)」「サッカー日本代表試合」「マラソン・駅伝」「高校野球」「フィギュアスケート」「卓球」の6種目であった。「フィギュアスケート」は質問項目に加えた2010年調査以降、全体の5位以内を維持する根強い人気があり、幅広い年代で観戦されていることがわかる。「卓球」は東京2020大会における選手の活躍やTリーグの人気により、視聴機会が増えたと推察される。

【表4-5】テレビによる種目別スポーツ観戦率（年代別：複数回答）

*18・19歳 (n=75)			*20歳代 (n=374)			*30歳代 (n=437)			*40歳代 (n=582)		
順位	観戦種目	観戦率(%)	順位	観戦種目	観戦率(%)	順位	観戦種目	観戦率(%)	順位	観戦種目	観戦率(%)
1	プロ野球(NPB)	38.7	1	プロ野球(NPB)	32.4	1	プロ野球(NPB)	34.3	1	プロ野球(NPB)	42.1
2	サッカー日本代表試合（五輪代表・なでしこジャパン含む）	36.0	2	サッカー日本代表試合（五輪代表・なでしこジャパン含む）	26.7	2	サッカー日本代表試合（五輪代表・なでしこジャパン含む）	33.0	2	サッカー日本代表試合（五輪代表・なでしこジャパン含む）	39.0
3	高校野球	30.7	3	高校野球	18.7	3	フィギュアスケート	23.8	3	高校野球	30.9
4	マラソン・駅伝	24.0	4	フィギュアスケート	13.4	4	高校野球	23.3	4	マラソン・駅伝	27.0
5	フィギュアスケート	21.3	5	格闘技（ボクシング、総合格闘技など）	13.1	5	マラソン・駅伝	22.0	5	フィギュアスケート	26.6
6	卓球	18.7	6	マラソン・駅伝	10.4	6	格闘技（ボクシング、総合格闘技など）	20.4	6	メジャーリーグ（アメリカ大リーグ）	20.6
7	バレーボール（高校、大学、Vリーグ、日本代表など）	17.3	7	Jリーグ（J1、J2、J3）	10.2	7	メジャーリーグ（アメリカ大リーグ）	15.1	7	格闘技（ボクシング、総合格闘技など）	19.8
8	サッカー（高校、大学、JFL、WEリーグなど）	16.0	8	メジャーリーグ（アメリカ大リーグ）	9.6	8	卓球	13.7	8	卓球	18.7
9	格闘技（ボクシング、総合格闘技など）	12.0	9	卓球	8.3	9	Jリーグ（J1、J2、J3）	12.6	9	Jリーグ（J1、J2、J3）	16.5
10	プロバスケットボール（Bリーグ）	10.7	9	バレーボール（高校、大学、Vリーグ、日本代表など）	8.3	10	大相撲	11.2	10	大相撲	15.6

*50歳代 (n=529)			*60歳代 (n=489)			*70歳以上 (n=514)		
順位	観戦種目	観戦率(%)	順位	観戦種目	観戦率(%)	順位	観戦種目	観戦率(%)
1	プロ野球(NPB)	45.7	1	プロ野球(NPB)	56.9	1	プロ野球(NPB)	61.1
2	サッカー日本代表試合（五輪代表・なでしこジャパン含む）	41.2	2	マラソン・駅伝	52.4	2	大相撲	56.6
3	高校野球	38.4	3	大相撲	42.9	3	マラソン・駅伝	55.1
4	マラソン・駅伝	36.9	4	サッカー日本代表試合（五輪代表・なでしこジャパン含む）	41.7	4	高校野球	46.5
5	フィギュアスケート	35.3	5	高校野球	41.1	5	フィギュアスケート	39.9
6	メジャーリーグ（アメリカ大リーグ）	26.3	6	フィギュアスケート	38.9	6	サッカー日本代表試合（五輪代表・なでしこジャパン含む）	35.8
7	卓球	24.6	7	メジャーリーグ（アメリカ大リーグ）	36.8	7	プロゴルフ	35.4
8	格闘技（ボクシング、総合格闘技など）	24.0	8	プロゴルフ	30.9	8	メジャーリーグ（アメリカ大リーグ）	33.9
9	大相撲	21.9	9	卓球	29.7	9	卓球	32.7
10	Jリーグ（J1、J2、J3）	20.6	10	プロテニス	22.5	10	プロテニス	22.8

資料：笹川スポーツ財団「スポーツライフに関する調査」2022

4-5 インターネットによるスポーツ観戦率

図4-6に、インターネットによるスポーツ観戦率の年次推移を示した。2022年のインターネットスポーツ観戦率は全体の21.4%で、前回2020年の13.9%から7.5ポイント増加した。今回の結果から、過去1年間のわが国におけるインターネットスポーツ観戦人口は、2,257万人と推計された。

図4-7に、性別、年代別、運動・スポーツ実施レベル別の過去1年間のインターネットスポーツ観戦率を示した。性別にみると、男性は31.1%、女性は11.6%であり、男性が女性を19.5ポイント上回る。

年代別にみると、18・19歳が29.3%で最も高い。20歳代28.1%、30歳代27.9%、40歳代26.6%、50歳代24.6%と、18・19歳から50歳代までのインターネット観戦率は2割台である。60歳代は14.5%、70歳以上は7.0%で、インターネット観戦率は年代によって差がみられる。

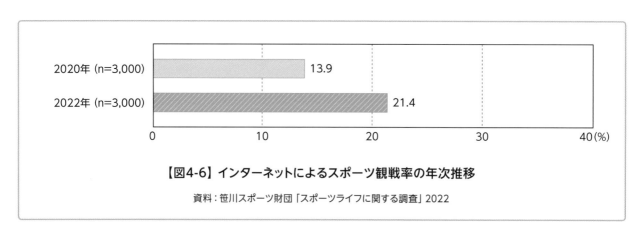

【図4-6】インターネットによるスポーツ観戦率の年次推移

資料：笹川スポーツ財団「スポーツライフに関する調査」2022

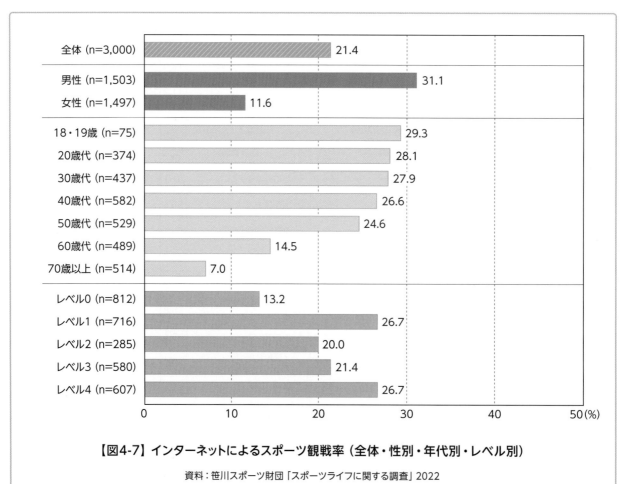

【図4-7】インターネットによるスポーツ観戦率（全体・性別・年代別・レベル別）

資料：笹川スポーツ財団「スポーツライフに関する調査」2022

運動・スポーツ実施レベル別にみると、「レベル1」と「レベル4」が同率で26.7%と最も高い。次いで「レベル3」21.4%、「レベル2」20.0%であり、過去1年間に運動・スポーツを行った者のインターネット観戦率は2割台であった。一方で、過去1年間にまったく運動・スポーツを行わなかった「レベル0」のインターネット観戦率は13.2%であった。

2020年と比較すると、性別では男性、年代別では20歳代から40歳代において、インターネットによる観戦率は10ポイント前後増加した。

4-6 インターネットによるスポーツ観戦種目

表4-6に、過去1年間にインターネット観戦した上位15種目を示した。1位は「格闘技（ボクシング、総合格闘技など）」6.7%で、2位以降は「プロ野球（NPB）」5.6%、「メジャーリーグ（アメリカ大リーグ）」4.7%、「海外プロサッカー（欧州、南米など）」「サッカー日本代表

試合（五輪代表・なでしこジャパン含む）」が同率で3.4%であった。18歳以上人口を乗じて推計観戦人口を算出すると、1位の「格闘技（ボクシング、総合格闘技など）」は707万人であった。

性別にみると、1位は男女ともに「格闘技（ボクシング、総合格闘技など）」で、男性11.0%、女性2.4%と、男性が女性よりも8.6ポイント高い。2位以下は、男性では「プロ野球（NPB）」9.0%、「メジャーリーグ（アメリカ大リーグ）」8.2%、「海外プロサッカー（欧州、南米など）」6.0%、「サッカー日本代表試合（五輪代表・なでしこジャパン含む）」5.7%と続く。女性の2位以下は「プロ野球（NPB）」2.1%、「フィギュアスケート」1.6%、「サッカー日本代表試合（五輪代表・なでしこジャパン含む）」「メジャーリーグ（アメリカ大リーグ）」が同率で1.2%と続く。

2020年と比較すると、男性では「格闘技（ボクシング、総合格闘技など）」が4.8%から11.0%へと、「メジャーリーグ（アメリカ大リーグ）」が3.4%から8.2%へと増加した。

【表4-6】インターネットによる種目別スポーツ観戦率（全体・性別：複数回答）

全 体 (n=3,000)				男 性 (n=1,503)				女 性 (n=1,497)		
順位	観戦種目	観戦率(%)	推計観戦人口(万人)	順位	観戦種目	観戦率(%)	順位	観戦種目	観戦率(%)
1	格闘技（ボクシング、総合格闘技など）	6.7	707	1	格闘技（ボクシング、総合格闘技など）	11.0	1	格闘技（ボクシング、総合格闘技など）	2.4
2	プロ野球（NPB）	5.6	591	2	プロ野球（NPB）	9.0	2	プロ野球（NPB）	2.1
3	メジャーリーグ（アメリカ大リーグ）	4.7	496	3	メジャーリーグ（アメリカ大リーグ）	8.2	3	フィギュアスケート	1.6
4	海外プロサッカー（欧州、南米など）	3.4	359	4	海外プロサッカー（欧州、南米など）	6.0	4	サッカー日本代表試合（五輪代表・なでしこジャパン含む）	1.2
4	サッカー日本代表試合（五輪代表・なでしこジャパン含む）	3.4	359	5	サッカー日本代表試合（五輪代表・なでしこジャパン含む）	5.7	4	メジャーリーグ（アメリカ大リーグ）	1.2
6	Jリーグ（J1、J2、J3）	2.9	306	6	Jリーグ（J1、J2、J3）	4.9	6	バレーボール（高校、大学、Vリーグ、日本代表など）	0.9
7	プロゴルフ	2.0	211	7	プロゴルフ	3.5	6	Jリーグ（J1、J2、J3）	0.9
8	海外プロバスケットボール（NBAなど）	1.7	179	8	F1やNASCARなど自動車レース	2.9	8	海外プロサッカー（欧州、南米など）	0.8
9	高校野球	1.6	169	9	海外プロバスケットボール（NBAなど）	2.8	9	卓球	0.7
9	F1やNASCARなど自動車レース	1.6	169	9	高校野球	2.8	9	バドミントン	0.7
11	プロバスケットボール（Bリーグ）	1.4	148	11	eスポーツ	2.3	9	プロテニス	0.7
11	eスポーツ	1.4	148	12	プロバスケットボール（Bリーグ）	2.1	9	プロバスケットボール（Bリーグ）	0.7
13	プロテニス	1.3	137	13	プロテニス	1.9	13	海外プロバスケットボール（NBAなど）	0.5
14	卓球	1.2	127	14	卓球	1.8	13	サッカー（高校、大学、JFL、WEリーグなど）	0.5
14	フィギュアスケート	1.2	127	15	サッカー（高校、大学、JFL、WEリーグなど）	1.7	13	バスケットボール（高校、大学、Wリーグなど）	0.5
	インターネットで観戦した種目はない	77.7	－		インターネットで観戦した種目はない	67.9	13	プロゴルフ	0.5
							13	ラグビー（高校、大学、リーグワンなど）	0.5
							13	eスポーツ	0.5
								インターネットで観戦した種目はない	87.4

注）推計観戦人口：18歳以上人口（20歳以上は2021年1月1日時点の住民基本台帳人口、18・19歳は同時点の住民基本台帳人口のうち、15～19歳の人口に2020年の国勢調査から得られた18歳および19歳の人口割合を乗じて得られた推計値を利用）の105,448,713人に観戦率を乗じて算出。

資料：笹川スポーツ財団「スポーツライフに関する調査」2022

表4-7には、年代別のインターネット観戦種目を示した。1位は18・19歳で「プロ野球（NPB）」、20歳代から50歳代は「格闘技（ボクシング、総合格闘技など）」、60歳代以降は「メジャーリーグ（アメリカ大リーグ）」であった。2位には、18・19歳で「格闘技（ボクシング、総合格闘技など）」「サッカー（高校、大学、JFL、WEリーグなど）」「サッカー日本代表試合（五輪代表・なでしこ

ジャパン含む）」「バレーボール（高校、大学、Vリーグ、日本代表など）」「メジャーリーグ（アメリカ大リーグ）」「eスポーツ」、20歳代から60歳代で「プロ野球（NPB）」、70歳以上で「プロゴルフ」が入った。今回新たに選択肢に加えた「eスポーツ」は、20歳代で3位、30歳代で10位と、若年層の順位が高かった。

【表4-7】インターネットによる種目別スポーツ観戦率（年代別：複数回答）

18・19歳 (n=75)			20歳代 (n=374)			30歳代 (n=437)			40歳代 (n=582)		
順位	観戦種目	観戦率(%)	順位	観戦種目	観戦率(%)	順位	観戦種目	観戦率(%)	順位	観戦種目	観戦率(%)
1	プロ野球(NPB)	8.0	1	格闘技(ボクシング、総合格闘技など)	9.4	1	格闘技(ボクシング、総合格闘技など)	10.3	1	格闘技(ボクシング、総合格闘技など)	8.6
2	格闘技(ボクシング、総合格闘技など)	5.3	2	プロ野球(NPB)	7.8	2	プロ野球(NPB)	8.0	2	プロ野球(NPB)	6.2
	サッカー(高校、大学、JFL、WEリーグなど)	5.3	3	海外プロサッカー(欧州、南米など)	5.9	3	サッカー日本代表試合(五輪代表・なでしこジャパン含む)	5.9	3	メジャーリーグ(アメリカ大リーグ)	5.7
	サッカー日本代表試合(五輪代表・なでしこジャパン含む)	5.3		サッカー日本代表試合(五輪代表・なでしこジャパン含む)	5.9	4	海外プロサッカー(欧州、南米など)	5.3	4	海外プロサッカー(欧州、南米など)	4.8
	バレーボール(高校、大学、Vリーグ、日本代表など)	5.3		eスポーツ	5.9	5	メジャーリーグ(アメリカ大リーグ)	4.6	5	Jリーグ(J1、J2、J3)	4.1
	メジャーリーグ(アメリカ大リーグ)	5.3	6	Jリーグ(J1、J2、J3)	4.3	6	Jリーグ(J1、J2、J3)	4.3	6	サッカー日本代表試合(五輪代表・なでしこジャパン含む)	4.0
	eスポーツ	5.3	7	メジャーリーグ(アメリカ大リーグ)	4.0	7	海外プロバスケットボール(NBAなど)	3.7		海外プロバスケットボール(NBAなど)	1.9
8	高校野球	4.0	8	海外プロバスケットボール(NBAなど)	3.2	8	高校野球	3.4	7	プロゴルフ	1.9
	卓球	4.0	9	高校野球	1.9	9	フィギュアスケート	3.0		プロバスケットボール(Bリーグ)	1.9
	バスケットボール(高校、大学、Wリーグなど)	4.0	10	サッカー(高校、大学、JFL、WEリーグなど)	1.6		プロゴルフ	2.1		プロテニス	1.5
	プロバスケットボール(Bリーグ)	4.0		プロバスケットボール(Bリーグ)	1.6	10	プロバスケットボール(Bリーグ)	2.1	10	F1やNASCARなど自動車レース	1.5
							eスポーツ	2.1			

50歳代 (n=529)			60歳代 (n=489)			70歳以上 (n=514)		
順位	観戦種目	観戦率(%)	順位	観戦種目	観戦率(%)	順位	観戦種目	観戦率(%)
1	格闘技(ボクシング、総合格闘技など)	7.8	1	メジャーリーグ(アメリカ大リーグ)	5.1	1	メジャーリーグ(アメリカ大リーグ)	2.7
2	プロ野球(NPB)	6.2	2	プロ野球(NPB)	4.7	2	プロゴルフ	2.5
3	メジャーリーグ(アメリカ大リーグ)	5.7	3	格闘技(ボクシング、総合格闘技など)	3.5	3	格闘技(ボクシング、総合格闘技など)	1.9
4	F1やNASCARなど自動車レース	3.8	4	プロゴルフ	2.9		卓球	1.2
5	サッカー日本代表試合(五輪代表・なでしこジャパン含む)	3.6	5	海外プロサッカー(欧州、南米など)	1.6	4	プロ野球(NPB)	1.2
6	海外プロサッカー(欧州、南米など)	2.6		大相撲	1.4		Jリーグ(J1、J2、J3)	1.2
	Jリーグ(J1、J2、J3)	2.6	6	高校野球	1.4	7	海外プロサッカー(欧州、南米など)	1.0
8	プロゴルフ	2.1		Jリーグ(J1、J2、J3)	1.4		フィギュアスケート	1.0
	プロバスケットボール(Bリーグ)	2.1		サッカー日本代表試合(五輪代表・なでしこジャパン含む)	1.2	9	プロテニス	0.8
	海外プロバスケットボール(NBAなど)	1.5	9	プロテニス	1.2		サッカー日本代表試合(五輪代表・なでしこジャパン含む)	0.6
10	高校野球	1.5		ラグビー(高校、大学、リーグワンなど)	1.2	10	サッカー(高校、大学、JFL、WEリーグなど)	0.6
	プロテニス	1.5					バドミントン	0.6

資料：笹川スポーツ財団「スポーツライフに関する調査」2022

5 好きなスポーツ選手

5-1 好きなスポーツ選手

　好きなスポーツ選手1名の名前とその種目をたずねたところ、回答者全体の74.6%にあたる2,237名が回答し、494名の選手名があげられた。

　表5-1に示す全体では、1位は「大谷翔平」29.1%で、本項目をたずねている2002年調査以降、最も高い数値となった。2位は「羽生結弦」5.5%、3位「イチロー」3.2%、4位「井上尚弥」2.6%、5位「松山英樹」2.2%であった。上位20名に入る選手の種目をみると、野球が6名、サッカーが4名、フィギュアスケートが3名、ボク

シングとゴルフがそれぞれ2名、バレーボール・テニス・スノーボードがそれぞれ1名である。

　性別にみると、男女とも「大谷翔平」が最も高く、男性29.9%、女性28.3%と、いずれも2位に大差をつけている。男性の2位は2002年から連続して1位をキープしていた「イチロー」4.1%であった。3位以降は「井上尚弥」3.9%、「松山英樹」3.8%、「長嶋茂雄」1.5%と続く。女性の2位は「羽生結弦」10.9%で、3位以降は「浅田真央」3.0%、「石川祐希」2.6%、「イチロー」2.2%であった。女性では、上位20位圏内にフィギュアスケート選手が3名と多い特徴が認められる。

【表5-1】好きなスポーツ選手（全体・性別）

全 体 (n=2,237)			男 性 (n=1,166)			女 性 (n=1,071)		
順位	選 手 名	%	順位	選 手 名	%	順位	選 手 名	%
1	大谷　翔平（野球）	29.1	1	大谷　翔平（野球）	29.9	1	大谷　翔平（野球）	28.3
2	羽生　結弦（フィギュアスケート）	5.5	2	イチロー（野球）	4.1	2	羽生　結弦（フィギュアスケート）	10.9
3	イチロー（野球）	3.2	3	井上　尚弥（ボクシング）	3.9	3	浅田　真央（フィギュアスケート）	3.0
4	井上　尚弥（ボクシング）	2.6	4	松山　英樹（ゴルフ）	3.8	4	石川　祐希（バレーボール）	2.6
5	松山　英樹（ゴルフ）	2.2	5	長嶋　茂雄（野球）	1.5	5	イチロー（野球）	2.2
6	石川　祐希（バレーボール）	1.5	6	リオネル・メッシ（サッカー）	1.4	6	大坂　なおみ（テニス）	2.0
7	浅田　真央（フィギュアスケート）	1.4	7	那須川　天心（ボクシング）	1.0	7	井上　尚弥（ボクシング）	1.2
8	大坂　なおみ（テニス）	1.1	7	クリスティアーノ・ロナウド（サッカー）	1.0	7	平野　歩夢（スノーボード）	1.2
9	坂本　勇人（野球）	1.0	9	王　貞治（野球）	0.9	9	宇野　昌磨（フィギュアスケート）	1.1
9	那須川　天心（ボクシング）	1.0	9	坂本　勇人（野球）	0.9	9	坂本　勇人（野球）	1.1
11	長嶋　茂雄（野球）	0.9	9	渋野　日向子（ゴルフ）	0.9	11	那須川　天心（ボクシング）	1.0
11	リオネル・メッシ（サッカー）	0.9	9	タイガー・ウッズ（ゴルフ）	0.9	12	内村　航平（体操競技）	0.8
13	平野　歩夢（スノーボード）	0.8	9	ネイマール（サッカー）	0.9	12	錦織　圭（テニス）	0.8
13	ネイマール（サッカー）	0.8	9	マイケル・ジョーダン（バスケットボール）	0.9	14	池江　璃花子（水泳）	0.7
15	佐々木　朗希（野球）	0.7	15	松井　秀喜（野球）	0.8	14	内田　篤人（サッカー）	0.7
16	宇野　昌磨（フィギュアスケート）	0.6	15	三浦　知良（サッカー）	0.8	14	佐々木　朗希（野球）	0.7
16	渋野　日向子（ゴルフ）	0.6	15	柳田　悠岐（野球）	0.8	14	長谷部　誠（サッカー）	0.7
16	三浦　知良（サッカー）	0.6	15	ステフィン・カリー（バスケットボール）	0.8	18	伊藤　美誠（卓球）	0.6
16	柳田　悠岐（野球）	0.6	15	ロジャー・フェデラー（テニス）	0.8	18	稲垣　啓太（ラグビー）	0.6
16	クリスティアーノ・ロナウド（サッカー）	0.6	20	朝倉　未来（総合格闘技）	0.7	18	今宮　健太（野球）	0.6
			20	佐々木　朗希（野球）	0.7	18	菊池　涼介（野球）	0.6
			20	佐藤　輝明（野球）	0.7	18	八村　塁（バスケットボール）	0.6
			20	水谷　隼（卓球）	0.7	18	桃田　賢斗（バドミントン）	0.6
						18	吉田　沙保里（レスリング）	0.6
						18	ネイマール（サッカー）	0.6

資料：笹川スポーツ財団「スポーツライフに関する調査」2022

表5-2には年代別の結果を示した。全体で1位の「大谷翔平」は、20歳代から70歳以上で1位になり、全体2位の「羽生結弦」は18・19歳で1位にあげられた。2位と3位についてみると、18・19歳は「石川祐希」「大谷翔平」、20歳代は「羽生結弦」「那須川天心」、30歳代は「羽生結弦」「イチロー」「井上尚弥」、40歳代は「イチロー」「羽生結弦」、50歳代は「井上尚弥」「羽生結弦」、60歳代は「羽生結弦」「松山英樹」、70歳以上は「羽生結弦」「長嶋茂雄」がそれぞれあげられた。

18・19歳では海外バスケットボール選手の「ステフィン・カリー」、20歳代では海外サッカー選手の「クリスティアーノ・ロナウド」がそれぞれ4位にあがった。また、18・19歳から40歳代では全体で4位の「井上尚弥」のほか、「那須川天心」「朝倉未来」「武尊」と格闘技の選手が上位に入った。いずれも戦績のみならず、SNSでの発信や動画配信の内容が注目される選手である。

60歳代と70歳以上では「長嶋茂雄」が入り、根強い人気がうかがえる。いずれの年代でも10位以内に入るのは「大谷翔平」「羽生結弦」の2名であった。

【表5-2】好きなスポーツ選手（年代別）

順位	18・19歳 (n=56) 選手名	%	順位	20歳代 (n=278) 選手名	%	順位	30歳代 (n=324) 選手名	%	順位	40歳代 (n=434) 選手名	%
1	羽生　結弦 (フィギュアスケート)	10.7	1	大谷　翔平 (野球)	16.5	1	大谷　翔平 (野球)	21.6	1	大谷　翔平 (野球)	26.0
2	石川　祐希 (バレーボール)	7.1	2	羽生　結弦 (フィギュアスケート)	4.0	2	羽生　結弦 (フィギュアスケート)	6.5	2	イチロー (野球)	5.3
2	大谷　翔平 (野球)	7.1	3	那須川　天心 (ボクシング)	3.2	3	イチロー (野球)	3.7	3	羽生　結弦 (フィギュアスケート)	3.2
4	ステフィン・カリー (バスケットボール)	5.4	4	クリスティアーノ・ロナウド (サッカー)	2.5	3	井上　尚弥 (ボクシング)	3.7	4	松山　英樹 (ゴルフ)	3.0
5	那須川　天心 (ボクシング)	3.6	5	イチロー (野球)	2.2	5	浅田　真央 (フィギュアスケート)	2.5	5	井上　尚弥 (ボクシング)	2.8
5	根尾　昂 (野球)	3.6	5	久保　建英 (サッカー)	2.2	5	坂本　勇人 (野球)	2.5	6	平野　歩夢 (スノーボード)	1.8
5	リオネル・メッシ (サッカー)	3.6	7	朝倉　未来 (総合格闘技)	1.8	7	ネイマール (サッカー)	2.2	7	浅田　真央 (フィギュアスケート)	1.6
8	浅田　真央 (フィギュアスケート)	1.8	7	浅田　真央 (フィギュアスケート)	1.8	7	リオネル・メッシ (サッカー)	2.2	7	石川　祐希 (バレーボール)	1.6
8	井上　尚弥 (ボクシング)	1.8	7	ネイマール (サッカー)	1.8	9	石川　祐希 (バレーボール)	1.9	7	三浦　知良 (サッカー)	1.6
8	香川　真司 (サッカー)	1.8	7	リオネル・メッシ (サッカー)	1.8	10	武尊 (キックボクシング)	1.5	10	那須川　天心 (ボクシング)	1.2
						10	松山　英樹 (ゴルフ)	1.5	10	松井　秀喜 (野球)	1.2
									10	タイガー・ウッズ (ゴルフ)	1.2
									10	マイケル・ジョーダン (バスケットボール)	1.2
									10	リオネル・メッシ (サッカー)	1.2

※ 同率選手他30名

順位	50歳代 (n=389) 選手名	%	順位	60歳代 (n=372) 選手名	%	順位	70歳以上 (n=384) 選手名	%
1	大谷　翔平 (野球)	35.2	1	大谷　翔平 (野球)	37.9	1	大谷　翔平 (野球)	36.7
2	井上　尚弥 (ボクシング)	5.1	2	羽生　結弦 (フィギュアスケート)	6.7	2	羽生　結弦 (フィギュアスケート)	7.0
3	羽生　結弦 (フィギュアスケート)	4.9	3	松山　英樹 (ゴルフ)	4.0	3	長嶋　茂雄 (野球)	3.1
4	イチロー (野球)	3.6	4	石川　祐希 (バレーボール)	2.2	4	松山　英樹 (ゴルフ)	2.9
5	大坂　なおみ (テニス)	1.5	4	イチロー (野球)	2.2	5	イチロー (野球)	2.3
6	浅田　真央 (フィギュアスケート)	1.3	6	井上　尚弥 (ボクシング)	1.9	6	坂本　勇人 (野球)	1.8
6	松山　英樹 (ゴルフ)	1.3	7	長嶋　茂雄 (野球)	1.6	7	渋野　日向子 (ゴルフ)	1.6
8	王　貞治 (野球)	1.0	8	大坂　なおみ (テニス)	1.3	7	若隆景 (相撲)	1.6
8	佐々木　朗希 (野球)	1.0	8	菊池　涼介 (野球)	1.3	9	石川　遼 (ゴルフ)	1.3
10	内田　篤人 (サッカー)	0.8	8	佐藤　輝明 (野球)	1.3	9	佐々木　朗希 (野球)	1.3
10	岡本　和真 (野球)	0.8	8	渋野　日向子 (ゴルフ)	1.3	9	原　辰徳 (野球)	1.3
10	根尾　昂 (野球)	0.8	8	錦織　圭 (テニス)	1.3			
10	平野　歩夢 (スノーボード)	0.8						
10	三苫　薫 (サッカー)	0.8						
10	タイガー・ウッズ (ゴルフ)	0.8						
10	ラファエル・ナダル (テニス)	0.8						
10	ロジャー・フェデラー (テニス)	0.8						

資料：笹川スポーツ財団「スポーツライフに関する調査」2022

5-2 好きなスポーツ選手の推移

表5-3には、2012年から2022年までの好きなスポーツ選手の推移を示した。過去6回の調査すべてで上位10名に入るのは「イチロー」と「浅田真央」の2名である。両者はともに引退しているが、安定した人気を誇る。「イチロー」は過去6回の調査のうち1位を2回獲得し、今回調査でも3位に入った。

2020年と2022年を比較すると、「大谷翔平」が5.1%から29.1%へと24.0ポイント増加し、前回3位から順位を上げて1位になった。2021マスターズ・トーナメントで優勝した「松山英樹」も順位を上げ、2018年以来のベスト10に入った。今回初めて10位以内に入った選手は、4位の「井上尚弥」2.6%、6位の「石川祐希」1.5%、9位の「那須川天心」1.0%であった。

【表5-3】好きなスポーツ選手の推移

順位	2012年(n=1,527) 選手名	%	順位	2014年(n=1,551) 選手名	%	順位	2016年(n=2,415) 選手名	%
1	イチロー (野球)	12.5	1	浅田　真央 (フィギュアスケート)	17.6	1	イチロー (野球)	16.4
2	浅田　真央 (フィギュアスケート)	8.8	2	イチロー (野球)	8.8	2	錦織　圭 (テニス)	12.8
3	石川　遼 (ゴルフ)	4.2	3	田中　将大 (野球)	4.1	3	浅田　真央 (フィギュアスケート)	6.5
4	香川　真司 (サッカー)	3.9	4	羽生　結弦 (フィギュアスケート)	3.0	4	羽生　結弦 (フィギュアスケート)	4.6
5	澤　穂希 (サッカー)	3.3	5	本田　圭佑 (サッカー)	2.8	5	木村　沙織 (バレーボール)	2.9
5	ダルビッシュ　有 (野球)	3.3	6	香川　真司 (サッカー)	2.5	6	長嶋　茂雄 (野球)	2.0
7	本田　圭佑 (サッカー)	2.6	7	長嶋　茂雄 (野球)	2.4	7	大谷　翔平 (野球)	1.9
8	長嶋　茂雄 (野球)	2.4	8	錦織　圭 (テニス)	2.1	8	白鵬 (相撲)	1.3
9	北島　康介 (水泳)	2.0	9	髙橋　大輔 (フィギュアスケート)	1.9	9	五郎丸　歩 (ラグビー)	1.2
10	クルム・伊達　公子 (テニス)	1.8	10	長友　佑都 (サッカー)	1.8	9	本田　圭佑 (サッカー)	1.2
10	長谷部　誠 (サッカー)	1.8						

順位	2018年(n=2,337) 選手名	%	順位	2020年(n=2,246) 選手名	%	順位	2022年(n=2,237) 選手名	%
1	羽生　結弦 (フィギュアスケート)	10.6	1	羽生　結弦 (フィギュアスケート)	7.8	1	大谷　翔平 (野球)	29.1
2	大谷　翔平 (野球)	7.7	2	イチロー (野球)	7.5	2	羽生　結弦 (フィギュアスケート)	5.5
3	イチロー (野球)	7.2	3	大谷　翔平 (野球)	5.1	3	イチロー (野球)	3.2
4	錦織　圭 (テニス)	7.1	4	大坂　なおみ (テニス)	4.9	4	井上　尚弥 (ボクシング)	2.6
5	浅田　真央 (フィギュアスケート)	3.7	5	浅田　真央 (フィギュアスケート)	4.2	5	松山　英樹 (ゴルフ)	2.2
6	本田　圭佑 (サッカー)	2.7	6	錦織　圭 (テニス)	4.0	6	石川　祐希 (バレーボール)	1.5
7	長嶋　茂雄 (野球)	2.4	7	池江　璃花子 (水泳)	2.0	7	浅田　真央 (フィギュアスケート)	1.4
8	長谷部　誠 (サッカー)	1.7	8	渋野　日向子 (ゴルフ)	1.8	8	大坂　なおみ (テニス)	1.1
8	松山　英樹 (ゴルフ)	1.7	9	坂本　勇人 (野球)	1.6	9	坂本　勇人 (野球)	1.0
10	内村　航平 (体操競技)	1.5	10	リオネル・メッシ (サッカー)	1.4	9	那須川　天心 (ボクシング)	1.0

注) 2014年までは20歳以上、2016年以降は18歳以上を調査対象としている。

資料：笹川スポーツ財団「スポーツライフに関する調査」2022

6　スポーツボランティア

6-1　スポーツボランティアの実施率

　スポーツボランティアとは、報酬を目的としないで、自分の労力・技術・時間などを提供して地域社会や個人・団体のスポーツ推進のために行う活動と定義される。

　図6-1に、過去1年間にスポーツボランティアを行った者の割合を示した。2022年調査におけるスポーツボランティア実施率は4.2%で、2020年の5.3%から1.1ポイント減少し、スポーツボランティア実施状況の調査を始めた1994年以降、最も低い実施率となった。新型コロナウイルス感染症の流行によるスポーツボランティアの活動機会の減少が、実施率の低下をもたらしたと予想される。今回の結果から、過去1年間のスポーツボランティア人口は443万人と推計された。

　スポーツボランティア実施率を性別にみると、**図6-2**に示すように男性は5.5%、女性は2.9%であり、男性の実施率が女性を2.6ポイント上回る。

　図6-3には、年代別、運動・スポーツ実施レベル別のスポーツボランティア実施率を示した。年代別にみると、18・19歳が9.3%と最も高く、20歳代3.5%、30歳代と40歳代が4.1%、50歳代3.4%、60歳代3.9%、70歳以上5.5%であった。

　運動・スポーツ実施レベル別にみると、「レベル4」で10.2%と最も高く、「レベル3」4.8%、「レベル1」3.1%、「レベル2」2.5%と続く。過去1年間に運動・スポーツをまったく行わなかった「レベル0」は1.0%と、運動・スポーツ実施者と比較してスポーツボランティア実施率が低い。2020年調査と比べると、性別、年代別、レベル別のほとんどの属性において、スポーツボランティア実施率は微減傾向にあった。

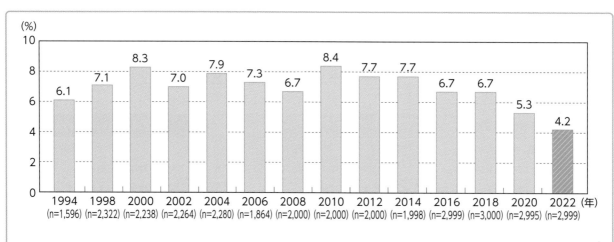

【図6-1】スポーツボランティア実施率の年次推移

注）2014年までは20歳以上、2016年以降は18歳以上を調査対象としている。

資料：笹川スポーツ財団「スポーツライフに関する調査」2022

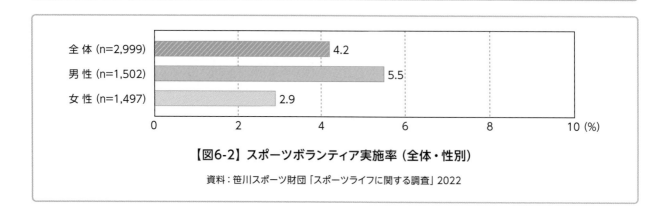

【図6-2】スポーツボランティア実施率（全体・性別）

資料：笹川スポーツ財団「スポーツライフに関する調査」2022

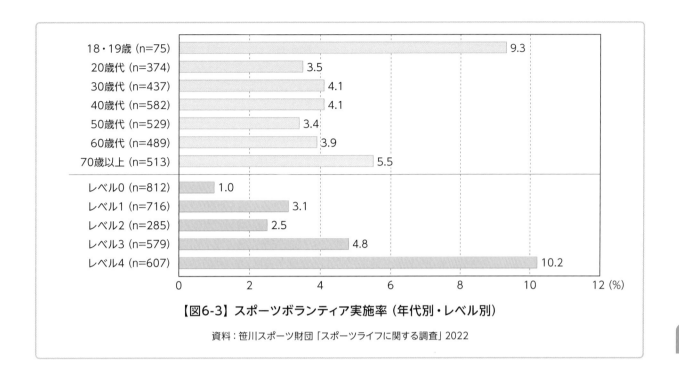

【図6-3】スポーツボランティア実施率（年代別・レベル別）

資料：笹川スポーツ財団「スポーツライフに関する調査」2022

6-2 スポーツボランティアの実施内容

表6-1には『日常的な活動』『地域のスポーツイベント』『全国・国際的なスポーツイベント』ごとの具体的なスポーツボランティアの実施内容を示した。

全体では『日常的な活動』における「団体・クラブの運営や世話」の実施率が40.2%で最も高く、「スポーツの指導」38.6%、『地域のスポーツイベント』の「大会・イベントの運営や世話」33.1%が続く。同じ質問項目でたずねている2000年調査以降、1位は常に『地域のスポーツイベント』の「大会・イベントの運営や世話」であったが、2022年の実施率は33.1%とこれまでで最も低く、実施内容における順位は3位となった。

年間の平均実施回数は『全国・国際的なスポーツイ

ベント』の「スポーツの審判」が51.5回と最も多く、次いで『日常的な活動』の「スポーツの指導」が33.8回、「団体・クラブの運営や世話」が29.8回であった。

性別に実施率をみると、男性は『日常的な活動』の「スポーツの指導」47.0%、女性は『日常的な活動』の「団体・クラブの運営や世話」43.2%が最も高い。次いで男性では『日常的な活動』の「団体・クラブの運営や世話」38.6%、「スポーツの審判」32.5%の順であった。女性は『地域のスポーツイベント』の「大会・イベントの運営や世話」38.6%、『日常的な活動』の「スポーツの指導」22.7%となった。男性では「スポーツの指導」や「スポーツの審判」の実施率が女性に比べて高い。反対に「団体・クラブの運営や世話」や「大会・イベントの運営や世話」では女性の実施率が高い特徴がある。

【表6-1】スポーツボランティアの実施内容（全体・性別：複数回答）

スポーツボランティアの内容		全 体 (n=127)		男 性 (n=83)		女 性 (n=44)	
		実施率(%)	実施回数(回/年)	実施率(%)	実施回数(回/年)	実施率(%)	実施回数(回/年)
日常的な活動	スポーツの指導	2位 38.6	33.8	1位 47.0	39.2	3位 22.7	12.7
	スポーツの審判	25.2	10.4	3位 32.5	11.6	11.4	4.2
	団体・クラブの運営や世話	1位 40.2	29.8	2位 38.6	31.2	1位 43.2	27.4
	スポーツ施設の管理の手伝い	9.4	12.7	7.2	10.3	13.6	16.3
地域の スポーツイベント	スポーツの審判	13.4	8.5	20.5	8.5	0.0	0.0
	大会・イベントの運営や世話	3位 33.1	6.9	30.1	8.8	2位 38.6	3.9
全国・国際的な スポーツイベント	スポーツの審判	1.6	51.5	2.4	51.5	0.0	0.0
	大会・イベントの運営や世話	6.3	6.0	6.0	7.2	6.8	4.0

資料：笹川スポーツ財団「スポーツライフに関する調査」2022

6-3　スポーツボランティアの実施希望率

　今後のスポーツボランティア実施希望を「ぜひ行いたい」「できれば行いたい」「あまり行いたくない」「まったく行いたくない」「わからない」の5つの選択肢でたずねた。このうち「ぜひ行いたい」または「できれば行いたい」と回答した者の割合をスポーツボランティア実施希望率として算出し、**図6-4**に年次推移を示した。2000年から2018年まで、スポーツボランティア実施希望率は13～16%の間を推移してきたが、2020年には12.5%へと下がった。2022年はさらに減少して11.4%となり、2000年以降で最も低くなった。コロナ禍におけるスポーツボランティアの活動環境の変化が、実施希望に対して影響した可能性がある。

　スポーツボランティア実施希望率を性別にみると、**図6-5**に示すように男性は13.0%、女性は9.8%であり、男性が女性よりも3.2ポイント高い。

　図6-6には、年代別、運動・スポーツ実施レベル別のスポーツボランティア実施希望率を示した。年代別にみると、18・19歳の33.3%が最も高く、ほかの年代を大きく上回る。続いて20歳代が15.0%、40歳代が12.9%であり、30歳代の8.7%が最も低かった。スポーツボランティア実施率、スポーツボランティア実施希望率ともに、18・19歳が最も高い結果となった。2020年調査と比べると、18・19歳では27.8%から33.3%へと5.5ポイント増加し、50歳代では13.8%から10.6%へと3.2ポイント減少した。

　運動・スポーツ実施レベル別にみると、「レベル4」は21.0%であり、次いで「レベル3」の14.2%、「レベル1」の10.8%であった。過去1年間に運動・スポーツをまったく行わなかった「レベル0」は4.6%と最も低い。

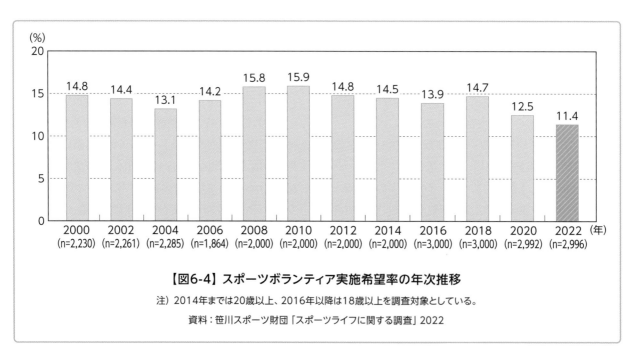

【図6-4】スポーツボランティア実施希望率の年次推移

注）2014年までは20歳以上、2016年以降は18歳以上を調査対象としている。

資料：笹川スポーツ財団「スポーツライフに関する調査」2022

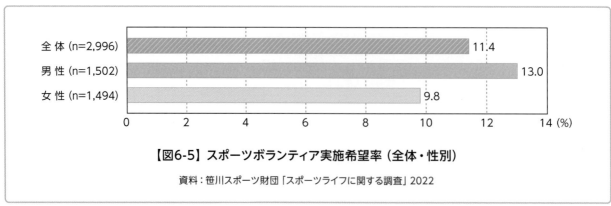

【図6-5】スポーツボランティア実施希望率（全体・性別）

資料：笹川スポーツ財団「スポーツライフに関する調査」2022

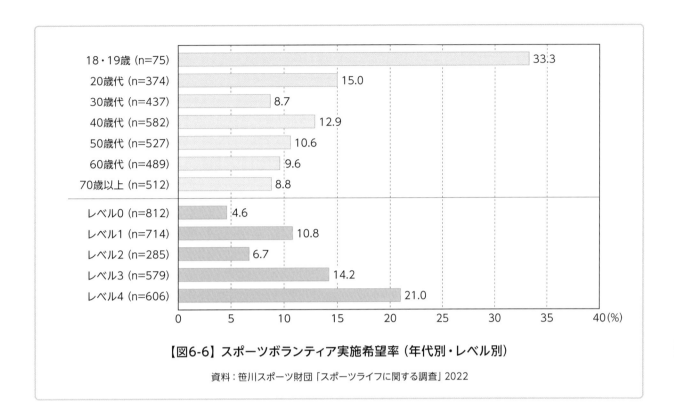

【図6-6】スポーツボランティア実施希望率（年代別・レベル別）

資料：笹川スポーツ財団「スポーツライフに関する調査」2022

6-4 スポーツボランティアの実施希望内容

　今後、スポーツボランティアを「ぜひ行いたい」「できれば行いたい」と回答した者が希望する、具体的な活動内容を**表6-2**に示した。全体では「地域のスポーツイベントの運営や世話」51.0%が最も高く、2位の「日常的なスポーツの指導」25.8%と比較して25.2ポイントの差がある。3位は「日常的な団体・クラブの運営や世話」24.6%と続く。

　性別にみると、全体の結果と同様に「地域のスポーツイベントの運営や世話」が男性50.0%、女性52.4%と最も高い。男性では次いで「日常的なスポーツの指導」35.6%、「日常的な団体・クラブの運営や世話」23.7%となった。女性では「日常的な団体・クラブの運営や世話」25.9%、「全国・国際的なスポーツイベントの運営や世話」21.7%と続く。

【表6-2】今後希望するスポーツボランティアの内容（全体・性別：複数回答）

(%)

スポーツボランティアの内容	全 体 (n=337)		男 性 (n=194)		女 性 (n=143)	
地域のスポーツイベントの運営や世話	1位	51.0	1位	50.0	1位	52.4
日常的なスポーツの指導	2位	25.8	2位	35.6		12.6
日常的な団体・クラブの運営や世話	3位	24.6	3位	23.7	2位	25.9
全国・国際的なスポーツイベントの運営や世話		19.0		17.0	3位	21.7
日常的なスポーツ施設の管理の手伝い		16.6		13.9		20.3
日常的なスポーツの審判		9.5		13.4		4.2
地域のスポーツイベントでの審判		6.8		8.2		4.9
スポーツ情報誌やホームページ作成の手伝い		3.0		3.6		2.1
全国・国際的なスポーツイベントでの審判		1.2		2.1		0.0

資料：笹川スポーツ財団「スポーツライフに関する調査」2022

7 日常生活における身体活動・座位行動

7-1 日常生活における身体活動量（WHO基準）

　運動・スポーツそのものを目的とする以外にも、日常生活において人々が身体を動かす場面は多くある。健康増進の観点から、運動・スポーツも含めた日常生活全体における身体活動の実態を把握する重要性はより一層高まっている。本調査では2020年より、国際比較が可能である質問票として信頼性・妥当性が確認された、世界保健機関（World Health Organization: WHO）「世界標準化身体活動質問票（Global Physical Activity Questionnaire: GPAQ）」の質問項目を用いている。これにより、運動・スポーツを含めた日常における身体活動の把握を試みた。

　GPAQでは、「仕事」「移動」「余暇」「座位」の4領域に回答する。「仕事」には仕事やボランティア、学業、家事、農作業、漁業など、「移動」には通勤や通学、買い物や送り迎えなど、「余暇」には運動やスポーツなどが含まれる。そのうち高強度と中強度に分類される「仕事」「余暇」、および「移動」の領域は、普段の1週間における身体活動の実施日数と1日あたりの実施時間を記入する形式である。

　GPAQを用いれば、日常生活における身体活動の実施時間の、強度（きつさ）を加味した身体活動量への換算が可能となる。強度は安静時を1メッツとし、日常の活動がその何倍のエネルギーを消費するかという観点から評価される。GPAQでは、中強度の身体活動は4メッツ、高強度は8メッツが割り当てられ、強度別の各身体活動の実施時間に4または8を乗じて、1週間の身体活動量「メッツ・時/週」を算出できる。

　WHOは身体活動量の基準として「中強度の身体活動を週に150分、または高強度の身体活動を週に75分、またはこれらと同等の組み合わせ（GPAQにおける600メッツ・分/週に相当）」を行う必要があると推奨している。

　図7-1は、WHOが示す身体活動量基準の達成率の年次推移を性別、性・年代別に示した結果である。なお、WHOの身体活動量基準「中強度の身体活動を週に150分、または高強度の身体活動を週に75分、またはこれらと同等の組み合わせ」について、2020年に公表された最新のガイドラインでは「10分以上継続した活動」という旧来の条件が削除されている。ただし、本調査で用いたGPAQでは旧来のガイドラインに基づき、この条件が質問文に付されている。

　2022年の結果について、全体をみると「WHO基準を満たす」者の割合は53.6%であった。前回調査の53.3%と同程度の達成率であった。

　性別にみると、男性では60.7%、女性では46.4%が身体活動量基準を満たし、男性の達成率が14.3ポイント高い。前回調査と比較すると男性では1.1ポイント増加し、女性では0.5ポイント減少している。

　性・年代別にみると、男性では18・19歳が82.5%と最も達成率が高く、20歳代69.6%、30歳代67.6%、40歳代61.7%、50歳代53.0%と50歳代までは徐々に減少する。60歳代は59.0%、70歳以上は52.7%と最も低い達成率を示している。前回調査と比べると、度数の少ない18・19歳を除き5ポイント以上の増減がみられたのは、60歳代の5.7ポイント増加と、50歳代の6.8ポイント減少であった。

　女性の達成率を年代別にみると、男性と同様に18・19歳が64.7%と最も高い達成率を示した。20歳代53.0%、30歳代48.1%と年代が上がるにつれて減少し、40歳代では43.0%と最も低い達成率を示した。50歳代以降は、50歳代45.6%、60歳代43.7%、70歳以上45.0%であった。いずれの年代も、女性よりも男性の達成率が高い結果であった。前回調査と比べると30歳代で10.2ポイントの増加がみられた。

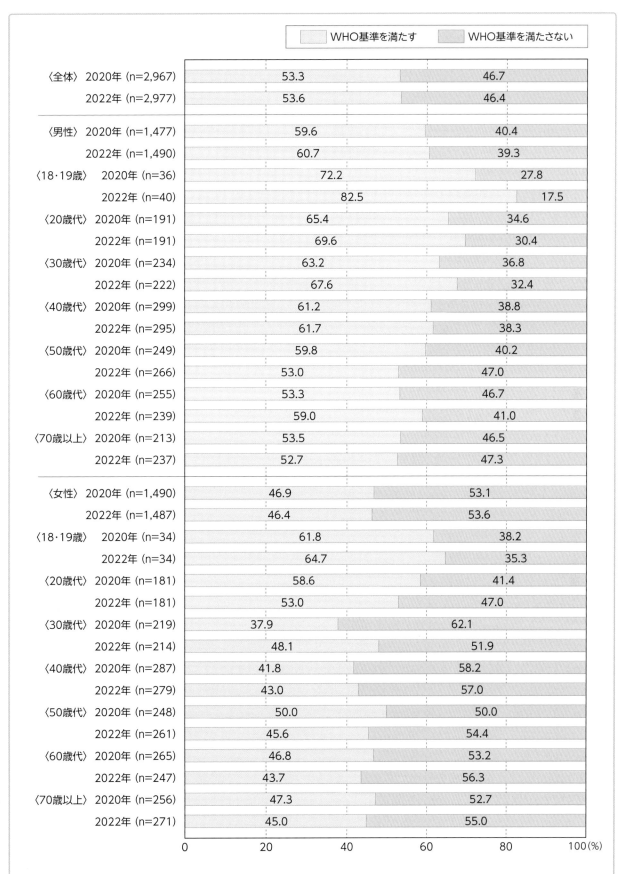

【図7-1】世界保健機関（WHO）の身体活動量基準達成率の年次推移（全体・性別・性別×年代別）

注）世界保健機関（WHO）が示す身体活動量の基準は「中強度の身体活動を週に150分、または高強度の身体活動を週に75分、またはこれらと同等の組み合わせ（世界標準化身体活動質問票（GPAQ）における600メッツ・分/週に相当）」を指す。

資料：笹川スポーツ財団「スポーツライフに関する調査」2022

図7-2には、高強度および中強度の身体活動時間の平均値を性別、性・年代別の年次推移で示し、2022年度についてはその合計である総身体活動時間のうち各強度の身体活動が占める割合を併記した。全体では週に419.9分、約7時間身体活動を行っている結果が確認できた。前回調査の420.4分と同程度である。強度の内訳をみると、高強度は98.3分で23.4％、中強度は321.5分で76.6％であった。

性別にみると、男性は週に529.6分と約8時間50分の身体活動を行っており、うち28.1％にあたる149.0分が高強度、71.9％にあたる380.6分が中強度である。前回調査と比べて総身体活動時間は12.3分減少している。女性は週に309.9分、約5時間10分の身体活動を行っている。強度の内訳は、15.3％にあたる47.6分が高強度、84.7％にあたる262.4分が中強度である。前回調査より総身体活動時間が9.9分増加したものの、男性に比べると約3時間40分少ない。

性・年代別にみると、男性では18・19歳が768.8分（約12時間50分）と最も長い総身体活動時間を示したが、20歳代では596.8分（約10時間）と短くなる。30歳代以降になると30歳代709.2分（約11時間50分）、40歳代636.9分（約10時間40分）、50歳代519.4分（約8時間40分）、60歳代383.5分（約6時間20分）、

70歳以上291.9分（約4時間50分）と年代が上がるとともに総身体活動時間が減少する。前回調査と比べると、20歳代では大幅に減少（206.9分減少）しており、60歳代以降の高齢層でも30分以上の減少が確認できる。一方、40歳代では49.9分増加、50歳代では73.9分増加と、中年層では総身体活動時間が長くなる傾向がみられる。前回調査と今回調査はいずれもコロナ禍に実施されているが、前回調査では直前まで発令されていた緊急事態宣言措置の影響で、働く世代における職場での仕事や外出等の機会が減り、総身体活動時間が比較的少なかったものと考えられる。

女性では、20歳代が最も長い総身体活動時間の483.6分（約8時間）を示しており、18・19歳の369.9分（約6時間10分）が続く。30歳代から60歳代まではいずれも300分弱（5時間弱）を示す（30歳代294.7分、40歳代288.6分、50歳代295.0分、60歳代299.0分）。70歳以上は244.7分、約4時間と最も短い時間であった。前回調査と比べると、60歳代では49.6分増加、20歳代では117.0分増加と、総身体活動時間が大きく増えている。

いずれの年代も、女性より男性の総身体活動時間が長く、30歳代で414.5分と最も大きい差を確認できる。

COMMENTS

資料：笹川スポーツ財団「スポーツライフに関する調査」2022

● コロナ禍の中で難しいと思いますが状況がおちつきましたら年齢に関係なく楽しくとりくめるスポーツができると、そこから体も心も良い影響を受ける事が出来ると思ったりしています。 （50歳　女性　パートタイム・アルバイト）

● スポーツ全般という訳ではないが、毎日数分でも時間があれば少しでも身体を動かす習慣を持ちたいと思う。 （37歳　男性　技能的・労務的職業）

● 「ダイエットのためにウォーキングでもしないと」と頭では思っても、「今日は暑いし」などなにかと理由をつけて先送りしてしまう。若い内から運動の習慣をつけておくべきだったと後悔している。 （33歳　女性　パートタイム・アルバイト）

● コロナ禍の為運動量が減り、スポーツを始めようと考えるものの人数が必要なものは急には行えず一人での活動となってしまう。 （31歳　女性　商工サービス業）

● スポーツをすることは、ストレス発散や体力維持に大切なことであると思うが、年齢と共に取り組めるものや意欲がなくなっているように感じています。 （70歳　男性　無職）

● 健康の為にも、運動をしたいが子供が小さいこともあり、なかなか自分の時間を作るのが難しい。平日はスポーツジムに通おうと思ってはいるが、帰りが遅くなったり、夕飯が遅くなってしまうので、まだ行けていない。（44歳　男性　管理的職業）

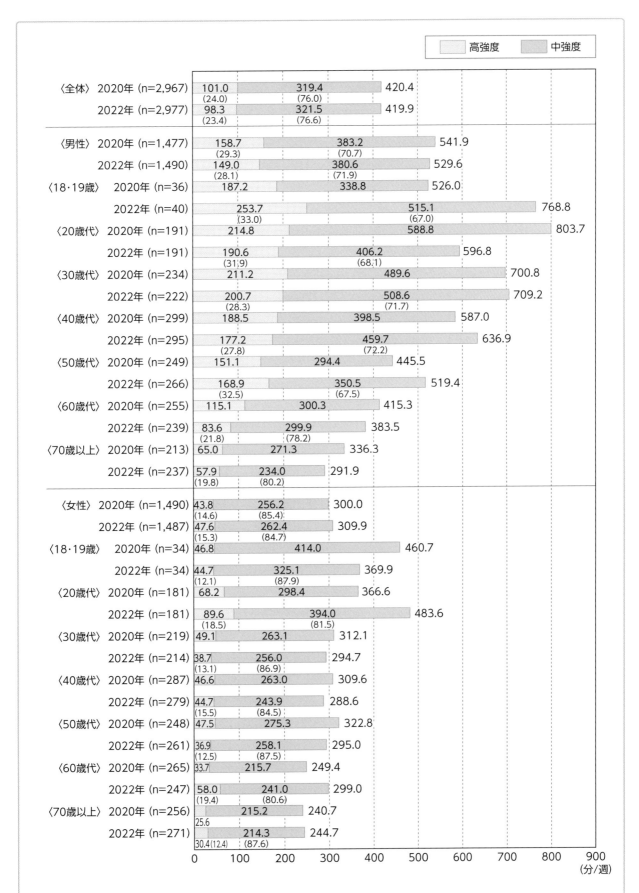

【図7-2】身体活動の実施時間と各強度が占める構成比の年次推移（全体・性別・性別×年代別）

注）高強度と中強度の実施時間の下に記載した括弧内の数値は、総身体活動時間に占める各身体活動時間の割合を示す。

資料：笹川スポーツ財団「スポーツライフに関する調査」2022

7-2　日常生活における身体活動量（厚生労働省基準）

わが国において健康政策を統括する厚生労働省は、健康づくりのために18〜64歳は「強度が3メッツ以上の身体活動を毎日60分（週23メッツ・時）」、65歳以上は「強度を問わず身体活動を毎日40分（週10メッツ・時）」行うという身体活動量の基準を示している。本調査ではGPAQの質問項目をもとに週あたりの高強度と中強度の身体活動の実施時間を算出し、高強度には8メッツ、中強度には4メッツの強度を乗じ、厚生労働省基準の達成率を図7-3と図7-4に示した。

図7-3に示す18〜64歳について、「週23メッツ・時」を満たす者は全体の34.8%であった。前回調査の35.2%

【図7-3】厚生労働省の身体活動量基準達成率の年次推移（18〜64歳：全体・性別・性別×年代別）

注）厚生労働省が示す18〜64歳の身体活動量基準は「強度が3メッツ以上の身体活動を毎日60分（週23メッツ・時）」を指す。

資料：笹川スポーツ財団「スポーツライフに関する調査」2022

と同程度である。性別にみると、男性の達成率は43.4%、女性の達成率は25.8%と、男性が17.6ポイント上回る。前回調査と比較して、男女ともに大きな変化はなかった。

性・年代別では、男女ともに18・19歳の達成率が最も高く、男性52.5%、女性38.2%であった。男性では20歳代47.6%、30歳代45.9%、40歳代44.7%、50歳代36.5%と50歳代までは年代が上がるとともに達成率が減少している。60〜64歳は40.6%であった。また、前回調査と比較すると、60〜64歳では5.4ポイント増加し、50歳代では4.9ポイント減少した。50歳代における達成率の減少は**図7-1**で示したWHOが設定する身体活動量基準の達成率の減少と共通する変化である。

女性では、18・19歳に次いで20歳代と50歳代が27.6%の達成率を示した。ほかの年代においても20%台の達成率が確認できる（30歳代22.0%、40歳代24.0%、60〜64歳26.8%）。前回調査と比べると、20歳代では4.4ポイント、50歳代では3.4ポイントの減少

がみられ、60〜64歳では5.2ポイント増加した。いずれの年代も、女性より男性の達成率が高く、特に30歳代で23.9ポイントと男女差が最も大きい。

図7-4は、「週10メッツ・時」を満たす65歳以上の割合を性別、性・年代別に示している。身体活動量基準を満たす者は50.1%で、**図7-3**に示した年代と比べると、65歳以上のほうが身体活動量基準の達成率が高い。

性・年代別にみると、男性は56.8%が基準を満たし、65〜69歳は63.9%、70歳以上は52.7%であった。女性は44.1%が基準を満たし、男性よりも12.7ポイント低い。女性の達成率を年代別にみると、65〜69歳42.2%、70歳以上45.0%であった。男女ともに、65〜69歳、70歳以上といった高齢者の達成率は、18〜64歳の各年代と比べて高い傾向にある。

前回調査からの増減について、男性の65〜69歳では7.5ポイント増加し、女性の65〜69歳では7.1ポイント減少した。

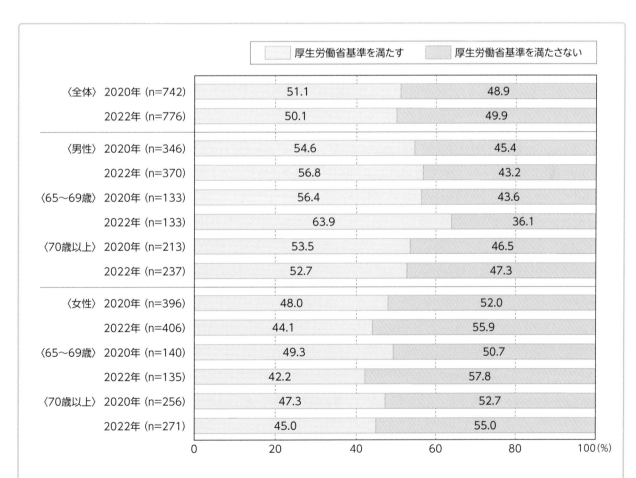

【図7-4】厚生労働省の身体活動量基準達成率の年次推移（65歳以上：全体・性別・性別×年代別）

注）厚生労働省が示す65歳以上の身体活動量基準は「強度を問わず身体活動を毎日40分（週10メッツ・時）」を指す。

資料：笹川スポーツ財団「スポーツライフに関する調査」2022

図7-5は、強度を考慮した身体活動量の平均値を性別、性・年代別に示した。仕事・移動・余暇の身体活動量の下に記載した括弧内の数値は、総身体活動量に占める構成比を示す。全体の総身体活動量は、34.5メッツ・時/週であった。前回調査の34.8メッツ・時/週と同程度である。内訳は仕事60.2％、移動18.6％、余暇21.2％で、前回調査より余暇の割合が2.4ポイント高い。

性別にみると、男性の総身体活動量は45.2メッツ・時/週で、内訳は仕事65.6％、移動14.2％、余暇20.1％である。前回調査に比べて1.5メッツ・時/週減少したが、余暇の割合は1.7ポイント増加している。女性の総身体活動量は男性よりも少ない23.8メッツ・時/週となり、内訳は仕事49.8％、移動27.0％、余暇23.1％であった。前回調査の22.9メッツ・時/週と同程度の活動量を示したが、余暇の割合は3.6ポイント増加した。コロナ禍で仕事や移動に関わる身体活動の機会が少なくなり、代わりに余暇時間を使った身体活動に対する意識が高まっていることが想定される。また、調査の直前まで緊急事態宣言が発令されていた前回調査時と比べて外出に対する制限が緩和された点も、今回調査における余暇の構成比の増加につながったと推察できる。

性・年代別にみると、男性では総身体活動量は18・19歳が68.2メッツ・時/週と最も多く、20歳代は52.5メッツ・時/週、30歳代は60.7メッツ・時/週である。40歳代以降では年代が上がるにつれて減少している（40歳代54.3メッツ・時/週、50歳代45.9メッツ・時/週、60歳代31.1メッツ・時/週、70歳以上23.3メッツ・時/週）。内訳について、仕事の構成比は40歳代75.6％が、移動の構成比は70歳以上20.1％が、余暇の構成比は70歳以上37.8％が最も高い。前回調査の総身体活動量と比較すると、50歳代では6.1メッツ・時/週増加し、20歳代では15.4メッツ・時/週の減少がみられた。

女性では、20歳代の総身体活動量が38.2メッツ・時/週と最も高く、18・19歳の27.6メッツ・時/週と60歳代の23.8メッツ・時/週が続く。30歳代から50歳代までは22.1〜22.2メッツ・時/週を示し、70歳以上が18.3メッツ・時/週と最も低い結果を示した。構成比をみると、仕事は20歳代の59.9％、移動は18・19歳の43.9％、余暇は70歳以上の33.9％がそれぞれ最も高い。男性と同じく70歳以上の余暇の構成比が最も高い特徴を確認できる。総身体活動量を前回調査と比べると、20歳代では9.2メッツ・時/週、60歳代では4.9メッツ・時/週の増加がみられる。いずれの年代も、女性より男性の総身体活動量が多く、30歳代（38.5メッツ・時/週の差）から70歳以上（5.0メッツ・時/週の差）まで年代が上がるにつれて男女差が小さくなる。

図7-5を概観すると、総身体活動量は女性より男性が多いが、男女とも若年ほど多い傾向は共通する。また、総身体活動量に占める仕事・移動・余暇の割合の特徴として、仕事は男性が、移動は女性が高く、余暇は年代によって男女差が異なる。若年層や中年層は主に仕事を通じて、70歳以上は移動や余暇も含めて身体活動量を確保するが、性別による違いも大きい。ただし、本調査は「10分以上継続した活動」という条件で回答されており、たとえば10分に満たない短時間の家事や移動などは身体活動に含まれない。それぞれの性・年代が行う身体活動の内容や継続時間、質問時の条件等を考慮しながら身体活動量の違いを解釈する必要がある。また、年次推移をより適切に解釈するためには長期間のデータが必要であり、今後も調査と分析の継続が求められる。

COMMENTS

資料：笹川スポーツ財団「スポーツライフに関する調査」2022

● スポーツは大好きですが、仕事の量があまりに多くて、身体の調子が悪く、楽しくスポーツが出来ない状態。もう少し余裕があれば、「スポーツの普及や発展」の為に、参加や協力したいのですが。　（33歳　男性　専門的・技術的職業）

● "継続は力なり"続ける事が大事だと思います。身体は常に動かすこと、スポーツは楽しみながらやる。（72歳　男性　無職）

● どうしても仕事が忙しく、自分が体を動かす、ということに目が向けられません。通勤も歩きたいのですが、退社が深夜になることが多いため、安全のためにも徒歩を避けています。そんな自分に自己嫌悪することもあります。　（36歳　女性　事務的職業）

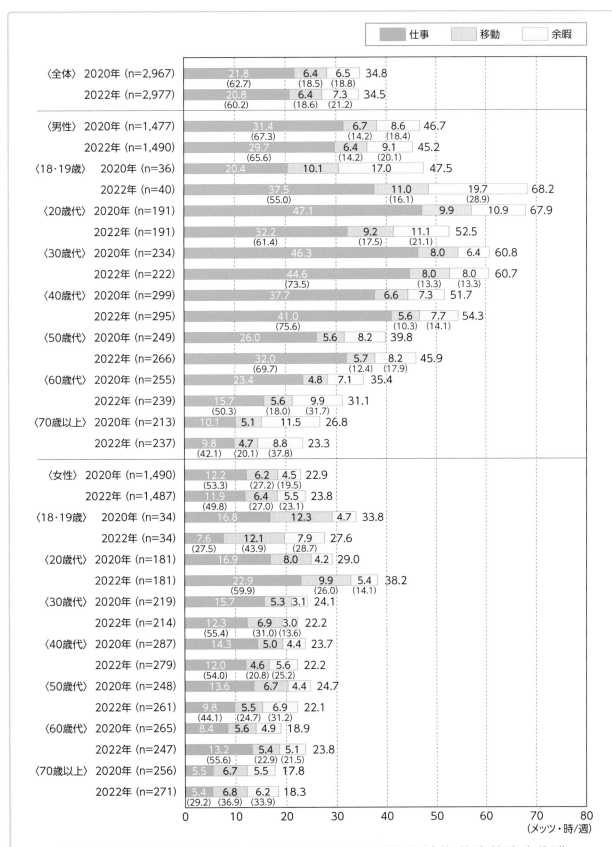

【図7-5】身体活動量と仕事・移動・余暇が占める構成比の年次推移（全体・性別・性別×年代別）

注1）「メッツ」は身体活動の強度を表す単位であり、1メッツは安静時のエネルギー消費量を示す。高強度の身体活動は8メッツ、中強度は4メッツを割り当て、仕事（高強度・中強度）、移動（中強度）、余暇（高強度・中強度）の週あたりの実施時間にメッツを乗じ「メッツ・時/週」を算出した。

注2）仕事・移動・余暇の身体活動量の下に記載した括弧内の数値は、総身体活動量に占める各領域の割合を示す。

資料：笹川スポーツ財団「スポーツライフに関する調査」2022

7-3　日常生活における座位時間

身体活動と関連が深く、健康に影響を与える生活習慣として、座ったり寝転んだりする座位時間がある。1日の座位時間が8時間以上の者は総死亡のリスクが高まるともいわれ、健康増進においては身体活動の促進に加えて座位時間の低減も重要である。

図7-6は、普段の1日における座ったり横になったりして過ごす時間（座位時間）の平均値を性別、性・年代別に年次推移で示している。なお、座位時間に睡眠は含まれない。全体では1日あたりの座位時間が333.8分と、時間に換算すると約5時間半であった。前回調査の331.7分と同程度である。

男性は全体で348.9分と、1日のうち約5時間50分座ったり横になったりして過ごしているという結果であった。前回調査と比べると6.3分長くなっている。女性は318.6分、約5時間20分となり、男性より30.3分短い。前回調査では女性の座位時間は320.9分で、ほぼ変わらない。

性・年代別にみると、男性では50歳代が372.5分と最も長く、60歳代360.5分、20歳代357.2分が続く。男性のうち、最も座位時間が短い年代は70歳以上で311.5分であった。前回調査と比較すると、60歳代で29.8分増加した一方で、70歳以上では34.8分減少している。

女性の座位時間を年代別にみると、18・19歳の357.4分が最も長く、50歳代（328.0分）を除き年代が上がるとともに座位時間が短くなっている。最も座位時間の短い年代は70歳以上で、291.2分とほかの性・年代を含めて唯一300分未満という結果であった。年次推移をみると、30歳代では27.2分増加したが、ほかの年代では20分未満の増減にとどまっていた。

COMMENTS

資料：笹川スポーツ財団「スポーツライフに関する調査」2022

●若い頃はスポーツもしておりましたが、最近は生活の中で仕事の占める割合が高くなりすぎており、スポーツへの意欲が無くなってしまっています。スポーツする事は良い事だと思います。　　　　　　　　（47歳　男性　技能的・労務的職業）

●スポーツをしないと、不健康になるということが身をもって分かりました。社会人になると、ストレスも増えるのに、室内でのデスクワーク、心も体も弱っていきます。休日に体を動かした方がぜったいにいいです。　　（25歳　女性　事務的職業）

●ネットの世界に没頭しがちな今日この頃ですが、このままでは健やかな老後を送ることもままならない気がしているので、率先して運動できればなと思いつつ、今日もスマホに首ったけであります。　　　　（31歳　男性　専業主婦・主夫）

●普段あまり動く仕事をしていないので健康の為、軽い運動でもよいので積極的に行っていこうと思いました。ウォーキングなどの軽い運動を日常的に組み込んで行っていきたいです。　　　　　　　（37歳　女性　商工サービス業）

●なるべく仕事の時に歩ける時があったら、歩くようにしている。休みの日はゆっくりと過ごすので、歩かないことが多い。スポーツは苦手で、なかなか親しむ機会が無いと思うが、歩くことを続けていきたいと思う。

（64歳　男性　技能的・労務的職業）

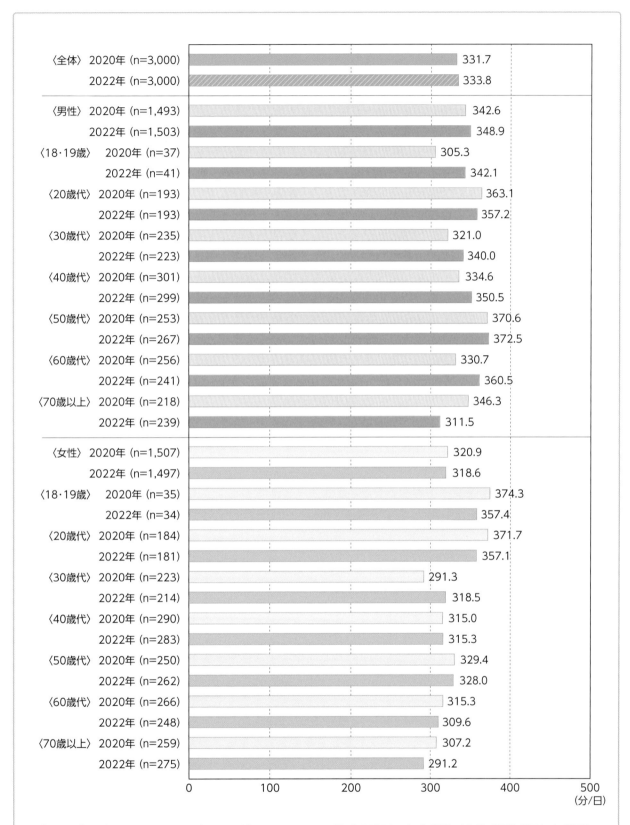

	2020年	2022年
〈全体〉 2020年 (n=3,000)	331.7	
2022年 (n=3,000)		333.8
〈男性〉 2020年 (n=1,493)	342.6	
2022年 (n=1,503)		348.9
〈18・19歳〉 2020年 (n=37)	305.3	
2022年 (n=41)		342.1
〈20歳代〉 2020年 (n=193)	363.1	
2022年 (n=193)		357.2
〈30歳代〉 2020年 (n=235)	321.0	
2022年 (n=223)		340.0
〈40歳代〉 2020年 (n=301)	334.6	
2022年 (n=299)		350.5
〈50歳代〉 2020年 (n=253)	370.6	
2022年 (n=267)		372.5
〈60歳代〉 2020年 (n=256)	330.7	
2022年 (n=241)		360.5
〈70歳以上〉 2020年 (n=218)	346.3	
2022年 (n=239)		311.5
〈女性〉 2020年 (n=1,507)	320.9	
2022年 (n=1,497)		318.6
〈18・19歳〉 2020年 (n=35)	374.3	
2022年 (n=34)		357.4
〈20歳代〉 2020年 (n=184)	371.7	
2022年 (n=181)		357.1
〈30歳代〉 2020年 (n=223)	291.3	
2022年 (n=214)		318.5
〈40歳代〉 2020年 (n=290)	315.0	
2022年 (n=283)		315.3
〈50歳代〉 2020年 (n=250)	329.4	
2022年 (n=262)		328.0
〈60歳代〉 2020年 (n=266)	315.3	
2022年 (n=248)		309.6
〈70歳以上〉 2020年 (n=259)	307.2	
2022年 (n=275)		291.2

(分/日)

【図7-6】普段の1日における座ったり横になったりして過ごす時間の年次推移（全体・性別・性別×年代別）

資料：笹川スポーツ財団「スポーツライフに関する調査」2022

8 体力の主観的評価・体格指数・生活習慣

8-1　体力の主観的評価

　体力の主観的評価を図8-1に示した。全体では「たいへん優れている」3.3%、「どちらかというと優れている」5.8%、「体力は普通である」50.9%、「どちらかというと劣っている」33.3%、「たいへん劣っている」6.7%であった。「たいへん優れている」と「どちらかというと優れている」を合わせて自分の体力を『優れている』と感じる者は全体の1割に満たず、「どちらかというと劣っている」と「たいへん劣っている」を合わせて自分の体力を『劣っている』と感じる者は4割であった。

　性別にみると、自分の体力を『優れている』と感じる者は、男性12.2%、女性6.1%である。これに対して『劣っている』と感じる者は、男性33.8%、女性46.3%と、男性よりも女性の主観的評価が低い。

　性・年代別にみると、自分の体力を『優れている』と

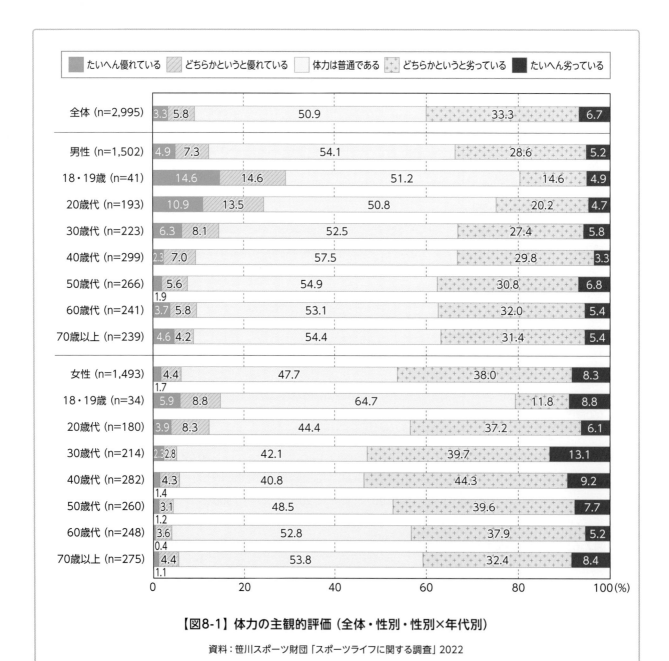

【図8-1】体力の主観的評価（全体・性別・性別×年代別）

資料：笹川スポーツ財団「スポーツライフに関する調査」2022

感じる者は、男性では18・19歳が29.2%と最も高く、次いで20歳代24.4%、30歳代14.4%であった。女性で自分の体力を『優れている』と感じる者は、18・19歳が14.7%と最も高く、20歳代12.2%が続く。30歳代以降はいずれの年代も1割に満たず、60歳代では4.0%と最も低い。

　自分の体力を『劣っている』と感じる者の割合は、男性では50歳代37.6%、60歳代37.4%、70歳以上36.8%と、50歳代以降で高い傾向にある。女性では40歳代53.5%、30歳代52.8%が高い。50歳代以降になると50歳代47.3%、60歳代43.1%、70歳以上40.8%と、自分の体力を『劣っている』と感じる者の割合は減少す

る。女性では30歳代と40歳代で自分の体力を劣っていると感じる者が多い。

　図8-2には、体力の主観的評価を運動・スポーツ実施レベル別に示した。「レベル4」では「たいへん優れている」6.6%、「どちらかというと優れている」10.7%であり、自分の体力を『優れている』と感じる者は17.3%と最も高い。「レベル4」で自分の体力を『劣っている』と感じる者は28.0%で、ほかのレベルと比べて最も低かった。一方、過去1年間に運動・スポーツをまったく行わなかった「レベル0」のうち、自分の体力を『優れている』と感じる者は3.8%と低く、『劣っている』と感じる者が48.3%を占めた。

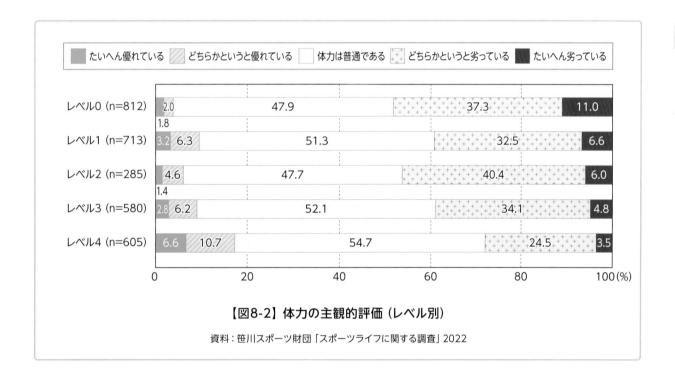

【図8-2】体力の主観的評価（レベル別）

資料：笹川スポーツ財団「スポーツライフに関する調査」2022

COMMENTS

資料：笹川スポーツ財団「スポーツライフに関する調査」2022

●子供の頃からスポーツをしていたため、仕事で体力を必要とする時も苦になることがない。今は仕事が忙しくて出来ないが、時間を見つけて、またスポーツをしていきたいと思う。　　　　　　　　　　　　　（46歳　男性　技能的・労務的職業）

●少しでも足腰が弱らないように体を動かして、スポーツをすることが健康でいられる秘けつだと思います。　　　　　　　　　　　　　　　　　　　　　　　　　　　　　　　　（74歳　女性　パートタイム・アルバイト）

●毎日の習慣となるレベルのものと時々ハードとなるものが合わせて出来れば自分の体力維持にも役立つと考えます。　　　　　　　　　　　　　　　　　　　　　　　　　　　　　　　　　　　　　　（73歳　男性　商工サービス業）

●スポーツをすることで身体的に体力などの力がつくと同時に、近所や周りの同じ年代の人たちと関われるきっかけになっていると思う。楽しいと感じ、色々な経験や挫折、喜びを感じ豊かな人生を歩むこともできる。　　　　（18歳　女性　学生）

8-2　BMI（体格指数）

身長と体重からBMI（体格指数）を算出し、「やせ」（BMI：18.5未満）、「標準」（BMI：18.5以上25.0未満）、「肥満」（BMI：25.0以上）に分類した。**図8-3**は、全体、性別、性・年代別のBMIを示している。

全体では「やせ」7.7％、「標準」70.2％、「肥満」22.1％であった。2020年調査と比較すると、「肥満」が19.7％から22.1％へと、2.4ポイント増加した。

性別にみると、「やせ」は男性3.7％、女性11.8％、「肥満」は男性28.2％、女性15.8％であった。「やせ」の割合は女性が高く、「肥満」は男性が高い。

性・年代別にみると、男性の「やせ」の割合は18・19歳12.2％、20歳代9.5％と1割前後であるが、30歳代以降は30歳代2.7％、40歳代1.7％、50歳代2.3％、60歳代2.5％、70歳以上3.8％といずれも5％を下回る。女性の「やせ」の割合は30歳代が19.4％で最も高く、20歳代18.0％、18・19歳14.7％、40歳代10.2％、50歳代と70歳以上が8.9％、60歳代8.7％と続く。女性は20歳代と30歳代で「やせ」の割合が高い。

「肥満」の割合に着目すると、男性では18・19歳9.8％、20歳代15.8％、30歳代28.1％と年代が上がるとともに増加し、40歳代では最も高い34.5％であった。50歳代以降になると、50歳代34.2％、60歳代

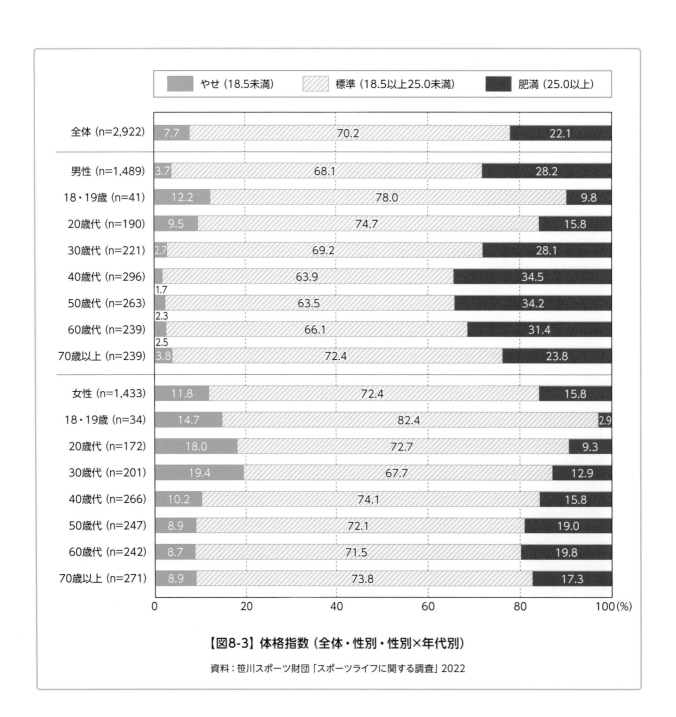

【図8-3】体格指数（全体・性別・性別×年代別）

資料：笹川スポーツ財団「スポーツライフに関する調査」2022

31.4%、70歳以上23.8%と減少し、男性における年代別の「肥満」の割合は40歳代を頂点とする山型を描く。女性の「肥満」の割合は18・19歳2.9%、20歳代9.3%、30歳代12.9%、40歳代15.8%、50歳代19.0%、60歳代19.8%と年代が上がるとともに増加し、70歳以上では17.3%であった。「肥満」の割合はいずれの年代でも男性のほうが高い。2020年調査の結果と比較すると、「肥満」の割合は40歳代女性（2020年11.0%、2022年15.8%）、50歳代女性（2020年14.3%、2022年19.0%）、40歳代男性（2020年30.4%、2022

年34.5%）などで増加していた。

図8-4は、BMI（体格指数）を運動・スポーツ実施レベル別に示した。「やせ」の割合は「レベル0」が9.6%で最も高く、「レベル3」8.6%、「レベル1」8.2%、「レベル4」5.0%、「レベル2」4.7%と続く。

「肥満」の割合は「レベル0」が24.8%で最も高く、次いで「レベル1」23.6%、「レベル2」23.2%、「レベル3」20.4%、「レベル4」18.2%であった。運動・スポーツ実施レベルが低いほど「肥満」の割合が高い傾向がみられた。

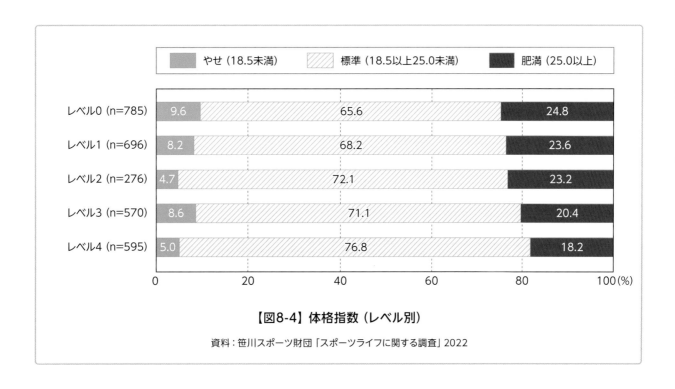

【図8-4】体格指数（レベル別）

資料：笹川スポーツ財団「スポーツライフに関する調査」2022

COMMENTS

資料：笹川スポーツ財団「スポーツライフに関する調査」2022

● 高齢者になっても転倒しない体幹、筋力トレーニングなどは個人で継続することはなかなか難しいです。コミュニティでのオンライン参加型でパソコン、スマホを使用しながらの体操・筋トレなどがあると嬉しいです。（63歳　女性　専業主婦・主夫）

● 年々筋力が衰えていく一方なので、毎日仕事で時間も無い為、朝活で軽いジョギングやウォーキングから始めたい。
（59歳　男性　事務的職業）

● 会社に就職してオフィスカジュアルの服装を指定されてから、体型が気になるようになり、できるだけ歩くようにしています。
（25歳　女性　専門的・技術的職業）

● スポーツする機会が減ってしまい運動不足と感じる事が多々ある。体力の低下や体型の変化を目の当たりにしてどうにかしなければと考えている。ランニングは手短に始められるスポーツだと思うのでやりたい。　（49歳　男性　サービス職業）

8-3　朝食の摂取

一週間のうち、何日くらい朝食を食べるのかをたずねた。**図8-5**は全体、性別、年代別、運動・スポーツ実施レベル別の朝食摂取状況を示している。全体では、「毎日食べる」73.6%、「週1日〜週6日食べる」18.5%、「食べない」7.9%であった。

性別にみると、「毎日食べる」は男性が70.7%、女性が76.5%であり、男性よりも女性が5.8ポイント高い。「食べない」は男性9.2%、女性6.6%と男性が女性よりも2.6ポイント高い割合を示した。

年代別にみると、「毎日食べる」は18・19歳が48.0%、20歳代が52.1%とほかの年代よりも低く、18・19歳と20歳代で朝食を毎日食べる者は半数前後である。年代が上がるほど朝食を毎日食べる者の割合は高く、30歳代60.4%、40歳代66.7%、50歳代77.3%、60歳代89.2%、70歳以上93.4%と、60歳代以降では9割前後にのぼる。

運動・スポーツ実施レベル別にみると、「毎日食べる」の割合は「レベル3」が80.0%と最も高く、次いで「レベル4」78.3%、「レベル2」73.9%、「レベル0」71.9%であった。「レベル1」は66.1%と最も低い。

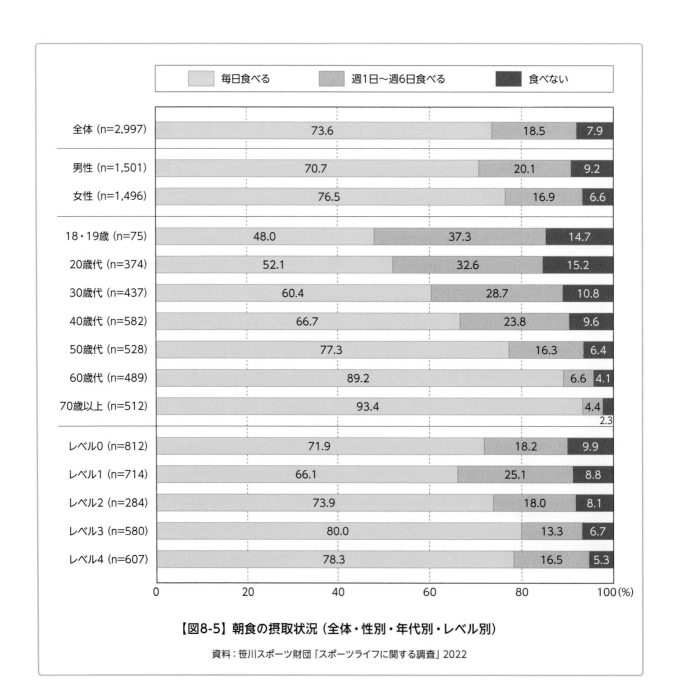

【図8-5】朝食の摂取状況（全体・性別・年代別・レベル別）

資料：笹川スポーツ財団「スポーツライフに関する調査」2022

平日と休日における就寝時刻と起床時刻をたずね、睡眠時間を算出した。**表8-1**に、睡眠時間を「7時間未満」「7時間以上9時間未満」「9時間以上」に区分した割合を全体、性別、性・年代別に示した。

平日の睡眠時間は、全体では「7時間未満」39.4%、「7時間以上9時間未満」53.8%、「9時間以上」6.8%であった。

性別にみると、「7時間未満」の割合は男性37.2%、女性41.6%であり、男性と比べて女性が高い。

性・年代別に「7時間未満」の割合をみると、男性では40歳代48.7%、女性では50歳代59.4%が最も高く、最も低いのは男女ともに70歳以上であった（男性16.3%、女性29.5%）。50歳代では性別によって「7時間未満」の割合に大きな差があり（男性41.4%、女性59.4%）、女性が男性よりも18.0ポイント高い。

休日の睡眠時間は、全体では「7時間未満」21.2%、「7時間以上9時間未満」59.8%、「9時間以上」19.0%であった。平日と比べると「7時間未満」は18.2ポイント低い。

性別にみると、「7時間未満」の割合は男性18.5%、女性23.8%であり、平日と同様に男性よりも女性が高い。性・年代別にみると、「7時間未満」の割合は男女ともに50歳代が最も高く、男性23.3%、女性31.2%であった。「7時間未満」の割合を平日と休日で比較すると、男性は18・19歳で34.1ポイント（平日46.3%、休日12.2%）、女性は50歳代で28.2ポイント（平日59.4%、休日31.2%）と差が大きい。

表8-2には、運動・スポーツ実施レベル別に睡眠時間を示した。平日の睡眠時間が「7時間未満」の割合は、「レベル2」が46.0%と最も高く、「レベル1」41.6%、「レベル4」39.0%と続く。休日の睡眠時間が「7時間未満」の割合も「レベル2」27.5%が最も高く、次いで「レベル4」が22.5%であった。

【表8-1】睡眠時間（全体・性別・性別×年代別）

(%)

平 日		7時間未満	7時間以上9時間未満	9時間以上	休 日		7時間未満	7時間以上9時間未満	9時間以上
全体 (n=2,994)		39.4	53.8	6.8	全体 (n=2,986)		21.2	59.8	19.0
男性	全体 (n=1,500)	37.2	54.4	8.4	男性	全体 (n=1,495)	18.5	60.2	21.3
	18・19歳 (n=41)	46.3	48.8	4.9		18・19歳 (n=41)	12.2	58.5	29.3
	20歳代 (n=193)	42.0	49.7	8.3		20歳代 (n=192)	15.6	52.1	32.3
	30歳代 (n=222)	41.4	53.6	5.0		30歳代 (n=222)	18.0	59.5	22.5
	40歳代 (n=298)	48.7	46.6	4.7		40歳代 (n=296)	22.0	59.1	18.9
	50歳代 (n=266)	41.4	54.1	4.5		50歳代 (n=266)	23.3	60.2	16.5
	60歳代 (n=241)	29.9	61.4	8.7		60歳代 (n=240)	19.2	62.5	18.3
	70歳以上 (n=239)	16.3	62.8	20.9		70歳以上 (n=238)	12.2	66.8	21.0
女性	全体 (n=1,494)	41.6	53.2	5.2	女性	全体 (n=1,491)	23.8	59.5	16.7
	18・19歳 (n=34)	38.2	50.0	11.8		18・19歳 (n=34)	17.6	50.0	32.4
	20歳代 (n=181)	32.6	60.8	6.6		20歳代 (n=181)	11.6	53.0	35.4
	30歳代 (n=212)	33.5	59.4	7.1		30歳代 (n=212)	16.0	58.5	25.5
	40歳代 (n=283)	52.7	43.5	3.9		40歳代 (n=283)	27.2	55.8	17.0
	50歳代 (n=261)	59.4	39.1	1.5		50歳代 (n=260)	31.2	60.0	8.8
	60歳代 (n=248)	37.9	57.7	4.4		60歳代 (n=248)	28.6	63.7	7.7
	70歳以上 (n=275)	29.5	63.3	7.3		70歳以上 (n=273)	23.8	65.2	11.0

注) 平日と休日における就寝時刻と起床時刻から睡眠時間を算出した。
資料：笹川スポーツ財団「スポーツライフに関する調査」2022

【表8-2】睡眠時間（レベル別）

(%)

平 日	7時間未満	7時間以上9時間未満	9時間以上	休 日	7時間未満	7時間以上9時間未満	9時間以上
レベル0 (n=811)	37.5	54.4	8.1	レベル0 (n=808)	20.0	57.9	22.0
レベル1 (n=712)	41.6	51.1	7.3	レベル1 (n=711)	17.9	58.1	24.1
レベル2 (n=285)	46.0	49.5	4.6	レベル2 (n=284)	27.5	56.3	16.2
レベル3 (n=579)	36.6	56.5	6.9	レベル3 (n=578)	22.3	63.8	13.8
レベル4 (n=607)	39.0	55.7	5.3	レベル4 (n=605)	22.5	62.3	15.2

注) 平日と休日における就寝時刻と起床時刻から睡眠時間を算出した。
資料：笹川スポーツ財団「スポーツライフに関する調査」2022

8-5 メディア利用時間

平日と休日における学校の授業や仕事以外でのテレビやDVDの視聴、パソコン、ゲーム、スマートフォンなどの利用時間をたずねた。

図8-6は1日あたりのメディア利用時間の年次推移を示した。平日の利用時間は、2020年調査では「1～2時間未満」32.0%が最も高く、次いで「3～4時間未満」24.5%、「5時間以上」11.6%であった。2022年調査では「1～2時間未満」30.8%、次いで「3～4時間未満」23.2%、「5時間以上」12.0%となり、2年間で大きな変化はみられなかった。

休日の利用時間は、2020年では「3～4時間未満」が29.3%と最も高く、次いで「5時間以上」20.2%、「1～2時間未満」19.7%の順であった。2022年も「3～4時間未満」が25.8%と最も高く、次いで「1～2時間未満」23.0%、「5時間以上」18.6%となった。2020年と2022年を比較すると「1～2時間未満」は3.3ポイント増加し、「3～4時間未満」は3.5ポイント減少した。「2～3時間未満」以下の時間帯を合計すると2020年36.8%、2022年42.3%と5.5ポイント増加しており、総じて休日のメディア利用時間は短くなったといえる。初回の緊急事態宣言の解除後に行われた2020年調査に対して、2022年調査の時期には外出や外食の制限が緩和され、自宅でメディアを利用する時間が相対的に短くなったと考えられる。

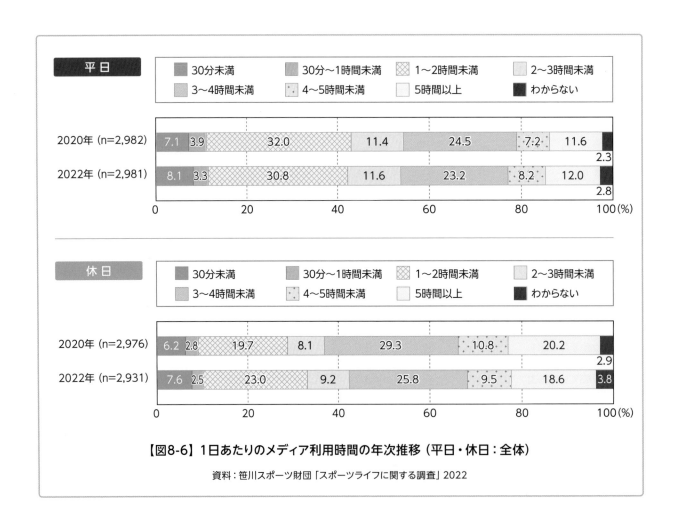

【図8-6】1日あたりのメディア利用時間の年次推移（平日・休日：全体）

資料：笹川スポーツ財団「スポーツライフに関する調査」2022

図8-7は平日のメディア利用時間を全体、性別、年代別、運動・スポーツ実施レベル別に示した。全体では「1～2時間未満」が30.8%と最も高く、次いで「3～4時間未満」23.2%、「5時間以上」12.0%となった。

性別にみると、「1～2時間未満」の割合は男性32.4%、女性29.2%と、男性が3.2ポイント高い。「2～3時間未満」以下の時間帯を合計すると、男性56.5%、女性51.2%で、男性が女性よりも利用時間は短い傾向にある。

年代別にみると、18・19歳では「5時間以上」28.0%、20歳代では「3～4時間未満」28.2%、30歳代から60歳代までは「1～2時間未満」（30歳代35.2%、40歳代42.4%、50歳代38.9%、60歳代27.1%）の割合が

最も高い。70歳以上では「3～4時間未満」が21.9%であるが、「30分未満」14.1%、「5時間以上」14.7%と続き、ほかの年代に比べて利用時間が分散する特徴がみられる。

運動・スポーツ実施レベル別にみると、「1～2時間未満」がいずれのレベルにおいても最も高い割合を占める。「2～3時間未満」以下の時間帯を合計すると、「レベル0」52.9%、「レベル1」55.3%、「レベル2」59.6%、「レベル3」53.4%、「レベル4」50.6%となり、レベル2のメディア利用時間が短い。反対に、運動・スポーツ実施に時間をかけるレベル3・レベル4のメディア利用時間は長いことがわかる。

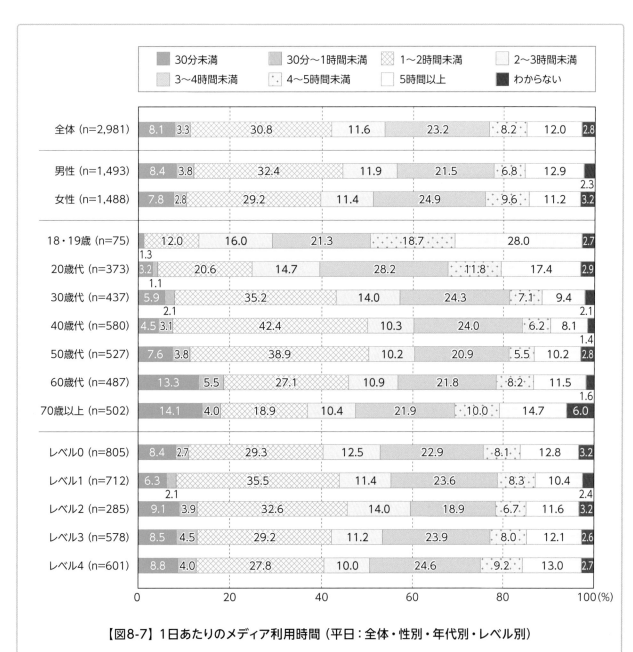

【図8-7】1日あたりのメディア利用時間（平日：全体・性別・年代別・レベル別）

資料：笹川スポーツ財団「スポーツライフに関する調査」2022

　図8-8は休日のメディア利用時間を全体、性別、年代別、運動・スポーツ実施レベル別に示している。全体では「3〜4時間未満」が25.8%と最も高く、次いで「1〜2時間未満」23.0%、「5時間以上」18.6%であった。

　性別にみると、男女ともに「3〜4時間未満」の割合が最も高く、男性が26.2%、女性が25.3%であった。平日の利用時間と異なり、分布に明らかな男女差はみられない。

　年代別にみると、「5時間以上」と回答した者は18・19歳43.8%、20歳代36.0%と、若年層で高い。30歳代から60歳代では、「1〜2時間未満」（30歳代27.1%、40歳代29.6%、50歳代29.6%、60歳代24.4%）と「3〜4時間未満」（30歳代29.4%、40歳代29.5%、50歳代25.0%、60歳代23.4%）が高い特徴がみられる。70歳以上では「3〜4時間未満」が23.2%であるが、平日と同様、ほかの年代に比べると利用時間は分散している。

　運動・スポーツ実施レベル別ではいずれも「3〜4時間未満」が最も多く、「レベル0」23.8%、「レベル1」26.1%、「レベル2」25.2%、「レベル3」28.9%、「レベル4」25.3%である。

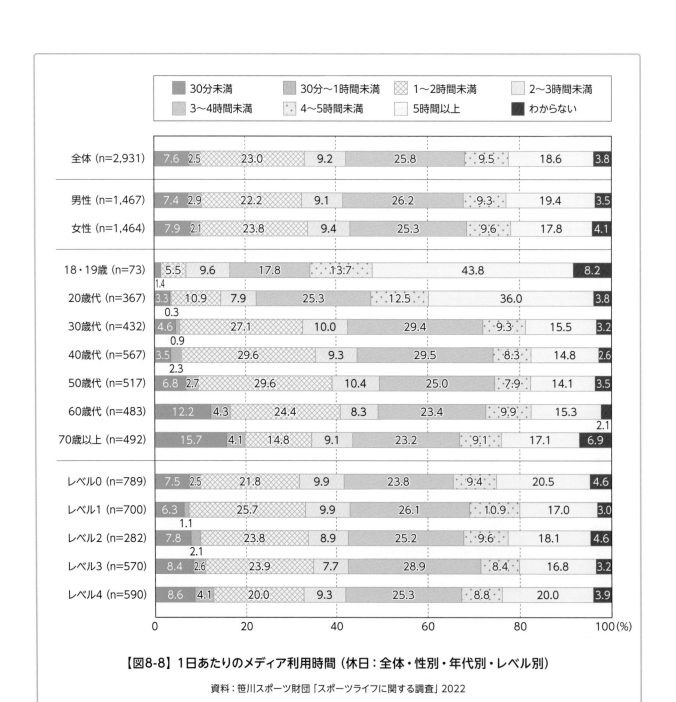

【図8-8】1日あたりのメディア利用時間（休日：全体・性別・年代別・レベル別）

資料：笹川スポーツ財団「スポーツライフに関する調査」2022

図8-9は運動不足感を全体、性別、性・年代別、運動・スポーツ実施レベル別に示している。全体では「とても感じる」34.1%、「少しは感じる」44.3%、「あまり感じない」17.4%、「まったく感じない」4.2%であった。「とても感じる」と「少しは感じる」を合わせて『運動不足である』と感じる者は全体の8割近くにのぼった。

性別にみると、『運動不足である』と感じる者は、男性74.7%、女性82.0%で、女性が男性を7.3ポイント上回り、男性よりも女性が運動不足を感じている。

性・年代別にみると、『運動不足である』と感じる者は、男性では40歳代が82.3%と最も高い。次いで50歳代81.6%、30歳代79.7%であった。女性で『運動不足である』と感じる者は、30歳代で91.1%と最も高い。次いで20歳代86.7%、40歳代86.5%、50歳代85.8%であった。

運動・スポーツ実施レベル別にみると、『運動不足である』と感じる者は、「レベル0」86.8%、「レベル1」85.7%、「レベル2」87.0%と、「レベル2」以下では8割を超える。「レベル3」は76.0%、「レベル4」は56.5%であった。

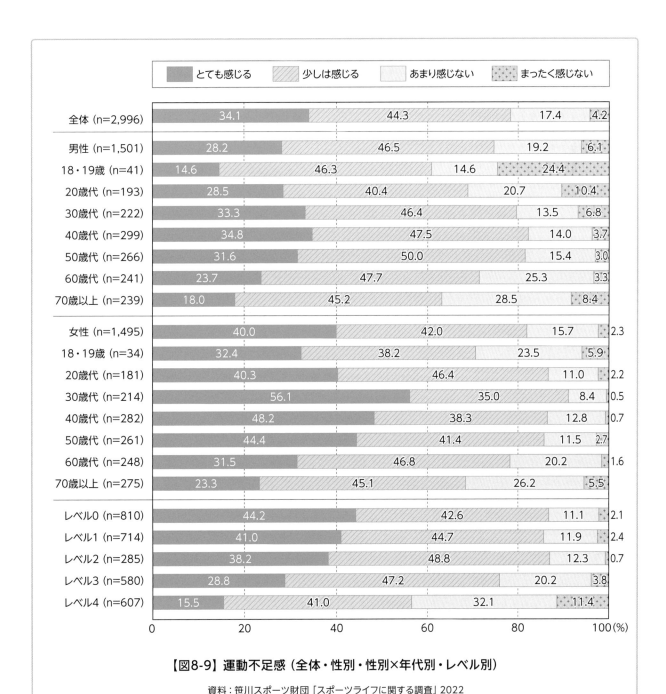

【図8-9】運動不足感（全体・性別・性別×年代別・レベル別）

資料：笹川スポーツ財団「スポーツライフに関する調査」2022

調査票・単純集計結果

Survey questionnaire with frequency results

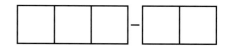

スポーツライフに関する調査2022
～スポーツ活動に関する全国調査～
【第16回】

　この調査は、1992年から隔年で実施しており、日頃のスポーツ活動や観戦の状況、好きなスポーツ選手など、スポーツ全般について幅広く皆様からのご意見をおうかがいするものです。

　アンケート結果は、**報告書にまとめ、行政や教育の場で活用できる統計資料**とさせていただきます。新聞等では2023年2月ごろに発表する予定です。

　お忙しいところ、誠に恐れ入りますが、アンケートの趣旨をご理解の上、ぜひともご協力くださいますよう、心よりお願い申し上げます。

●調査票は、　　　　月　　　日　　曜　　時頃に、受け取りにお伺いします。
　それまでにご記入くださいますよう、お願い申し上げます。

2022年6月

【調査企画】笹川スポーツ財団
　　　　　　東京都港区赤坂1－2－2
　　　　　　ホームページ　http://www.ssf.or.jp

なお、調査の実施は、下記の調査機関が行いますので、不明な点などがございましたら、下記までご連絡ください。

㈱日本リサーチセンターは、個人情報保護法、及び一般社団法人日本マーケティング・リサーチ協会の「マーケティング・リサーチ綱領」を遵守して、世論調査・市場調査を行っています。

 **株式会社 日本リサーチセンター**
ギャラップ・インターナショナル・アソシエーション・メンバー
調査部
担当：亀山・高松

JMA QMS REGISTRATION CENTER
JMAQA-2418
国際標準化機構が認証している品質の国際規格です。弊社は2000年に取得いたしました。

たいせつにしますプライバシー
12390009
「たいせつにしますプライバシー」マークは、個人情報について十分な保護策を講じている企業・団体に対して（一財）日本情報経済社会推進協会が与えているマークです。

〒130-0022 東京都墨田区江東橋4-26-5
ホームページ　http://www.nrc.co.jp
フリーダイヤル　0120-911-552（平日10:00～12:00/13:00～17:00）

アンケート係

【全員におうかがいします。】

| 過去1年間に行った運動・スポーツ | n=3,000 |

問1　あなたは、過去1年の間に運動・スポーツ <u>（学校の授業は除きますが、学校や職場でのクラブ活動は含む）</u>
　　　を行いましたか。下の種目一覧のあてはまる番号<u>すべて</u>に○印をつけてください。
　　　あてはまる種目名がない場合は「その他」に具体的にご記入ください。（○はいくつでも）
　　　<u>一度も行わなかった人</u>は、「99　この1年間に運動・スポーツは行わなかった」に○印をつけてください。

＜運動・スポーツ種目一覧＞

ア行	01	アイススケート	22(0.7)		タ行	36	卓球	121(4.0)
	02	アクアエクササイズ（水中歩行・運動など）	38(1.3)		(続き)	37	つな引き	8(0.3)
	03	ウォーキング	882(29.4)			38	釣り	215(7.2)
	04	エアロビックダンス	35(1.2)			39	テニス（硬式テニス）	80(2.7)
カ行	05	海水浴	9.1(3.0)			40	登山	153(5.1)
	06	カヌー	13(0.4)		ナ行	41	なわとび	149(5.0)
	07	空手	16(0.5)		ハ行	42	ハイキング	106(3.5)
	08	キャッチボール	131(4.4)			43	バイシクルモトクロス（BMX）	2(0.1)
	09	キャンプ	139(4.6)			44	バスケットボール	83(2.8)
	10	筋力トレーニング	492(16.4)			45	バドミントン	145(4.8)
	11	グラウンドゴルフ	38(1.3)			46	バレーボール	68(2.3)
	12	ゲートボール	4(0.1)			47	ハンドボール	3(0.1)
	13	剣道	13(0.4)			48	パークゴルフ	17(0.6)
	14	ゴルフ（コース）	202(6.7)			49	ピラティス	31(1.0)
	15	ゴルフ（練習場）	184(6.1)			50	フットサル	36(1.2)
サ行	16	サイクリング	209(7.0)			51	フライングディスク（フリスビー）	16(0.5)
	17	サッカー	102(3.4)			52	フラダンス	19(0.6)
	18	サーフィン	19(0.6)			53	ボウリング	166(5.5)
	19	散歩（ぶらぶら歩き）	955(31.8)			54	ボクシング	17(0.6)
	20	社交ダンス	13(0.4)			55	ボッチャ	16(0.5)
	21	柔道	9(0.3)			56	ボルダリング	12(0.4)
	22	乗馬	5(0.2)			57	ボート・漕艇	7(0.2)
	23	ジョギング・ランニング	266(8.9)			58	ボードセーリング（ウィンドサーフィン）	2(0.1)
	24	水泳	145(4.8)		ヤ行	59	野球	83(2.8)
	25	スキー	62(2.1)			60	ヨーガ	134(4.5)
	26	スクーバダイビング	6(2.1)			61	ヨット	1(0.0)
	27	スケートボード	25(0.8)		ラ行	62	ラグビー	6(0.2)
	28	スノーボード	64(2.1)			63	陸上競技	11(0.4)
	29	3x3（スリー・エックス・スリー）バスケットボール	8(0.3)			64	ロードレース（駅伝・マラソンなど）	19(0.6)
	30	ソフトテニス（軟式テニス）	32(1.1)					
	31	ソフトバレー	25(0.8)		その他	71	（　ストレッチ　　　　　）	9(0.3)
	32	ソフトボール	28(0.9)			72	（　トランポリン　　　　）	9(0.3)
タ行	33	太極拳	21(0.7)			73	（　エアロバイク　　　　）	8(0.3)
	34	体操（軽い体操、ラジオ体操など）	522(17.4)		99		<u>この1年間に運動・スポーツは</u> <u>行わなかった</u>　812(27.1)	
	35	体操競技（器械体操）	7(0.2)					

3ページの問3へお進みください。

【過去1年間に運動・スポーツを「行った」方におうかがいします。】

問2　問1でお答えになった運動・スポーツ種目について、実施回数の多いものから順に、A～Hまでの問いにお答えください。
　　　※問1で5つ以上の種目をお答えになった方は、実施回数の多いものを5つ選んでお答えください。

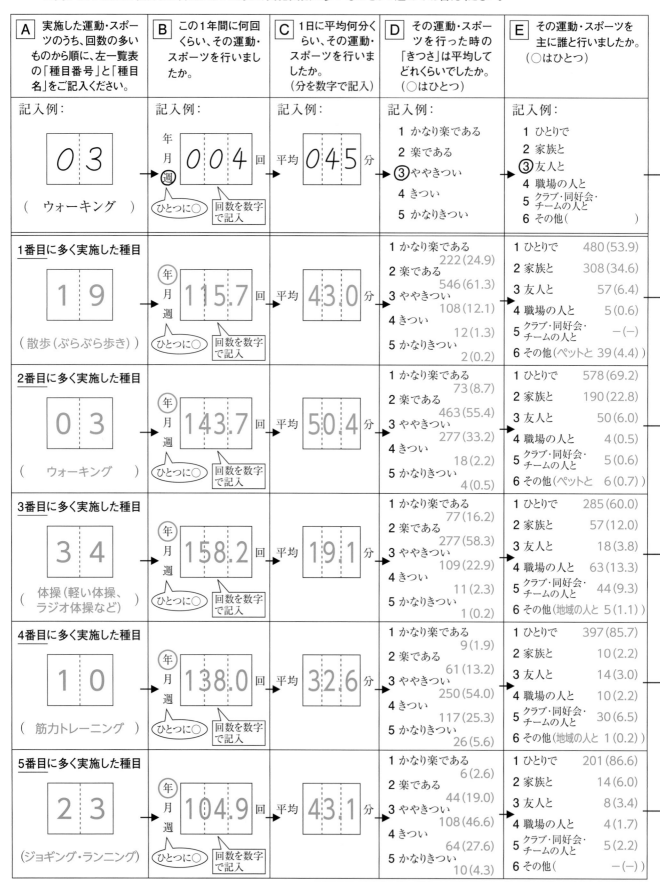

A 実施した運動・スポーツのうち、回数の多いものから順に、左一覧表の「種目番号」と「種目名」をご記入ください。	B この1年間に何回くらい、その運動・スポーツを行いましたか。	C 1日に平均何分くらい、その運動・スポーツを行いましたか。（分を数字で記入）	D その運動・スポーツを行った時の「きつさ」は平均してどれくらいでしたか。（○はひとつ）	E その運動・スポーツを主に誰と行いましたか。（○はひとつ）
記入例： **03** （ ウォーキング ）	記入例： 年 月 週 **004**回 ひとつに○　回数を数字で記入	記入例： 平均 **045** 分	記入例： 1 かなり楽である 2 楽である ③ ややきつい 4 きつい 5 かなりきつい	記入例： 1 ひとりで 2 家族と ③ 友人と 4 職場の人と 5 クラブ・同好会・チームの人と 6 その他（　　）
1番目に多く実施した種目 **19** （ 散歩（ぶらぶら歩き） ）	年月週 **115.7**回	平均 **43.0** 分	1 かなり楽である 222(24.9) 2 楽である 546(61.3) 3 ややきつい 108(12.1) 4 きつい 12(1.3) 5 かなりきつい 2(0.2)	1 ひとりで 480(53.9) 2 家族と 308(34.6) 3 友人と 57(6.4) 4 職場の人と 5(0.6) 5 クラブ・同好会・チームの人と －（－） 6 その他（ペットと 39(4.4)）
2番目に多く実施した種目 **03** （ ウォーキング ）	年月週 **143.7**回	平均 **50.4** 分	1 かなり楽である 73(8.7) 2 楽である 463(55.4) 3 ややきつい 277(33.2) 4 きつい 18(2.2) 5 かなりきつい 4(0.5)	1 ひとりで 578(69.2) 2 家族と 190(22.8) 3 友人と 50(6.0) 4 職場の人と 4(0.5) 5 クラブ・同好会・チームの人と 5(0.6) 6 その他（ペットと 6(0.7)）
3番目に多く実施した種目 **34** （ 体操（軽い体操、ラジオ体操など） ）	年月週 **158.2**回	平均 **19.1** 分	1 かなり楽である 77(16.2) 2 楽である 277(58.3) 3 ややきつい 109(22.9) 4 きつい 11(2.3) 5 かなりきつい 1(0.2)	1 ひとりで 285(60.0) 2 家族と 57(12.0) 3 友人と 18(3.8) 4 職場の人と 63(13.3) 5 クラブ・同好会・チームの人と 44(9.3) 6 その他（地域の人と 5(1.1)）
4番目に多く実施した種目 **10** （ 筋力トレーニング ）	年月週 **138.0**回	平均 **32.6** 分	1 かなり楽である 9(1.9) 2 楽である 61(13.2) 3 ややきつい 250(54.0) 4 きつい 117(25.3) 5 かなりきつい 26(5.6)	1 ひとりで 397(85.7) 2 家族と 10(2.2) 3 友人と 14(3.0) 4 職場の人と 10(2.2) 5 クラブ・同好会・チームの人と 30(6.5) 6 その他（地域の人と 1(0.2)）
5番目に多く実施した種目 **23** （ ジョギング・ランニング ）	年月週 **104.9**回	平均 **43.1** 分	1 かなり楽である 6(2.6) 2 楽である 44(19.0) 3 ややきつい 108(46.6) 4 きつい 64(27.6) 5 かなりきつい 10(4.3)	1 ひとりで 201(86.6) 2 家族と 14(6.0) 3 友人と 8(3.4) 4 職場の人と 4(1.7) 5 クラブ・同好会・チームの人と 5(2.2) 6 その他（　　 －（－））

F	G	H
その運動・スポーツは主に平日と休日どちらに行いましたか。（○はひとつ）	主としてその運動・スポーツを行っている施設・場所を、右の一覧※から選び、その番号をご記入ください。	主として利用している施設は、以下のどのタイプですか。（○はひとつ）

〈※ G 施設・場所一覧〉

```
01 体育館
02 屋内プール
03 屋外プール
04 陸上競技場
05 グラウンド
06 野球・ソフトボール場
07 武道場
08 ダンススタジオ
09 トレーニングルーム
10 テニスコート
11 ゴルフ場（コース）
12 ゴルフ場（練習場）
13 ボウリング場
14 スキー場
15 ゲートボール場
16 サイクリングコース
17 道路
18 公園
19 河川敷
20 自宅（庭・室内等）
21 海・海岸
22 高原・山
```

記入例：

F:
① 主に平日に行った
 ※平日…主に仕事（家事や学業も含む）を行う日
2 主に休日に行った
 ※休日…仕事を行わない休養日
3 平日と休日どちらも行った

G:
`1 7`
一覧表にない場合は（ ）内に具体的に記入
（　　　　　　　　　）

H:
1 公共の施設
2 小・中・高校の学校施設
3 大学・高専等の学校施設
→4 民間の施設
5 職場の施設
⑥ 施設は利用していない
7 その他（具体的に　　　　）

第1行

F:
1 主に平日に行った
 ※平日…主に仕事（家事や学業も含む）を行う日　263（29.6）
2 主に休日に行った
 ※休日…仕事を行わない休養日　292（32.8）
3 平日と休日どちらも行った　335（37.6）

G:
一覧表にない場合は（ ）内に具体的に記入
道路　688（77.3）
公園　132（14.8）
河川敷　32（3.6）

H:
1 公共の施設　72（8.1）
2 小・中・高校の学校施設　−（−）
3 大学・高専等の学校施設　1（0.1）
→4 民間の施設　5（0.6）
5 職場の施設　2（0.2）
6 施設は利用していない　807（90.7）
7 その他（具体的に　3（0.3））

第2行

F:
1 主に平日に行った
 ※平日…主に仕事（家事や学業も含む）を行う日　329（39.4）
2 主に休日に行った
 ※休日…仕事を行わない休養日　183（21.9）
3 平日と休日どちらも行った　323（38.7）

G:
一覧表にない場合は（ ）内に具体的に記入
道路　621（74.4）
公園　115（13.8）
河川敷　41（4.9）

H:
1 公共の施設　61（7.3）
2 小・中・高校の学校施設　−（−）
3 大学・高専等の学校施設　−（−）
→4 民間の施設　17（2.0）
5 職場の施設　2（0.2）
6 施設は利用していない　749（89.7）
7 その他（具体的に　6（0.7））

第3行

F:
1 主に平日に行った
 ※平日…主に仕事（家事や学業も含む）を行う日　275（57.9）
2 主に休日に行った
 ※休日…仕事を行わない休養日　40（8.4）
3 平日と休日どちらも行った　160（33.7）

G:
一覧表にない場合は（ ）内に具体的に記入
自宅　314（66.1）
職場・勤務先　36（7.6）
体育館　29（6.1）

H:
1 公共の施設　56（11.8）
2 小・中・高校の学校施設　7（1.5）
3 大学・高専等の学校施設　2（0.4）
→4 民間の施設　22（4.6）
5 職場の施設　44（9.3）
6 施設は利用していない　339（71.4）
7 その他（具体的に　5（1.1））

第4行

F:
1 主に平日に行った
 ※平日…主に仕事（家事や学業も含む）を行う日　223（48.2）
2 主に休日に行った
 ※休日…仕事を行わない休養日　56（12.1）
3 平日と休日どちらも行った　184（39.7）

G:
一覧表にない場合は（ ）内に具体的に記入
自宅（庭・室内等）　290（62.6）
トレーニングルーム　123（26.6）
体育館　17（3.7）

H:
1 公共の施設　38（8.2）
2 小・中・高校の学校施設　2（0.4）
3 大学・高専等の学校施設　4（0.9）
→4 民間の施設　102（22.0）
5 職場の施設　18（3.9）
6 施設は利用していない　299（64.6）
7 その他（具体的に　−（−））

第5行

F:
1 主に平日に行った
 ※平日…主に仕事（家事や学業も含む）を行う日　78（33.6）
2 主に休日に行った
 ※休日…仕事を行わない休養日　69（29.7）
3 平日と休日どちらも行った　85（36.6）

G:
一覧表にない場合は（ ）内に具体的に記入
道路　142（61.2）
公園　31（13.4）
河川敷　18（7.8）

H:
1 公共の施設　29（12.5）
2 小・中・高校の学校施設　1（0.4）
3 大学・高専等の学校施設　1（0.4）
→4 民間の施設　14（6.0）
5 職場の施設　2（0.9）
6 施設は利用していない　184（79.3）
7 その他（具体的に　1（0.4））

- 2 -

VI
調査票・単純集計結果

【全員におうかがいします。】

今後行いたい運動・スポーツ	n=3,000

問3　あなたは、今後行いたいと思う運動・スポーツ（現在行っている運動・スポーツも含めて）がありますか。
下の一覧のあてはまる番号すべてに○印をつけてください。（○はいくつでも）
行いたいと思う種目がない人は、下の「99 今後、行いたいと思う運動・スポーツはない」に○印をつけてください。

＜運動・スポーツ種目一覧＞

ア行	01 アイススケート	57(1.9)	タ行	36 卓球	210(7.0)
	02 アクアエクササイズ（水中歩行・運動など）	99(3.3)	（続き）	37 つな引き	6(0.2)
	03 ウォーキング	767(25.6)		38 釣り	323(10.8)
	04 エアロビックダンス	56(1.9)		39 テニス（硬式テニス）	144(4.8)
カ行	05 海水浴	146(4.9)		40 登山	283(9.4)
	06 カヌー	54(1.8)	ナ行	41 なわとび	103(3.4)
	07 空手	40(1.3)	ハ行	42 ハイキング	268(8.9)
	08 キャッチボール	113(3.8)		43 バイシクルモトクロス（BMX）	15(0.5)
	09 キャンプ	356(11.9)		44 バスケットボール	101(3.4)
	10 筋力トレーニング	586(19.5)		45 バドミントン	223(7.4)
	11 グラウンドゴルフ	47(1.6)		46 バレーボール	103(3.4)
	12 ゲートボール	6(0.2)		47 ハンドボール	12(0.4)
	13 剣道	17(0.6)		48 パークゴルフ	29(1.0)
	14 ゴルフ（コース）	250(8.3)		49 ピラティス	121(4.0)
	15 ゴルフ（練習場）	209(7.0)		50 フットサル	55(1.8)
サ行	16 サイクリング	263(8.8)		51 フライングディスク（フリスビー）	11(0.4)
	17 サッカー	83(2.8)		52 フラダンス	38(1.3)
	18 サーフィン	55(1.8)		53 ボウリング	244(8.1)
	19 散歩（ぶらぶら歩き）	729(24.3)		54 ボクシング	43(1.4)
	20 社交ダンス	32(1.1)		55 ボッチャ	26(0.9)
	21 柔道	10(0.3)		56 ボルダリング	85(2.8)
	22 乗馬	81(2.7)		57 ボート・漕艇	16(0.5)
	23 ジョギング・ランニング	281(9.4)		58 ボードセーリング（ウィンドサーフィン）	9(0.3)
	24 水泳	307(10.2)	ヤ行	59 野球	113(3.8)
	25 スキー	135(4.5)		60 ヨーガ	348(11.6)
	26 スクーバダイビング	57(1.9)		61 ヨット	13(0.4)
	27 スケートボード	43(1.4)	ラ行	62 ラグビー	12(0.4)
	28 スノーボード	142(4.7)		63 陸上競技	15(0.5)
	29 3x3（スリー・エックス・スリー）バスケットボール	32(1.1)		64 ロードレース（駅伝・マラソンなど）	33(1.1)
	30 ソフトテニス（軟式テニス）	63(2.1)			
	31 ソフトバレー	30(1.0)	その他	71 （　トランポリン　　　）	8(0.3)
	32 ソフトボール	38(1.3)		72 （　弓道　　　　　　　）	5(0.2)
タ行	33 太極拳	89(3.0)		73 （　ダンス　　　　　　）	5(0.2)
	34 体操（軽い体操、ラジオ体操など）	451(15.0)		99 今後、行いたいと思う運動・スポーツはない ➡ 次ページの問4へ	599(20.0)
	35 体操競技（器械体操）	13(0.4)			

SQ1　一覧で○をつけた種目のうち、今後最も行いたい運動・スポーツ種目名と番号を具体的にひとつご記入ください。 n=2,401	番号	種目名	
		ウォーキング	286(11.9)
		散歩（ぶらぶら歩き）	183(7.6)
		無回答	3(0.1)

【全員におうかがいします。】

コロナ前と比べた運動・スポーツ実施頻度

問4 コロナ禍の前（2019年3月〜2020年2月）の1年間と比べて、現在の運動・スポーツを実施する頻度は増えましたか、減りましたか。（○はひとつ） n=3,000

| 1 増えた 326 (10.9) | 2 変わらない 1,588 (52.9) | 3 減った 943 (31.4) | 4 わからない 139 (4.6) |

無回答 4(0.1)

【全員におうかがいします。】

スポーツクラブ・同好会・チーム

問5 あなたは、現在、スポーツクラブや同好会・チームに加入していますか。
ただし、小学校、中学校、高校時代の部活動は含めないでお答えください。（○はひとつ） n=3,000

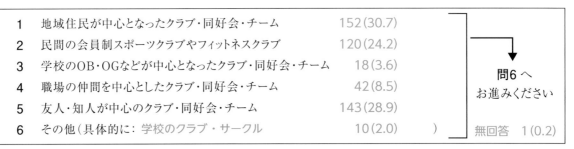

1 加入している　　　　　　　　　　　　　　495(16.5)

2 過去に加入していたが、現在は加入していない　716(23.9) → 下のSQ2へお進みください

3 これまでに加入したことはない　　　　　1,775(59.2)

無回答　14(0.5)

【「加入している」方におうかがいします。】

SQ1 そのスポーツクラブや同好会・チームは、主にどのような人たちの集まりですか。（○はひとつ） n=495

1 地域住民が中心となったクラブ・同好会・チーム　　　152(30.7)
2 民間の会員制スポーツクラブやフィットネスクラブ　　120(24.2)
3 学校のOB・OGなどが中心となったクラブ・同好会・チーム　18(3.6)
4 職場の仲間を中心としたクラブ・同好会・チーム　　　42(8.5)
5 友人・知人が中心のクラブ・同好会・チーム　　　　　143(28.9)
6 その他（具体的に: 学校のクラブ・サークル　　　　　10(2.0)　　　　）

問6へ
お進みください

無回答　1(0.2)

【「過去に加入していたが、現在は加入していない」「これまでに加入したことはない」方に
　おうかがいします。】

SQ2 今後、あなたはスポーツクラブや同好会・チームに加入したいと思いますか。（○はひとつ） n=2,491

1 加入したいと思う　　　376(15.1)
2 加入したいとは思わない　2,094(84.1) ──→ 問6へお進みください

無回答 21(0.8)

【「加入したいと思う」方におうかがいします。】

SQ3 それはどのようなスポーツクラブや同好会・チームですか。（○はいくつでも） n=376

1 地域住民が中心となったクラブ・同好会・チーム　　　133(35.4)
2 民間の会員制スポーツクラブやフィットネスクラブ　　159(42.3)
3 学校のOB・OGなどが中心となったクラブ・同好会・チーム　28(7.4)
4 職場の仲間を中心としたクラブ・同好会・チーム　　　45(12.0)
5 友人・知人が中心のクラブ・同好会・チーム　　　　　156(41.5)
6 その他（具体的に: その他　1(0.3)　　　　　　　　　　　　　）

無回答　1(0.3)

【全員におうかがいします。】

スポーツの直接観戦

問6　あなたは、<u>過去1年間</u>にスタジアムや体育館などで、<u>直接スポーツの試合を観戦したこと</u>が
　　　ありますか。（○はひとつ）　n=3,000

| 1　あ　る　579(19.3) | 2　な　い　2,420(80.7) | ➡ 問7へお進みください |

無回答 1 (0.0)

【スポーツを観戦したことが「ある」方におうかがいします。】

SQ1　あなたがこの1年間に<u>直接観戦したスポーツ種目</u>は何ですか。
　　　Ａ のスポーツ種目のあてはまる番号<u>すべて</u>に○印をつけ、種目ごとに Ｂ にお答えください。
　　　また、種目名がない場合は「その他」に具体的にご記入ください。

＜観戦した方に＞

スポーツ種目名 n=579	Ａ 過去1年間に 直接観戦した種目 （あてはまる番号 すべてに○）		Ｂ この1年間に 何回観戦に 行きましたか。 （回数を記入） 記入例： 年　2　回
プロ野球（NPB）	261	1　(45.1)	→ 年　2.7　回
高校野球	85	2　(14.7)	→ 年　3.3　回
アマチュア野球（大学、社会人など）	26	3　(4.5)	→ 年　2.7　回
Jリーグ（J1、J2、J3）	89	4　(15.4)	→ 年　2.9　回
海外プロサッカー（欧州、南米など）	1	5　(0.2)	→ 年　1.0　回
サッカー日本代表試合（五輪代表含む）	12	6　(2.1)	→ 年　1.4　回
サッカー日本女子代表試合（なでしこジャパン）	4	7　(0.7)	→ 年　1.0　回
サッカー（高校、大学、JFL、WEリーグなど）	38	8　(6.6)	→ 年　3.5　回
プロバスケットボール（Bリーグ）	30	9　(5.2)	→ 年　2.5　回
バスケットボール（高校、大学、Wリーグなど）	28	10　(4.8)	→ 年　2.9　回
バレーボール日本代表試合（龍神NIPPON、火の鳥NIPPON）	4	11　(0.7)	→ 年　2.3　回
バレーボール（高校、大学、Vリーグなど）	27	12　(4.7)	→ 年　3.1　回
ラグビー日本代表試合	2	13　(0.3)	→ 年　1.0　回
ラグビー（高校、大学、リーグワンなど）	23	14　(4.0)	→ 年　2.5　回
卓球	13	15　(2.2)	→ 年　2.6　回
大相撲	18	16　(3.1)	→ 年　1.3　回
マラソン・駅伝	17	17　(2.9)	→ 年　2.1　回
プロテニス	3	18　(0.5)	→ 年　1.0　回
プロゴルフ	15	19　(2.6)	→ 年　1.9　回
フィギュアスケート	5	20　(0.9)	→ 年　2.0　回
格闘技（ボクシング、総合格闘技など）	23	21　(4.0)	→ 年　2.2　回
F1やNASCARなど自動車レース	5	22　(0.9)	→ 年　2.0　回
その他（ アメリカンフットボール ）	6	23　(1.0)	→ 年　2.2　回
その他（ 少年野球 ）	6	24　(1.0)	→ 年　10.2　回
ソフトボール	6	(1.0)	→ 年　6.2　回

無回答 2 (0.3)

【全員におうかがいします。】

スポーツのテレビ観戦

問7 あなたは、<u>過去1年間に</u>テレビやインターネットでスポーツの試合を観戦したことがありますか。
テレビ、インターネットそれぞれについてお答えください。（○はひとつ）　n=3,000
※インターネットによる視聴は、DAZN（ダゾーン）、スカパー！オンデマンド、パ・リーグTV、
NBA Rakuten、YouTubeなどを含みます。

【テレビやインターネットでスポーツを観戦したことが「ある」方におうかがいします。】

SQ1 あなたがこの1年間にテレビやインターネットで観戦したスポーツ種目は何ですか。
A のテレビ観戦した種目、B のインターネット観戦した種目それぞれについて、あてはまる番号
<u>すべて</u>に○印をつけてください。また、種目名がない場合は「その他」に具体的にご記入ください。

問7 過去1年間にテレビやインターネットでスポーツ観戦				
A テレビで観戦（○はひとつ）		**B** インターネットで観戦（○はひとつ）		
2,369(79.0)　610(20.3)		641(21.4)　2,330(77.7)		
1 ある　　2 ない		1 ある　　2 ない		
無回答 21(0.7)　→　問8へお進みください		無回答 29(1.0)　→　問8へお進みください		

スポーツ種目名	**A** 過去1年間に<u>テレビ観戦した種目</u>（あてはまる番号すべてに○）　n=2,369		**B** 過去1年間に<u>インターネット観戦した種目</u>（あてはまる番号すべてに○）　n=641	
プロ野球（NPB）	1,379	1　(58.2)	168	1　(26.2)
メジャーリーグ（アメリカ大リーグ）	721	2　(30.4)	141	2　(22.0)
高校野球	1,018	3　(43.0)	48	3　(7.5)
Jリーグ（J1、J2、J3）	506	4　(21.4)	87	4　(13.6)
海外プロサッカー（欧州、南米など）	164	5　(6.9)	102	5　(15.9)
サッカー日本代表試合（五輪代表・なでしこジャパン含む）	1,104	6　(46.6)	103	6　(16.1)
サッカー（高校、大学、JFL、WEリーグなど）	277	7　(11.7)	33	7　(5.1)
プロバスケットボール（Bリーグ）	215	8　(9.1)	43	8　(6.7)
海外プロバスケットボール（NBAなど）	78	9　(3.3)	50	9　(7.8)
バスケットボール（高校、大学、Wリーグなど）	106	10　(4.5)	25	10　(3.9)
バレーボール（高校、大学、Vリーグ、日本代表など）	445	11　(18.8)	28	11　(4.4)
ラグビー（高校、大学、リーグワンなど）	353	12　(14.9)	26	12　(4.1)
卓球	657	13　(27.7)	37	13　(5.8)
バドミントン	383	14　(16.2)	27	14　(4.2)
ハンドボール	30	15　(1.3)	9	15　(1.4)
プロテニス	442	16　(18.7)	38	16　(5.9)
プロゴルフ	599	17　(25.3)	61	17　(9.5)
アイスホッケー	65	18　(2.7)	6	18　(0.9)
フィギュアスケート	907	19　(38.3)	37	19　(5.8)
大相撲	780	20　(32.9)	18	20　(2.8)
格闘技（ボクシング、総合格闘技など）	566	21　(23.9)	202	21　(31.5)
マラソン・駅伝	1,044	22　(44.1)	20	22　(3.1)
F1やNASCARなど自動車レース	90	23　(3.8)	47	23　(7.3)
eスポーツ	33	24　(1.4)	43	24　(6.7)
その他（[テレビ観戦]オリンピック　[インターネット観戦]自転車ロードレース）	36	25　(1.5)	8	25　(1.2)
その他（[テレビ観戦]カーリング　[インターネット観戦]陸上競技）	18	26　(0.8)	6	26　(0.9)
	無回答 1(0.0)		無回答 1(0.2)	

【全員におうかがいします。】

スポーツボランティア

問8　スポーツにかかわるボランティア活動についておうかがいします。

ここでいうボランティア活動とは、報酬を目的としないで、自分の労力・技術・時間を提供して地域社会や個人・団体のスポーツ推進のために行う活動のことを意味します。ただし、活動に必要な交通費等の実費程度の金額の受け取りは報酬に含めません。

あなたは、過去1年間に何らかのスポーツにかかわるボランティア活動を行ったことがありますか。（○はひとつ）n=3,000

1　ある　　127(4.2)	2　な　い　　2,872(95.7) ⟶ 問9へお進みください

無回答 1 (0.0)

SQ1　過去1年間にあなたが行ったことのあるスポーツボランティア活動は何ですか。
**　　　 A の活動のあてはまる番号すべてに○印をつけ、活動ごとに B にお答えください。**

ボランティア活動の種類　n=127		A 過去1年間に行った活動（あてはまる番号すべてに○印）			B この1年間に何回くらい行いましたか。（回数を記入）
日常的な活動	スポーツの指導	49	1	(38.6)	→ 年 33.8 回
	スポーツの審判	32	2	(25.2)	→ 年 10.4 回
	団体・クラブの運営や世話	51	3	(40.2)	→ 年 29.8 回
	スポーツ施設の管理の手伝い	12	4	(9.4)	→ 年 12.7 回
	その他（　　　　　　　）	1	5	(0.8)	→ 年 1.0 回
地域のスポーツイベント	スポーツの審判	17	6	(13.4)	→ 年 8.5 回
	大会・イベントの運営や世話	42	7	(33.1)	→ 年 6.9 回
	その他（　　　　　　　）	－	8	(－)	→ 年 － 回
全国・国際的イベント	スポーツの審判	2	9	(1.6)	→ 年 51.5 回
	大会・イベントの運営や世話	8	10	(6.3)	→ 年 6.0 回
	その他（　　　　　　　）	－	11	(－)	→ 年 － 回

【全員におうかがいします。】

問9　今後、あなたはスポーツにかかわるボランティア活動を行いたいと思いますか。（○はひとつ）　n=3,000

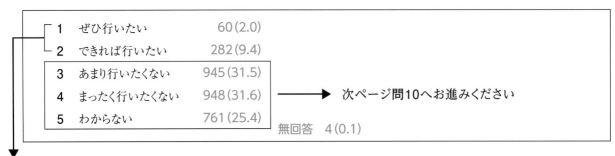

1　ぜひ行いたい	60(2.0)	
2　できれば行いたい	282(9.4)	
3　あまり行いたくない	945(31.5)	
4　まったく行いたくない	948(31.6)	⟶ 次ページ問10へお進みください
5　わからない	761(25.4)	

無回答　4(0.1)

SQ1　それはどのようなボランティア活動ですか。（○はいくつでも）　n=342

1 日常的なスポーツの指導	87(25.4)	6 地域のスポーツイベントの運営や世話	172(50.3)
2 日常的なスポーツの審判	32(9.4)	7 全国・国際的なスポーツイベントでの審判	4(1.2)
3 日常的な団体・クラブの運営や世話	83(24.3)	8 全国・国際的なスポーツイベントの運営や世話	64(18.7)
4 日常的なスポーツ施設の管理の手伝い	56(16.4)	9 スポーツ情報誌やホームページ作成の手伝い	10(2.9)
5 地域のスポーツイベントでの審判	23(6.7)	10 その他（　　　　　　　　）	11(3.2)

無回答　5(1.5)

問10〜15は、あなたが**普段の1週間**に行っている様々な身体活動についておたずねするものです。普段、身体を動かしていると思う人もそうでない人も、以下の質問にお答えください。
※これまでの質問と重複する内容もありますが、改めてお答えください。

仕事の身体活動

最初に、「仕事」の時間について考えてください。「仕事」とは、給料の有無にかかわらずあなたが行っている仕事、ボランティア活動、アルバイト、学業、家事、介護、農作業、漁業、求職活動などを含みます。
（通勤、通学などのための時間は「問12　移動の身体活動」で、余暇時間に行う農作業は「問13〜14　余暇時間の身体活動」でおたずねしますので、ここでは含めないでください。）

注）以下の質問文中、「**強度の高い身体活動**」「**中程度の強さ**の身体活動」とは以下の通りです。
「**強度の高い身体活動**」…身体に**かなり**負担がかかり、呼吸または心拍数が**大幅に**増加する活動。
「**中程度の強さ**の身体活動」…身体に**多少の**負担がかかり、呼吸または心拍数が**少し**増加する活動。

問10　あなたは仕事中に、呼吸または心拍数が**大幅に**増加し、少なくとも10分間続くような「**強度の高い身体活動**」
　　　（例：きつい肉体労働、重い荷物の運搬、畑を耕すなど）を行っていますか。（○はひとつ）　n=3,000

1　は　い　295 (9.8)	2　いいえ　2,701 (90.0) → 問11へお進みください

無回答　4 (0.1)

【「仕事中に**強度の高い**身体活動を行っている」方におうかがいします。】　n=295

SQ1　**普段の1週間**では、何日くらい仕事中に「**強度の高い身体活動**」を行っていますか。
　　　1週間あたり〔 3.9 〕日

SQ2　その日は、何分くらい仕事中に「**強度の高い身体活動**」を行っていますか。
　　　1日あたり〔 2 〕時間〔 50 〕分

【全員におうかがいします。】

問11　あなたは仕事中に、呼吸または心拍数が**少し**増加し、少なくとも10分間続くような「**中程度の強さ**の身体活動」
　　　（例：速歩き、軽い荷物の運搬など）を行っていますか。（○はひとつ）　n=3,000

1　は　い　720 (24.0)	2　いいえ　2,276 (75.9) → 問12へお進みください

無回答　4 (0.1)

【「仕事中に**中程度の強さ**の身体活動を行っている」方におうかがいします。】　n=720

SQ1　**普段の1週間**では、何日くらい仕事中に「**中程度の強さ**の身体活動」を行っていますか。
　　　1週間あたり〔 4.0 〕日

SQ2　その日は、何分くらい仕事中に「**中程度の強さ**の身体活動」を行っていますか。
　　　1日あたり〔 2 〕時間〔 35 〕分

【全員におうかがいします。】

移動の身体活動

次に、移動の身体活動、すなわち、通勤、通学、買い物、子どもや高齢者の送り迎えなど、ある場所からある場所への「移動」についてお答えください。
※「問10〜11　仕事の身体活動」で答えた時間は除いてお答えください。

問12　あなたは「移動」のために、少なくとも10分間続けて、歩いたり自転車に乗ったりしていますか。（○はひとつ）n=3,000

1　は　い　1,458 (48.6)	2　いいえ　1,537 (51.2) → 次ページ問13へお進みください

無回答　5 (0.2)

【「移動のために歩いたり自転車に乗ったりしている」方におうかがいします。】　n=1,458

SQ1　**普段の1週間**では何日くらい、「移動」のために、少なくとも10分間続けて歩いたり自転車に乗ったりしていますか。
　　　1週間あたり〔 4.5 〕日

SQ2　その日は何分くらい、「移動」のために歩いたり自転車に乗ったりしていますか。
　　　1日あたり〔 　 〕時間〔 43 〕分

- 8 -

【全員におうかがいします。】

余暇時間の身体活動

次に、余暇時間の身体活動（スポーツ、運動、レクリエーション、体を動かす趣味など）についてお答えください。
※「問10～11　仕事の身体活動」「問12　移動の身体活動」で答えた時間は除いてお答えください。

問13　あなたは余暇時間に、呼吸または心拍数が大幅に増加し、少なくとも10分間続くような強度の高いスポーツ、運動、レクリエーション（例：ランニング、サッカー、速く泳ぐなど）を行っていますか。（○はひとつ）　n=3,000

| 1　は　い　385(12.8) | 2　いいえ　2,610(87.0) ⟶ 問14へお進みください | 無回答　5(0.2) |

【「余暇時間に強度の高いスポーツ、運動、レクリエーションを行っている」方におうかがいします。】　n=385

SQ1　普段の1週間では、何日くらい強度の高いスポーツ、運動、レクリエーションを行っていますか。
1週間あたり〔 2.6 〕日

SQ2　その日は何分くらい、強度の高いスポーツ、運動、レクリエーションを行っていますか。
1日あたり〔 1 〕時間〔 18 〕分

【全員におうかがいします。】

問14　あなたは余暇時間に、呼吸または心拍数が少し増加し、少なくとも10分間続くような中程度の強さのスポーツ、運動、レクリエーション（例：ウォーキング、サイクリング、ゆっくり泳ぐ、バレーボール、テニス、ゴルフ、ハイキング、余暇に行う農作業など）を行っていますか。（○はひとつ）　n=3,000

| 1　は　い　1,020(34.0) | 2　いいえ　1,972(65.7) ⟶ 問15へお進みください | 無回答　8(0.3) |

【「余暇時間に中程度の強さのスポーツ、運動、レクリエーションを行っている」方におうかがいします。】
n=1,020

SQ1　普段の1週間では、何日くらい中程度の強さのスポーツ、運動、レクリエーションを行っていますか。
1週間あたり〔 2.9 〕日

SQ2　その日は何分くらい、中程度の強さのスポーツ、運動、レクリエーションを行っていますか。
1日あたり〔 1 〕時間〔 8 〕分

【全員におうかがいします。】

座位時間

最後は、仕事中、家にいるとき、移動中、友達といるときなどで、座ったり、横になったりする時間（例：机に向かう、車・バス・電車で座る、読書、テレビを見る）についてお答えください。ただし、睡眠時間は含めないでください。

問15　普段の1日の中では、何分くらい座ったり、横になったりして過ごしていますか。　n=3,000

1日あたり〔 5 〕時間〔 49 〕分

【全員におうかがいします。】

スポーツへの取り組み

問16　あなたのここ1ヶ月間の運動・スポーツへの取り組みについておうかがいします。
新型コロナウイルス感染症拡大の影響も含めて、あなたの取り組みに最も近いものを選んでください。
（○はひとつ）　n=3,000

1	ここ1ヶ月間、運動・スポーツを行っていない。また、これから先もするつもりはない。	862(28.7)
2	ここ1ヶ月間、運動・スポーツを行っていない。しかし、近い将来(6ヶ月以内)に始めようと思っている。	582(19.4)
3	ここ1ヶ月間、運動・スポーツを行っている。しかし、週2回未満である。	602(20.1)
4	ここ1ヶ月間、週2回以上、運動・スポーツを行っている。しかし、始めてから6ヶ月以内である。	196(6.5)
5	ここ1ヶ月間、週2回以上、運動・スポーツを行っている。また、6ヶ月以上継続している。	747(24.9)

無回答　11(0.4)

- 9 -

【全員におうかがいします。】

好きなスポーツ選手

問17 あなたの好きなスポーツ選手の名前を<u>フルネーム</u>で1名だけお書きください。あわせて、その選手の種目名も
お書きください。 n=3,000
※現役かどうか、選手の国籍など一切問いません。また、漢字がわからない場合は、ひらがなでもかまいません。

名前：	大谷 翔平	652(21.7)	種目名：
	羽生 結弦	123(4.1)	
	イチロー	72(2.4)	

無回答　763(25.4)

【全員におうかがいします。】

アプリ・ゲーム等の使用

問18 この1年間で、運動・スポーツ・身体活動を行う際に、アプリやゲーム、インターネットを使用したことはありますか。結果として運動・スポーツ・身体活動を伴ったものも含めてお答えください。（○はいくつでも） n=3,000
※テレビ番組は除きます。
※スポーツ観戦のみに使用したものは選ばないでください。

アプリ等

1　トレーニング・運動の記録用アプリ（腹筋アプリ、Nike Training Club、adidas Runningなど）　144(4.8)

2　健康・ヘルスケアデータ（体重、歩数など）の管理用アプリ（FiNC、Google Fit、iOSヘルスケアなど）　409(13.6)

3　オンライン上の交流（バーチャルランニングイベントへの参加など）を伴う参加型のアプリ（ラントリップなど）　14(0.5)

4　スポーツ団体の管理用（社会人サークルの出欠管理、集金等）のアプリ（Player！など）　9(0.3)

5　ウェアラブル端末（スマートウォッチ、歩数計／例：Garmin、Apple Watch、Fitbitなど）　194(6.5)

ゲーム・インターネット等

6　ゲーム（Nintendo Switch、スマホゲーム等で、身体活動を伴うもの／　245(8.2)
例：Fit Boxing、リングフィット アドベンチャー、ポケモン GO、ドラゴンクエストウォークなど）

7　インターネット上の<u>無料動画</u>　603(20.1)
（YouTube、ニコニコ動画、TikTok、自治体が提供する体操・エクササイズの動画など、身体活動に利用したもの）

8　インターネット上の<u>有料動画</u>　18(0.6)
（フィットネスクラブ（KOMAMI、メガロスなど）によるライブレッスン、FIT RIKE、YOGATIVE（ヨガティブ）など、
身体活動に利用したもの）

その他

9　自治体の健康ポイント事業（歩数や運動実施などでポイントを得て商品等と交換する事業）　42(1.4)

10　その他（　民間企業のポイント事業、アプリ　）　5(0.2)

11　特になし　1,965(65.5)　→　次ページの問19へお進みください

無回答　7(0.2)

【全員におうかがいします。】

娯楽（ゲーム）

問19　以下のなかで、過去1年間にあなたが行ったことのある活動は何ですか。
　　　Ａの活動のうちあてはまる番号すべてに○印をつけ、種目ごとにＢ～Ｄにお答えください。　n=3,000
　　　※1～6は、オンライン・アプリ等で行う場合も含めてお答えください。

活動の種類	Ａ 過去1年間に行った活動（あてはまる番号すべてに○）	Ｂ 誰と行いましたか。（あてはまる番号すべてに○）	Ｃ この1年間に何回くらい行いましたか。（回数を記入）	Ｄ 1回あたりの時間を教えてください。（分数を記入）
囲碁	19 **1** (0.6)	1 1人で行った　　　　7 (36.8) 2 他者とオンラインで行った　－(－) 3 他者と対面で行った　13 (68.4)	年　18.5 回	約　83.2 分
将棋	83 **2** (2.8)	1 1人で行った　　　24 (28.9) 2 他者とオンラインで行った　13 (15.7) 3 他者と対面で行った　46 (55.4)	年　22.4 回	約　50.4 分
その他のボードゲーム（　オセロ　）	22 **3** (0.7)	1 1人で行った　　　　－(－) 2 他者とオンラインで行った　1 (4.5) 3 他者と対面で行った　21 (95.5)	年　11.0 回	約　39.5 分
麻雀	181 **4** (6.0)	1 1人で行った　　　47 (26.0) 2 他者とオンラインで行った　61 (33.7) 3 他者と対面で行った　81 (44.8)	年　35.2 回	約 117.7 分
トランプ	471 **5** (15.7)	1 1人で行った　　　32 (6.8) 2 他者とオンラインで行った　18 (3.8) 3 他者と対面で行った　410 (87.0)	年　14.0 回	約　44.6 分
その他のカードゲーム（　UNO　）	39 **6** (1.3)	1 1人で行った　　　　－(－) 2 他者とオンラインで行った　1 (2.6) 3 他者と対面で行った　34 (87.2)	年　13.1 回	約　44.6 分

※以下は1～6で回答した内容のゲームを除いてお答えください。

活動の種類	Ａ	Ｂ	Ｃ	Ｄ
家庭用ゲーム機で行うゲーム	573 **7** (19.1)	1 1人で行った　　　285 (49.7) 2 他者とオンラインで行った135 (23.6) 3 他者と対面で行った　219 (38.2)	年　60.8 回	約　76.4 分
パソコンで行うゲーム	171 **8** (5.7)	1 1人で行った　　　116 (67.8) 2 他者とオンラインで行った　57 (33.3) 3 他者と対面で行った　2 (1.2)	年 122.6 回	約　83.2 分
スマホ・タブレットで行うゲーム	979 **9** (32.6)	1 1人で行った　　　848 (86.6) 2 他者とオンラインで行った144 (14.7) 3 他者と対面で行った　44 (4.5)	年 189.5 回	約　51.2 分
ゲームセンターで行うビデオゲーム（クレーンゲーム、メダルゲーム、プリクラを除く）	175 **10** (5.8)	1 1人で行った　　　61 (34.9) 2 他者とオンラインで行った　5 (2.9) 3 他者と対面で行った　96 (54.9)	年　15.1 回	約　44.2 分

無回答　6 (0.2)

この1年間で行ったものはない	99	→ 次ページの問20へお進みください

1,455 (48.5)

【全員におうかがいします。】

日常の生活習慣・健康

問20　あなたの現在の日常生活習慣や健康についておうかがいします。

1)　あなたは、1週間（7日）のうち、何日くらい朝食を食べますか。（○はひとつ）　n=3,000

1　毎日（7日）食べる 2,205(73.5)	3　5日食べる 195(6.5)	5　3日食べる 107(3.6)	7　1日食べる　55(1.8)
2　6日食べる　　　　　65(2.2)	4　4日食べる　51(1.7)	6　2日食べる　82(2.7)	8　食べない　237(7.9)

2)　あなたの**平日（月～金）**と**休日（土・日）**の、寝る時刻と起きる時刻を24時間表記で書いて
　　ください。（例：午後10時⇒22時／午前0時⇒24時）　n=3,000　　　　　無回答 3(0.1)

	寝る時刻		起きる時刻	
平日（月～金）	[　23　]時　[　17　]分	無回答 6(0.2)	[　6　]時　[　32　]分	無回答 6(0.2)
休日（土・日）	[　23　]時　[　41　]分	無回答 14(0.5)	[　7　]時　[　15　]分	無回答 14(0.5)

3)　過去1か月において、ご自分の睡眠の質を全体として、どのように評価しますか。（○はひとつ）　n=3,000

1　非常によい	2　かなりよい	3　かなり悪い	4　非常に悪い	無回答
227(7.6)	1,655(55.2)	1,011(33.7)	80(2.7)	27(0.9)

4)　あなたは、ご自分の体力についてどのように感じていますか。（○はひとつ）　n=3,000

1　たいへん優れている　　　　　98(3.3)	3　体力は普通である	4　どちらかというと劣っている 996(33.2)
2　どちらかというと優れている 175(5.8)	1,524(50.8)	5　たいへん劣っている　　202(6.7)

無回答 5(0.2)

5)　あなたは、自分が運動不足だと感じますか。（○はひとつ）　n=3,000

1　とても感じる	2　少しは感じる	3　あまり感じない	4　まったく感じない	無回答
1,021(34.0)	1,326(44.2)	522(17.4)	127(4.2)	4(0.1)

6)　あなたは、現在健康であると思いますか。（○はひとつ）　n=3,000

1　非常に健康だと思う	2　健康な方だと思う	3　あまり健康ではない	4　健康ではない	無回答
175(5.8)	1,987(66.2)	703(23.4)	129(4.3)	6(0.2)

7)　あなたは、学校の授業や仕事以外で、テレビやDVDをみたり、パソコン、ゲーム（テレビ、パソコン、携帯式のゲーム
　　機などを含む）、スマートフォンなどを使用したりする時間は1日あたりどのくらいですか。（それぞれ○はひとつ）n=3,000

平日 （月～金）	1　30分未満 　　241(8.0)	3　1～2時間未満 　　918(30.6)	5　3～4時間未満 　　692(23.1)	7　5時間以上 　　358(11.9)	
	2　30分～1時間未満 　　98(3.3)	4　2～3時間未満 　　347(11.6)	6　4～5時間未満 　　244(8.1)	8　わからない 　　83(2.8)	無回答 19(0.6)
休日 （土・日）	1　30分未満 　　224(7.5)	3　1～2時間未満 　　673(22.4)	5　3～4時間未満 　　756(25.2)	7　5時間以上 　　546(18.2)	
	2　30分～1時間未満 　　73(2.4)	4　2～3時間未満 　　271(9.0)	6　4～5時間未満 　　277(9.2)	8　わからない 　　111(3.7)	無回答 69(2.3)

8)　次の1)～6)の質問について、過去1か月の間はどのようであったか、6つの項目のそれぞれの
　　あてはまる番号に○をつけてください。（それぞれ○はひとつ）　n=3,000

	いつも	たいてい	ときどき	少しだけ	まったくない	無回答
1)　神経過敏に感じましたか	79 1 (2.6)	133 2 (4.4)	546 3 (18.2)	591 4 (19.7)	1,633 5 (54.4)	18(0.6)
2)　絶望的だと感じましたか	26 1 (0.9)	60 2 (2.0)	253 3 (8.4)	447 4 (14.9)	2,199 5 (73.3)	15(0.5)
3)　そわそわ、落ち着かなく感じましたか	34 1 (1.1)	67 2 (2.2)	379 3 (12.6)	657 4 (21.9)	1,844 5 (61.5)	19(0.6)
4)　気分が沈み込んで、何が起こっても 気分が晴れないように感じましたか	50 1 (1.7)	93 2 (3.1)	417 3 (13.9)	719 4 (24.0)	1,707 5 (56.9)	14(0.5)
5)　何をするのも骨折りだと感じましたか	42 1 (1.4)	100 2 (3.3)	396 3 (13.2)	744 4 (24.8)	1,703 5 (56.8)	15(0.5)
6)　自分は価値のない人間だと感じましたか	53 1 (1.8)	70 2 (2.3)	258 3 (8.6)	457 4 (15.2)	2,148 5 (71.6)	14(0.5)

- 12 -

【全員におうかがいします。】

あなたご自身のことについておうかがいします

F1 年齢 n=3,000　50.2　歳

F2 性別 n=3,000　1 男 1,503 (50.1)　2 女 1,497 (49.9)

F3 身長 n=3,000　1 6 3 . 5 cm　無回答 20 (0.7)

F4 体重 n=3,000　6 1 . 2 kg　無回答 78 (2.6)

F5 あなたは現在、結婚していますか。（○はひとつ） n=3,000

| 1 未婚（結婚したことはない） 595 (19.8) | 2 既婚（事実婚を含む） 2,120 (70.7) | 3 離別 128 (4.3) | 4 死別 121 (4.0) | 無回答 36 (1.2) |

F6 家族構成。現在一緒に住んでいるご家族の番号に○印をつけてください。（○はいくつでも） n=3,000

1 父 464 (15.5)	5 祖父 40 (1.3)	8 孫（ 1.7 人） 102 (3.4) 無回答 2 (2.0)
2 母 671 (22.4)	6 祖母 74 (2.5)	9 一人暮らし 291 (9.7)
3 配偶者 2,070 (69.0)	7 兄弟姉妹（ 1.4 人） 278 (9.3) 無回答 4 (1.4)	10 その他（ 1.3 人） 70 (2.3) 無回答 6 (8.6)
4 子ども（ 1.8 人）→ （1番下のお子様の年齢： 16.8 歳） 1,456 (48.5) 無回答 12 (0.8)	無回答 108 (7.4)	無回答 7 (0.2)

F7 あなたのお住まいは、どのようなタイプですか。（○はひとつ） n=3,000

| 1 一戸建て 2,408 (80.3) | 3 4～12階建ての集合住宅 273 (9.1) | 5 その他 16 (0.5) 〔具体的に： 〕 |
| 2 2～3階建ての集合住宅 275 (9.2) | 4 13階建て以上の集合住宅 21 (0.7) | 無回答 7 (0.2) |

F8 あなたが最後に卒業した学校はどれですか。（○はひとつ） n=3,000

| 1 中学校 162 (5.4) | 3 短大・高専 335 (11.2) | 5 大学 730 (24.3) | 7 その他の学校 7 (0.2) 〔具体的に： 〕 |
| 2 高校 1,300 (43.3) | 4 専門学校 395 (13.2) | 6 大学院 60 (2.0) | 無回答 11 (0.4) |

F9 あなたのご家庭の世帯年収（税込）はおおよそどれくらいですか。（○はひとつ） n=3,000

1 収入はなかった 34 (1.1)	5 400万～500万円未満 373 (12.4)	9 800万～900万円未満 147 (4.9)
2 200万円未満 181 (6.0)	6 500万～600万円未満 319 (10.6)	10 900万～1,000万円未満 103 (3.4)
3 200万～300万円未満 293 (9.8)	7 600万～700万円未満 223 (7.4)	11 1,000万円以上 181 (6.0)
4 300万～400万円未満 331 (11.0)	8 700万～800万円未満 183 (6.1)	12 わからない 632 (21.1)

F10 あなたの主な職業はこの中のどれにあたりますか。（○はひとつ） n=3,000

自営業・家族従業者 347 (11.6)	1 農林漁業（植木職、造園師を含む） 29 (1.0)
	2 商工サービス業（小売店、飲食店、理髪店、団体の経営者、個人営業主など） 216 (7.2)
	3 その他の自営業（開業医、弁護士事務所経営者、芸術家、茶華道師匠など） 68 (2.3)
	4 農家や個人商店などで自分の家族が経営する事業を手伝っている者 34 (1.1)
勤め人 1,224 (40.8)	5 管理的職業（官庁、会社の課長以上、ただし経営者を除く） 107 (3.6)
	6 専門的・技術的職業（研究者、教員、技術者、弁護士、病院勤務医師など） 230 (7.7)
	7 事務的職業（事務系会社員・公務員、営業職など） 366 (12.2)
	8 技能的・労務的職業（大工、運転手、修理工、生産工程作業員など） 341 (11.4)
	9 サービス職業（販売店の店員、守衛、家政婦、スポーツインストラクターなど） 180 (6.0)
その他 1,429 (47.6)	10 パートタイムやアルバイト 401 (13.4)
	11 専業主婦・主夫（パートタイムをしていない） 491 (16.4)
	12 学生 152 (5.1)
	13 無職 372 (12.4)
	14 その他（ 13 (0.4) ）

SQ1にお進みください

F11へお進みください

【「職業に就いている」方におうかがいします。】

SQ1 　過去1か月間を振り返ってお答えください。

SQ1-1 　あなたが普段の1週間に行っている仕事の時間は、
　　　　残業も含めると何時間くらいですか。n=1,972

| 1週間あたり 〔 37.6 〕 時間 | 無回答 31 (1.6) |

SQ1-2 　そのうち残業の時間は何時間くらいですか。n=1,972

| 1週間あたり 〔 3.4 〕 時間 | 無回答 56 (2.8) |

SQ1-3 　あなたは在宅勤務（テレワーク）を、どのくらいの頻度で行いましたか。（○はひとつ）　n=1,972

1 していない 1,719 (87.2)	3 週1回程度 48 (2.4)	5 週3〜4日程度 56 (2.8)	無回答 11 (0.6)
2 月に数回程度 38 (1.9)	4 週2回程度 39 (2.0)	6 週5〜6日程度（ほぼ毎日） 61 (3.1)	

SQ2 　あなたのお勤め先についてお答えください。

SQ2-1 　あなたのお勤め先の、企業全体の従業員数はどのくらいですか。（○はひとつ）　n=1,972
　　　　※本社・支店・工場などを含めた企業全体の従業員総数で、パート等を含みます。
　　　　※国営・公営の事業所に雇用されている方は「10.官公庁など」を選択してください。

1 1人 143 (7.3)	4 10〜29人 285 (14.5)	7 100〜499人 315 (16.0)	10 官公庁など 80 (4.1)
2 2〜4人 200 (10.1)	5 30〜49人 134 (6.8)	8 500〜999人 118 (6.0)	
3 5〜9人 127 (6.4)	6 50人〜99人 145 (7.4)	9 1,000人以上 386 (19.6)	無回答 39 (2.0)

SQ2-2 　あなたのお勤め先は、健康づくりや健康経営に関する認定を受けていますか。（○はひとつ）　n=1,972
　　　　（健康経営優良法人、健康経営銘柄、スポーツエールカンパニー、健康優良企業など）

| 1 受けている 190 (9.6) | 2 受けていない 863 (43.8) | 3 わからない 900 (45.6) | 無回答 19 (1.0) |

SQ2-3 　あなたのお勤め先では、スポーツや運動習慣の定着に向けた具体的な支援はありますか。
　　　　（○はひとつ）　n=1,972
　　　　（スポーツクラブ補助、職場体操の実施、歩数アプリの推奨、運動の奨励、職場内運動スペース設置など）
　　　　※健保のサービスも含めますが、特定保健指導や単純な情報提供にとどまるものは除きます。

| 1 支援がある 255 (12.9) | 2 支援はない 1,083 (54.9) | 3 わからない 617 (31.3) | 無回答 17 (0.9) |

【全員におうかがいします。】

F11 　最後に「あなたのスポーツに対する思い」や、「スポーツの普及や発展に対するご意見」などについて、
ご自由にお書きください。

長い時間ご協力ありがとうございました。

- 14 -

VII

クロス集計結果

Cross tables

クロス集計結果　目次

注）本章では、主な設問のクロス集計結果を抜粋して掲載しています。
　　すべての設問のクロス集計結果は笹川スポーツ財団のウェブサイトに掲載しています。
　　詳細は「Ⅸ データの使用申請について」（p201）をご参照ください。

年齢

		全　体	18・19歳	20歳代	30歳代	40歳代	50歳代	60歳代	70歳以上
	全　体	3,000	2.5	12.5	14.6	19.4	17.6	16.3	17.1
地域	北海道	120	1.7	10.0	13.3	20.0	19.2	18.3	17.5
	東　北	220	3.6	10.9	14.5	17.3	17.3	18.6	17.7
	関　東	1,050	2.3	13.6	15.5	20.1	18.0	14.7	15.8
	中　部	540	2.4	12.2	13.5	19.3	17.8	16.9	18.0
	近　畿	480	2.3	13.1	14.4	19.4	17.7	15.4	17.7
	中　国	180	3.3	11.1	14.4	18.9	16.1	17.8	18.3
	四　国	90	4.4	10.0	14.4	18.9	15.6	17.8	18.9
	九　州	320	2.2	11.6	14.1	19.1	17.2	18.4	17.5
都市規模	21大都市 (計)	900	2.4	13.9	16.2	20.2	18.0	14.3	14.9
	東京都区部	220	1.4	17.3	20.0	20.9	19.1	11.4	10.0
	20大都市	680	2.8	12.8	15.0	20.0	17.6	15.3	16.5
	その他の市 (計)	1,860	2.7	12.2	14.0	19.1	17.4	16.8	17.8
	人口10万人以上の市	1,220	2.4	12.5	14.5	19.6	17.8	15.9	17.3
	人口10万人未満の市	640	3.3	11.4	13.1	18.1	16.7	18.4	18.9
	町村	240	1.3	9.6	12.5	18.8	17.9	20.0	20.0
年代	18・19歳	75	100.0	-	-	-	-	-	-
	20歳代	374	-	100.0	-	-	-	-	-
	30歳代	437	-	-	100.0	-	-	-	-
	40歳代	582	-	-	-	100.0	-	-	-
	50歳代	529	-	-	-	-	100.0	-	-
	60歳代	489	-	-	-	-	-	100.0	-
	70歳以上	514	-	-	-	-	-	-	100.0
性別	男　性	1,503	2.7	12.8	14.8	19.9	17.8	16.0	15.9
	女　性	1,497	2.3	12.1	14.3	18.9	17.5	16.6	18.4
性・年代	男性 (計)	1,503	2.7	12.8	14.8	19.9	17.8	16.0	15.9
	18・19歳	41	100.0	-	-	-	-	-	-
	20歳代	193	-	100.0	-	-	-	-	-
	30歳代	223	-	-	100.0	-	-	-	-
	40歳代	299	-	-	-	100.0	-	-	-
	50歳代	267	-	-	-	-	100.0	-	-
	60歳代	241	-	-	-	-	-	100.0	-
	70歳以上	239	-	-	-	-	-	-	100.0
	女性 (計)	1,497	2.3	12.1	14.3	18.9	17.5	16.6	18.4
	18・19歳	34	100.0	-	-	-	-	-	-
	20歳代	181	-	100.0	-	-	-	-	-
	30歳代	214	-	-	100.0	-	-	-	-
	40歳代	283	-	-	-	100.0	-	-	-
	50歳代	262	-	-	-	-	100.0	-	-
	60歳代	248	-	-	-	-	-	100.0	-
	70歳以上	275	-	-	-	-	-	-	100.0
職業	自営業 (小計)	347	-	3.2	10.4	20.2	24.2	22.5	19.6
	農林漁業	29	-	3.4	6.9	13.8	6.9	17.2	51.7
	商工サービス業	216	-	1.9	9.3	20.8	26.9	21.8	19.4
	その他の自営業	68	-	2.9	13.2	25.0	27.9	25.0	5.9
	家族従業者	34	-	11.8	14.7	11.8	14.7	26.5	20.6
	勤め人 (小計)	1,224	0.8	16.8	21.0	27.1	20.0	12.6	1.6
	管理職	107	-	0.9	15.0	29.9	36.4	15.9	1.9
	専門・技術職	230	-	22.2	19.6	30.4	18.3	8.3	1.3
	事務職	366	0.8	17.5	23.5	28.1	17.5	12.0	0.5
	技能・労務職	341	1.2	14.7	22.9	24.3	21.4	13.5	2.1
	サービス職	180	1.7	22.2	17.8	24.4	15.0	15.6	3.3
	その他 (小計)	1,429	4.5	11.0	10.1	12.6	14.0	18.0	29.8
	パートタイム・アルバイト	401	0.7	7.5	14.7	21.9	21.2	19.5	14.5
	専業主婦・主夫	491	-	4.1	15.1	15.7	16.7	19.6	28.9
	学生	152	40.1	59.9	-	-	-	-	-
	無職	372	-	2.4	3.0	3.8	8.3	22.0	60.5
	その他	13	7.7	53.8	-	7.7	15.4	7.7	7.7

Ⅶ クロス集計結果

運動・スポーツの年間実施頻度

		全 体 (n)	年0回	年1回以上 月1回未満 (年に1〜11回)	月1回以上 週1回未満 (年に12〜51回)	週1回以上 週2回未満 (年に52〜103回)	週2回以上 (年に104回以上) (%)	平均 (回／年)
	全 体	3,000	27.1	5.3	9.1	9.5	49.1	167.48
地域	北海道	120	30.0	4.2	4.2	10.8	50.8	189.25
	東 北	220	41.4	4.5	4.5	9.1	40.5	126.08
	関 東	1,050	24.9	6.0	9.8	10.4	49.0	169.39
	中 部	540	28.3	4.3	9.8	9.4	48.1	153.07
	近 畿	480	24.4	7.5	9.6	8.3	50.2	182.45
	中 国	180	25.6	2.8	11.7	6.7	53.3	187.73
	四 国	90	25.6	3.3	11.1	7.8	52.2	174.49
	九 州	320	26.6	4.4	7.8	10.0	51.3	169.95
都市規模	21大都市 (計)	900	25.9	6.4	8.9	11.7	47.1	152.26
	東京都区部	220	26.4	8.2	11.8	10.9	42.7	134.55
	20大都市	680	25.7	5.9	7.9	11.9	48.5	157.99
	その他の市 (計)	1,860	27.0	4.8	9.4	8.6	50.3	174.33
	人口10万人以上の市	1,220	24.6	4.8	9.9	8.9	51.7	179.71
	人口10万人未満の市	640	31.6	4.7	8.3	8.0	47.5	164.08
	町村	240	32.1	5.0	7.9	7.9	47.1	171.36
年代	18・19歳	75	16.0	6.7	5.3	10.7	61.3	200.36
	20歳代	374	25.9	9.4	11.2	10.2	43.3	139.05
	30歳代	437	28.6	7.3	11.7	12.8	39.6	130.32
	40歳代	582	23.5	6.0	13.1	11.0	46.4	143.48
	50歳代	529	30.1	5.3	8.7	10.8	45.2	156.97
	60歳代	489	27.4	3.7	7.2	8.2	53.6	185.83
	70歳以上	514	28.8	1.2	3.7	4.1	62.3	235.47
性別	男 性	1,503	24.8	6.7	9.5	9.8	49.1	164.59
	女 性	1,497	29.3	3.9	8.7	9.1	49.0	170.37
性・年代	男性 (計)	1,503	24.8	6.7	9.5	9.8	49.1	164.59
	18・19歳	41	9.8	7.3	7.3	14.6	61.0	197.68
	20歳代	193	21.8	10.4	9.3	9.3	49.2	147.94
	30歳代	223	26.9	9.9	12.1	11.2	39.9	125.58
	40歳代	299	21.4	7.7	14.0	11.0	45.8	135.26
	50歳代	267	30.3	7.5	7.9	13.5	40.8	137.17
	60歳代	241	26.1	4.1	8.3	7.5	53.9	182.95
	70歳以上	239	24.7	1.3	5.0	5.0	64.0	257.55
	女性 (計)	1,497	29.3	3.9	8.7	9.1	49.0	170.37
	18・19歳	34	23.5	5.9	2.9	5.9	61.8	203.59
	20歳代	181	30.4	8.3	13.3	11.0	37.0	129.56
	30歳代	214	30.4	4.7	11.2	14.5	39.3	135.25
	40歳代	283	25.8	4.2	12.0	11.0	47.0	152.17
	50歳代	262	29.8	3.1	9.5	8.0	49.6	177.16
	60歳代	248	28.6	3.2	6.0	8.9	53.2	188.63
	70歳以上	275	32.4	1.1	2.5	3.3	60.7	216.27
職業	自営業 (小計)	347	32.3	4.9	8.6	9.5	44.7	145.38
	農林漁業	29	44.8	3.4	6.9	3.4	41.4	89.97
	商工サービス業	216	32.4	3.2	6.9	9.7	47.7	156.74
	その他の自営業	68	27.9	10.3	14.7	8.8	38.2	134.38
	家族従業者	34	29.4	5.9	8.8	14.7	41.2	142.44
	勤め人 (小計)	1,224	25.3	7.5	11.6	12.1	43.5	139.94
	管理職	107	19.6	4.7	12.1	15.9	47.7	172.07
	専門・技術職	230	21.3	6.5	16.1	13.0	43.0	138.43
	事務職	366	22.4	7.4	10.7	14.5	45.1	146.29
	技能・労務職	341	32.0	10.0	8.2	9.4	40.5	129.17
	サービス職	180	27.2	6.1	13.9	8.9	43.9	130.25
	その他 (小計)	1,429	27.3	3.5	7.1	7.2	54.9	196.43
	パートタイム・アルバイト	401	31.2	4.5	9.0	7.2	48.1	160.23
	専業主婦・主夫	491	25.3	2.2	7.1	8.4	57.0	202.14
	学生	152	19.1	10.5	8.6	9.9	52.0	169.54
	無職	372	29.3	1.3	4.3	4.6	60.5	237.83
	その他	13	23.1	-	7.7	7.7	61.5	227.08

運動・スポーツ実施レベル

		全　体	レベル0	レベル1	レベル2	レベル3	レベル4
		(n)					(%)
	全　体	3,000	27.1	23.9	9.5	19.3	20.2
地域	北海道	120	30.0	19.2	10.8	17.5	22.5
	東　北	220	41.4	18.2	7.7	15.9	16.8
	関　東	1,050	24.9	26.2	7.7	21.1	20.1
	中　部	540	28.3	23.5	10.4	17.4	20.4
	近　畿	480	24.4	25.4	10.4	20.0	19.8
	中　国	180	25.6	21.1	14.4	17.8	21.1
	四　国	90	25.6	22.2	13.3	22.2	16.7
	九　州	320	26.6	22.2	9.4	18.8	23.1
都市規模	21大都市 (計)	900	25.9	27.0	8.3	18.7	20.1
	東京都区部	220	26.4	30.9	6.4	18.6	17.7
	20大都市	680	25.7	25.7	9.0	18.7	20.9
	その他の市 (計)	1,860	27.0	22.7	10.2	19.7	20.3
	人口10万人以上の市	1,220	24.6	23.7	9.8	20.4	21.5
	人口10万人未満の市	640	31.6	20.9	10.9	18.4	18.1
	町村	240	32.1	20.8	8.3	18.8	20.0
年代	18・19歳	75	16.0	22.7	5.3	9.3	46.7
	20歳代	374	25.9	30.7	5.3	16.3	21.7
	30歳代	437	28.6	31.8	8.0	15.3	16.2
	40歳代	582	23.5	30.1	12.5	18.7	15.1
	50歳代	529	30.1	24.8	10.2	15.3	19.7
	60歳代	489	27.4	19.0	10.8	21.1	21.7
	70歳以上	514	28.8	8.9	8.9	29.6	23.7
性別	男　性	1,503	24.8	26.1	8.3	18.0	22.9
	女　性	1,497	29.3	21.6	10.8	20.7	17.6
性・年代	男性 (計)	1,503	24.8	26.1	8.3	18.0	22.9
	18・19歳	41	9.8	29.3	4.9	2.4	53.7
	20歳代	193	21.8	29.0	4.1	18.1	26.9
	30歳代	223	26.9	33.2	8.1	11.2	20.6
	40歳代	299	21.4	32.8	11.4	18.1	16.4
	50歳代	267	30.3	28.8	7.1	10.9	22.8
	60歳代	241	26.1	19.9	9.5	23.7	20.7
	70歳以上	239	24.7	11.3	8.4	28.9	26.8
	女性 (計)	1,497	29.3	21.6	10.8	20.7	17.6
	18・19歳	34	23.5	14.7	5.9	17.6	38.2
	20歳代	181	30.4	32.6	6.6	14.4	16.0
	30歳代	214	30.4	30.4	7.9	19.6	11.7
	40歳代	283	25.8	27.2	13.8	19.4	13.8
	50歳代	262	29.8	20.6	13.4	19.8	16.4
	60歳代	248	28.6	18.1	12.1	18.5	22.6
	70歳以上	275	32.4	6.9	9.5	30.2	21.1
職業	自営業 (小計)	347	32.3	23.1	9.2	18.4	17.0
	農林漁業	29	44.8	13.8	13.8	10.3	17.2
	商工サービス業	216	32.4	19.9	10.2	19.9	17.6
	その他の自営業	68	27.9	33.8	4.4	17.6	16.2
	家族従業者	34	29.4	29.4	8.8	17.6	14.7
	勤め人 (小計)	1,224	25.3	31.2	9.5	15.1	18.9
	管理職	107	19.6	32.7	8.4	16.8	22.4
	専門・技術職	230	21.3	35.7	7.8	15.2	20.0
	事務職	366	22.4	32.5	9.8	16.9	18.3
	技能・労務職	341	32.0	27.6	12.0	11.4	17.0
	サービス職	180	27.2	28.9	6.7	17.2	20.0
	その他 (小計)	1,429	27.3	17.8	9.6	23.2	22.2
	パートタイム・アルバイト	401	31.2	20.7	11.5	22.2	14.5
	専業主婦・主夫	491	25.3	17.7	11.4	24.4	21.2
	学生	152	19.1	28.9	3.9	13.2	34.9
	無職	372	29.3	10.2	7.3	27.2	26.1
	その他	13	23.1	15.4	15.4	7.7	38.5

クロス集計結果

| 問1 | | 過去1年間に行った運動・スポーツ種目 | | | | | | | | | |

		全 体	散歩(ぶらぶら歩き)	ウォーキング	体操(軽い体操、ラジオ体操など)	筋力トレーニング	ジョギング・ランニング	釣り	サイクリング	ゴルフ(コース)	ゴルフ(練習場)	ボウリング
	全 体	3,000	31.8	29.4	17.4	16.4	8.9	7.2	7.0	6.7	6.1	5.5
地域	北海道	120	22.5	25.0	22.5	12.5	9.2	5.0	7.5	3.3	5.0	5.0
	東　北	220	21.4	20.0	10.0	14.5	5.9	5.0	4.5	2.7	2.7	2.7
	関　東	1,050	36.0	29.5	18.3	17.2	9.9	5.0	8.4	6.9	6.6	5.8
	中　部	540	27.6	28.0	15.0	16.3	8.1	5.6	4.8	10.2	7.6	4.4
	近　畿	480	34.4	32.5	20.0	18.3	8.8	10.4	7.5	5.6	5.2	6.3
	中　国	180	30.6	35.0	24.4	17.8	11.1	11.1	6.7	7.2	6.7	6.7
	四　国	90	38.9	36.7	14.4	15.6	10.0	10.0	8.9	4.4	4.4	7.8
	九　州	320	30.9	29.7	14.7	13.1	7.2	11.6	6.3	6.6	6.6	6.3
都市規模	21大都市 (計)	900	34.0	29.6	17.0	16.9	8.7	8.1	7.8	6.0	6.8	6.8
	東京都区部	220	33.2	26.4	17.3	20.0	10.9	5.5	8.2	5.5	7.3	7.7
	20大都市	680	34.3	30.6	16.9	15.9	7.9	9.0	7.6	6.2	6.6	6.5
	その他の市 (計)	1,860	30.8	29.5	16.9	16.7	9.0	6.8	6.9	7.1	6.0	5.2
	人口10万人以上の市	1,220	31.9	31.4	17.5	17.9	9.3	6.8	7.5	6.9	5.9	5.7
	人口10万人未満の市	640	28.6	25.8	15.9	14.4	8.4	6.7	5.6	7.5	6.3	4.2
	町村	240	32.1	28.3	22.5	12.5	8.8	6.7	4.6	6.7	4.6	3.8
年代	18・19歳	75	21.3	14.7	6.7	36.0	24.0	4.0	5.3	1.3	2.7	20.0
	20歳代	374	26.7	20.9	7.5	23.3	12.3	5.3	7.8	2.4	4.0	12.6
	30歳代	437	34.1	20.1	12.6	17.6	9.8	9.8	6.4	6.2	5.9	5.5
	40歳代	582	32.1	30.2	17.2	15.8	12.5	10.0	9.3	7.6	6.5	6.2
	50歳代	529	28.7	29.3	15.3	16.8	7.6	8.3	7.6	6.2	5.5	3.2
	60歳代	489	35.2	35.0	21.7	13.3	5.3	6.3	6.7	9.8	7.8	2.7
	70歳以上	514	34.8	39.5	28.6	10.7	3.9	3.1	4.1	7.8	7.0	2.7
性別	男　性	1,503	27.3	28.6	11.8	19.4	12.6	11.5	8.7	11.7	10.2	5.9
	女　性	1,497	36.4	30.2	23.0	13.4	5.1	2.8	5.2	1.7	2.0	5.2
性・年代	男性 (計)	1,503	27.3	28.6	11.8	19.4	12.6	11.5	8.7	11.7	10.2	5.9
	18・19歳	41	12.2	9.8	2.4	36.6	24.4	4.9	4.9	2.4	4.9	17.1
	20歳代	193	19.2	17.6	5.2	26.9	14.0	7.8	8.8	3.6	4.7	14.0
	30歳代	223	25.1	16.6	9.0	23.8	15.2	13.9	8.5	10.8	9.0	4.5
	40歳代	299	27.4	28.1	11.4	17.4	17.7	15.4	11.0	13.0	11.0	6.4
	50歳代	267	23.6	29.6	7.9	18.7	10.5	14.6	9.0	10.5	8.6	3.4
	60歳代	241	33.6	37.3	14.5	14.9	8.7	10.8	8.7	17.4	14.5	2.9
	70歳以上	239	36.0	42.7	23.4	13.8	7.1	5.9	6.3	14.6	13.4	3.8
	女性 (計)	1,497	36.4	30.2	23.0	13.4	5.1	2.8	5.2	1.7	2.0	5.2
	18・19歳	34	32.4	20.6	11.8	35.3	23.5	2.9	5.9	-	-	23.5
	20歳代	181	34.8	24.3	9.9	19.3	10.5	2.8	6.6	1.1	3.3	11.0
	30歳代	214	43.5	23.8	16.4	11.2	4.2	5.6	4.2	1.4	2.8	6.5
	40歳代	283	37.1	32.5	23.3	14.1	7.1	4.2	7.4	1.8	1.8	6.0
	50歳代	262	34.0	29.0	22.9	14.9	4.6	1.9	6.1	1.9	2.3	3.1
	60歳代	248	36.7	32.7	28.6	11.7	2.0	2.0	4.8	2.4	1.2	2.4
	70歳以上	275	33.8	36.7	33.1	8.0	1.1	0.7	2.2	1.8	1.5	1.8
職業	自営業 (小計)	347	30.0	32.0	16.1	13.5	7.8	12.4	6.9	10.4	10.4	6.1
	農林漁業	29	17.2	20.7	6.9	10.3	-	13.8	-	3.4	-	-
	商工サービス業	216	34.3	33.3	18.1	14.8	7.4	11.1	6.9	11.1	11.1	7.9
	その他の自営業	68	22.1	32.4	11.8	13.2	13.2	14.7	10.3	11.8	13.2	4.4
	家族従業者	34	29.4	32.4	20.6	8.8	5.9	14.7	5.9	8.8	8.8	2.9
	勤め人 (小計)	1,224	26.3	25.7	12.4	19.2	12.4	10.0	8.7	9.6	7.9	5.7
	管理職	107	29.9	44.9	10.3	25.2	14.0	11.2	5.6	29.9	22.4	3.7
	専門・技術職	230	26.1	25.7	13.0	22.6	11.3	10.9	12.6	3.9	3.5	7.0
	事務職	366	30.9	27.3	14.2	18.6	15.8	6.6	9.6	9.6	9.0	6.0
	技能・労務職	341	22.0	17.9	10.3	18.2	9.7	14.4	6.2	7.3	5.3	5.3
	サービス職	180	23.3	26.1	13.3	14.4	11.1	6.7	8.3	8.9	7.8	5.6
	その他 (小計)	1,429	37.0	31.9	22.0	14.7	6.1	3.5	5.5	3.4	3.6	5.2
	パートタイム・アルバイト	401	34.2	29.7	19.7	14.0	4.7	4.2	5.0	2.2	2.5	4.7
	専業主婦・主夫	491	43.2	33.2	30.1	11.4	3.7	1.6	4.1	1.4	1.4	3.5
	学生	152	27.0	19.1	4.6	32.9	19.7	3.3	7.2	1.3	3.3	19.7
	無職	372	35.8	38.2	20.7	12.1	5.1	5.4	7.0	8.3	7.8	2.4
	その他	13	46.2	23.1	23.1	23.1	7.7	-	15.4	-	-	(%)

		全体	登山	なわとび	水泳	バドミントン	キャンプ	ヨーガ	キャッチボール	卓球	ハイキング	サッカー
	(n)											(%)
	全体	3,000	5.1	5.0	4.8	4.8	4.6	4.5	4.4	4.0	3.5	3.4
地域	北海道	120	5.0	1.7	5.8	1.7	8.3	2.5	3.3	4.2	-	5.0
	東北	220	4.1	2.7	0.9	3.6	3.2	1.4	5.5	2.7	0.9	4.5
	関東	1,050	5.0	5.9	6.0	5.0	3.8	5.5	4.1	3.5	3.9	3.5
	中部	540	4.4	4.6	4.6	4.3	4.3	4.1	5.0	3.7	1.7	2.6
	近畿	480	5.4	4.2	4.8	5.2	5.4	4.0	2.9	4.2	7.3	2.7
	中国	180	11.7	5.0	4.4	5.0	7.2	6.1	6.7	7.2	4.4	3.9
	四国	90	4.4	5.6	4.4	11.1	5.6	3.3	6.7	6.7	3.3	5.6
	九州	320	3.4	6.3	4.1	5.0	4.7	4.7	4.1	4.4	2.5	3.1
都市規模	21大都市(計)	900	5.7	4.9	7.4	4.3	5.1	5.0	3.6	4.6	4.2	3.4
	東京都区部	220	2.7	6.4	9.1	3.2	3.6	5.0	2.7	5.0	2.3	3.6
	20大都市	680	6.6	4.4	6.9	4.7	5.6	5.0	3.8	4.4	4.9	3.4
	その他の市(計)	1,860	4.6	4.8	3.7	5.2	4.4	4.0	4.7	4.0	3.2	3.6
	人口10万人以上の市	1,220	4.9	4.8	3.4	5.4	4.6	4.8	4.5	4.3	3.7	3.5
	人口10万人未満の市	640	4.1	5.0	4.2	4.7	3.9	2.3	5.2	3.4	2.3	3.8
	町村	240	6.7	6.3	4.2	4.2	5.0	6.3	4.6	2.5	3.3	1.7
年代	18・19歳	75	4.0	2.7	8.0	10.7	6.7	1.3	10.7	8.0	4.0	20.0
	20歳代	374	2.7	4.8	4.0	9.6	3.7	1.3	7.5	6.4	1.9	7.2
	30歳代	437	5.3	7.6	5.5	3.4	7.6	3.7	6.4	4.1	2.7	5.7
	40歳代	582	7.4	7.2	6.9	9.3	8.1	5.7	6.5	3.4	3.6	5.2
	50歳代	529	5.3	3.2	3.4	3.4	4.2	7.0	2.5	2.8	3.8	0.4
	60歳代	489	5.5	4.5	4.3	1.6	2.9	4.9	1.4	2.7	4.1	0.6
	70歳以上	514	3.7	2.9	4.1	1.2	0.8	3.5	1.8	4.9	4.5	-
性別	男性	1,503	6.2	3.3	5.1	3.5	6.0	0.5	6.1	3.7	3.7	5.3
	女性	1,497	4.0	6.7	4.6	6.1	3.3	8.4	2.6	4.4	3.3	1.5
性・年代	男性(計)	1,503	6.2	3.3	5.1	3.5	6.0	0.5	6.1	3.7	3.7	5.3
	18・19歳	41	2.4	-	12.2	4.9	12.2	-	12.2	9.8	2.4	31.7
	20歳代	193	3.1	4.1	5.2	8.8	5.7	-	9.8	5.7	1.6	11.9
	30歳代	223	5.8	4.9	5.4	2.2	9.0	1.3	6.7	3.1	3.1	6.7
	40歳代	299	9.0	3.7	8.0	6.4	9.4	-	9.4	3.0	4.0	8.0
	50歳代	267	5.6	2.2	4.1	2.2	5.6	1.1	4.9	3.0	4.1	0.4
	60歳代	241	7.1	2.9	3.7	1.2	3.3	0.4	2.5	1.7	4.6	1.2
	70歳以上	239	5.9	2.9	2.1	0.4	1.3	0.4	2.5	5.0	4.6	-
	女性(計)	1,497	4.0	6.7	4.6	6.1	3.3	8.4	2.6	4.4	3.3	1.5
	18・19歳	34	5.9	5.9	2.9	17.6	-	2.9	8.8	5.9	5.9	5.9
	20歳代	181	2.2	5.5	2.8	10.5	1.7	2.8	5.0	7.2	2.2	2.2
	30歳代	214	4.7	10.3	5.6	4.7	6.1	6.1	6.1	5.1	2.3	4.7
	40歳代	283	5.7	11.0	5.7	12.4	6.7	11.7	3.5	3.9	3.2	2.1
	50歳代	262	5.0	4.2	2.7	4.6	2.7	13.0	-	2.7	3.4	0.4
	60歳代	248	4.0	6.0	4.8	2.0	2.4	9.3	0.4	3.6	3.6	-
	70歳以上	275	1.8	3.3	5.8	1.8	0.4	6.2	1.1	4.7	4.4	-
職業	自営業(小計)	347	6.3	3.5	4.3	2.9	4.9	4.3	2.9	3.2	5.8	2.0
	農林漁業	29	-	-	3.4	-	-	-	-	3.4	-	-
	商工サービス業	216	7.9	4.2	3.7	3.7	5.1	5.6	3.7	3.7	6.9	0.9
	その他の自営業	68	7.4	1.5	7.4	2.9	2.9	2.9	2.9	1.5	5.9	7.4
	家族従業者	34	-	5.9	2.9	-	11.8	2.9	-	2.9	2.9	-
	勤め人(小計)	1,224	6.3	4.7	5.2	5.4	6.4	2.8	5.8	3.3	3.1	4.4
	管理職	107	9.3	2.8	6.5	1.9	9.3	-	6.5	0.9	5.6	7.5
	専門・技術職	230	6.1	7.4	7.4	8.3	7.4	2.6	7.4	6.1	3.0	3.0
	事務職	366	8.2	4.9	6.6	6.0	6.8	4.1	5.5	3.6	3.6	4.1
	技能・労務職	341	4.7	3.8	2.6	4.4	5.9	1.2	6.7	1.8	1.8	4.4
	サービス職	180	3.9	3.9	3.9	4.4	3.3	5.0	2.2	3.3	3.3	5.0
	その他(小計)	1,429	3.8	5.5	4.6	4.8	3.1	5.9	3.5	4.9	3.4	2.9
	パートタイム・アルバイト	401	6.0	7.2	5.2	6.7	4.2	5.7	2.7	3.2	2.5	2.7
	専業主婦・主夫	491	2.4	6.3	4.7	4.1	3.1	9.6	3.1	5.3	4.1	1.0
	学生	152	3.3	4.6	6.6	11.2	3.3	0.7	10.5	9.2	3.9	14.5
	無職	372	3.5	3.0	3.2	1.3	1.6	3.8	1.9	4.3	3.0	0.8
	その他	13	-	7.7	-	-	7.7	-	7.7	7.7	7.7	-

VII

クロス集計結果

問1　過去1年間に行った運動・スポーツ種目

(n)　　　　　　　　　　　　　　　　　　　　　　　　　　　　　　　　　　(%)

	全体	海水浴	バスケットボール	野球	テニス(硬式テニス)	バレーボール	スキー	スノーボード	アクアエクササイズ(水中歩行・運動など)	グラウンドゴルフ	エアロビックダンス
全体	3,000	3.0	2.8	2.8	2.7	2.3	2.1	2.1	1.3	1.3	1.2
地域 北海道	120	3.3	3.3	3.3	0.8	2.5	6.7	3.3	3.3	-	0.8
東北	220	1.8	1.8	1.4	0.9	2.7	1.4	4.1	0.5	1.8	-
関東	1,050	3.1	2.9	2.5	3.5	2.1	2.4	1.8	1.6	0.8	1.1
中部	540	1.9	1.7	3.1	2.2	2.4	1.9	2.6	1.3	1.3	0.9
近畿	480	4.6	2.1	2.7	2.3	1.3	2.1	2.5	0.4	1.3	2.1
中国	180	2.8	2.2	4.4	5.0	2.8	2.2	1.1	2.2	2.8	0.6
四国	90	4.4	3.3	1.1	2.2	-	-	2.2	-	-	3.3
九州	320	2.8	5.9	3.4	1.9	4.1	0.6	0.6	0.9	2.5	0.9
都市規模 21大都市(計)	900	4.2	2.2	2.8	2.9	2.3	2.6	2.1	1.3	0.9	1.0
東京都区部	220	5.0	1.4	1.4	2.7	1.8	1.4	2.3	1.4	-	0.5
20大都市	680	4.0	2.5	3.2	2.9	2.5	2.9	2.1	1.3	1.2	1.2
その他の市(計)	1,860	2.5	3.2	3.0	2.8	2.4	1.9	2.2	1.3	1.2	1.2
人口10万人以上の市	1,220	2.4	3.3	3.2	3.1	2.9	1.6	2.1	1.2	1.2	1.3
人口10万人未満の市	640	2.8	3.1	2.7	2.2	1.4	2.3	2.3	1.4	1.1	0.9
町村	240	2.5	1.3	0.8	0.8	1.3	1.7	1.7	0.8	3.3	1.7
年代 18・19歳	75	4.0	20.0	10.7	5.3	10.7	4.0	5.3	-	-	1.3
20歳代	374	3.7	9.1	7.2	3.7	7.2	1.3	7.2	0.8	0.3	0.8
30歳代	437	5.9	4.1	3.7	2.1	1.6	1.6	3.7	2.1	0.7	0.9
40歳代	582	4.1	2.2	2.7	2.7	2.6	3.4	2.6	1.2	0.3	0.9
50歳代	529	2.3	0.2	0.9	2.8	0.6	3.6	0.4	-	-	1.3
60歳代	489	1.8	0.2	1.2	2.7	-	1.4	-	1.8	0.8	1.8
70歳以上	514	0.6	0.2	1.0	1.8	0.6	0.2	-	1.0	5.3	1.2
性別 男性	1,503	3.3	3.7	5.0	3.1	1.4	2.6	3.0	0.7	1.1	0.1
女性	1,497	2.8	1.9	0.5	2.2	3.1	1.5	1.3	1.8	1.5	2.2
性・年代 男性(計)	1,503	3.3	3.7	5.0	3.1	1.4	2.6	3.0	0.7	1.1	0.1
18・19歳	41	7.3	26.8	19.5	2.4	4.9	2.4	2.4	-	-	-
20歳代	193	4.7	12.4	12.4	4.1	5.2	1.6	10.9	1.6	-	-
30歳代	223	4.9	4.0	5.8	2.7	0.9	1.8	4.9	1.3	1.3	0.4
40歳代	299	4.0	3.3	4.7	3.3	1.3	3.7	3.3	0.3	0.3	-
50歳代	267	3.0	0.4	1.9	2.6	0.4	5.2	0.7	0.4	-	-
60歳代	241	2.1	-	2.5	2.9	0.8	2.1	-	0.8	0.8	0.4
70歳以上	239	0.4	-	2.1	3.3	-	0.4	-	0.4	4.2	-
女性(計)	1,497	2.8	1.9	0.5	2.2	3.1	1.5	1.3	1.8	1.5	2.2
18・19歳	34	-	11.8	-	8.8	17.6	5.9	8.8	-	-	2.9
20歳代	181	2.8	5.5	1.7	3.3	9.4	1.1	3.3	-	0.6	1.7
30歳代	214	7.0	4.2	1.4	1.4	2.3	1.4	2.3	2.8	-	1.4
40歳代	283	4.2	1.1	0.7	2.1	3.9	3.2	1.8	2.1	0.4	1.8
50歳代	262	1.5	-	-	3.1	0.8	1.9	-	1.5	0.4	2.7
60歳代	248	1.6	0.4	-	2.4	1.2	0.8	-	2.8	0.8	3.2
70歳以上	275	0.7	0.4	-	0.4	1.1	-	-	1.5	6.2	2.2
職業 自営業(小計)	347	3.5	1.4	2.3	1.4	1.2	3.7	2.0	0.9	1.2	0.9
農林漁業	29	-	-	-	-	-	-	3.4	-	-	-
商工サービス業	216	4.2	1.9	2.3	1.9	1.4	2.3	1.4	0.5	0.5	0.9
その他の自営業	68	2.9	1.5	4.4	-	1.5	8.8	2.9	-	-	-
家族従業者	34	2.9	-	-	-	-	5.9	2.9	5.9	8.8	2.9
勤め人(小計)	1,224	3.5	2.9	4.2	3.1	2.0	2.5	2.7	1.3	0.6	0.6
管理職	107	4.7	0.9	6.5	3.7	-	8.4	1.9			
専門・技術職	230	5.7	2.6	4.3	6.1	3.9	3.0	1.7	1.3	0.4	1.3
事務職	366	2.7	3.0	4.6	3.3	1.9	2.2	2.7	1.6	0.5	0.5
技能・労務職	341	2.6	3.8	3.8	1.8	0.9	0.9	3.8	1.2	0.9	0.3
サービス職	180	3.3	2.8	2.2	1.1	2.8	1.7	2.2	1.7	0.6	0.6
その他(小計)	1,429	2.5	2.9	1.7	2.6	2.8	1.3	1.7	1.3	1.9	1.7
パートタイム・アルバイト	401	3.7	2.2	0.7	2.7	3.0	1.0	1.7	1.2	1.2	2.0
専業主婦・主夫	491	2.0	1.0	0.4	1.0	1.0	1.0	0.6	1.6	2.0	2.4
学生	152	2.6	17.8	9.2	5.9	13.8	3.3	9.2	0.7	-	1.3
無職	372	1.6	-	1.3	3.0	0.5	1.1	-	1.3	3.0	0.5
その他	13	7.7	7.7	-	7.7	-	7.7	-	-	7.7	7.7

		全体	フットサル	ソフトテニス(軟式テニス)	ピラティス	ソフトボール	スケートボード	ソフトバレー	アイススケート	太極拳	サーフィン	パークゴルフ
	全体	3,000	1.2	1.1	1.0	0.9	0.8	0.8	0.7	0.7	0.6	0.6
地域	北海道	120	-	-	-	-	1.7	-	2.5	0.8	-	4.2
	東北	220	-	0.5	-	0.5	-	0.5	0.5	0.9	0.9	0.9
	関東	1,050	1.4	0.9	1.0	0.5	0.9	0.9	0.9	0.8	1.0	0.5
	中部	540	1.1	1.9	0.9	1.3	1.1	0.7	0.2	0.4	0.6	0.2
	近畿	480	1.3	0.6	1.5	1.0	0.8	0.4	0.8	0.8	0.2	-
	中国	180	2.2	2.8	0.6	1.7	-	1.7	0.6	1.1	0.6	-
	四国	90	2.2	1.1	2.2	2.2	-	1.1	1.1	-	-	-
	九州	320	0.9	0.9	1.6	1.6	0.9	1.6	0.6	0.6	0.6	0.9
都市規模	21大都市(計)	900	2.1	1.0	0.9	0.8	0.6	0.6	1.1	0.7	0.9	-
	東京都区部	220	1.4	0.5	-	-	-	0.5	0.9	1.4	0.9	-
	20大都市	680	2.4	1.2	1.2	1.0	0.7	0.6	1.2	0.4	0.9	-
	その他の市(計)	1,860	0.9	1.2	1.1	1.0	1.0	0.9	0.6	0.8	0.5	0.8
	人口10万人以上の市	1,220	1.0	1.0	1.2	1.1	1.5	1.1	0.7	0.8	0.7	0.7
	人口10万人未満の市	640	0.6	1.6	0.8	0.8	0.2	0.6	0.5	0.6	0.3	0.8
	町村	240	0.4	0.4	1.3	1.3	0.4	1.3	-	0.4	0.4	1.3
年代	18・19歳	75	8.0	1.3	1.3	4.0	2.7	4.0	2.7	-	1.3	-
	20歳代	374	4.3	2.7	0.3	1.1	1.6	1.3	1.6	0.5	1.9	-
	30歳代	437	1.1	2.1	0.5	0.7	1.8	1.4	1.4	0.5	1.1	0.2
	40歳代	582	1.2	0.7	1.4	1.2	1.0	0.5	1.0	-	0.5	-
	50歳代	529	0.4	0.8	0.9	1.1	0.6	0.7	0.6	0.6	0.6	-
	60歳代	489	-	0.4	1.8	0.8	-	0.8	-	1.0	-	1.2
	70歳以上	514	-	0.4	1.0	0.2	-	0.6	0.2	1.8	-	1.8
性別	男性	1,503	2.1	1.3	0.1	1.6	1.0	0.6	0.5	0.2	1.1	0.6
	女性	1,497	0.3	0.9	1.9	0.3	0.7	1.1	1.0	1.2	0.1	0.5
性・年代	男性(計)	1,503	2.1	1.3	0.1	1.6	1.0	0.6	0.5	0.2	1.1	0.6
	18・19歳	41	7.3	2.4	-	4.9	2.4	2.4	-	-	2.4	-
	20歳代	193	8.3	2.1	-	1.0	1.0	1.6	2.1	0.5	3.1	-
	30歳代	223	2.2	2.2	0.4	0.9	1.8	0.9	0.4	-	1.8	-
	40歳代	299	2.0	1.0	-	2.3	1.7	0.3	0.3	-	1.0	-
	50歳代	267	0.7	1.5	-	2.2	1.1	-	0.4	-	1.1	0.4
	60歳代	241	-	0.4	0.4	1.7	-	0.4	-	0.4	-	1.2
	70歳以上	239	-	0.4	-	0.4	-	0.4	-	0.4	-	2.1
	女性(計)	1,497	0.3	0.9	1.9	0.3	0.7	1.1	1.0	1.2	0.1	0.5
	18・19歳	34	8.8	-	2.9	2.9	2.9	5.9	5.9	-	-	-
	20歳代	181	-	3.3	0.6	1.1	2.2	1.1	1.1	0.6	0.6	-
	30歳代	214	-	1.9	0.5	0.5	1.9	1.9	2.3	0.9	0.5	0.5
	40歳代	283	0.4	0.4	2.8	-	0.4	0.7	1.8	-	-	-
	50歳代	262	-	-	1.9	-	-	0.4	-	1.1	-	-
	60歳代	248	-	0.4	3.2	-	-	1.2	-	1.6	-	1.2
	70歳以上	275	-	0.4	1.8	-	-	0.7	0.4	2.9	-	1.5
職業	自営業(小計)	347	0.3	1.2	0.6	0.6	1.4	0.9	0.3	0.3	0.6	-
	農林漁業	29	-	-	-	-	-	-	-	-	-	-
	商工サービス業	216	0.5	1.4	0.5	0.5	2.3	0.9	0.5	-	0.5	-
	その他の自営業	68	-	1.5	-	1.5	-	-	-	-	1.5	-
	家族従業者	34	-	-	2.9	-	-	2.9	-	2.9	-	-
	勤め人(小計)	1,224	1.6	1.5	0.7	1.6	0.9	0.4	0.7	0.2	1.1	0.2
	管理職	107	1.9	-	-	2.8	0.9	-	0.9	-	0.9	-
	専門・技術職	230	0.9	3.0	0.4	0.4	0.9	0.4	2.2	-	-	-
	事務職	366	2.7	1.6	1.4	0.8	-	0.5	0.5	0.3	0.8	0.5
	技能・労務職	341	1.2	1.2	0.3	3.2	2.1	0.6	0.3	0.3	1.8	0.3
	サービス職	180	0.6	0.6	0.6	1.1	0.6	-	-	-	1.7	-
	その他(小計)	1,429	1.1	0.7	1.5	0.4	0.6	1.2	0.8	1.3	0.3	1.0
	パートタイム・アルバイト	401	0.5	0.7	1.7	-	0.7	1.0	1.2	1.2	0.2	-
	専業主婦・主夫	491	-	0.6	1.8	0.2	0.6	1.6	0.4	2.2	-	1.2
	学生	152	9.2	2.0	0.7	2.0	2.0	2.6	3.3	-	2.0	-
	無職	372	-	0.3	1.1	0.5	-	0.3	-	0.3	-	1.9
	その他	13	-	-	-	-	-	-	-	-	7.7	- 7.7

問1　過去1年間に行った運動・スポーツ種目

(n)　(%)

		全体	フラダンス	ボクシング	ロードレース(駅伝・マラソンなど)	空手	フライングディスク(フリスビー)	ボッチャ	カヌー	剣道	社交ダンス	ボルダリング	陸上競技
全体		3,000	0.6	0.6	0.6	0.5	0.5	0.5	0.4	0.4	0.4	0.4	0.4
地域	北海道	120	0.8	0.8	2.5	-	0.8	-	-	-	0.8	-	-
	東北	220	0.5	-	0.5	0.5	0.5	0.9	0.5	-	0.5	0.5	0.9
	関東	1,050	0.8	0.7	0.5	0.5	0.7	0.8	0.2	0.4	0.2	0.6	0.2
	中部	540	0.6	0.2	0.6	0.2	0.2	0.2	0.2	0.2	0.4	-	-
	近畿	480	0.4	0.8	0.6	0.8	0.4	0.4	0.6	0.6	0.8	0.4	0.6
	中国	180	0.6	-	-	-	0.6	-	1.1	1.1	0.6	-	1.7
	四国	90	-	-	-	4.4	-	2.2	-	-	1.1	-	1.1
	九州	320	0.9	1.3	-	0.3	0.9	0.3	1.3	0.9	0.3	0.6	-
都市規模	21大都市 (計)	900	0.3	0.3	0.8	0.4	0.6	0.6	0.3	0.3	0.4	0.6	0.4
	東京都区部	220	-	-	0.5	0.9	0.5	0.5	-	-	-	0.9	0.5
	20大都市	680	0.4	0.4	0.9	0.3	0.6	0.6	0.4	0.4	0.6	0.4	0.4
	その他の市 (計)	1,860	0.9	0.8	0.6	0.6	0.5	0.5	0.4	0.5	0.5	0.4	0.4
	人口10万人以上の市	1,220	1.1	0.8	0.7	0.8	0.7	0.7	0.3	0.7	0.4	0.4	0.4
	人口10万人未満の市	640	0.3	0.6	0.5	0.2	0.3	0.2	0.6	0.2	0.6	0.3	0.3
	町村	240	-	-	0.4	0.4	0.4	0.8	0.8	-	-	-	-
年代	18・19歳	75	1.3	1.3	1.3	-	-	-	1.3	-	-	1.3	4.0
	20歳代	374	-	1.3	0.3	1.3	1.1	-	-	1.3	0.3	1.1	1.1
	30歳代	437	0.5	1.4	0.7	0.9	1.4	0.2	0.7	0.2	0.2	0.5	0.2
	40歳代	582	0.5	-	1.4	0.5	0.9	0.9	0.3	0.7	-	0.5	0.2
	50歳代	529	1.1	0.4	0.4	0.4	0.2	0.8	0.8	0.2	-	-	-
	60歳代	489	1.0	0.6	0.8	0.2	-	0.6	0.2	0.2	0.4	0.4	0.2
	70歳以上	514	0.4	0.2	-	0.2	-	0.6	0.2	0.2	1.8	-	0.2
性別	男性	1,503	-	0.8	1.2	0.9	0.2	0.5	0.5	0.7	0.3	0.7	0.5
	女性	1,497	1.3	0.3	0.1	0.2	0.9	0.6	0.3	0.2	0.6	0.1	0.3
性・年代	男性 (計)	1,503	-	0.8	1.2	0.9	0.2	0.5	0.5	0.7	0.3	0.7	0.5
	18・19歳	41	-	2.4	2.4	-	-	-	2.4	-	-	2.4	4.9
	20歳代	193	-	1.6	0.5	2.1	0.5	-	-	2.1	-	2.1	2.1
	30歳代	223	-	1.8	1.3	0.9	0.4	-	0.9	-	-	0.9	-
	40歳代	299	-	-	2.7	1.0	0.3	1.0	-	1.3	-	0.3	0.3
	50歳代	267	-	0.7	0.7	0.7	-	-	0.4	0.7	-	-	-
	60歳代	241	-	0.4	1.2	-	-	0.8	0.8	-	0.4	0.8	-
	70歳以上	239	-	0.4	-	-	-	0.4	0.4	0.4	1.3	-	-
	女性 (計)	1,497	1.3	0.3	0.1	0.2	0.9	0.6	0.3	0.2	0.6	0.1	0.3
	18・19歳	34	2.9	-	-	-	-	-	-	-	-	-	2.9
	20歳代	181	-	1.1	-	-	0.6	1.7	-	-	0.6	0.6	-
	30歳代	214	0.9	0.9	-	-	0.9	2.3	0.5	0.5	0.5	0.5	0.5
	40歳代	283	1.1	-	-	-	-	1.4	0.7	0.7	-	0.7	-
	50歳代	262	2.3	-	-	-	-	0.4	1.1	0.8	0.4	-	-
	60歳代	248	2.0	0.4	0.4	-	-	0.4	-	-	-	0.4	0.4
	70歳以上	275	0.7	-	-	-	-	0.7	-	-	2.2	-	0.4
職業	自営業 (小計)	347	0.3	0.6	0.9	0.6	0.6	-	0.6	-	-	0.3	-
	農林漁業	29	-	-	-	-	-	-	-	-	-	-	-
	商工サービス業	216	0.5	-	0.9	-	0.5	-	0.5	-	-	0.5	-
	その他の自営業	68	-	1.5	-	2.9	1.5	-	1.5	-	-	-	-
	家族従業者	34	-	2.9	2.9	-	-	-	-	-	-	-	-
	勤め人 (小計)	1,224	0.2	0.7	1.3	0.6	0.3	0.5	0.4	0.7	0.1	0.3	0.4
	管理職	107	-	0.9	1.9	-	-	-	-	0.9	1.9	-	-
	専門・技術職	230	-	0.4	0.4	0.9	1.3	0.9	-	1.3	-	0.9	-
	事務職	366	0.5	0.8	2.5	0.8	0.3	0.8	0.8	0.5	0.3	0.5	1.1
	技能・労務職	341	0.3	0.9	1.2	0.6	-	0.3	-	0.3	-	-	0.3
	サービス職	180	-	0.6	-	-	-	-	0.6	0.6	-	-	-
	その他 (小計)	1,429	1.0	0.4	-	0.5	0.7	0.7	0.4	0.3	0.8	0.5	0.4
	パートタイム・アルバイト	401	0.7	0.2	-	0.2	0.5	1.0	-	-	0.5	0.5	-
	専業主婦・主夫	491	2.0	0.2	-	0.2	1.4	0.4	0.8	0.2	0.6	0.2	0.2
	学生	152	0.7	1.3	-	1.3	0.7	-	-	1.3	0.7	1.3	2.0
	無職	372	0.3	0.5	-	0.8	-	0.8	0.5	0.3	1.6	0.3	0.3
	その他	13	-	-	-	-	-	7.7	-	-	-	7.7	7.7

		全 体 (n)	エアロバイク	柔道	3x3(スリー・エックス・スリー)バスケットボール	ストレッチ	つな引き	トランポリン	30分女性専用フィットネス	乗馬	スクーバダイビング	体操競技(器械体操)	ボート・漕艇 (%)
	全 体	3,000	0.3	0.3	0.3	0.3	0.3	0.3	0.2	0.2	0.2	0.2	0.2
地域	北海道	120	-	-	-	0.8	-	-	0.8	-	-	0.8	-
	東 北	220	-	-	-	-	0.5	-	0.5	0.5	-	0.5	-
	関 東	1,050	0.4	0.1	0.6	0.4	0.2	0.4	-	-	0.2	0.2	0.4
	中 部	540	-	0.6	-	0.2	0.2	0.4	0.2	-	-	-	0.2
	近 畿	480	0.2	-	-	0.4	0.2	0.2	0.4	0.2	0.4	-	-
	中 国	180	0.6	0.6	0.6	-	0.6	-	-	-	0.6	0.6	0.6
	四 国	90	-	1.1	-	-	1.1	-	-	-	-	-	-
	九 州	320	0.6	0.9	0.3	0.3	0.3	0.6	-	0.9	0.3	0.3	0.3
都市規模	21大都市 (計)	900	0.2	0.2	0.3	0.3	0.1	0.2	0.1	0.1	0.3	0.2	0.1
	東京都区部	220	-	0.5	-	-	-	-	-	-	-	-	0.5
	20大都市	680	0.3	0.3	0.3	0.4	0.1	0.3	0.1	0.1	0.4	0.3	-
	その他の市 (計)	1,860	0.3	0.3	0.3	0.3	0.4	0.2	0.2	0.2	0.2	0.2	0.3
	人口10万人以上の市	1,220	0.3	0.3	0.2	0.3	0.6	0.2	0.2	0.1	0.2	0.2	0.4
	人口10万人未満の市	640	0.3	0.3	0.3	0.3	-	0.3	0.3	0.5	-	0.2	0.2
	町村	240	-	0.4	-	-	-	1.3	-	-	-	0.4	-
年代	18・19歳	75	-	1.3	4.0	-	2.7	-	-	-	-	1.3	1.3
	20歳代	374	-	0.8	0.8	-	0.5	-	-	0.3	0.5	0.8	0.5
	30歳代	437	0.2	0.5	0.5	0.5	0.2	0.5	-	0.5	0.2	0.2	0.2
	40歳代	582	0.2	0.2	-	-	0.2	0.7	-	-	-	-	0.3
	50歳代	529	0.2	-	-	-	0.2	0.2	-	-	0.4	0.2	-
	60歳代	489	-	-	-	-	0.6	-	0.4	0.6	0.2	-	-
	70歳以上	514	1.0	0.4	-	-	0.4	0.2	-	0.4	0.2	-	-
性別	男 性	1,503	0.2	0.4	0.3	0.1	0.2	0.1	-	0.1	0.2	0.2	0.3
	女 性	1,497	0.3	0.2	0.2	0.5	0.3	0.5	0.3	0.2	0.2	0.3	0.1
性・年代	男性 (計)	1,503	0.2	0.4	0.3	0.1	0.2	0.1	-	0.1	0.2	0.2	0.3
	18・19歳	41	-	2.4	4.9	-	-	-	-	-	-	2.4	2.4
	20歳代	193	-	1.0	1.0	-	1.0	-	-	0.5	0.5	1.0	1.0
	30歳代	223	-	-	0.4	-	-	-	-	0.4	-	-	-
	40歳代	299	-	0.3	-	-	-	0.3	-	-	-	-	0.3
	50歳代	267	-	-	-	-	0.4	0.4	-	0.4	-	-	-
	60歳代	241	-	-	-	-	-	-	-	-	-	-	0.4
	70歳以上	239	1.3	0.8	-	-	0.4	-	-	0.4	-	-	-
	女性 (計)	1,497	0.3	0.2	0.2	0.5	0.3	0.5	0.3	0.2	0.2	0.3	0.1
	18・19歳	34	-	-	2.9	-	5.9	-	-	-	-	-	-
	20歳代	181	-	0.6	0.6	-	-	-	-	-	0.6	0.6	-
	30歳代	214	0.5	0.9	0.5	0.9	0.5	0.9	-	0.9	-	0.5	0.5
	40歳代	283	0.4	-	-	0.4	0.4	1.1	-	-	-	-	0.4
	50歳代	262	0.4	-	-	-	0.4	-	-	-	0.4	0.4	-
	60歳代	248	-	-	-	1.2	-	0.8	1.2	0.4	0.4	0.4	-
	70歳以上	275	0.7	-	-	-	0.4	0.4	-	0.7	-	-	-
職業	自営業 (小計)	347	-	-	-	0.3	-	0.9	-	0.3	0.3	-	0.3
	農林漁業	29	-	-	-	-	-	-	-	-	-	-	-
	商工サービス業	216	-	-	-	0.5	-	1.4	-	0.5	-	-	-
	その他の自営業	68	-	-	-	-	-	-	-	-	1.5	-	1.5
	家族従業者	34	-	-	-	-	-	-	-	-	-	-	-
	勤め人 (小計)	1,224	0.2	0.2	0.1	0.1	0.2	-	0.1	0.2	0.3	0.2	0.3
	管理職	107	-	-	-	-	-	-	-	-	-	-	-
	専門・技術職	230	-	-	0.4	-	0.4	-	-	-	0.4	-	-
	事務職	366	0.3	0.3	-	0.3	-	-	0.3	0.5	0.5	0.3	0.8
	技能・労務職	341	-	0.3	-	-	0.3	-	-	-	-	0.3	0.3
	サービス職	180	0.6	0.6	-	-	-	-	-	-	0.6	-	-
	その他 (小計)	1,429	0.4	0.4	0.5	0.5	0.4	0.4	0.3	0.1	0.1	0.3	0.1
	パートタイム・アルバイト	401	-	-	-	-	0.5	-	-	-	-	-	-
	専業主婦・主夫	491	0.6	0.2	0.2	0.6	0.4	1.2	0.2	0.4	-	0.4	0.2
	学生	152	-	2.0	3.9	-	2.0	-	-	-	0.7	1.3	0.7
	無職	372	0.8	0.5	-	0.5	0.3	-	0.8	-	-	-	-
	その他	13	-	-	-	-	-	-	-	-	-	7.7	-

問1　過去1年間に行った運動・スポーツ種目

(n) / (%)

		全体	ラグビー	バレエ	合気道	インディアカ	キックボクシング	ゲートボール	自彊術(じきょうじゅつ)	少林寺拳法	SUP(スタンドアップパドルボーディング)	3B体操	体育クラブ・スポーツクラブ	ダンス
	全体	3,000	0.2	0.2	0.1	0.1	0.1	0.1	0.1	0.1	0.1	0.1	0.1	0.1
地域	北海道	120	-	-	-	-	-	-	-	-	-	-	-	-
	東北	220	-	-	-	-	-	-	0.5	-	-	-	-	-
	関東	1,050	0.2	0.1	0.2	0.2	0.3	-	-	0.1	0.1	-	0.2	0.1
	中部	540	-	-	-	-	-	0.2	-	-	0.2	-	0.2	-
	近畿	480	0.4	0.2	-	-	0.2	0.2	0.2	-	-	-	0.2	-
	中国	180	1.1	1.1	-	-	-	-	-	0.6	-	0.6	-	-
	四国	90	-	-	-	-	-	-	-	-	-	-	-	-
	九州	320	-	0.3	0.3	-	-	0.6	-	0.3	-	0.3	-	0.3
都市規模	21大都市 (計)	900	-	0.1	0.1	0.2	0.3	-	-	0.1	-	-	0.1	0.2
	東京都区部	220	-	-	-	-	-	-	-	0.5	-	-	-	0.5
	20大都市	680	-	0.1	0.1	0.3	0.4	-	-	-	-	-	0.1	0.1
	その他の市 (計)	1,860	0.3	0.2	0.1	-	0.1	0.1	0.1	0.1	0.1	0.1	0.2	-
	人口10万人以上の市	1,220	0.2	0.3	0.1	-	0.1	0.1	0.1	0.1	0.1	-	0.2	-
	人口10万人未満の市	640	0.5	-	0.2	-	-	0.2	0.2	0.2	0.2	0.2	0.2	-
	町村	240	-	-	-	-	-	0.8	-	-	-	0.4	-	-
年代	18・19歳	75	1.3	-	-	-	-	-	-	1.3	-	-	-	1.3
	20歳代	374	1.1	-	0.5	-	-	-	-	0.3	0.3	-	0.3	0.3
	30歳代	437	-	0.2	-	-	0.5	-	-	-	-	-	-	-
	40歳代	582	-	0.3	0.2	0.2	0.2	-	-	-	0.2	-	0.2	-
	50歳代	529	-	0.2	-	-	-	-	-	-	-	-	0.2	-
	60歳代	489	0.2	-	-	-	-	-	0.2	0.2	-	-	0.2	-
	70歳以上	514	-	-	-	0.2	-	0.6	-	-	-	0.4	0.2	-
性別	男性	1,503	0.4	-	0.1	-	0.3	0.1	-	0.2	0.1	-	0.2	-
	女性	1,497	-	0.3	0.1	0.1	-	0.1	0.1	-	-	0.1	0.1	0.1
性・年代	男性 (計)	1,503	0.4	-	0.1	-	0.3	0.1	-	0.2	0.1	-	0.2	-
	18・19歳	41	2.4	-	-	-	-	-	-	2.4	-	-	-	-
	20歳代	193	2.1	-	0.5	-	-	-	-	0.5	0.5	-	0.5	-
	30歳代	223	-	-	-	-	0.9	-	-	-	-	-	-	-
	40歳代	299	-	-	0.3	-	0.3	-	-	-	0.3	-	0.3	-
	50歳代	267	-	-	-	-	0.4	0.4	-	-	-	-	-	-
	60歳代	241	0.4	-	-	-	-	-	-	0.4	-	-	0.4	-
	70歳以上	239	-	-	-	-	-	0.4	-	-	-	-	-	-
	女性 (計)	1,497	-	0.3	0.1	0.1	-	0.1	0.1	-	-	0.1	0.1	0.1
	18・19歳	34	-	-	-	-	-	-	-	-	-	-	-	2.9
	20歳代	181	-	-	0.6	-	-	-	-	-	-	-	-	0.6
	30歳代	214	-	0.5	-	-	-	-	-	-	-	-	-	-
	40歳代	283	-	0.7	-	0.4	-	-	-	-	-	-	-	-
	50歳代	262	-	0.4	-	-	-	-	-	-	-	-	-	-
	60歳代	248	-	0.4	-	-	-	-	0.4	-	-	-	-	-
	70歳以上	275	-	-	-	0.4	-	0.7	0.4	-	-	0.7	0.4	-
職業	自営業 (小計)	347	0.6	0.3	-	-	0.3	-	-	-	0.3	-	0.3	-
	農林漁業	29	-	-	-	-	-	-	-	-	-	-	-	-
	商工サービス業	216	0.5	-	-	-	-	-	-	-	0.5	-	0.5	-
	その他の自営業	68	-	1.5	-	-	1.5	-	-	-	-	-	-	-
	家族従業者	34	2.9	-	-	-	-	-	-	-	-	-	-	-
	勤め人 (小計)	1,224	0.1	0.2	0.1	0.1	0.2	-	-	0.1	-	-	0.2	-
	管理職	107	-	-	-	-	-	-	-	-	-	-	-	-
	専門・技術職	230	0.4	-	-	-	0.4	-	-	-	-	-	-	-
	事務職	366	-	0.3	0.3	-	-	-	-	-	-	-	0.3	-
	技能・労務職	341	-	-	-	-	0.3	-	-	0.3	-	-	0.3	-
	サービス職	180	-	0.6	-	-	1.1	-	-	-	-	-	-	-
	その他 (小計)	1,429	0.2	0.1	0.1	0.1	-	0.3	0.1	0.1	0.1	0.1	0.1	0.1
	パートタイム・アルバイト	401	-	-	-	-	-	-	-	-	-	-	-	0.2
	専業主婦・主夫	491	-	0.4	-	-	-	-	-	0.2	-	-	0.4	0.2
	学生	152	2.0	-	1.3	-	-	-	-	1.3	0.7	-	-	0.7
	無職	372	-	-	-	0.3	-	1.1	0.3	-	-	-	-	-
	その他	13	-	-	-	-	-	-	-	-	-	-	-	-

		全体	トレイルランニング	バイシクルモトクロス(BMX)	バウンドテニス	ハンドボール	フィットネス	ボードセーリング(ウインドサーフィン)	ボディコンバット(有酸素運動)	モータースポーツ	レクリエーションダンス	ロードバイク	ローラースケート	1年間行わなかった
	全　体	3,000	0.1	0.1	0.1	0.1	0.1	0.1	0.1	0.1	0.1	0.1	0.1	27.1
地域	北海道	120	-	-	-	-	-	-	-	-	-	0.8	-	30.0
	東　北	220	-	-	-	-	-	-	-	-	-	-	0.5	41.4
	関　東	1,050	-	0.1	-	0.1	0.1	-	0.1	0.1	0.1	0.1	0.1	24.9
	中　部	540	0.2	-	-	0.2	0.2	-	0.2	-	0.2	0.2	-	28.3
	近　畿	480	-	-	-	-	-	0.2	-	-	-	-	-	24.4
	中　国	180	-	-	-	-	-	-	-	-	-	-	-	25.6
	四　国	90	-	1.1	2.2	-	-	-	-	-	-	-	-	25.6
	九　州	320	0.3	-	-	0.3	0.3	0.3	-	0.3	-	-	-	26.6
都市規模	21大都市(計)	900	-	0.1	-	-	-	0.1	-	0.2	0.1	0.3	0.1	25.9
	東京都区部	220	-	0.5	-	-	-	-	-	0.5	-	-	0.5	26.4
	20大都市	680	-	-	-	-	-	0.1	-	0.1	0.1	0.4	-	25.7
	その他の市(計)	1,860	0.1	0.1	0.1	0.2	0.1	0.1	0.1	-	0.1	-	-	27.0
	人口10万人以上の市	1,220	0.1	0.1	0.2	0.2	0.1	-	0.2	-	0.1	-	-	24.6
	人口10万人未満の市	640	-	-	-	-	0.2	0.2	-	-	-	-	-	31.6
	町村	240	0.4	-	-	-	0.4	-	-	-	-	-	0.4	32.1
年代	18・19歳	75	-	-	-	-	-	-	-	-	-	-	1.3	16.0
	20歳代	374	-	-	-	0.5	0.3	-	-	-	-	-	-	25.9
	30歳代	437	0.2	0.2	-	0.2	-	-	-	-	-	-	-	28.6
	40歳代	582	-	0.2	0.2	-	-	-	-	-	-	0.2	-	23.5
	50歳代	529	-	0.2	0.2	-	-	-	-	0.4	-	0.2	0.2	30.1
	60歳代	489	-	-	-	-	-	0.4	0.4	-	-	-	-	27.4
	70歳以上	514	-	-	-	-	0.4	-	-	-	0.4	0.2	-	28.8
性別	男　性	1,503	0.1	0.1	0.1	0.1	0.1	0.1	0.1	0.1	-	0.1	-	24.8
	女　性	1,497	-	-	0.1	0.1	0.1	0.1	0.1	-	0.1	0.1	0.1	29.3
性・年代	男性(計)	1,503	0.1	0.1	0.1	0.1	0.1	0.1	0.1	0.1	-	0.1	-	24.8
	18・19歳	41	-	-	-	-	-	-	-	-	-	-	-	9.8
	20歳代	193	-	-	-	0.5	0.5	-	-	-	-	-	-	21.8
	30歳代	223	0.4	0.4	-	-	-	-	-	-	-	-	-	26.9
	40歳代	299	-	0.3	0.3	-	-	-	-	-	-	0.3	-	21.4
	50歳代	267	0.4	-	-	-	-	-	-	0.7	-	-	-	30.3
	60歳代	241	-	-	-	-	-	0.4	0.4	-	-	-	-	26.1
	70歳以上	239	-	-	-	-	-	-	-	-	-	-	-	24.7
	女性(計)	1,497	-	-	0.1	0.1	0.1	0.1	0.1	-	0.1	0.1	0.1	29.3
	18・19歳	34	-	-	-	-	-	-	-	-	-	-	2.9	23.5
	20歳代	181	-	-	-	0.6	-	-	-	-	-	-	-	30.4
	30歳代	214	-	-	-	0.5	-	-	-	-	-	-	-	30.4
	40歳代	283	-	-	-	-	-	-	-	-	-	-	-	25.8
	50歳代	262	-	-	0.4	-	-	-	-	-	-	0.4	0.4	29.8
	60歳代	248	-	-	-	-	-	0.4	0.4	-	-	-	-	28.6
	70歳以上	275	-	-	-	-	0.7	-	-	-	0.7	0.4	-	32.4
職業	自営業(小計)	347	0.3	-	-	-	-	-	0.3	0.6	-	-	-	32.3
	農林漁業	29	-	-	-	-	-	-	-	-	-	-	-	44.8
	商工サービス業	216	0.5	-	-	-	-	-	-	-	-	-	-	32.4
	その他の自営業	68	-	-	-	-	-	-	-	1.5	2.9	-	-	27.9
	家族従業者	34	-	-	-	-	-	-	-	-	-	-	-	29.4
	勤め人(小計)	1,224	0.1	0.2	0.1	0.1	-	0.1	-	-	-	0.1	-	25.3
	管理職	107	-	-	-	-	-	-	-	-	-	0.9	-	19.6
	専門・技術職	230	-	-	-	0.4	-	-	-	-	-	-	-	21.3
	事務職	366	-	-	0.3	-	-	0.3	-	-	-	-	-	22.4
	技能・労務職	341	-	-	-	-	-	-	-	-	-	-	-	32.0
	サービス職	180	0.6	1.1	-	-	-	-	-	-	-	-	-	27.2
	その他(小計)	1,429	-	-	0.1	0.1	0.2	0.1	0.1	-	0.1	0.1	0.1	27.3
	パートタイム・アルバイト	401	-	-	-	-	0.5	-	-	-	0.2	0.5	0.2	31.2
	専業主婦・主夫	491	-	-	-	0.2	0.2	-	-	-	-	-	-	25.3
	学生	152	-	-	-	0.7	-	-	-	-	-	-	0.7	19.1
	無職	372	-	-	-	-	-	0.3	0.3	-	-	-	-	29.3
	その他	13	-	-	7.7	-	-	-	-	-	7.7	-	-	23.1

VII クロス集計結果

問2 B	実施頻度【散歩（ぶらぶら歩き）】

		全　体	年1回以上 月1回未満 (年に1～11回)	月1回以上 週1回未満 (年に12～51回)	週1回以上 週2回未満 (年に52～103回)	週2回以上 (年に104回以上)	平均 (回／年)
	全　体	890	7.2	24.5	20.4	47.9	115.7
地域	北海道	25	-	16.0	16.0	68.0	151.8
	東　北	44	13.6	11.4	18.2	56.8	127.1
	関　東	355	6.2	30.1	19.4	44.2	107.6
	中　部	141	6.4	22.0	20.6	51.1	115.7
	近　畿	150	7.3	21.3	26.0	45.3	119.5
	中　国	47	6.4	31.9	19.1	42.6	109.2
	四　国	32	9.4	15.6	28.1	46.9	121.6
	九　州	96	10.4	19.8	15.6	54.2	126.5
都市規模	21大都市 (計)	287	8.0	28.9	23.7	39.4	101.8
	東京都区部	68	10.3	27.9	32.4	29.4	84.0
	20大都市	219	7.3	29.2	21.0	42.5	107.3
	その他の市 (計)	534	7.3	22.3	18.5	51.9	122.3
	人口10万人以上の市	360	8.1	25.3	16.7	50.0	116.4
	人口10万人未満の市	174	5.7	16.1	22.4	55.7	134.3
	町村	69	2.9	23.2	21.7	52.2	123.3
年代	18・19歳	14	14.3	14.3	21.4	50.0	126.9
	20歳代	93	8.6	29.0	18.3	44.1	92.9
	30歳代	141	6.4	24.8	24.8	44.0	98.1
	40歳代	171	8.8	31.6	19.9	39.8	90.0
	50歳代	146	11.0	26.7	18.5	43.8	115.2
	60歳代	161	6.8	24.8	20.5	47.8	120.1
	70歳以上	164	1.8	12.8	20.1	65.2	165.9
性別	男　性	373	8.0	24.4	22.3	45.3	110.1
	女　性	517	6.6	24.6	19.1	49.7	119.8
性・年代	男性 (計)	373	8.0	24.4	22.3	45.3	110.1
	18・19歳	5	20.0	20.0	40.0	20.0	78.6
	20歳代	32	9.4	12.5	25.0	53.1	92.9
	30歳代	50	6.0	34.0	28.0	32.0	77.1
	40歳代	71	9.9	31.0	23.9	35.2	82.5
	50歳代	60	11.7	35.0	23.3	30.0	79.8
	60歳代	74	9.5	23.0	18.9	48.6	115.4
	70歳以上	81	2.5	11.1	17.3	69.1	180.9
	女性 (計)	517	6.6	24.6	19.1	49.7	119.8
	18・19歳	9	11.1	11.1	11.1	66.7	153.7
	20歳代	61	8.2	37.7	14.8	39.3	92.9
	30歳代	91	6.6	19.8	23.1	50.5	109.7
	40歳代	100	8.0	32.0	17.0	43.0	95.4
	50歳代	86	10.5	20.9	15.1	53.5	140.0
	60歳代	87	4.6	26.4	21.8	47.1	124.0
	70歳以上	83	1.2	14.5	22.9	61.4	151.2
職業	自営業 (小計)	96	7.3	26.0	19.8	46.9	117.9
	農林漁業	5	-	20.0	-	80.0	203.2
	商工サービス業	68	4.4	30.9	25.0	39.7	105.2
	その他の自営業	13	15.4	15.4	7.7	61.5	132.3
	家族従業者	10	20.0	10.0	10.0	60.0	142.5
	勤め人 (小計)	300	9.7	33.3	24.3	32.7	80.9
	管理職	28	10.7	28.6	21.4	39.3	89.4
	専門・技術職	55	12.7	30.9	32.7	23.6	64.6
	事務職	104	9.6	37.5	26.9	26.0	69.5
	技能・労務職	72	5.6	33.3	23.6	37.5	88.6
	サービス職	41	12.2	29.3	9.8	48.8	112.6
	その他 (小計)	494	5.7	18.8	18.2	57.3	136.4
	パートタイム・アルバイト	128	7.0	19.5	17.2	56.3	124.3
	専業主婦・主夫	201	5.5	20.4	19.4	54.7	135.2
	学生	34	5.9	26.5	20.6	47.1	94.6
	無職	126	4.8	12.7	17.5	65.1	161.0
	その他	5	-	40.0	-	60.0	162.4

問2 B 実施頻度【ウォーキング】

		全体	年1回以上 月1回未満 (年に1〜11回)	月1回以上 週1回未満 (年に12〜51回)	週1回以上 週2回未満 (年に52〜103回)	週2回以上 (年に104回以上)	平均 (回／年)
		(n)					(%)
| 全 体 |		835	5.4	18.7	15.0	61.0	143.7
地域	北海道	30	10.0	6.7	16.7	66.7	156.3
	東 北	41	4.9	9.8	14.6	70.7	166.3
	関 東	297	5.4	22.9	13.8	57.9	132.6
	中 部	143	4.9	19.6	16.1	59.4	140.2
	近 畿	146	5.5	15.8	13.7	65.1	153.5
	中 国	55	5.5	27.3	10.9	56.4	149.8
	四 国	31	9.7	6.5	22.6	61.3	139.6
	九 州	92	3.3	15.2	18.5	63.0	152.8
都市規模	21大都市 (計)	245	4.9	22.0	13.1	60.0	131.6
	東京都区部	55	3.6	29.1	9.1	58.2	121.0
	20大都市	190	5.3	20.0	14.2	60.5	134.7
	その他の市 (計)	524	5.7	17.2	16.2	60.9	147.3
	人口10万人以上の市	366	5.2	20.5	14.8	59.6	145.5
	人口10万人未満の市	158	7.0	9.5	19.6	63.9	151.4
	町村	66	4.5	18.2	12.1	65.2	159.8
年代	18・19歳	7	-	28.6	-	71.4	155.4
	20歳代	66	7.6	19.7	16.7	56.1	129.5
	30歳代	82	12.2	18.3	20.7	48.8	115.3
	40歳代	165	8.5	21.8	13.9	55.8	119.9
	50歳代	150	4.7	23.3	12.0	60.0	131.8
	60歳代	167	3.6	18.6	19.2	58.7	151.5
	70歳以上	198	1.5	12.1	12.1	74.2	181.9
性別	男 性	400	3.5	19.3	16.8	60.5	147.5
	女 性	435	7.1	18.2	13.3	61.4	140.1
性・年代	男性 (計)	400	3.5	19.3	16.8	60.5	147.5
	18・19歳	2	-	50.0	-	50.0	96.0
	20歳代	27	3.7	18.5	18.5	59.3	151.0
	30歳代	31	12.9	12.9	32.3	41.9	102.0
	40歳代	78	6.4	25.6	11.5	56.4	123.2
	50歳代	76	1.3	21.1	17.1	60.5	130.9
	60歳代	87	2.3	18.4	19.5	59.8	159.7
	70歳以上	99	1.0	15.2	13.1	70.7	183.2
	女性 (計)	435	7.1	18.2	13.3	61.4	140.1
	18・19歳	5	-	20.0	-	80.0	179.2
	20歳代	39	10.3	20.5	15.4	53.8	114.6
	30歳代	51	11.8	21.6	13.7	52.9	123.3
	40歳代	87	10.3	18.4	16.1	55.2	117.0
	50歳代	74	8.1	25.7	6.8	59.5	132.8
	60歳代	80	5.0	18.8	18.8	57.5	142.7
	70歳以上	99	2.0	9.1	11.1	77.8	180.7
職業	自営業 (小計)	101	4.0	18.8	20.8	56.4	138.1
	農林漁業	6	16.7	-	16.7	66.7	119.0
	商工サービス業	67	3.0	16.4	22.4	58.2	142.2
	その他の自営業	19	5.3	31.6	15.8	47.4	117.9
	家族従業者	9	-	22.2	22.2	55.6	163.6
	勤め人 (小計)	296	6.1	23.0	16.6	54.4	124.3
	管理職	47	8.5	23.4	12.8	55.3	122.0
	専門・技術職	54	7.4	18.5	16.7	57.4	127.0
	事務職	92	5.4	17.4	21.7	55.4	127.5
	技能・労務職	58	1.7	24.1	12.1	62.1	136.5
	サービス職	45	8.9	37.8	15.6	37.8	101.0
	その他 (小計)	438	5.3	15.8	12.6	66.4	158.1
	パートタイム・アルバイト	116	7.8	14.7	16.4	61.2	131.9
	専業主婦・主夫	161	6.2	18.0	11.2	64.6	148.5
	学生	19	5.3	26.3	10.5	57.9	128.7
	無職	139	2.2	12.2	11.5	74.1	195.0
	その他	3	-	33.3	-	66.7	160.0

VII

クロス集計結果

| | 問2 B | 実施頻度【体操（軽い体操、ラジオ体操など）】 |

		全　体	年1回以上 月1回未満 （年に1～11回）	月1回以上 週1回未満 （年に12～51回）	週1回以上 週2回未満 （年に52～103回）	週2回以上 （年に104回以上）	平均（回／年）
		(n)					(%)
	全　体	475	5.5	15.4	17.3	61.9	158.2
地域	北海道	23	8.7	13.0	13.0	65.2	166.4
	東　北	22	9.1	13.6	9.1	68.2	169.1
	関　東	177	5.1	20.9	18.6	55.4	142.8
	中　部	75	6.7	10.7	14.7	68.0	173.9
	近　畿	87	3.4	11.5	24.1	60.9	158.7
	中　国	36	-	16.7	16.7	66.7	174.8
	四　国	11	18.2	18.2	18.2	45.5	122.0
	九　州	44	6.8	9.1	9.1	75.0	178.2
都市規模	21大都市（計）	131	4.6	16.8	22.1	56.5	146.7
	東京都区部	34	8.8	17.6	29.4	44.1	107.3
	20大都市	97	3.1	16.5	19.6	60.8	160.5
	その他の市（計）	293	6.1	15.4	15.7	62.8	161.5
	人口10万人以上の市	196	5.6	14.8	16.3	63.3	159.2
	人口10万人未満の市	97	7.2	16.5	14.4	61.9	166.2
	町村	51	3.9	11.8	13.7	70.6	168.7
年代	18・19歳	3	-	-	-	100.0	121.3
	20歳代	24	-	12.5	25.0	62.5	154.7
	30歳代	49	8.2	22.4	10.2	59.2	143.3
	40歳代	88	12.5	21.6	15.9	50.0	128.2
	50歳代	71	4.2	16.9	14.1	64.8	157.7
	60歳代	100	5.0	9.0	25.0	61.0	155.7
	70歳以上	140	2.1	13.6	15.7	68.6	185.8
性別	男　性	151	8.6	11.9	12.6	66.9	179.3
	女　性	324	4.0	17.0	19.4	59.6	148.4
性・年代	男性（計）	151	8.6	11.9	12.6	66.9	179.3
	18・19歳	0	-	-	-	-	-
	20歳代	8	-	-	25.0	75.0	206.5
	30歳代	17	5.9	11.8	23.5	58.8	147.1
	40歳代	28	25.0	14.3	3.6	57.1	139.8
	50歳代	17	5.9	17.6	5.9	70.6	178.6
	60歳代	29	6.9	6.9	17.2	69.0	181.3
	70歳以上	52	3.8	13.5	11.5	71.2	205.9
	女性（計）	324	4.0	17.0	19.4	59.6	148.4
	18・19歳	3	-	-	-	100.0	121.3
	20歳代	16	-	18.8	25.0	56.3	128.8
	30歳代	32	9.4	28.1	3.1	59.4	141.3
	40歳代	60	6.7	25.0	21.7	46.7	122.8
	50歳代	54	3.7	16.7	16.7	63.0	151.1
	60歳代	71	4.2	9.9	28.2	57.7	145.2
	70歳以上	88	1.1	13.6	18.2	67.0	173.8
職業	自営業（小計）	51	5.9	17.6	25.5	51.0	133.9
	農林漁業	2	-	50.0	-	50.0	96.0
	商工サービス業	35	8.6	17.1	22.9	51.4	143.3
	その他の自営業	7	-	14.3	28.6	57.1	124.0
	家族従業者	7	-	14.3	42.9	42.9	107.4
	勤め人（小計）	129	7.0	10.1	13.2	69.8	171.4
	管理職	10	10.0	10.0	-	80.0	186.0
	専門・技術職	24	8.3	12.5	12.5	66.7	160.8
	事務職	41	4.9	14.6	19.5	61.0	165.2
	技能・労務職	31	9.7	3.2	3.2	83.9	215.3
	サービス職	23	4.3	8.7	21.7	65.2	128.1
	その他（小計）	295	4.7	17.3	17.6	60.3	156.6
	パートタイム・アルバイト	70	8.6	14.3	18.6	58.6	150.5
	専業主婦・主夫	145	4.1	21.4	15.2	59.3	145.8
	学生	5	-	40.0	-	60.0	152.0
	無職	72	2.8	11.1	22.2	63.9	183.4
	その他	3	-	-	33.3	66.7	190.7

| 問2 B | 実施頻度【筋力トレーニング】 |

		全　体	年1回以上 月1回未満 (年に1〜11回)	月1回以上 週1回未満 (年に12〜51回)	週1回以上 週2回未満 (年に52〜103回)	週2回以上 (年に104回以上)	平均 (回／年)
	全　体	463	4.8	14.7	18.6	62.0	138.0
地域	北海道	13	7.7	7.7	7.7	76.9	177.4
	東　北	31	12.9	16.1	6.5	64.5	128.4
	関　東	174	5.2	15.5	18.4	60.9	134.8
	中　部	84	4.8	20.2	23.8	51.2	124.6
	近　畿	81	2.5	8.6	17.3	71.6	159.3
	中　国	27	3.7	11.1	18.5	66.7	138.0
	四　国	13	7.7	15.4	23.1	53.8	139.4
	九　州	40	-	15.0	22.5	62.5	130.8
都市規模	21大都市 (計)	140	4.3	12.1	27.9	55.7	126.1
	東京都区部	42	4.8	9.5	28.6	57.1	132.3
	20大都市	98	4.1	13.3	27.6	55.1	123.4
	その他の市 (計)	295	5.4	16.3	14.6	63.7	144.4
	人口10万人以上の市	210	4.3	15.7	15.7	64.3	147.4
	人口10万人未満の市	85	8.2	17.6	11.8	62.4	136.9
	町村	28	-	10.7	14.3	75.0	129.9
年代	18・19歳	25	4.0	8.0	12.0	76.0	147.8
	20歳代	84	3.6	16.7	14.3	65.5	133.1
	30歳代	72	6.9	11.1	23.6	58.3	135.7
	40歳代	84	6.0	19.0	26.2	48.8	112.4
	50歳代	86	2.3	17.4	17.4	62.8	147.1
	60歳代	64	7.8	9.4	14.1	68.8	143.8
	70歳以上	48	2.1	14.6	16.7	66.7	165.5
性別	男　性	275	5.5	14.9	15.3	64.4	141.7
	女　性	188	3.7	14.4	23.4	58.5	132.5
性・年代	男性 (計)	275	5.5	14.9	15.3	64.4	141.7
	18・19歳	14	7.1	-	7.1	85.7	152.4
	20歳代	50	6.0	14.0	8.0	72.0	138.9
	30歳代	51	2.0	9.8	25.5	62.7	140.7
	40歳代	47	10.6	25.5	19.1	44.7	105.0
	50歳代	49	-	24.5	16.3	59.2	143.3
	60歳代	35	11.4	5.7	8.6	74.3	155.5
	70歳以上	29	3.4	10.3	13.8	72.4	183.4
	女性 (計)	188	3.7	14.4	23.4	58.5	132.5
	18・19歳	11	-	18.2	18.2	63.6	141.8
	20歳代	34	-	20.6	23.5	55.9	124.6
	30歳代	21	19.0	14.3	19.0	47.6	123.8
	40歳代	37	-	10.8	35.1	54.1	121.7
	50歳代	37	5.4	8.1	18.9	67.6	152.2
	60歳代	29	3.4	13.8	20.7	62.1	129.6
	70歳以上	19	-	21.1	21.1	57.9	138.1
職業	自営業 (小計)	43	2.3	23.3	37.2	37.2	100.5
	農林漁業	3	-	-	-	100.0	156.0
	商工サービス業	29	-	27.6	34.5	37.9	109.8
	その他の自営業	8	-	12.5	75.0	12.5	62.5
	家族従業者	3	33.3	33.3	-	33.3	57.0
	勤め人 (小計)	226	5.8	15.0	19.0	60.2	130.6
	管理職	25	8.0	20.0	16.0	56.0	136.4
	専門・技術職	51	5.9	19.6	31.4	43.1	110.9
	事務職	66	10.6	12.1	16.7	60.6	129.6
	技能・労務職	59	1.7	11.9	11.9	74.6	152.8
	サービス職	25	-	16.0	20.0	64.0	115.6
	その他 (小計)	194	4.1	12.4	13.9	69.6	154.8
	パートタイム・アルバイト	50	4.0	12.0	22.0	62.0	153.9
	専業主婦・主夫	52	3.8	19.2	9.6	67.3	142.0
	学生	47	4.3	10.6	14.9	70.2	147.3
	無職	42	4.8	7.1	7.1	81.0	184.0
	その他	3	-	-	33.3	66.7	104.0

(n) (%)

VII

クロス集計結果

問2 B 実施頻度【ジョギング・ランニング】

		全 体 (n)	年1回以上 月1回未満 (年に1〜11回)	月1回以上 週1回未満 (年に12〜51回)	週1回以上 週2回未満 (年に52〜103回)	週2回以上 (年に104回以上)	平均 (回／年) (%)
	全 体	232	8.2	19.4	28.0	44.4	104.9
地域	北海道	9	-	-	44.4	55.6	140.0
	東 北	12	16.7	25.0	16.7	41.7	119.8
	関 東	89	7.9	23.6	25.8	42.7	98.5
	中 部	40	7.5	17.5	25.0	50.0	109.4
	近 畿	37	13.5	8.1	27.0	51.4	108.4
	中 国	16	6.3	25.0	31.3	37.5	95.5
	四 国	8	12.5	25.0	37.5	25.0	108.6
	九 州	21	-	23.8	38.1	38.1	99.3
都市規模	21大都市 (計)	67	6.0	17.9	34.3	41.8	97.4
	東京都区部	21	9.5	19.0	38.1	33.3	89.8
	20大都市	46	4.3	17.4	32.6	45.7	100.9
	その他の市 (計)	147	9.5	21.8	25.9	42.9	103.4
	人口10万人以上の市	103	7.8	24.3	23.3	44.7	105.5
	人口10万人未満の市	44	13.6	15.9	31.8	38.6	98.5
	町村	18	5.6	5.6	22.2	66.7	145.0
年代	18・19歳	17	17.6	17.6	23.5	41.2	78.5
	20歳代	41	7.3	24.4	24.4	43.9	88.5
	30歳代	34	11.8	23.5	26.5	38.2	94.9
	40歳代	66	6.1	19.7	33.3	40.9	98.0
	50歳代	37	8.1	8.1	35.1	48.6	129.1
	60歳代	23	8.7	26.1	26.1	39.1	86.5
	70歳以上	14	-	14.3	7.1	78.6	207.7
性別	男 性	170	7.6	20.0	27.1	45.3	109.3
	女 性	62	9.7	17.7	30.6	41.9	92.7
性・年代	男性 (計)	170	7.6	20.0	27.1	45.3	109.3
	18・19歳	9	22.2	11.1	22.2	44.4	68.8
	20歳代	25	8.0	24.0	24.0	44.0	92.2
	30歳代	28	7.1	21.4	28.6	42.9	104.4
	40歳代	51	5.9	21.6	31.4	41.2	97.2
	50歳代	25	8.0	12.0	32.0	48.0	134.5
	60歳代	19	10.5	26.3	26.3	36.8	84.9
	70歳以上	13	-	15.4	7.7	76.9	215.7
	女性 (計)	62	9.7	17.7	30.6	41.9	92.7
	18・19歳	8	12.5	25.0	25.0	37.5	89.5
	20歳代	16	6.3	25.0	25.0	43.8	82.9
	30歳代	6	33.3	33.3	16.7	16.7	50.7
	40歳代	15	6.7	13.3	40.0	40.0	100.4
	50歳代	12	8.3	-	41.7	50.0	117.8
	60歳代	4	-	25.0	25.0	50.0	94.0
	70歳以上	1	-	-	-	100.0	104.0
職業	自営業 (小計)	23	8.7	17.4	26.1	47.8	129.4
	農林漁業	0	-	-	-	-	-
	商工サービス業	12	8.3	16.7	16.7	58.3	148.3
	その他の自営業	9	11.1	22.2	44.4	22.2	92.6
	家族従業者	2	-	-	-	100.0	182.0
	勤め人 (小計)	140	7.9	17.1	33.6	41.4	102.7
	管理職	15	-	20.0	40.0	40.0	100.1
	専門・技術職	25	12.0	16.0	36.0	36.0	88.4
	事務職	53	5.7	24.5	30.2	39.6	100.5
	技能・労務職	28	3.6	14.3	32.1	50.0	130.4
	サービス職	19	21.1	-	36.8	42.1	88.7
	その他 (小計)	69	8.7	24.6	17.4	49.3	101.1
	パートタイム・アルバイト	15	-	13.3	26.7	60.0	120.1
	専業主婦・主夫	12	16.7	50.0	-	33.3	63.7
	学生	25	12.0	24.0	24.0	40.0	77.6
	無職	16	-	18.8	12.5	68.8	154.3
	その他	1	100.0	-	-	-	3.0

| 問2C | | 実施時間【散歩（ぶらぶら歩き）】 | | | | | | |

| (n) | | | | | | | (%) | |
		全 体	14分以内	15〜29分以内	30〜59分以内	60〜89分以内	90〜119分以内	120分以上	平均（分）
	全 体	890	3.8	18.4	46.7	23.5	2.7	4.8	43.0
地域	北海道	25	-	20.0	52.0	24.0	-	4.0	39.2
	東 北	44	4.5	22.7	54.5	13.6	-	4.5	37.3
	関 東	355	2.8	13.0	43.1	29.6	3.7	7.9	50.0
	中 部	141	4.3	17.0	55.3	21.3	1.4	0.7	36.4
	近 畿	150	3.3	23.3	41.3	22.7	4.0	5.3	43.7
	中 国	47	8.5	29.8	42.6	17.0	-	2.1	36.4
	四 国	32	3.1	28.1	56.3	3.1	6.3	3.1	34.7
	九 州	96	6.3	21.9	50.0	19.8	1.0	1.0	35.6
都市規模	21大都市（計）	287	3.8	15.0	40.1	29.3	3.8	8.0	49.6
	東京都区部	68	-	10.3	32.4	36.8	7.4	13.2	59.3
	20大都市	219	5.0	16.4	42.5	26.9	2.7	6.4	46.6
	その他の市（計）	534	3.7	20.2	49.8	20.6	2.4	3.2	39.8
	人口10万人以上の市	360	3.3	17.5	50.3	21.7	3.1	4.2	42.0
	人口10万人未満の市	174	4.6	25.9	48.9	18.4	1.1	1.1	35.4
	町村	69	4.3	18.8	50.7	21.7	-	4.3	40.4
年代	18・19歳	14	-	7.1	57.1	21.4	7.1	7.1	48.2
	20歳代	93	4.3	12.9	55.9	18.3	3.2	5.4	41.7
	30歳代	141	5.0	22.0	39.7	21.3	4.3	7.8	44.3
	40歳代	171	3.5	18.1	47.4	24.0	3.5	3.5	42.3
	50歳代	146	4.1	19.9	37.7	27.4	1.4	9.6	50.2
	60歳代	161	3.7	18.6	49.1	25.5	0.6	2.5	39.4
	70歳以上	164	3.0	18.3	51.8	22.6	3.0	1.2	40.1
性別	男 性	373	3.8	16.9	43.2	27.9	3.8	4.6	45.0
	女 性	517	3.9	19.5	49.3	20.3	1.9	5.0	41.6
性・年代	男性（計）	373	3.8	16.9	43.2	27.9	3.8	4.6	45.0
	18・19歳	5	-	-	40.0	20.0	20.0	20.0	68.0
	20歳代	32	6.3	15.6	40.6	25.0	9.4	3.1	43.9
	30歳代	50	4.0	20.0	38.0	22.0	4.0	12.0	50.8
	40歳代	71	5.6	19.7	42.3	26.8	4.2	1.4	40.0
	50歳代	60	3.3	16.7	41.7	31.7	-	6.7	46.8
	60歳代	74	2.7	16.2	45.9	29.7	1.4	4.1	43.5
	70歳以上	81	2.5	14.8	46.9	29.6	4.9	1.2	44.8
	女性（計）	517	3.9	19.5	49.3	20.3	1.9	5.0	41.6
	18・19歳	9	-	11.1	66.7	22.2	-	-	37.2
	20歳代	61	3.3	11.5	63.9	14.8	-	6.6	40.6
	30歳代	91	5.5	23.1	40.7	20.9	4.4	5.5	40.7
	40歳代	100	2.0	17.0	51.0	22.0	3.0	5.0	43.9
	50歳代	86	4.7	22.1	34.9	24.4	2.3	11.6	52.6
	60歳代	87	4.6	20.7	51.7	21.8	-	1.1	35.9
	70歳以上	83	3.6	21.7	56.6	15.7	1.2	1.2	35.6
職業	自営業（小計）	96	6.3	22.9	36.5	25.0	2.1	7.3	47.0
	農林漁業	5	-	60.0	-	20.0	20.0	-	41.0
	商工サービス業	68	4.4	23.5	39.7	25.0	1.5	5.9	47.3
	その他の自営業	13	7.7	15.4	38.5	23.1	-	15.4	49.6
	家族従業者	10	20.0	10.0	30.0	30.0	-	10.0	44.5
	勤め人（小計）	300	4.0	20.0	40.0	26.0	4.0	6.0	44.8
	管理職	28	3.6	17.9	39.3	35.7	-	3.6	44.5
	専門・技術職	55	-	21.8	49.1	23.6	1.8	3.6	40.6
	事務職	104	3.8	17.3	38.5	26.0	5.8	8.7	48.7
	技能・労務職	72	4.2	23.6	37.5	27.8	2.8	4.2	42.0
	サービス職	41	9.8	19.5	36.6	19.5	7.3	7.3	45.5
	その他（小計）	494	3.2	16.6	52.8	21.7	2.0	3.6	41.2
	パートタイム・アルバイト	128	4.7	18.8	51.6	20.3	0.8	3.9	40.7
	専業主婦・主夫	201	2.5	18.4	52.7	21.4	1.0	4.0	40.2
	学生	34	-	8.8	67.6	11.8	8.8	2.9	42.8
	無職	126	2.4	14.3	50.8	27.0	3.2	2.4	42.8
	その他	5	40.0	-	40.0	-	-	20.0	41.0

VII

クロス集計結果

| 問2 C | 実施時間【ウォーキング】 |

		全 体	14分以内	15〜29分以内	30〜59分以内	60〜89分以内	90〜119分以内	120分以上	平均（分）
	(n)							(%)	
	全 体	835	2.2	8.3	47.1	30.5	4.9	7.1	50.4
地域	北海道	30	-	6.7	50.0	26.7	6.7	10.0	56.8
	東 北	41	4.9	14.6	48.8	17.1	9.8	4.9	46.1
	関 東	297	1.0	7.1	42.1	38.4	3.7	7.7	52.1
	中 部	143	2.1	8.4	53.8	27.3	4.9	3.5	46.6
	近 畿	146	4.1	9.6	39.7	30.1	5.5	11.0	54.1
	中 国	55	3.6	5.5	52.7	23.6	9.1	5.5	49.5
	四 国	31	3.2	22.6	48.4	22.6	3.2	-	36.8
	九 州	92	1.1	4.3	58.7	25.0	3.3	7.6	49.5
都市規模	21大都市（計）	245	2.0	5.7	45.7	33.1	5.3	8.2	51.8
	東京都区部	55	-	7.3	32.7	40.0	5.5	14.5	58.3
	20大都市	190	2.6	5.3	49.5	31.1	5.3	6.3	49.9
	その他の市（計）	524	2.5	9.0	47.1	30.0	4.6	6.9	49.6
	人口10万人以上の市	366	1.6	8.7	47.0	30.6	4.4	7.7	50.9
	人口10万人未満の市	158	4.4	9.5	47.5	28.5	5.1	5.1	46.8
	町村	66	-	12.1	51.5	25.8	6.1	4.5	50.8
年代	18・19歳	7	-	14.3	57.1	14.3	14.3	-	44.3
	20歳代	66	-	7.6	45.5	34.8	6.1	6.1	50.6
	30歳代	82	4.9	15.9	41.5	29.3	2.4	6.1	44.6
	40歳代	165	4.8	8.5	48.5	27.9	4.2	6.1	46.4
	50歳代	150	1.3	10.0	42.7	34.0	3.3	8.7	52.6
	60歳代	167	1.8	7.2	44.9	36.5	3.0	6.6	51.3
	70歳以上	198	0.5	4.5	53.5	24.7	8.6	8.1	53.6
性別	男 性	400	2.3	5.5	42.8	32.3	7.0	10.3	55.4
	女 性	435	2.1	10.8	51.0	29.0	3.0	4.1	45.7
性・年代	男性（計）	400	2.3	5.5	42.8	32.3	7.0	10.3	55.4
	18・19歳	2	-	-	50.0	50.0	-	-	50.0
	20歳代	27	-	3.7	18.5	55.6	14.8	7.4	62.0
	30歳代	31	9.7	12.9	32.3	29.0	-	16.1	51.1
	40歳代	78	3.8	9.0	47.4	23.1	6.4	10.3	49.7
	50歳代	76	2.6	6.6	39.5	36.8	3.9	10.5	55.7
	60歳代	87	1.1	3.4	44.8	39.1	3.4	8.0	54.9
	70歳以上	99	-	2.0	49.5	24.2	13.1	11.1	59.7
	女性（計）	435	2.1	10.8	51.0	29.0	3.0	4.1	45.7
	18・19歳	5	-	20.0	60.0	-	20.0	-	42.0
	20歳代	39	-	10.3	64.1	20.5	-	5.1	42.7
	30歳代	51	2.0	17.6	47.1	29.4	3.9	-	40.6
	40歳代	87	5.7	8.0	49.4	32.2	2.3	2.3	43.4
	50歳代	74	-	13.5	45.9	31.1	2.7	6.8	49.5
	60歳代	80	2.5	11.3	45.0	33.8	2.5	5.0	47.4
	70歳以上	99	1.0	7.1	57.6	25.3	4.0	5.1	47.5
職業	自営業（小計）	101	1.0	13.9	42.6	31.7	5.9	5.0	48.0
	農林漁業	6	-	16.7	66.7	-	-	16.7	43.3
	商工サービス業	67	1.5	14.9	41.8	34.3	6.0	1.5	45.9
	その他の自営業	19	-	5.3	42.1	31.6	10.5	10.5	55.8
	家族従業者	9	-	22.2	33.3	33.3	-	11.1	50.0
	勤め人（小計）	296	3.4	7.1	45.6	31.1	3.7	9.1	51.4
	管理職	47	2.1	10.6	40.4	31.9	2.1	12.8	55.2
	専門・技術職	54	-	9.3	46.3	29.6	7.4	7.4	52.1
	事務職	92	4.3	8.7	47.8	28.3	4.3	6.5	47.6
	技能・労務職	58	3.4	5.2	41.4	34.5	3.4	12.1	55.9
	サービス職	45	6.7	-	51.1	33.3	-	8.9	48.6
	その他（小計）	438	1.6	7.8	49.1	29.9	5.5	6.2	50.2
	パートタイム・アルバイト	116	1.7	7.8	56.9	26.7	-	6.9	46.4
	専業主婦・主夫	161	1.9	12.4	44.1	32.9	5.6	3.1	47.4
	学生	19	-	5.3	47.4	36.8	10.5	-	47.4
	無職	139	1.4	2.2	48.9	28.1	9.4	10.1	57.3
	その他	3	-	33.3	33.3	33.3	-	(-)	36.7

		全 体	14分以内	15〜29分以内	30〜59分以内	60〜89分以内	90〜119分以内	120分以上	平均（分）
	(n)								(%)
	全　体	475	53.5	25.1	14.1	4.4	2.1	0.8	19.1
地域	北海道	23	43.5	39.1	13.0	4.3	-	-	17.1
	東　北	22	63.6	18.2	13.6	4.5	-	-	15.4
	関　東	177	50.3	26.0	19.8	2.3	1.1	0.6	18.8
	中　部	75	62.7	18.7	9.3	5.3	2.7	1.3	19.0
	近　畿	87	47.1	27.6	13.8	8.0	3.4	-	21.3
	中　国	36	66.7	19.4	5.6	5.6	-	2.8	17.3
	四　国	11	36.4	54.5	-	-	-	9.1	22.3
	九　州	44	56.8	20.5	11.4	4.5	6.8	-	20.3
都市規模	21大都市（計）	131	54.2	26.0	16.0	3.1	0.8	-	16.7
	東京都区部	34	41.2	38.2	17.6	2.9	-	-	17.5
	20大都市	97	58.8	21.6	15.5	3.1	1.0	-	16.5
	その他の市（計）	293	53.6	23.5	14.3	4.8	2.4	1.4	20.3
	人口10万人以上の市	196	54.1	23.0	13.8	4.6	3.1	1.5	20.9
	人口10万人未満の市	97	52.6	24.7	15.5	5.2	1.0	1.0	19.2
	町村	51	51.0	31.4	7.8	5.9	3.9	-	18.5
年代	18・19歳	3	66.7	33.3	-	-	-	-	10.0
	20歳代	24	33.3	41.7	25.0	-	-	-	18.1
	30歳代	49	55.1	28.6	12.2	4.1	-	-	15.8
	40歳代	88	56.8	27.3	14.8	-	-	1.1	15.1
	50歳代	71	66.2	16.9	14.1	1.4	1.4	-	14.6
	60歳代	100	54.0	25.0	13.0	6.0	2.0	-	18.6
	70歳以上	140	47.1	23.6	13.6	8.6	5.0	2.1	25.9
性別	男　性	151	64.2	21.9	11.3	1.3	1.3	-	13.6
	女　性	324	48.5	26.5	15.4	5.9	2.5	1.2	21.7
性・年代	男性（計）	151	64.2	21.9	11.3	1.3	1.3	-	13.6
	18・19歳	0	-	-	-	-	-	-	-
	20歳代	8	50.0	37.5	12.5	-	-	-	13.8
	30歳代	17	58.8	11.8	23.5	5.9	-	-	17.9
	40歳代	28	67.9	17.9	14.3	-	-	-	12.1
	50歳代	17	82.4	11.8	5.9	-	-	-	8.1
	60歳代	29	65.5	31.0	3.4	-	-	-	10.3
	70歳以上	52	59.6	23.1	11.5	1.9	3.8	-	16.7
	女性（計）	324	48.5	26.5	15.4	5.9	2.5	1.2	21.7
	18・19歳	3	66.7	33.3	-	-	-	-	10.0
	20歳代	16	25.0	43.8	31.3	-	-	-	20.3
	30歳代	32	53.1	37.5	6.3	3.1	-	-	14.6
	40歳代	60	51.7	31.7	15.0	-	-	1.7	16.6
	50歳代	54	61.1	18.5	16.7	1.9	1.9	-	16.7
	60歳代	71	49.3	22.5	16.9	8.5	2.8	-	21.9
	70歳以上	88	39.8	23.9	14.8	12.5	5.7	3.4	31.4
職業	自営業（小計）	51	56.9	19.6	15.7	5.9	-	2.0	19.1
	農林漁業	2	-	50.0	-	50.0	-	-	37.5
	商工サービス業	35	60.0	20.0	17.1	2.9	-	-	15.3
	その他の自営業	7	71.4	-	28.6	-	-	-	15.0
	家族従業者	7	42.9	28.6	-	14.3	-	14.3	37.3
	勤め人（小計）	129	67.4	20.2	11.6	-	-	0.8	12.8
	管理職	10	70.0	10.0	20.0	-	-	-	10.4
	専門・技術職	24	70.8	25.0	4.2	-	-	-	10.5
	事務職	41	65.9	24.4	9.8	-	-	-	12.1
	技能・労務職	31	71.0	16.1	12.9	-	-	-	11.7
	サービス職	23	60.9	17.4	17.4	-	-	4.3	19.1
	その他（小計）	295	46.8	28.1	14.9	6.1	3.4	0.7	21.9
	パートタイム・アルバイト	70	52.9	31.4	14.3	1.4	-	-	15.2
	専業主婦・主夫	145	40.0	28.3	15.9	9.7	4.8	1.4	26.8
	学生	5	40.0	40.0	20.0	-	-	-	17.0
	無職	72	54.2	23.6	13.9	4.2	4.2	-	19.4
	その他	3	66.7	33.3	-	-	-	-	11.7

VII

クロス集計結果

		問2C		実施時間【筋力トレーニング】					

			(n)						(%)	
		全 体	14分以内	15〜29分以内	30〜59分以内	60〜89分以内	90〜119分以内	120分以上	平均（分）
全 体		463	20.7	25.7	34.1	11.4	5.6	2.4	32.6
地域	北海道	13	30.8	23.1	23.1	15.4	-	7.7	35.8
	東 北	31	22.6	25.8	29.0	12.9	6.5	3.2	35.0
	関 東	174	19.5	24.7	37.9	10.3	5.2	2.3	32.0
	中 部	84	19.0	23.8	41.7	8.3	6.0	1.2	31.8
	近 畿	81	17.3	32.1	29.6	14.8	2.5	3.7	32.2
	中 国	27	29.6	29.6	11.1	11.1	18.5	-	34.7
	四 国	13	30.8	23.1	23.1	7.7	7.7	7.7	35.8
	九 州	40	22.5	20.0	37.5	15.0	5.0	-	32.2
都市規模	21大都市（計）	140	20.0	27.1	36.4	10.0	5.0	1.4	30.4
	東京都区部	42	11.9	23.8	54.8	4.8	2.4	2.4	30.5
	20大都市	98	23.5	28.6	28.6	12.2	6.1	1.0	30.4
	その他の市（計）	295	22.4	24.7	32.2	11.9	5.8	3.1	33.3
	人口10万人以上の市	210	21.4	25.2	32.9	11.9	6.2	2.4	33.3
	人口10万人未満の市	85	24.7	23.5	30.6	11.8	4.7	4.7	33.3
	町村	28	7.1	28.6	42.9	14.3	7.1	-	36.6
年代	18・19歳	25	12.0	24.0	36.0	16.0	4.0	8.0	40.4
	20歳代	84	11.9	23.8	34.5	23.8	3.6	2.4	37.0
	30歳代	72	16.7	29.2	38.9	8.3	4.2	2.8	31.4
	40歳代	84	29.8	31.0	23.8	8.3	4.8	2.4	27.7
	50歳代	86	29.1	23.3	31.4	9.3	4.7	2.3	29.6
	60歳代	64	15.6	21.9	45.3	7.8	7.8	1.6	34.6
	70歳以上	48	22.9	25.0	33.3	6.3	12.5	-	34.1
性別	男 性	275	22.5	22.5	31.6	12.7	6.5	4.0	35.0
	女 性	188	18.1	30.3	37.8	9.6	4.3	-	29.1
性・年代	男性（計）	275	22.5	22.5	31.6	12.7	6.5	4.0	35.0
	18・19歳	14	7.1	21.4	35.7	14.3	7.1	14.3	47.1
	20歳代	50	8.0	14.0	40.0	30.0	4.0	4.0	42.9
	30歳代	51	9.8	27.5	43.1	11.8	3.9	3.9	35.2
	40歳代	47	31.9	36.2	12.8	8.5	6.4	4.3	29.2
	50歳代	49	38.8	12.2	36.7	2.0	6.1	4.1	30.0
	60歳代	35	22.9	22.9	28.6	11.4	11.4	2.9	37.4
	70歳以上	29	34.5	24.1	20.7	10.3	10.3	-	30.5
	女性（計）	188	18.1	30.3	37.8	9.6	4.3	-	29.1
	18・19歳	11	18.2	27.3	36.4	18.2	-	-	31.8
	20歳代	34	17.6	38.2	26.5	14.7	2.9	-	28.4
	30歳代	21	33.3	33.3	28.6	-	4.8	-	22.1
	40歳代	37	27.0	24.3	37.8	8.1	2.7	-	25.8
	50歳代	37	16.2	37.8	24.3	18.9	2.7	-	29.2
	60歳代	29	6.9	20.7	65.5	3.4	3.4	-	31.2
	70歳以上	19	5.3	26.3	52.6	-	15.8	-	39.5
職業	自営業（小計）	43	20.9	18.6	32.6	18.6	4.7	4.7	36.7
	農林漁業	3	-	-	33.3	33.3	33.3	-	60.0
	商工サービス業	29	24.1	27.6	27.6	17.2	-	3.4	31.0
	その他の自営業	8	25.0	-	50.0	12.5	12.5	-	36.3
	家族従業者	3	-	-	33.3	33.3	-	33.3	70.0
	勤め人（小計）	226	22.6	27.9	31.0	10.2	5.8	2.7	31.8
	管理職	25	32.0	28.0	28.0	4.0	4.0	4.0	27.0
	専門・技術職	51	27.5	31.4	33.3	2.0	3.9	2.0	24.8
	事務職	66	19.7	24.2	33.3	16.7	4.5	1.5	33.6
	技能・労務職	59	20.3	28.8	30.5	8.5	6.8	5.1	35.7
	サービス職	25	16.0	28.0	24.0	20.0	12.0	-	36.8
	その他（小計）	194	18.6	24.7	38.1	11.3	5.7	1.5	32.7
	パートタイム・アルバイト	50	28.0	32.0	28.0	12.0	-	-	24.7
	専業主婦・主夫	52	13.5	21.2	53.8	5.8	5.8	-	32.1
	学生	47	8.5	23.4	36.2	21.3	6.4	4.3	40.6
	無職	42	23.8	21.4	33.3	7.1	11.9	2.4	35.1
	その他	3	33.3	33.3	33.3	-	-	-	18.3

		(n)全　体	14分以内	15～29分以内	30～59分以内	60～89分以内	90～119分以内	120分以上	(%)平均（分）
	全　体	232	5.6	14.7	43.1	30.2	3.9	2.6	43.1
地域	北海道	9	-	22.2	33.3	33.3	-	11.1	58.3
	東　北	12	8.3	16.7	41.7	33.3	-	-	39.2
	関　東	89	3.4	12.4	51.7	27.0	3.4	2.2	42.1
	中　部	40	5.0	10.0	55.0	27.5	-	2.5	39.9
	近　畿	37	2.7	18.9	27.0	40.5	8.1	2.7	48.7
	中　国	16	6.3	12.5	31.3	31.3	12.5	6.3	51.6
	四　国	8	12.5	37.5	25.0	12.5	12.5	-	33.8
	九　州	21	19.0	14.3	33.3	33.3	-	-	36.0
都市規模	21大都市（計）	67	3.0	14.9	47.8	28.4	1.5	4.5	43.5
	東京都区部	21	4.8	28.6	52.4	9.5	-	4.8	34.3
	20大都市	46	2.2	8.7	45.7	37.0	2.2	4.3	47.7
	その他の市（計）	147	6.8	15.0	42.9	29.3	4.8	1.4	41.4
	人口10万人以上の市	103	5.8	11.7	39.8	34.0	6.8	1.9	45.1
	人口10万人未満の市	44	9.1	22.7	50.0	18.2	-	-	32.8
	町村	18	5.6	11.1	27.8	44.4	5.6	5.6	54.7
年代	18・19歳	17	5.9	17.6	41.2	35.3	-	-	38.7
	20歳代	41	-	19.5	48.8	24.4	-	7.3	44.0
	30歳代	34	8.8	17.6	41.2	32.4	-	-	37.9
	40歳代	66	4.5	13.6	37.9	33.3	9.1	1.5	46.9
	50歳代	37	2.7	16.2	37.8	37.8	2.7	2.7	45.0
	60歳代	23	17.4	-	47.8	21.7	8.7	4.3	43.9
	70歳以上	14	7.1	14.3	64.3	14.3	-	-	33.2
性別	男　性	170	4.7	12.9	38.8	37.6	4.7	1.2	44.5
	女　性	62	8.1	19.4	54.8	9.7	1.6	6.5	39.2
性・年代	男性（計）	170	4.7	12.9	38.8	37.6	4.7	1.2	44.5
	18・19歳	9	-	11.1	33.3	55.6	-	-	46.4
	20歳代	25	-	20.0	36.0	40.0	-	4.0	45.4
	30歳代	28	7.1	14.3	39.3	39.3	-	-	40.7
	40歳代	51	2.0	13.7	35.3	39.2	9.8	-	47.0
	50歳代	25	4.0	12.0	36.0	44.0	4.0	-	45.8
	60歳代	19	15.8	-	42.1	26.3	10.5	5.3	47.4
	70歳以上	13	7.7	15.4	61.5	15.4	-	-	32.7
	女性（計）	62	8.1	19.4	54.8	9.7	1.6	6.5	39.2
	18・19歳	8	12.5	25.0	50.0	12.5	-	-	30.0
	20歳代	16	-	18.8	68.8	-	-	12.5	41.9
	30歳代	6	16.7	33.3	50.0	-	-	-	25.0
	40歳代	15	13.3	13.3	46.7	13.3	6.7	6.7	46.7
	50歳代	12	-	25.0	41.7	25.0	-	8.3	43.3
	60歳代	4	25.0	-	75.0	-	-	-	27.5
	70歳以上	1	-	-	100.0	-	-	-	40.0
職業	自営業（小計）	23	4.3	8.7	47.8	34.8	4.3	-	45.0
	農林漁業	0	-	-	-	-	-	-	-
	商工サービス業	12	8.3	-	41.7	50.0	-	-	46.7
	その他の自営業	9	-	22.2	44.4	22.2	11.1	-	42.2
	家族従業者	2	-	-	100.0	-	-	-	47.5
	勤め人（小計）	140	4.3	15.7	39.3	34.3	5.0	1.4	43.3
	管理職	15	13.3	6.7	33.3	26.7	20.0	-	47.7
	専門・技術職	25	-	16.0	52.0	28.0	-	4.0	41.0
	事務職	53	3.8	11.3	39.6	39.6	3.8	1.9	45.4
	技能・労務職	28	-	14.3	35.7	46.4	3.6	-	45.5
	サービス職	19	10.5	36.8	31.6	15.8	5.3	-	33.7
	その他（小計）	69	8.7	14.5	49.3	20.3	1.4	5.8	41.9
	パートタイム・アルバイト	15	6.7	13.3	46.7	20.0	-	13.3	52.3
	専業主婦・主夫	12	16.7	8.3	66.7	8.3	-	-	34.2
	学生	25	-	16.0	52.0	28.0	-	4.0	41.5
	無職	16	18.8	18.8	31.3	18.8	6.3	6.3	38.8
	その他	1	-	-	100.0	-	-	-	40.0

VII

クロス集計結果

問2 D	運動強度【散歩（ぶらぶら歩き）】					

(n) (%)

		全 体	かなり楽である	楽である	ややきつい	きつい	かなりきつい
	全 体	890	24.9	61.3	12.1	1.3	0.2
地域	北海道	25	44.0	40.0	16.0	-	-
	東 北	44	27.3	65.9	6.8	-	-
	関 東	355	25.6	64.2	8.2	1.4	0.6
	中 部	141	24.1	58.2	17.7	-	-
	近 畿	150	24.0	57.3	16.0	2.7	-
	中 国	47	27.7	61.7	10.6	-	-
	四 国	32	28.1	65.6	6.3	-	-
	九 州	96	16.7	63.5	16.7	3.1	-
都市規模	21大都市 (計)	287	18.8	66.2	12.2	2.4	0.3
	東京都区部	68	17.6	67.6	13.2	-	1.5
	20大都市	219	19.2	65.8	11.9	3.2	-
	その他の市 (計)	534	28.3	57.5	13.1	0.9	0.2
	人口10万人以上の市	360	29.7	56.1	12.5	1.4	0.3
	人口10万人未満の市	174	25.3	60.3	14.4	-	-
	町村	69	24.6	71.0	4.3	-	-
年代	18・19歳	14	14.3	78.6	7.1	-	-
	20歳代	93	29.0	59.1	8.6	3.2	-
	30歳代	141	29.1	58.9	9.9	2.1	-
	40歳代	171	28.1	59.1	12.9	-	-
	50歳代	146	24.0	60.3	14.4	0.7	0.7
	60歳代	161	26.1	61.5	11.2	1.2	-
	70歳以上	164	16.5	66.5	14.6	1.8	0.6
性別	男 性	373	26.8	58.2	12.6	2.1	0.3
	女 性	517	23.6	63.6	11.8	0.8	0.2
性・年代	男性 (計)	373	26.8	58.2	12.6	2.1	0.3
	18・19歳	5	40.0	40.0	20.0	-	-
	20歳代	32	40.6	40.6	12.5	6.3	-
	30歳代	50	24.0	60.0	12.0	4.0	-
	40歳代	71	36.6	49.3	14.1	-	-
	50歳代	60	21.7	60.0	15.0	1.7	1.7
	60歳代	74	28.4	63.5	6.8	1.4	-
	70歳以上	81	16.0	66.7	14.8	2.5	-
	女性 (計)	517	23.6	63.6	11.8	0.8	0.2
	18・19歳	9	-	100.0	-	-	-
	20歳代	61	23.0	68.9	6.6	1.6	-
	30歳代	91	31.9	58.2	8.8	1.1	-
	40歳代	100	22.0	66.0	12.0	-	-
	50歳代	86	25.6	60.5	14.0	-	-
	60歳代	87	24.1	59.8	14.9	1.1	-
	70歳以上	83	16.9	66.3	14.5	1.2	1.2
職業	自営業 (小計)	96	29.2	51.0	17.7	2.1	-
	農林漁業	5	20.0	60.0	20.0	-	-
	商工サービス業	68	32.4	51.5	16.2	-	-
	その他の自営業	13	23.1	61.5	7.7	7.7	-
	家族従業者	10	20.0	30.0	40.0	10.0	-
	勤め人 (小計)	300	25.0	61.0	12.0	1.7	0.3
	管理職	28	21.4	50.0	25.0	3.6	-
	専門・技術職	55	20.0	69.1	7.3	1.8	1.8
	事務職	104	31.7	59.6	7.7	1.0	-
	技能・労務職	72	25.0	58.3	15.3	1.4	-
	サービス職	41	17.1	65.9	14.6	2.4	-
	その他 (小計)	494	24.1	63.6	11.1	1.0	0.2
	パートタイム・アルバイト	128	27.3	65.6	7.0	-	-
	専業主婦・主夫	201	24.4	60.7	13.4	1.0	0.5
	学生	34	23.5	67.6	2.9	5.9	-
	無職	126	20.6	65.1	13.5	0.8	-
	その他	5	20.0	60.0	20.0	-	-

		全　体	かなり楽である	楽である	ややきつい	きつい	かなりきつい
		(n)					(%)
	全　体	835	8.7	55.4	33.2	2.2	0.5
地域	北海道	30	6.7	60.0	26.7	3.3	3.3
	東　北	41	4.9	51.2	36.6	4.9	2.4
	関　東	297	10.4	57.9	28.3	3.0	0.3
	中　部	143	9.8	54.5	34.3	1.4	-
	近　畿	146	8.9	53.4	37.0	0.7	-
	中　国	55	5.5	60.0	32.7	1.8	-
	四　国	31	12.9	67.7	19.4	-	-
	九　州	92	4.3	45.7	46.7	2.2	1.1
都市規模	21大都市 (計)	245	8.6	55.9	33.1	2.0	0.4
	東京都区部	55	9.1	65.5	23.6	1.8	-
	20大都市	190	8.4	53.2	35.8	2.1	0.5
	その他の市 (計)	524	9.4	55.2	32.4	2.5	0.6
	人口10万人以上の市	366	9.8	56.3	30.9	2.5	0.5
	人口10万人未満の市	158	8.2	52.5	36.1	2.5	0.6
	町村	66	4.5	56.1	39.4	-	-
年代	18・19歳	7	14.3	57.1	28.6	-	-
	20歳代	66	16.7	62.1	15.2	4.5	1.5
	30歳代	82	15.9	52.4	26.8	3.7	1.2
	40歳代	165	9.7	59.4	29.7	1.2	-
	50歳代	150	6.7	49.3	40.7	2.7	0.7
	60歳代	167	7.2	53.9	35.9	2.4	0.6
	70歳以上	198	5.1	57.1	36.9	1.0	-
性別	男　性	400	9.8	52.8	34.5	2.5	0.5
	女　性	435	7.8	57.9	32.0	1.8	0.5
性・年代	男性 (計)	400	9.8	52.8	34.5	2.5	0.5
	18・19歳	2	-	50.0	50.0	-	-
	20歳代	27	18.5	59.3	14.8	7.4	-
	30歳代	31	19.4	51.6	25.8	3.2	-
	40歳代	78	16.7	56.4	25.6	1.3	-
	50歳代	76	7.9	42.1	44.7	3.9	1.3
	60歳代	87	4.6	59.8	32.2	2.3	1.1
	70歳以上	99	5.1	50.5	43.4	1.0	-
	女性 (計)	435	7.8	57.9	32.0	1.8	0.5
	18・19歳	5	20.0	60.0	20.0	-	-
	20歳代	39	15.4	64.1	15.4	2.6	2.6
	30歳代	51	13.7	52.9	27.5	3.9	2.0
	40歳代	87	3.4	62.1	33.3	1.1	-
	50歳代	74	5.4	56.8	36.5	1.4	-
	60歳代	80	10.0	47.5	40.0	2.5	-
	70歳以上	99	5.1	63.6	30.3	1.0	-
職業	自営業 (小計)	101	10.9	56.4	29.7	3.0	-
	農林漁業	6	-	66.7	33.3	-	-
	商工サービス業	67	11.9	52.2	32.8	3.0	-
	その他の自営業	19	15.8	57.9	26.3	-	-
	家族従業者	9	-	77.8	11.1	11.1	-
	勤め人 (小計)	296	10.8	57.4	28.7	2.4	0.7
	管理職	47	14.9	53.2	27.7	4.3	-
	専門・技術職	54	13.0	61.1	24.1	1.9	-
	事務職	92	9.8	65.2	25.0	-	-
	技能・労務職	58	6.9	53.4	34.5	3.4	1.7
	サービス職	45	11.1	46.7	35.6	4.4	2.2
	その他 (小計)	438	6.8	53.9	37.0	1.8	0.5
	パートタイム・アルバイト	116	5.2	62.1	30.2	1.7	0.9
	専業主婦・主夫	161	6.8	54.0	37.9	0.6	0.6
	学生	19	21.1	57.9	15.8	5.3	-
	無職	139	6.5	46.0	45.3	2.2	-
	その他	3	-	66.7	-	33.3	-

VII

クロス集計結果

| 問2 D | 運動強度【体操（軽い体操、ラジオ体操など）】 |

		全　体	かなり楽である	楽である	ややきつい	きつい	かなりきつい
	(n)						(%)
	全　体	475	16.2	58.3	22.9	2.3	0.2
地域	北海道	23	13.0	60.9	26.1	-	-
	東　北	22	13.6	59.1	27.3	-	-
	関　東	177	13.6	60.5	22.6	2.8	0.6
	中　部	75	16.0	56.0	22.7	5.3	-
	近　畿	87	18.4	54.0	25.3	2.3	-
	中　国	36	27.8	61.1	11.1	-	-
	四　国	11	18.2	72.7	9.1	-	-
	九　州	44	15.9	54.5	29.5	-	-
都市規模	21大都市（計）	131	16.8	58.0	22.1	2.3	0.8
	東京都区部	34	14.7	64.7	20.6	-	-
	20大都市	97	17.5	55.7	22.7	3.1	1.0
	その他の市（計）	293	16.0	57.3	24.2	2.4	-
	人口10万人以上の市	196	16.3	55.6	25.5	2.6	-
	人口10万人未満の市	97	15.5	60.8	21.6	2.1	-
	町村	51	15.7	64.7	17.6	2.0	-
年代	18・19歳	3	33.3	66.7	-	-	-
	20歳代	24	8.3	75.0	12.5	4.2	-
	30歳代	49	22.4	55.1	18.4	4.1	-
	40歳代	88	15.9	54.5	23.9	4.5	1.1
	50歳代	71	25.4	49.3	23.9	1.4	-
	60歳代	100	15.0	59.0	24.0	2.0	-
	70歳以上	140	11.4	62.9	25.0	0.7	-
性別	男　性	151	22.5	58.3	17.9	1.3	-
	女　性	324	13.3	58.3	25.3	2.8	0.3
性・年代	男性（計）	151	22.5	58.3	17.9	1.3	-
	18・19歳	0	-	-	-	-	-
	20歳代	8	12.5	87.5	-	-	-
	30歳代	17	29.4	35.3	29.4	5.9	-
	40歳代	28	32.1	50.0	14.3	3.6	-
	50歳代	17	47.1	41.2	11.8	-	-
	60歳代	29	17.2	62.1	20.7	-	-
	70歳以上	52	11.5	69.2	19.2	-	-
	女性（計）	324	13.3	58.3	25.3	2.8	0.3
	18・19歳	3	33.3	66.7	-	-	-
	20歳代	16	6.3	68.8	18.8	6.3	-
	30歳代	32	18.8	65.6	12.5	3.1	-
	40歳代	60	8.3	56.7	28.3	5.0	1.7
	50歳代	54	18.5	51.9	27.8	1.9	-
	60歳代	71	14.1	57.7	25.4	2.8	-
	70歳以上	88	11.4	59.1	28.4	1.1	-
職業	自営業（小計）	51	11.8	62.7	23.5	2.0	-
	農林漁業	2	-	50.0	50.0	-	-
	商工サービス業	35	14.3	62.9	20.0	2.9	-
	その他の自営業	7	-	57.1	42.9	-	-
	家族従業者	7	14.3	71.4	14.3	-	-
	勤め人（小計）	129	23.3	58.1	17.1	0.8	0.8
	管理職	10	60.0	30.0	10.0	-	-
	専門・技術職	24	8.3	83.3	8.3	-	-
	事務職	41	26.8	53.7	17.1	-	2.4
	技能・労務職	31	29.0	41.9	25.8	3.2	-
	サービス職	23	8.7	73.9	17.4	-	-
	その他（小計）	295	13.9	57.6	25.4	3.1	-
	パートタイム・アルバイト	70	11.4	55.7	30.0	2.9	-
	専業主婦・主夫	145	15.2	53.8	26.2	4.8	-
	学生	5	20.0	80.0	-	-	-
	無職	72	13.9	65.3	20.8	-	-
	その他	3	-	66.7	33.3	-	-

運動強度【筋力トレーニング】

		全 体	かなり楽である	楽である	ややきつい	きつい	かなりきつい
		(n)					(%)
全 体		463	1.9	13.2	54.0	25.3	5.6
地域	北海道	13	-	7.7	61.5	15.4	15.4
	東 北	31	-	12.9	58.1	16.1	12.9
	関 東	174	2.3	14.9	47.1	31.0	4.6
	中 部	84	1.2	15.5	54.8	26.2	2.4
	近 畿	81	-	13.6	59.3	21.0	6.2
	中 国	27	7.4	-	51.9	33.3	7.4
	四 国	13	-	15.4	46.2	30.8	7.7
	九 州	40	5.0	10.0	70.0	10.0	5.0
都市規模	21大都市 (計)	140	2.1	13.6	52.9	28.6	2.9
	東京都区部	42	2.4	14.3	42.9	38.1	2.4
	20大都市	98	2.0	13.3	57.1	24.5	3.1
	その他の市 (計)	295	1.7	12.5	53.9	25.1	6.8
	人口10万人以上の市	210	1.0	12.4	54.8	25.7	6.2
	人口10万人未満の市	85	3.5	12.9	51.8	23.5	8.2
	町村	28	3.6	17.9	60.7	10.7	7.1
年代	18・19歳	25	-	-	44.0	40.0	16.0
	20歳代	84	1.2	8.3	41.7	39.3	9.5
	30歳代	72	2.8	12.5	47.2	29.2	8.3
	40歳代	84	3.6	8.3	58.3	25.0	4.8
	50歳代	86	-	18.6	55.8	23.3	2.3
	60歳代	64	3.1	15.6	65.6	12.5	3.1
	70歳以上	48	2.1	25.0	64.6	8.3	-
性別	男 性	275	2.5	8.7	50.5	30.5	7.6
	女 性	188	1.1	19.7	59.0	17.6	2.7
性・年代	男性 (計)	275	2.5	8.7	50.5	30.5	7.6
	18・19歳	14	-	-	50.0	21.4	28.6
	20歳代	50	2.0	12.0	26.0	48.0	12.0
	30歳代	51	2.0	11.8	47.1	31.4	7.8
	40歳代	47	4.3	4.3	51.1	34.0	6.4
	50歳代	49	-	14.3	49.0	32.7	4.1
	60歳代	35	5.7	-	71.4	17.1	5.7
	70歳以上	29	3.4	10.3	75.9	10.3	-
	女性 (計)	188	1.1	19.7	59.0	17.6	2.7
	18・19歳	11	-	-	36.4	63.6	-
	20歳代	34	-	2.9	64.7	26.5	5.9
	30歳代	21	4.8	14.3	47.6	23.8	9.5
	40歳代	37	2.7	13.5	67.6	13.5	2.7
	50歳代	37	-	24.3	64.9	10.8	-
	60歳代	29	-	34.5	58.6	6.9	-
	70歳以上	19	-	47.4	47.4	5.3	-
職業	自営業 (小計)	43	4.7	9.3	48.8	27.9	9.3
	農林漁業	3	-	-	33.3	33.3	33.3
	商工サービス業	29	6.9	10.3	58.6	20.7	3.4
	その他の自営業	8	-	12.5	25.0	37.5	25.0
	家族従業者	3	-	-	33.3	66.7	-
	勤め人 (小計)	226	2.2	11.5	51.3	28.3	6.6
	管理職	25	-	8.0	56.0	32.0	4.0
	専門・技術職	51	2.0	5.9	60.8	27.5	3.9
	事務職	66	3.0	10.6	54.5	25.8	6.1
	技能・労務職	59	-	15.3	42.4	32.2	10.2
	サービス職	25	8.0	20.0	40.0	24.0	8.0
	その他 (小計)	194	1.0	16.0	58.2	21.1	3.6
	パートタイム・アルバイト	50	2.0	20.0	60.0	14.0	4.0
	専業主婦・主夫	52	-	26.9	57.7	13.5	1.9
	学生	47	-	-	46.8	44.7	8.5
	無職	42	2.4	16.7	71.4	9.5	-
	その他	3	-	-	33.3	66.7	-

VII

クロス集計結果

問2 D	運動強度【ジョギング・ランニング】

(n)　　　　　　　　　　　　　　　　　　　　　　　　　　　　　　　　　(%)

		全　体	かなり楽である	楽である	ややきつい	きつい	かなりきつい
	全　体	232	2.6	19.0	46.6	27.6	4.3
地域	北海道	9	-	22.2	33.3	44.4	-
	東　北	12	-	16.7	58.3	25.0	-
	関　東	89	2.2	16.9	50.6	28.1	2.2
	中　部	40	5.0	22.5	42.5	27.5	2.5
	近　畿	37	-	24.3	40.5	24.3	10.8
	中　国	16	6.3	18.8	50.0	25.0	-
	四　国	8	12.5	12.5	37.5	25.0	12.5
	九　州	21	-	14.3	47.6	28.6	9.5
都市規模	21大都市 (計)	67	1.5	13.4	53.7	29.9	1.5
	東京都区部	21	4.8	19.0	47.6	23.8	4.8
	20大都市	46	-	10.9	56.5	32.6	-
	その他の市 (計)	147	3.4	22.4	41.5	26.5	6.1
	人口10万人以上の市	103	1.9	24.3	40.8	28.2	4.9
	人口10万人未満の市	44	6.8	18.2	43.2	22.7	9.1
	町村	18	-	11.1	61.1	27.8	-
年代	18・19歳	17	-	23.5	41.2	35.3	-
	20歳代	41	4.9	19.5	36.6	34.1	4.9
	30歳代	34	5.9	29.4	26.5	23.5	14.7
	40歳代	66	1.5	13.6	54.5	27.3	3.0
	50歳代	37	-	8.1	59.5	29.7	2.7
	60歳代	23	4.3	13.0	65.2	17.4	-
	70歳以上	14	-	50.0	28.6	21.4	-
性別	男　性	170	3.5	22.4	46.5	24.1	3.5
	女　性	62	-	9.7	46.8	37.1	6.5
性・年代	男性 (計)	170	3.5	22.4	46.5	24.1	3.5
	18・19歳	9	-	33.3	44.4	22.2	-
	20歳代	25	8.0	16.0	32.0	36.0	8.0
	30歳代	28	7.1	35.7	28.6	21.4	7.1
	40歳代	51	2.0	17.6	54.9	23.5	2.0
	50歳代	25	-	12.0	60.0	24.0	4.0
	60歳代	19	5.3	10.5	68.4	15.8	-
	70歳以上	13	-	53.8	23.1	23.1	-
	女性 (計)	62	-	9.7	46.8	37.1	6.5
	18・19歳	8	-	12.5	37.5	50.0	-
	20歳代	16	-	25.0	43.8	31.3	-
	30歳代	6	-	-	16.7	33.3	50.0
	40歳代	15	-	-	53.3	40.0	6.7
	50歳代	12	-	-	58.3	41.7	-
	60歳代	4	-	25.0	50.0	25.0	-
	70歳以上	1	-	-	100.0	-	-
職業	自営業 (小計)	23	8.7	13.0	65.2	8.7	4.3
	農林漁業	0	-	-	-	-	-
	商工サービス業	12	16.7	16.7	58.3	8.3	-
	その他の自営業	9	-	11.1	66.7	11.1	11.1
	家族従業者	2	-	-	100.0	-	-
	勤め人 (小計)	140	1.4	20.0	43.6	30.0	5.0
	管理職	15	6.7	20.0	53.3	20.0	-
	専門・技術職	25	-	12.0	36.0	36.0	16.0
	事務職	53	-	18.9	47.2	32.1	1.9
	技能・労務職	28	-	25.0	39.3	32.1	3.6
	サービス職	19	5.3	26.3	42.1	21.1	5.3
	その他 (小計)	69	2.9	18.8	46.4	29.0	2.9
	パートタイム・アルバイト	15	-	-	33.3	60.0	6.7
	専業主婦・主夫	12	-	-	66.7	25.0	8.3
	学生	25	4.0	28.0	44.0	24.0	-
	無職	16	6.3	37.5	50.0	6.3	-
	その他	1	-	-	-	100.0	-

(n)　　(%)

		全体	道路	公園	河川敷	野球場・ソフトボール場	自宅(庭・室内等)	高原・山	商業施設	海・海岸	職場・勤務先	サイクリングコース	寺・神社	老人ホーム・デイケア
	全体	890	77.3	14.8	3.6	1.3	1.0	0.4	0.3	0.2	0.2	0.1	0.1	0.1
地域	北海道	25	88.0	8.0	-	-	-	4.0	-	-	-	-	-	-
	東　北	44	81.8	9.1	4.5	4.5	-	-	-	-	-	-	-	-
	関　東	355	75.8	16.9	3.1	1.4	1.1	0.3	0.8	-	-	-	-	0.3
	中　部	141	80.1	12.8	5.7	-	1.4	-	-	-	-	-	-	-
	近　畿	150	73.3	18.7	2.0	2.0	0.7	0.7	-	-	-	0.7	0.7	-
	中　国	47	83.0	6.4	2.1	-	4.3	2.1	-	-	-	2.1	-	-
	四　国	32	78.1	9.4	12.5	-	-	-	-	-	-	-	-	-
	九　州	96	77.1	14.6	3.1	2.1	-	-	-	-	2.1	-	1.0	-
都市規模	21大都市(計)	287	77.7	13.6	3.8	1.7	1.7	0.7	-	-	-	-	-	-
	東京都区部	68	80.9	8.8	4.4	1.5	2.9	-	-	-	-	-	-	-
	20大都市	219	76.7	15.1	3.7	1.8	1.4	0.9	-	-	-	-	-	-
	その他の市(計)	534	77.5	14.8	3.6	1.1	0.7	0.4	0.6	0.2	0.4	0.2	0.2	0.2
	人口10万人以上の市	360	76.7	16.1	3.1	1.4	0.6	0.6	0.8	-	-	0.3	0.3	-
	人口10万人未満の市	174	79.3	12.1	4.6	0.6	1.1	-	-	0.6	1.1	-	-	0.6
	町村	69	73.9	20.3	2.9	1.4	-	-	-	1.4	-	-	-	-
年代	18・19歳	14	85.7	14.3	-	-	-	-	-	-	-	-	-	-
	20歳代	93	75.3	19.4	4.3	-	-	-	-	-	-	-	-	-
	30歳代	141	75.9	13.5	4.3	3.5	1.4	0.7	-	-	-	0.7	-	-
	40歳代	171	72.5	17.5	6.4	1.2	1.2	-	0.6	-	0.6	-	-	-
	50歳代	146	75.3	13.0	3.4	1.4	2.7	1.4	-	0.7	0.7	-	0.7	-
	60歳代	161	80.7	14.3	1.9	0.6	0.6	-	0.6	0.6	-	-	-	-
	70歳以上	164	82.3	12.8	1.8	1.2	-	0.6	0.6	-	-	-	-	0.6
性別	男　性	373	76.1	14.2	4.8	1.3	1.6	0.8	-	0.3	0.5	-	-	-
	女　性	517	78.1	15.3	2.7	1.4	0.6	0.2	0.6	0.2	-	0.2	0.2	0.2
性・年代	男性(計)	373	76.1	14.2	4.8	1.3	1.6	0.8	-	0.3	0.5	-	-	-
	18・19歳	5	80.0	20.0	-	-	-	-	-	-	-	-	-	-
	20歳代	32	75.0	18.8	6.3	-	-	-	-	-	-	-	-	-
	30歳代	50	74.0	18.0	2.0	2.0	2.0	2.0	-	-	-	-	-	-
	40歳代	71	67.6	14.1	12.7	1.4	2.8	-	-	-	-	1.4	-	-
	50歳代	60	73.3	15.0	3.3	1.7	3.3	1.7	-	-	-	1.7	-	-
	60歳代	74	82.4	9.5	2.7	1.4	1.4	-	-	-	1.4	-	-	-
	70歳以上	81	81.5	13.6	2.5	1.2	-	1.2	-	-	-	-	-	-
	女性(計)	517	78.1	15.3	2.7	1.4	0.6	0.2	0.6	0.2	-	0.2	0.2	0.2
	18・19歳	9	88.9	11.1	-	-	-	-	-	-	-	-	-	-
	20歳代	61	75.4	19.7	3.3	-	-	-	-	-	-	-	-	-
	30歳代	91	76.9	11.0	5.5	4.4	1.1	-	-	-	-	1.1	-	-
	40歳代	100	76.0	20.0	2.0	1.0	-	-	1.0	-	-	-	-	-
	50歳代	86	76.7	11.6	3.5	1.2	2.3	1.2	-	-	1.2	-	1.2	-
	60歳代	87	79.3	18.4	1.1	-	-	-	1.1	-	-	-	-	-
	70歳以上	83	83.1	12.0	1.2	1.2	-	-	1.2	-	-	-	-	1.2
職業	自営業(小計)	96	81.3	11.5	4.2	3.1	-	-	-	-	-	-	-	-
	農林漁業	5	80.0	-	20.0	-	-	-	-	-	-	-	-	-
	商工サービス業	68	77.9	14.7	4.4	2.9	-	-	-	-	-	-	-	-
	その他の自営業	13	92.3	-	-	7.7	-	-	-	-	-	-	-	-
	家族従業者	10	90.0	10.0	-	-	-	-	-	-	-	-	-	-
	勤め人(小計)	300	73.7	15.3	5.3	2.0	2.0	0.7	-	-	-	0.7	-	-
	管理職	28	64.3	17.9	14.3	-	-	-	-	-	-	3.6	-	-
	専門・技術職	55	70.9	23.6	5.5	-	-	-	-	-	-	-	-	-
	事務職	104	74.0	14.4	2.9	2.9	4.8	-	-	-	-	-	-	-
	技能・労務職	72	80.6	9.7	5.6	1.4	-	-	2.8	-	-	-	-	-
	サービス職	41	70.7	14.6	4.9	4.9	2.4	-	-	-	-	2.4	-	-
	その他(小計)	494	78.7	15.2	2.4	0.6	0.6	0.4	0.6	0.4	-	0.2	0.2	0.2
	パートタイム・アルバイト	128	81.3	16.4	1.6	0.8	-	-	-	-	-	-	-	-
	専業主婦・主夫	201	76.1	16.9	2.5	0.5	1.0	-	1.5	0.5	-	0.5	-	0.5
	学生	34	76.5	20.6	2.9	-	-	-	-	-	-	-	-	-
	無職	126	81.0	10.3	3.2	0.8	0.8	1.6	-	0.8	-	-	0.8	-
	その他	5	80.0	-	-	-	-	-	-	-	-	-	-	-

問2 G　運動・スポーツの実施場所・利用施設【ウォーキング】

		全　体	道路	公園	河川敷	トレーニングルーム	高原・山	野球場・ソフトボール場	陸上競技場	自宅(庭・室内等)
	(n)									(%)
	全　体	835	74.4	13.8	4.9	1.8	1.2	1.1	0.7	0.6
地域	北海道	30	76.7	10.0	6.7	3.3	-	-	-	-
	東　北	41	82.9	4.9	4.9	-	-	2.4	2.4	2.4
	関　東	297	70.0	19.2	5.7	1.0	0.7	1.3	0.7	0.3
	中　部	143	76.9	11.9	4.2	3.5	1.4	-	-	0.7
	近　畿	146	75.3	13.0	5.5	2.1	0.7	1.4	0.7	-
	中　国	55	80.0	10.9	1.8	-	3.6	-	-	-
	四　国	31	77.4	3.2	6.5	3.2	3.2	3.2	-	3.2
	九　州	92	73.9	10.9	3.3	2.2	2.2	1.1	2.2	1.1
都市規模	21大都市 (計)	245	72.2	16.7	4.5	0.8	0.4	1.6	0.4	0.4
	東京都区部	55	80.0	16.4	1.8	-	-	1.8	-	-
	20大都市	190	70.0	16.8	5.3	1.1	0.5	1.6	0.5	0.5
	その他の市 (計)	524	75.4	12.4	5.3	2.3	1.5	1.0	0.6	0.8
	人口10万人以上の市	366	74.0	13.9	4.9	2.2	1.4	1.4	0.5	0.8
	人口10万人未満の市	158	78.5	8.9	6.3	2.5	1.9	-	0.6	0.6
	町村	66	74.2	13.6	3.0	1.5	1.5	-	3.0	-
年代	18・19歳	7	100.0	-	-	-	-	-	-	-
	20歳代	66	81.8	10.6	4.5	1.5	-	1.5	-	-
	30歳代	82	65.9	18.3	8.5	1.2	-	3.7	-	-
	40歳代	165	77.6	12.1	4.8	1.2	1.2	0.6	1.2	0.6
	50歳代	150	75.3	10.0	4.0	2.0	2.7	2.7	1.3	0.7
	60歳代	167	73.7	15.0	3.6	2.4	1.2	-	0.6	0.6
	70歳以上	198	71.7	16.7	5.6	2.0	1.0	-	0.5	1.0
性別	男　性	400	72.5	15.8	4.3	1.5	1.5	1.3	0.8	0.5
	女　性	435	76.1	12.0	5.5	2.1	0.9	0.9	0.7	0.7
性・年代	男性 (計)	400	72.5	15.8	4.3	1.5	1.5	1.3	0.8	0.5
	18・19歳	2	100.0	-	-	-	-	-	-	-
	20歳代	27	85.2	11.1	-	-	-	3.7	-	-
	30歳代	31	61.3	29.0	6.5	-	-	-	-	-
	40歳代	78	76.9	11.5	5.1	1.3	1.3	1.3	1.3	-
	50歳代	76	68.4	11.8	6.6	1.3	3.9	3.9	1.3	-
	60歳代	87	74.7	13.8	1.1	2.3	1.1	-	1.1	1.1
	70歳以上	99	69.7	21.2	5.1	2.0	1.0	-	-	1.0
	女性 (計)	435	76.1	12.0	5.5	2.1	0.9	0.9	0.7	0.7
	18・19歳	5	100.0	-	-	-	-	-	-	-
	20歳代	39	79.5	10.3	7.7	2.6	-	-	-	-
	30歳代	51	68.6	11.8	9.8	2.0	-	5.9	-	-
	40歳代	87	78.2	12.6	4.6	1.1	1.1	-	1.1	1.1
	50歳代	74	82.4	8.1	1.4	2.7	1.4	1.4	1.4	1.4
	60歳代	80	72.5	16.3	6.3	2.5	1.3	-	-	-
	70歳以上	99	73.7	12.1	6.1	2.0	1.0	-	1.0	1.0
職業	自営業 (小計)	101	69.3	20.8	5.0	1.0	1.0	1.0	-	1.0
	農林漁業	6	83.3	16.7	-	-	-	-	-	-
	商工サービス業	67	65.7	22.4	6.0	1.5	1.5	-	-	1.5
	その他の自営業	19	73.7	21.1	-	-	-	5.3	-	-
	家族従業者	9	77.8	11.1	11.1	-	-	-	-	-
	勤め人 (小計)	296	74.0	11.5	6.8	2.0	1.7	1.7	0.3	-
	管理職	47	70.2	14.9	4.3	2.1	-	6.4	-	-
	専門・技術職	54	77.8	11.1	7.4	1.9	1.9	-	-	-
	事務職	92	75.0	10.9	7.6	3.3	-	1.1	1.1	-
	技能・労務職	58	72.4	12.1	6.9	-	5.2	-	-	-
	サービス職	45	73.3	8.9	6.7	2.2	2.2	2.2	-	-
	その他 (小計)	438	75.8	13.7	3.7	1.8	0.9	0.7	1.1	0.9
	パートタイム・アルバイト	116	81.9	9.5	2.6	2.6	-	1.7	0.9	0.9
	専業主婦・主夫	161	68.3	18.6	5.6	1.9	0.6	0.6	1.2	1.2
	学生	19	94.7	5.3	-	-	-	-	-	-
	無職	139	76.3	12.9	2.9	1.4	2.2	-	1.4	0.7
	その他	3	100.0	-	-	-	-	-	-	-

		全 体	体育館	海・海岸	サイクリングコース	グラウンド	商業施設	職場・勤務先	スポーツジム	土手・堤防
		(n)								(%)
	全 体	835	0.5	0.2	0.2	0.1	0.1	0.1	0.1	0.1
地域	北海道	30	-	-	3.3	-	-	-	-	-
	東 北	41	-	-	-	-	-	-	-	-
	関 東	297	0.3	-	-	0.3	0.3	-	-	-
	中 部	143	0.7	-	-	-	-	-	-	0.7
	近 畿	146	-	-	0.7	-	-	-	0.7	-
	中 国	55	1.8	1.8	-	-	-	-	-	-
	四 国	31	-	-	-	-	-	-	-	-
	九 州	92	1.1	1.1	-	-	-	1.1	-	-
都市規模	21大都市 (計)	245	1.2	-	0.4	-	0.4	-	0.4	0.4
	東京都区部	55	-	-	-	-	-	-	-	-
	20大都市	190	1.6	-	0.5	-	0.5	-	0.5	0.5
	その他の市 (計)	524	0.2	0.2	0.2	0.2	-	-	-	-
	人口10万人以上の市	366	0.3	-	0.3	0.3	-	-	-	-
	人口10万人未満の市	158	-	0.6	-	-	-	-	-	-
	町村	66	-	1.5	-	-	-	1.5	-	-
年代	18・19歳	7	-	-	-	-	-	-	-	-
	20歳代	66	-	-	-	-	-	-	-	-
	30歳代	82	-	-	-	1.2	-	-	-	1.2
	40歳代	165	0.6	-	-	-	-	-	-	-
	50歳代	150	-	-	-	-	-	0.7	0.7	-
	60歳代	167	1.2	0.6	0.6	-	-	-	0.6	-
	70歳以上	198	0.5	0.5	0.5	-	-	-	-	-
性別	男 性	400	0.8	0.3	-	0.3	0.3	0.3	0.3	-
	女 性	435	0.2	0.2	0.5	-	-	-	-	0.2
性・年代	男性 (計)	400	0.8	0.3	-	0.3	0.3	0.3	0.3	-
	18・19歳	2	-	-	-	-	-	-	-	-
	20歳代	27	-	-	-	-	-	-	-	-
	30歳代	31	-	-	-	3.2	-	-	-	-
	40歳代	78	1.3	-	-	-	-	-	-	-
	50歳代	76	-	-	-	-	-	1.3	1.3	-
	60歳代	87	2.3	1.1	-	-	-	-	1.1	-
	70歳以上	99	-	-	-	-	-	-	-	-
	女性 (計)	435	0.2	0.2	0.5	-	-	-	-	0.2
	18・19歳	5	-	-	-	-	-	-	-	-
	20歳代	39	-	-	-	-	-	-	-	-
	30歳代	51	-	-	-	-	-	-	-	2.0
	40歳代	87	-	-	-	-	-	-	-	-
	50歳代	74	-	-	-	-	-	-	-	-
	60歳代	80	-	-	1.3	-	-	-	-	-
	70歳以上	99	1.0	1.0	1.0	-	-	-	-	-
職業	自営業 (小計)	101	-	-	-	-	-	-	1.0	-
	農林漁業	6	-	-	-	-	-	-	-	-
	商工サービス業	67	-	-	-	-	-	-	1.5	-
	その他の自営業	19	-	-	-	-	-	-	-	-
	家族従業者	9	-	-	-	-	-	-	-	-
	勤め人 (小計)	296	0.7	0.3	-	0.3	0.3	0.3	-	-
	管理職	47	-	-	-	2.1	-	-	-	-
	専門・技術職	54	-	-	-	-	-	-	-	-
	事務職	92	-	-	-	-	-	1.1	-	-
	技能・労務職	58	-	1.7	-	-	-	-	1.7	-
	サービス職	45	4.4	-	-	-	-	-	-	-
	その他 (小計)	438	0.5	0.2	0.5	-	-	-	-	0.2
	パートタイム・アルバイト	116	-	-	-	-	-	-	-	-
	専業主婦・主夫	161	0.6	-	0.6	-	-	-	-	0.6
	学生	19	-	-	-	-	-	-	-	-
	無職	139	0.7	0.7	0.7	-	-	-	-	-
	その他	3	-	-	-	-	-	-	-	-

問2 G	運動・スポーツの実施場所・利用施設【体操（軽い体操、ラジオ体操など）】

(n)　　(%)

		全体	自宅 (庭・室内等)	職場・勤務先	体育館	公園	トレーニング ルーム	グラウンド	コミュニティ センター・ 公民館	道路	ダンス スタジオ
	全　体	475	66.1	7.6	6.1	4.2	4.2	3.6	2.7	1.1	0.8
地域	北海道	23	82.6	-	4.3	4.3	-	4.3	4.3	-	-
	東　北	22	63.6	9.1	13.6	-	-	4.5	-	-	-
	関　東	177	68.9	5.1	4.0	6.8	4.5	4.5	0.6	0.6	1.1
	中　部	75	60.0	14.7	9.3	2.7	4.0	1.3	4.0	-	-
	近　畿	87	62.1	8.0	5.7	4.6	9.2	2.3	3.4	3.4	1.1
	中　国	36	63.9	11.1	5.6	-	2.8	5.6	2.8	-	2.8
	四　国	11	63.6	-	18.2	-	-	-	18.2	-	-
	九　州	44	68.2	6.8	4.5	2.3	-	4.5	4.5	2.3	-
都市規模	21大都市（計）	131	73.3	3.8	4.6	3.1	3.8	4.6	2.3	1.5	0.8
	東京都区部	34	70.6	2.9	5.9	5.9	5.9	2.9	-	2.9	-
	20大都市	97	74.2	4.1	4.1	2.1	3.1	5.2	3.1	1.0	1.0
	その他の市（計）	293	64.5	8.5	6.8	4.8	4.8	2.0	3.1	0.7	1.0
	人口10万人以上の市	196	65.3	6.6	6.1	5.6	6.1	1.0	2.6	1.0	1.0
	人口10万人未満の市	97	62.9	12.4	8.2	3.1	2.1	4.1	4.1	-	1.0
	町村	51	56.9	11.8	5.9	3.9	2.0	9.8	2.0	2.0	-
年代	18・19歳	3	-	-	66.7	-	-	33.3	-	-	-
	20歳代	24	66.7	16.7	4.2	-	-	8.3	-	-	-
	30歳代	49	73.5	12.2	4.1	2.0	-	2.0	-	2.0	-
	40歳代	88	67.0	11.4	3.4	3.4	-	5.7	1.1	3.4	-
	50歳代	71	76.1	8.5	2.8	1.4	4.2	2.8	1.4	-	-
	60歳代	100	62.0	9.0	8.0	1.0	6.0	2.0	4.0	-	4.0
	70歳以上	140	62.1	0.7	7.9	10.0	7.9	2.9	5.0	0.7	-
性別	男　性	151	60.9	17.2	2.0	7.3	1.3	5.3	0.7	3.3	-
	女　性	324	68.5	3.1	8.0	2.8	5.6	2.8	3.7	-	1.2
性・年代	男性（計）	151	60.9	17.2	2.0	7.3	1.3	5.3	0.7	3.3	-
	18・19歳	0	-	-	-	-	-	-	-	-	-
	20歳代	8	62.5	25.0	-	-	-	12.5	-	-	-
	30歳代	17	47.1	23.5	11.8	5.9	-	5.9	-	5.9	-
	40歳代	28	39.3	28.6	3.6	7.1	-	7.1	-	10.7	-
	50歳代	17	52.9	23.5	-	-	5.9	11.8	-	-	-
	60歳代	29	72.4	24.1	-	-	-	3.4	-	-	-
	70歳以上	52	73.1	1.9	-	15.4	1.9	1.9	1.9	1.9	-
	女性（計）	324	68.5	3.1	8.0	2.8	5.6	2.8	3.7	-	1.2
	18・19歳	3	-	-	66.7	-	-	33.3	-	-	-
	20歳代	16	68.8	12.5	6.3	-	-	6.3	-	-	-
	30歳代	32	87.5	6.3	-	-	-	-	-	-	-
	40歳代	60	80.0	3.3	3.3	1.7	-	5.0	1.7	-	-
	50歳代	54	83.3	3.7	3.7	1.9	3.7	-	1.9	-	-
	60歳代	71	57.7	2.8	11.3	1.4	8.5	1.4	5.6	-	5.6
	70歳以上	88	55.7	-	12.5	6.8	11.4	3.4	6.8	-	-
職業	自営業（小計）	51	78.4	-	5.9	3.9	3.9	2.0	2.0	-	-
	農林漁業	2	50.0	-	-	-	-	50.0	-	-	-
	商工サービス業	35	82.9	-	2.9	2.9	2.9	2.9	-	-	-
	その他の自営業	7	71.4	-	14.3	14.3	-	-	-	-	-
	家族従業者	7	71.4	-	14.3	-	-	-	14.3	-	-
	勤め人（小計）	129	54.3	24.0	4.7	0.8	0.8	7.0	0.8	3.1	1.6
	管理職	10	30.0	60.0	-	-	-	-	-	10.0	-
	専門・技術職	24	62.5	20.8	8.3	-	-	4.2	-	-	-
	事務職	41	75.6	12.2	-	-	-	4.9	-	2.4	2.4
	技能・労務職	31	35.5	35.5	6.5	-	-	12.9	-	6.5	-
	サービス職	23	43.5	17.4	8.7	4.3	4.3	8.7	4.3	-	4.3
	その他（小計）	295	69.2	1.7	6.8	5.8	5.8	2.4	3.7	0.3	0.7
	パートタイム・アルバイト	70	67.1	7.1	4.3	5.7	1.4	8.6	1.4	-	-
	専業主婦・主夫	145	68.3	-	9.7	2.8	8.3	0.7	6.2	-	0.7
	学生	5	60.0	-	40.0	-	-	-	-	-	-
	無職	72	73.6	-	1.4	11.1	5.6	-	1.4	1.4	1.4
	その他	3	66.7	-	-	33.3	-	-	-	-	-

		全 体	駐車場	陸上競技場	武道場	野球場・ソフトボール場	老人ホーム・デイケア	屋外プール	河川敷	幼稚園・保育園（園庭）
	全 体	475	0.6	0.6	0.4	0.4	0.4	0.2	0.2	0.2
地域	北海道	23	-	-	-	-	-	-	-	-
	東 北	22	-	-	-	-	-	-	4.5	4.5
	関 東	177	0.6	0.6	0.6	0.6	1.1	-	-	-
	中 部	75	-	2.7	1.3	-	-	-	-	-
	近 畿	87	-	-	-	-	-	-	-	-
	中 国	36	2.8	-	-	-	-	2.8	-	-
	四 国	11	-	-	-	-	-	-	-	-
	九 州	44	2.3	-	-	2.3	-	-	-	-
都市規模	21大都市（計）	131	-	-	1.5	-	0.8	-	-	-
	東京都区部	34	-	-	2.9	-	-	-	-	-
	20大都市	97	-	-	1.0	-	1.0	-	-	-
	その他の市（計）	293	0.7	0.7	-	0.7	0.3	0.3	0.3	0.3
	人口10万人以上の市	196	1.0	1.0	-	1.0	-	-	0.5	0.5
	人口10万人未満の市	97	-	-	-	-	1.0	1.0	-	-
	町村	51	2.0	2.0	-	-	-	-	-	-
年代	18・19歳	3	-	-	-	-	-	-	-	-
	20歳代	24	-	-	-	-	-	-	-	4.2
	30歳代	49	2.0	-	-	2.0	-	-	-	-
	40歳代	88	1.1	1.1	-	-	1.1	-	-	-
	50歳代	71	-	-	1.4	1.4	-	-	-	-
	60歳代	100	-	1.0	1.0	-	-	-	1.0	-
	70歳以上	140	0.7	0.7	-	-	0.7	0.7	-	-
性別	男 性	151	0.7	-	0.7	-	-	0.7	-	-
	女 性	324	0.6	0.9	0.3	0.6	0.6	-	0.3	0.3
性・年代	男性（計）	151	0.7	-	0.7	-	-	0.7	-	-
	18・19歳	0	-	-	-	-	-	-	-	-
	20歳代	8	-	-	-	-	-	-	-	-
	30歳代	17	-	-	-	-	-	-	-	-
	40歳代	28	3.6	-	-	-	-	-	-	-
	50歳代	17	-	-	5.9	-	-	-	-	-
	60歳代	29	-	-	-	-	-	-	-	-
	70歳以上	52	-	-	-	-	-	1.9	-	-
	女性（計）	324	0.6	0.9	0.3	0.6	0.6	-	0.3	0.3
	18・19歳	3	-	-	-	-	-	-	-	-
	20歳代	16	-	-	-	-	-	-	-	6.3
	30歳代	32	3.1	-	-	3.1	-	-	-	-
	40歳代	60	-	1.7	-	-	1.7	-	-	-
	50歳代	54	-	-	-	1.9	-	-	-	-
	60歳代	71	-	1.4	1.4	-	-	-	1.4	-
	70歳以上	88	1.1	1.1	-	-	1.1	-	-	-
職業	自営業（小計）	51	-	-	2.0	2.0	-	-	-	-
	農林漁業	2	-	-	-	-	-	-	-	-
	商工サービス業	35	-	-	2.9	2.9	-	-	-	-
	その他の自営業	7	-	-	-	-	-	-	-	-
	家族従業者	7	-	-	-	-	-	-	-	-
	勤め人（小計）	129	0.8	-	-	0.8	0.8	-	-	0.8
	管理職	10	-	-	-	-	-	-	-	-
	専門・技術職	24	-	-	-	-	-	-	-	4.2
	事務職	41	-	-	-	2.4	-	-	-	-
	技能・労務職	31	3.2	-	-	-	-	-	-	-
	サービス職	23	-	-	-	-	4.3	-	-	-
	その他（小計）	295	0.7	1.0	0.3	-	0.3	0.3	0.3	-
	パートタイム・アルバイト	70	-	1.4	-	-	-	-	1.4	-
	専業主婦・主夫	145	1.4	0.7	0.7	-	0.7	-	-	-
	学生	5	-	-	-	-	-	-	-	-
	無職	72	-	1.4	-	-	-	-	1.4	-
	その他	3	-	-	-	-	-	-	-	-

VII

クロス集計結果

| 問2 G | 運動・スポーツの実施場所・利用施設【筋力トレーニング】 |

(n)　　　(%)

		全 体	自宅 (庭・室内等)	トレーニング ルーム	体育館	公園	陸上競技場	スポーツジム	ダンススタジオ
	全 体	463	62.6	26.6	3.7	1.5	1.1	0.9	0.9
地域	北海道	13	69.2	23.1	-	-	-	-	-
	東 北	31	61.3	29.0	6.5	-	3.2	-	-
	関 東	174	66.7	25.3	2.9	1.7	0.6	1.1	-
	中 部	84	66.7	27.4	2.4	-	-	-	1.2
	近 畿	81	55.6	27.2	4.9	2.5	2.5	2.5	2.5
	中 国	27	51.9	18.5	11.1	3.7	-	-	3.7
	四 国	13	61.5	23.1	-	-	7.7	-	-
	九 州	40	57.5	35.0	2.5	2.5	-	-	-
都市規模	21大都市 (計)	140	65.7	25.7	1.4	1.4	-	2.1	0.7
	東京都区部	42	69.0	26.2	2.4	-	-	2.4	-
	20大都市	98	64.3	25.5	1.0	2.0	-	2.0	1.0
	その他の市 (計)	295	63.4	25.1	4.4	1.4	1.4	0.3	1.0
	人口10万人以上の市	210	61.9	27.1	4.3	1.0	1.4	0.5	1.0
	人口10万人未満の市	85	67.1	20.0	4.7	2.4	1.2	-	1.2
	町村	28	39.3	46.4	7.1	3.6	3.6	-	-
年代	18・19歳	25	60.0	16.0	4.0	4.0	4.0	-	4.0
	20歳代	84	70.2	25.0	1.2	1.2	-	-	-
	30歳代	72	77.8	12.5	4.2	-	1.4	-	1.4
	40歳代	84	70.2	22.6	1.2	-	1.2	1.2	-
	50歳代	86	60.5	30.2	3.5	-	1.2	1.2	1.2
	60歳代	64	43.8	40.6	4.7	4.7	-	3.1	1.6
	70歳以上	48	43.8	37.5	10.4	4.2	-	-	-
性別	男 性	275	64.7	23.3	4.4	2.5	1.8	0.4	-
	女 性	188	59.6	31.4	2.7	-	-	1.6	2.1
性・年代	男性 (計)	275	64.7	23.3	4.4	2.5	1.8	0.4	-
	18・19歳	14	50.0	14.3	7.1	7.1	7.1	-	-
	20歳代	50	58.0	34.0	2.0	2.0	-	-	-
	30歳代	51	72.5	17.6	5.9	-	2.0	-	-
	40歳代	47	70.2	21.3	2.1	-	2.1	-	-
	50歳代	49	69.4	22.4	4.1	-	2.0	-	-
	60歳代	35	60.0	22.9	2.9	8.6	2.9	2.9	-
	70歳以上	29	58.6	24.1	10.3	6.9	-	-	-
	女性 (計)	188	59.6	31.4	2.7	-	-	1.6	2.1
	18・19歳	11	72.7	18.2	-	-	-	-	9.1
	20歳代	34	88.2	11.8	-	-	-	-	-
	30歳代	21	90.5	-	-	-	-	-	4.8
	40歳代	37	70.3	24.3	-	-	-	2.7	-
	50歳代	37	48.6	40.5	2.7	-	-	2.7	2.7
	60歳代	29	24.1	62.1	6.9	-	-	3.4	3.4
	70歳以上	19	21.1	57.9	10.5	-	-	-	-
職業	自営業 (小計)	43	53.5	25.6	4.7	2.3	2.3	2.3	2.3
	農林漁業	3	66.7	-	33.3	-	-	-	-
	商工サービス業	29	58.6	24.1	-	3.4	-	3.4	-
	その他の自営業	8	37.5	37.5	-	-	12.5	-	12.5
	家族従業者	3	33.3	33.3	33.3	-	-	-	-
	勤め人 (小計)	226	69.5	23.0	3.5	1.3	0.9	-	0.4
	管理職	25	80.0	16.0	-	-	4.0	-	-
	専門・技術職	51	78.4	19.6	2.0	-	-	-	-
	事務職	66	65.2	25.8	1.5	1.5	1.5	-	1.5
	技能・労務職	59	71.2	18.6	5.1	3.4	-	-	-
	サービス職	25	48.0	40.0	12.0	-	-	-	-
	その他 (小計)	194	56.7	30.9	3.6	1.5	1.0	1.5	1.0
	パートタイム・アルバイト	50	64.0	32.0	-	-	-	2.0	2.0
	専業主婦・主夫	52	44.2	38.5	7.7	-	-	3.8	-
	学生	47	61.7	23.4	2.1	2.1	2.1	-	2.1
	無職	42	54.8	31.0	4.8	4.8	2.4	-	-
	その他	3	100.0	-	-	-	-	-	-

	(n)						(%)
	全体	グラウンド	道路	河川敷	職場・勤務先	コミュニティセンター・公民館	武道場	野球場・ソフトボール場

		全体	グラウンド	道路	河川敷	職場・勤務先	コミュニティセンター・公民館	武道場	野球場・ソフトボール場
	全 体	463	0.6	0.6	0.4	0.4	0.2	0.2	0.2
地域	北海道	13	-	7.7	-	-	-	-	-
	東 北	31	-	-	-	-	-	-	-
	関 東	174	-	0.6	-	-	-	0.6	0.6
	中 部	84	1.2	-	-	-	1.2	-	-
	近 畿	81	1.2	-	1.2	-	-	-	-
	中 国	27	3.7	3.7	-	3.7	-	-	-
	四 国	13	-	-	-	7.7	-	-	-
	九 州	40	-	-	2.5	-	-	-	-
都市規模	21大都市 (計)	140	0.7	-	0.7	-	-	0.7	0.7
	東京都区部	42	-	-	-	-	-	-	-
	20大都市	98	1.0	-	1.0	-	-	1.0	1.0
	その他の市 (計)	295	0.7	1.0	0.3	0.7	0.3	-	-
	人口10万人以上の市	210	1.0	1.0	0.5	0.5	-	-	-
	人口10万人未満の市	85	-	1.2	-	1.2	1.2	-	-
	町村	28	-	-	-	-	-	-	-
年代	18・19歳	25	4.0	-	-	4.0	-	-	-
	20歳代	84	1.2	-	-	-	-	1.2	-
	30歳代	72	-	-	-	1.4	-	-	1.4
	40歳代	84	1.2	1.2	1.2	-	-	-	-
	50歳代	86	-	1.2	1.2	-	-	-	-
	60歳代	64	-	-	-	-	-	-	-
	70歳以上	48	-	2.1	-	-	2.1	-	-
性別	男 性	275	1.1	0.7	-	0.4	-	0.4	0.4
	女 性	188	-	0.5	1.1	0.5	0.5	-	-
性・年代	男性 (計)	275	1.1	0.7	-	0.4	-	0.4	0.4
	18・19歳	14	7.1	-	-	7.1	-	-	-
	20歳代	50	2.0	-	-	-	-	2.0	-
	30歳代	51	-	-	-	-	-	-	2.0
	40歳代	47	2.1	2.1	-	-	-	-	-
	50歳代	49	-	2.0	-	-	-	-	-
	60歳代	35	-	-	-	-	-	-	-
	70歳以上	29	-	-	-	-	-	-	-
	女性 (計)	188	-	0.5	1.1	0.5	0.5	-	-
	18・19歳	11	-	-	-	-	-	-	-
	20歳代	34	-	-	-	-	-	-	-
	30歳代	21	-	-	-	4.8	-	-	-
	40歳代	37	-	-	2.7	-	-	-	-
	50歳代	37	-	-	2.7	-	-	-	-
	60歳代	29	-	-	-	-	-	-	-
	70歳以上	19	-	5.3	-	-	5.3	-	-
職業	自営業 (小計)	43	-	2.3	2.3	-	-	-	2.3
	農林漁業	3	-	-	-	-	-	-	-
	商工サービス業	29	-	3.4	3.4	-	-	-	3.4
	その他の自営業	8	-	-	-	-	-	-	-
	家族従業者	3	-	-	-	-	-	-	-
	勤め人 (小計)	226	0.4	0.4	-	0.4	-	-	-
	管理職	25	-	-	-	-	-	-	-
	専門・技術職	51	-	-	-	-	-	-	-
	事務職	66	1.5	-	-	1.5	-	-	-
	技能・労務職	59	-	1.7	-	-	-	-	-
	サービス職	25	-	-	-	-	-	-	-
	その他 (小計)	194	1.0	0.5	0.5	0.5	0.5	0.5	-
	パートタイム・アルバイト	50	-	-	-	-	-	-	-
	専業主婦・主夫	52	-	1.9	-	1.9	1.9	-	-
	学生	47	4.3	-	-	-	-	2.1	-
	無職	42	-	-	2.4	-	-	-	-
	その他	3	-	-	-	-	-	-	-

問2 G	運動・スポーツの実施場所・利用施設【ジョギング・ランニング】

(n)　　　　　　　　　　　　　　　　　　　　　　　　　　　　　　　　　　　　　(%)

		全 体	道路	公園	トレーニングルーム	河川敷	体育館	自宅(庭・室内等)	陸上競技場	グラウンド	高原・山	サイクリングコース	野球場・ソフトボール場	職場・勤務先	土手・堤防
	全 体	232	61.2	13.4	8.2	7.8	2.2	1.7	1.3	0.9	0.9	0.9	0.9	0.4	0.4
地域	北海道	9	88.9	-	11.1	-	-	-	-	-	-	-	-	-	-
	東 北	12	58.3	8.3	16.7	8.3	-	8.3	-	-	-	-	-	-	-
	関 東	89	57.3	22.5	9.0	7.9	-	1.1	1.1	-	-	-	1.1	-	-
	中 部	40	62.5	2.5	10.0	10.0	7.5	-	-	-	-	5.0	-	-	2.5
	近 畿	37	54.1	10.8	8.1	8.1	2.7	2.7	2.7	5.4	-	-	2.7	2.7	-
	中 国	16	62.5	18.8	-	12.5	-	-	6.3	-	-	-	-	-	-
	四 国	8	62.5	12.5	-	-	-	-	-	-	25.0	-	-	-	-
	九 州	21	76.2	4.8	4.8	4.8	4.8	4.8	-	-	-	-	-	-	-
都市規模	21大都市 (計)	67	53.7	14.9	10.4	11.9	3.0	1.5	-	-	-	1.5	1.5	-	1.5
	東京都区部	21	57.1	23.8	9.5	4.8	-	-	-	-	-	-	4.8	-	-
	20大都市	46	52.2	10.9	10.9	15.2	4.3	2.2	-	-	-	2.2	-	-	2.2
	その他の市 (計)	147	63.9	12.2	7.5	6.8	2.0	1.4	2.0	1.4	1.4	-	0.7	0.7	-
	人口10万人以上の市	103	61.2	13.6	10.7	5.8	1.0	1.9	2.9	1.0	1.0	-	1.0	-	-
	人口10万人未満の市	44	70.5	9.1	-	9.1	4.5	-	-	2.3	2.3	-	-	2.3	-
	町村	18	66.7	16.7	5.6	-	-	5.6	-	-	-	5.6	-	-	-
年代	18・19歳	17	82.4	5.9	-	-	5.9	-	-	5.9	-	-	-	-	-
	20歳代	41	63.4	12.2	7.3	4.9	2.4	2.4	-	2.4	-	2.4	2.4	-	-
	30歳代	34	70.6	5.9	8.8	5.9	-	-	-	-	2.9	-	2.9	-	2.9
	40歳代	66	65.2	13.6	6.1	10.6	3.0	-	1.5	-	-	-	-	-	-
	50歳代	37	48.6	18.9	16.2	8.1	-	-	2.7	-	2.7	-	-	2.7	-
	60歳代	23	43.5	21.7	8.7	13.0	4.3	4.3	4.3	-	-	-	-	-	-
	70歳以上	14	50.0	14.3	7.1	7.1	-	14.3	-	-	-	7.1	-	-	-
性別	男 性	170	61.8	14.7	6.5	8.8	0.6	1.8	1.8	1.2	1.2	0.6	0.6	0.6	-
	女 性	62	59.7	9.7	12.9	4.8	6.5	1.6	-	-	-	1.6	1.6	-	1.6
性・年代	男性 (計)	170	61.8	14.7	6.5	8.8	0.6	1.8	1.8	1.2	1.2	0.6	0.6	0.6	-
	18・19歳	9	77.8	11.1	-	-	-	-	-	11.1	-	-	-	-	-
	20歳代	25	68.0	12.0	4.0	4.0	-	4.0	-	4.0	-	-	4.0	-	-
	30歳代	28	75.0	7.1	10.7	3.6	-	-	-	-	3.6	-	-	-	-
	40歳代	51	64.7	11.8	5.9	13.7	2.0	-	2.0	-	-	-	-	-	-
	50歳代	25	44.0	24.0	8.0	12.0	-	-	4.0	-	4.0	-	-	4.0	-
	60歳代	19	47.4	26.3	10.5	10.5	-	-	5.3	-	-	-	-	-	-
	70歳以上	13	53.8	15.4	-	7.7	-	15.4	-	-	-	7.7	-	-	-
	女性 (計)	62	59.7	9.7	12.9	4.8	6.5	1.6	-	-	-	1.6	1.6	-	1.6
	18・19歳	8	87.5	-	-	-	12.5	-	-	-	-	-	-	-	-
	20歳代	16	56.3	12.5	12.5	6.3	6.3	-	-	-	-	6.3	-	-	-
	30歳代	6	50.0	-	-	16.7	-	-	-	-	-	-	16.7	-	16.7
	40歳代	15	66.7	20.0	6.7	-	6.7	-	-	-	-	-	-	-	-
	50歳代	12	58.3	8.3	33.3	-	-	-	-	-	-	-	-	-	-
	60歳代	4	25.0	-	-	25.0	25.0	25.0	-	-	-	-	-	-	-
	70歳以上	1	-	-	100.0	-	-	-	-	-	-	-	-	-	-
職業	自営業 (小計)	23	60.9	17.4	-	13.0	-	4.3	-	-	-	-	4.3	-	-
	農林漁業	0													
	商工サービス業	12	58.3	25.0	-	8.3	-	8.3	-	-	-	-	-	-	-
	その他の自営業	9	77.8	11.1	-	-	-	-	-	-	-	-	11.1	-	-
	家族従業者	2	-	-	-	100.0	-	-	-	-	-	-	-	-	-
	勤め人 (小計)	140	60.0	11.4	10.0	10.0	2.9	1.4	1.4	0.7	0.7	0.7	-	0.7	-
	管理職	15	46.7	20.0	-	20.0	-	-	6.7	-	-	-	-	6.7	-
	専門・技術職	25	48.0	16.0	12.0	8.0	8.0	-	-	4.0	4.0	-	-	-	-
	事務職	53	62.3	7.5	11.3	11.3	1.9	3.8	-	-	-	-	1.9	-	-
	技能・労務職	28	64.3	14.3	10.7	7.1	-	-	3.6	-	-	-	-	-	-
	サービス職	19	73.7	5.3	10.5	5.3	5.3	-	-	-	-	-	-	-	-
	その他 (小計)	69	63.8	15.9	7.2	1.4	1.4	1.4	1.4	1.4	1.4	1.4	1.4	-	1.4
	パートタイム・アルバイト	15	73.3	6.7	13.3	-	6.7	-	-	-	-	-	-	-	-
	専業主婦・主夫	12	58.3	25.0	8.3	-	-	-	-	-	-	-	-	-	8.3
	学生	25	76.0	12.0	4.0	-	-	-	-	4.0	-	-	4.0	-	-
	無職	16	37.5	25.0	6.3	6.3	-	6.3	6.3	-	6.3	6.3	-	-	-
	その他	1	100.0	-	-	-	-	-	-	-	-	-	-	-	-

問5 スポーツクラブ等への加入状況

		全 体 (n)	加入している	過去に加入、現在は加入していない	これまでに加入したことはない	無回答 (%)
全 体		3,000	16.5	23.9	59.2	0.5
地域	北海道	120	17.5	19.2	63.3	-
	東 北	220	9.5	20.9	69.5	-
	関 東	1,050	17.2	25.4	56.7	0.7
	中 部	540	18.1	23.5	57.8	0.6
	近 畿	480	14.0	25.2	60.8	-
	中 国	180	20.6	25.0	53.3	1.1
	四 国	90	15.6	23.3	58.9	2.2
	九 州	320	17.5	20.6	61.9	-
都市規模	21大都市 (計)	900	17.1	23.3	59.3	0.2
	東京都区部	220	17.7	25.0	57.3	-
	20大都市	680	16.9	22.8	60.0	0.3
	その他の市 (計)	1,860	16.5	24.0	59.0	0.6
	人口10万人以上の市	1,220	16.9	25.2	57.5	0.4
	人口10万人未満の市	640	15.6	21.6	61.9	0.9
	町村	240	14.6	25.0	60.0	0.4
年代	18・19歳	75	29.3	29.3	41.3	-
	20歳代	374	15.2	24.1	60.4	0.3
	30歳代	437	9.8	24.5	65.2	0.5
	40歳代	582	13.4	25.4	61.2	-
	50歳代	529	15.3	24.2	60.1	0.4
	60歳代	489	19.0	23.3	57.1	0.6
	70歳以上	514	23.5	20.8	54.5	1.2
性別	男 性	1,503	16.9	25.5	57.4	0.3
	女 性	1,497	16.1	22.2	61.0	0.7
性・年代	男性 (計)	1,503	16.9	25.5	57.4	0.3
	18・19歳	41	36.6	26.8	36.6	-
	20歳代	193	22.8	29.5	47.2	0.5
	30歳代	223	13.9	26.0	60.1	-
	40歳代	299	16.4	27.1	56.5	-
	50歳代	267	13.5	24.3	61.8	0.4
	60歳代	241	13.3	27.4	59.3	-
	70歳以上	239	19.7	18.8	60.7	0.8
	女性 (計)	1,497	16.1	22.2	61.0	0.7
	18・19歳	34	20.6	32.4	47.1	-
	20歳代	181	7.2	18.2	74.6	-
	30歳代	214	5.6	22.9	70.6	0.9
	40歳代	283	10.2	23.7	66.1	-
	50歳代	262	17.2	24.0	58.4	0.4
	60歳代	248	24.6	19.4	54.8	1.2
	70歳以上	275	26.9	22.5	49.1	1.5
職業	自営業 (小計)	347	14.4	21.0	64.0	0.6
	農林漁業	29	6.9	17.2	75.9	-
	商工サービス業	216	13.4	19.4	66.2	0.9
	その他の自営業	68	17.6	29.4	52.9	-
	家族従業者	34	20.6	17.6	61.8	-
	勤め人 (小計)	1,224	15.5	26.1	58.1	0.3
	管理職	107	15.0	29.0	55.1	0.9
	専門・技術職	230	18.7	30.9	50.4	-
	事務職	366	17.8	25.4	56.6	0.3
	技能・労務職	341	12.6	23.5	63.6	0.3
	サービス職	180	12.8	24.4	62.2	0.6
	その他 (小計)	1,429	17.8	22.7	58.9	0.6
	パートタイム・アルバイト	401	12.0	21.7	65.6	0.7
	専業主婦・主夫	491	20.4	20.6	58.5	0.6
	学生	152	23.7	32.2	44.1	-
	無職	372	18.3	22.8	58.3	0.5
	その他	13	23.1	15.4	61.5	-

VII クロス集計結果

問5 SQ1　加入しているクラブ等の形態

		(n) 全　体	地域住民が 中心となった クラブなど	友人・知人が 中心のクラブ など	民間の会員制 スポーツクラ ブなど	職場の仲間を 中心とした クラブなど	学校のOB・ OGが中心の クラブなど	その他	(%) 無回答
	全　体	495	30.7	28.9	24.2	8.5	3.6	3.8	0.2
地域	北海道	21	33.3	23.8	33.3	-	4.8	4.8	-
	東　北	21	23.8	33.3	33.3	4.8	-	4.8	-
	関　東	181	28.7	29.3	26.5	9.4	2.2	3.3	0.6
	中　部	98	33.7	30.6	22.4	6.1	2.0	5.1	-
	近　畿	67	29.9	20.9	26.9	10.4	7.5	4.5	-
	中　国	37	27.0	27.0	18.9	16.2	2.7	8.1	-
	四　国	14	7.1	71.4	14.3	-	7.1	-	-
	九　州	56	42.9	25.0	16.1	8.9	7.1	-	-
都市規模	21大都市（計）	154	27.3	27.3	28.6	7.1	5.8	3.2	0.6
	東京都区部	39	25.6	28.2	33.3	5.1	7.7	-	-
	20大都市	115	27.8	27.0	27.0	7.8	5.2	4.3	0.9
	その他の市（計）	306	32.0	28.8	22.9	9.5	2.9	3.9	-
	人口10万人以上の市	206	33.0	27.7	24.3	8.3	3.4	3.4	-
	人口10万人未満の市	100	30.0	31.0	20.0	12.0	2.0	5.0	-
	町村	35	34.3	37.1	17.1	5.7	-	5.7	-
年代	18・19歳	22	22.7	22.7	4.5	13.6	13.6	22.7	-
	20歳代	57	14.0	31.6	15.8	21.1	10.5	7.0	-
	30歳代	43	20.9	25.6	20.9	23.3	4.7	4.7	-
	40歳代	78	30.8	30.8	17.9	11.5	3.8	5.1	-
	50歳代	81	27.2	28.4	32.1	6.2	3.7	2.5	-
	60歳代	93	39.8	25.8	32.3	2.2	-	-	-
	70歳以上	121	38.8	31.4	25.6	0.8	0.8	1.7	0.8
性別	男　性	254	28.7	33.1	15.0	13.8	4.3	4.7	0.4
	女　性	241	32.8	24.5	34.0	2.9	2.9	2.9	-
性・年代	男性（計）	254	28.7	33.1	15.0	13.8	4.3	4.7	0.4
	18・19歳	15	20.0	20.0	6.7	20.0	13.3	20.0	-
	20歳代	44	13.6	34.1	15.9	22.7	9.1	4.5	-
	30歳代	31	22.6	22.6	16.1	25.8	6.5	6.5	-
	40歳代	49	26.5	38.8	10.2	16.3	2.0	6.1	-
	50歳代	36	30.6	36.1	13.9	11.1	5.6	2.8	-
	60歳代	32	46.9	34.4	15.6	3.1	-	-	-
	70歳以上	47	38.3	34.0	21.3	2.1	-	2.1	2.1
	女性（計）	241	32.8	24.5	34.0	2.9	2.9	2.9	-
	18・19歳	7	28.6	28.6	-	-	14.3	28.6	-
	20歳代	13	15.4	23.1	15.4	15.4	15.4	15.4	-
	30歳代	12	16.7	33.3	33.3	16.7	-	-	-
	40歳代	29	37.9	17.2	31.0	3.4	6.9	3.4	-
	50歳代	45	24.4	22.2	46.7	2.2	2.2	2.2	-
	60歳代	61	36.1	21.3	41.0	1.6	-	-	-
	70歳以上	74	39.2	29.7	28.4	-	1.4	1.4	-
職業	自営業（小計）	50	28.0	44.0	20.0	-	2.0	6.0	-
	農林漁業	2	50.0	50.0	-	-	-	-	-
	商工サービス業	29	24.1	44.8	24.1	-	-	6.9	-
	その他の自営業	12	16.7	58.3	16.7	-	-	8.3	-
	家族従業者	7	57.1	14.3	14.3	-	14.3	-	-
	勤め人（小計）	190	24.7	28.9	20.0	20.0	3.7	2.6	-
	管理職	16	37.5	43.8	-	18.8	-	-	-
	専門・技術職	43	16.3	32.6	25.6	18.6	4.7	2.3	-
	事務職	65	20.0	26.2	18.5	26.2	6.2	3.1	-
	技能・労務職	43	27.9	27.9	16.3	20.9	2.3	4.7	-
	サービス職	23	39.1	21.7	34.8	4.3	-	-	-
	その他（小計）	255	35.7	25.9	28.2	1.6	3.9	4.3	0.4
	パートタイム・アルバイト	48	43.8	18.8	29.2	2.1	4.2	2.1	-
	専業主婦・主夫	100	35.0	22.0	40.0	-	2.0	1.0	-
	学生	36	25.0	33.3	2.8	2.8	13.9	22.2	-
	無職	68	38.2	30.9	25.0	1.5	1.5	1.5	1.5
	その他	3	-	66.7	-	33.3	-	-	-

		全　体 (n)	ある (%)	ない	無回答
	全　体	3,000	19.3	80.7	0.0
地域	北海道	120	21.7	78.3	-
	東　北	220	18.2	81.8	-
	関　東	1,050	18.2	81.8	-
	中　部	540	17.0	83.0	-
	近　畿	480	19.0	81.0	-
	中　国	180	26.7	72.8	0.6
	四　国	90	16.7	83.3	-
	九　州	320	23.8	76.3	-
都市規模	21大都市 (計)	900	23.6	76.4	-
	東京都区部	220	20.0	80.0	-
	20大都市	680	24.7	75.3	-
	その他の市 (計)	1,860	17.4	82.5	0.1
	人口10万人以上の市	1,220	18.5	81.5	-
	人口10万人未満の市	640	15.3	84.5	0.2
	町村	240	17.9	82.1	-
年代	18・19歳	75	30.7	69.3	-
	20歳代	374	20.3	79.7	-
	30歳代	437	20.8	79.2	-
	40歳代	582	23.9	76.1	-
	50歳代	529	18.3	81.7	-
	60歳代	489	16.0	84.0	-
	70歳以上	514	14.6	85.2	0.2
性別	男　性	1,503	23.2	76.8	0.1
	女　性	1,497	15.4	84.6	-
性・年代	男性 (計)	1,503	23.2	76.8	0.1
	18・19歳	41	26.8	73.2	-
	20歳代	193	20.7	79.3	-
	30歳代	223	26.5	73.5	-
	40歳代	299	27.1	72.9	-
	50歳代	267	21.7	78.3	-
	60歳代	241	21.2	78.8	-
	70歳以上	239	20.1	79.5	0.4
	女性 (計)	1,497	15.4	84.6	-
	18・19歳	34	35.3	64.7	-
	20歳代	181	19.9	80.1	-
	30歳代	214	15.0	85.0	-
	40歳代	283	20.5	79.5	-
	50歳代	262	14.9	85.1	-
	60歳代	248	10.9	89.1	-
	70歳以上	275	9.8	90.2	-
職業	自営業 (小計)	347	18.2	81.8	-
	農林漁業	29	17.2	82.8	-
	商工サービス業	216	17.1	82.9	-
	その他の自営業	68	22.1	77.9	-
	家族従業者	34	17.6	82.4	-
	勤め人 (小計)	1,224	23.9	76.1	-
	管理職	107	38.3	61.7	-
	専門・技術職	230	21.3	78.7	-
	事務職	366	27.9	72.1	-
	技能・労務職	341	19.6	80.4	-
	サービス職	180	18.9	81.1	-
	その他 (小計)	1,429	15.6	84.3	0.1
	パートタイム・アルバイト	401	15.7	84.3	-
	専業主婦・主夫	491	12.4	87.6	-
	学生	152	28.3	71.7	-
	無職	372	14.2	85.5	0.3
	その他	13	23.1	76.9	-

問6 SQ1 A	過去1年間に直接観戦したスポーツ種目（上位10種目）

(n) ... (%)

		全体	プロ野球 (NPB)	Jリーグ (J1、J2、J3)	高校野球	サッカー (高校、大学、JFL、WEリーグなど)	プロバスケットボール (Bリーグ)	アマチュア野球 (大学、社会人など)	バスケットボール (高校、大学、Wリーグなど)	バレーボール (高校、大学、Vリーグなど)	格闘技 (ボクシング、総合格闘技など)	ラグビー (高校、大学、リーグワンなど)
	全体	3,000	8.7	3.0	2.8	1.3	1.0	0.9	0.9	0.9	0.8	0.8
地域	北海道	120	10.8	0.8	6.7	-	-	0.8	0.8	0.8	0.8	-
	東北	220	6.4	2.7	4.1	2.7	2.3	0.9	0.5	0.9	-	0.5
	関東	1,050	8.9	2.8	1.3	1.0	1.0	1.0	1.0	0.8	0.8	0.8
	中部	540	7.4	4.1	3.3	1.3	0.2	0.9	0.9	0.2	0.6	0.6
	近畿	480	9.6	2.1	3.8	0.6	0.8	0.8	1.0	1.3	0.8	1.0
	中国	180	14.4	5.6	6.1	2.2	0.6	1.7	-	0.6	1.7	1.7
	四国	90	-	-	-	4.4	1.1	1.1	1.1	2.2	2.2	1.1
	九州	320	9.1	3.4	2.2	1.3	2.5	-	1.3	1.6	0.6	0.6
都市規模	21大都市（計）	900	12.6	4.7	2.4	1.3	1.2	0.7	0.8	1.4	0.9	0.8
	東京都区部	220	10.0	3.6	1.4	-	1.4	0.9	1.4	1.4	1.4	0.5
	20大都市	680	13.4	5.0	2.8	1.8	1.2	0.6	0.6	1.5	0.7	0.9
	その他の市（計）	1,860	6.9	2.4	3.1	1.1	1.0	1.1	0.9	0.6	0.8	0.8
	人口10万人以上の市	1,220	7.5	2.5	3.2	1.4	1.1	0.8	1.0	0.5	0.8	0.8
	人口10万人未満の市	640	5.8	2.0	2.8	0.6	0.8	1.6	0.8	0.9	0.6	0.8
	町村	240	7.9	1.3	2.5	2.1	0.4	-	1.7	0.8	0.4	0.4
年代	18・19歳	75	5.3	1.3	8.0	4.0	2.7	2.7	5.3	-	-	1.3
	20歳代	374	11.5	2.1	2.9	0.8	1.9	1.3	1.9	1.3	0.8	0.8
	30歳代	437	11.0	3.7	2.3	1.8	0.9	1.8	0.9	1.4	1.4	0.9
	40歳代	582	8.9	4.5	4.1	1.7	1.7	0.9	1.2	0.9	1.0	0.3
	50歳代	529	8.1	2.8	2.5	0.9	1.1	0.6	0.4	1.1	1.1	0.9
	60歳代	489	6.7	2.9	1.6	1.0	0.2	0.2	0.4	0.8	0.2	0.4
	70歳以上	514	7.4	1.8	2.5	0.8	-	0.4	0.4	0.2	0.2	1.2
性別	男性	1,503	11.6	3.9	4.2	1.3	1.4	1.1	0.9	0.9	1.3	0.9
	女性	1,497	5.8	2.0	1.5	1.2	0.6	0.6	1.0	0.9	0.3	0.7
性・年代	男性（計）	1,503	11.6	3.9	4.2	1.3	1.4	1.1	0.9	0.9	1.3	0.9
	18・19歳	41	7.3	-	4.9	2.4	4.9	2.4	4.9	-	-	2.4
	20歳代	193	13.5	2.1	4.1	0.5	2.1	1.6	0.5	1.0	1.6	-
	30歳代	223	16.1	4.5	3.6	2.2	1.3	2.2	0.9	1.8	2.2	1.8
	40歳代	299	10.4	5.0	5.4	2.0	2.3	1.3	2.0	1.3	1.7	0.7
	50歳代	267	10.9	4.1	4.1	0.7	1.5	0.7	-	1.1	1.9	0.7
	60歳代	241	10.4	5.0	2.5	1.2	0.4	0.4	0.8	-	0.4	-
	70歳以上	239	10.0	2.9	5.0	0.8	-	0.4	-	-	-	0.8
	女性（計）	1,497	5.8	2.0	1.5	1.2	0.6	0.6	1.0	0.9	0.3	0.7
	18・19歳	34	2.9	2.9	11.8	5.9	-	2.9	5.9	-	-	-
	20歳代	181	9.4	2.2	1.7	1.1	1.7	1.1	3.3	1.7	-	1.7
	30歳代	214	5.6	2.8	0.9	1.4	0.5	1.4	0.9	0.9	0.5	-
	40歳代	283	7.4	3.9	2.8	1.4	1.1	0.4	0.4	0.4	0.4	-
	50歳代	262	5.3	1.5	0.8	1.1	0.8	0.4	0.8	1.1	0.4	1.1
	60歳代	248	3.2	0.8	0.8	0.8	-	-	-	1.6	-	-
	70歳以上	275	5.1	0.7	0.4	0.7	-	0.4	0.7	0.4	0.4	1.5
職業	自営業（小計）	347	6.6	2.6	2.6	1.7	0.9	1.2	0.6	0.6	0.6	2.0
	農林漁業	29	10.3	-	-	-	-	-	-	-	-	6.9
	商工サービス業	216	7.4	1.9	3.2	0.9	0.9	1.4	0.5	0.5	0.5	1.4
	その他の自営業	68	2.9	7.4	1.5	1.5	1.5	1.5	1.5	1.5	1.5	1.5
	家族従業者	34	5.9	-	2.9	2.9	-	-	-	-	-	2.9
	勤め人（小計）	1,224	11.8	4.7	4.0	1.5	1.6	1.1	1.1	1.0	1.3	0.9
	管理職	107	15.0	8.4	5.6	3.7	2.8	0.9	0.9	1.9	0.9	2.8
	専門・技術職	230	13.0	3.0	4.8	-	1.7	0.9	0.9	0.9	1.7	0.4
	事務職	366	12.3	7.1	4.6	3.0	1.4	1.9	1.9	1.4	1.1	1.1
	技能・労務職	341	10.3	2.3	2.6	0.6	0.9	0.3	0.3	0.6	1.5	0.6
	サービス職	180	10.6	4.4	3.3	0.6	2.2	1.1	1.1	0.6	1.1	0.6
	その他（小計）	1,429	6.5	1.5	1.9	1.0	0.6	0.6	0.9	0.9	0.3	0.3
	パートタイム・アルバイト	401	5.5	1.5	0.7	1.0	0.7	0.5	0.2	1.0	0.5	0.2
	専業主婦・主夫	491	5.3	1.0	1.2	0.6	0.2	0.8	0.4	1.0	0.2	0.2
	学生	152	11.8	2.6	3.9	2.6	2.6	2.0	4.6	2.0	-	1.3
	無職	372	7.3	1.9	3.2	0.8	-	0.3	0.5	0.3	0.3	0.3
	その他	13	-	-	-	-	-	7.7	7.7	-	7.7	(-)

		全　体 (n)	ある	ない	無回答 (%)
	全　体	3,000	79.0	20.3	0.7
地域	北海道	120	82.5	17.5	-
	東　北	220	78.6	21.4	-
	関　東	1,050	78.3	21.0	0.8
	中　部	540	78.1	20.9	0.9
	近　畿	480	79.2	20.6	0.2
	中　国	180	78.9	19.4	1.7
	四　国	90	72.2	26.7	1.1
	九　州	320	83.1	15.9	0.9
都市規模	21大都市 (計)	900	76.9	22.7	0.4
	東京都区部	220	70.9	27.3	1.8
	20大都市	680	78.8	21.2	-
	その他の市 (計)	1,860	80.4	18.9	0.6
	人口10万人以上の市	1,220	80.0	19.1	0.9
	人口10万人未満の市	640	81.3	18.6	0.2
	町村	240	75.4	22.5	2.1
年代	18・19歳	75	72.0	28.0	-
	20歳代	374	60.7	38.5	0.8
	30歳代	437	70.5	29.1	0.5
	40歳代	582	78.2	20.8	1.0
	50歳代	529	84.3	14.9	0.8
	60歳代	489	87.5	11.5	1.0
	70歳以上	514	87.7	12.1	0.2
性別	男　性	1,503	82.6	16.6	0.8
	女　性	1,497	75.4	24.0	0.6
性・年代	男性 (計)	1,503	82.6	16.6	0.8
	18・19歳	41	80.5	19.5	-
	20歳代	193	65.3	34.2	0.5
	30歳代	223	74.0	25.6	0.4
	40歳代	299	81.6	16.7	1.7
	50歳代	267	87.3	11.6	1.1
	60歳代	241	90.5	8.7	0.8
	70歳以上	239	92.9	7.1	-
	女性 (計)	1,497	75.4	24.0	0.6
	18・19歳	34	61.8	38.2	-
	20歳代	181	55.8	43.1	1.1
	30歳代	214	66.8	32.7	0.5
	40歳代	283	74.6	25.1	0.4
	50歳代	262	81.3	18.3	0.4
	60歳代	248	84.7	14.1	1.2
	70歳以上	275	83.3	16.4	0.4
職業	自営業 (小計)	347	84.7	14.4	0.9
	農林漁業	29	82.8	17.2	-
	商工サービス業	216	87.0	12.0	0.9
	その他の自営業	68	79.4	19.1	1.5
	家族従業者	34	82.4	17.6	-
	勤め人 (小計)	1,224	77.8	21.4	0.8
	管理職	107	84.1	13.1	2.8
	専門・技術職	230	75.2	24.3	0.4
	事務職	366	74.9	24.6	0.5
	技能・労務職	341	82.7	16.7	0.6
	サービス職	180	73.9	25.0	1.1
	その他 (小計)	1,429	78.6	20.9	0.6
	パートタイム・アルバイト	401	75.6	23.4	1.0
	専業主婦・主夫	491	80.2	19.1	0.6
	学生	152	69.7	29.6	0.7
	無職	372	83.9	16.1	-
	その他	13	61.5	38.5	-

| 問7 SQ1 A | 過去1年間にテレビ観戦したスポーツ種目（上位10種目） |

(n) (%)

		全体	プロ野球 (NPB)	サッカー日本代表試合（五輪代表・なでしこジャパン含む）	マラソン・駅伝	高校野球	フィギュアスケート	大相撲	メジャーリーグ（アメリカ大リーグ）	卓球	プロゴルフ	格闘技（ボクシング、総合格闘技など）
	全　体	3,000	46.0	36.8	34.8	33.9	30.2	26.0	24.0	21.9	20.0	18.9
地域	北海道	120	64.2	27.5	32.5	40.8	34.2	30.8	24.2	21.7	18.3	20.0
	東　北	220	44.5	34.5	35.0	37.3	29.5	30.9	19.5	21.4	16.4	20.5
	関　東	1,050	42.5	39.9	37.0	31.0	29.0	24.7	25.8	23.8	21.1	18.3
	中　部	540	41.3	35.0	31.7	30.9	30.4	26.3	25.6	20.4	22.4	15.6
	近　畿	480	52.1	35.6	33.8	40.2	34.0	26.0	23.8	20.4	17.3	21.0
	中　国	180	53.9	36.1	41.7	35.0	32.2	23.3	22.2	27.2	20.0	20.6
	四　国	90	36.7	35.6	30.0	32.2	21.1	21.1	21.1	16.7	15.6	21.1
	九　州	320	48.4	37.2	32.5	34.4	29.1	27.5	20.9	19.4	20.3	20.0
都市規模	21大都市（計）	900	47.0	38.4	33.6	28.8	28.6	21.4	24.7	21.9	18.4	19.4
	東京都区部	220	40.9	36.4	28.6	23.2	22.3	20.9	25.5	20.9	16.8	15.9
	20大都市	680	49.0	39.1	35.1	30.6	30.6	21.6	24.4	22.2	19.0	20.6
	その他の市（計）	1,860	45.5	36.6	35.1	36.0	31.8	28.4	24.0	22.2	20.8	18.7
	人口10万人以上の市	1,220	46.0	38.0	35.6	35.8	32.8	28.0	25.4	23.5	20.9	19.2
	人口10万人未満の市	640	44.7	33.8	34.1	36.3	29.8	29.1	21.4	19.5	20.6	17.8
	町村	240	45.4	32.5	37.5	37.5	24.6	24.6	21.7	20.0	19.2	17.9
年代	18・19歳	75	38.7	36.0	24.0	30.7	21.3	2.7	8.0	18.7	2.7	12.0
	20歳代	374	32.4	26.7	10.4	18.7	13.4	5.6	9.6	8.3	5.1	13.1
	30歳代	437	34.3	33.0	22.0	23.3	23.8	11.2	15.1	13.7	11.0	20.4
	40歳代	582	42.1	39.0	27.0	30.9	26.6	15.6	20.6	18.7	15.5	19.8
	50歳代	529	45.7	41.2	36.9	38.4	35.3	21.9	26.3	24.6	20.2	24.0
	60歳代	489	56.9	41.7	52.4	41.1	38.9	42.9	36.8	29.7	30.9	18.8
	70歳以上	514	61.1	35.8	55.1	46.5	39.9	56.6	33.9	32.7	35.4	16.5
性別	男　性	1,503	55.9	42.6	34.5	37.1	18.2	30.5	31.0	19.4	25.7	27.6
	女　性	1,497	36.0	30.9	35.1	30.7	42.4	21.5	17.0	24.4	14.2	10.1
性・年代	男性（計）	1,503	55.9	42.6	34.5	37.1	18.2	30.5	31.0	19.4	25.7	27.6
	18・19歳	41	51.2	51.2	22.0	36.6	14.6	2.4	9.8	22.0	4.9	17.1
	20歳代	193	39.4	31.6	8.3	19.7	5.2	5.7	15.0	5.2	4.7	18.7
	30歳代	223	46.2	38.1	22.0	28.3	13.9	13.9	22.4	13.0	14.8	29.1
	40歳代	299	51.8	46.8	27.4	35.1	16.1	20.1	26.4	16.1	22.4	29.1
	50歳代	267	55.8	47.2	34.5	40.8	17.6	26.2	32.6	19.5	27.7	30.0
	60歳代	241	67.6	47.3	54.4	43.6	27.4	51.9	47.7	28.2	39.8	31.5
	70歳以上	239	72.4	39.3	58.2	51.5	27.2	66.9	42.7	31.4	44.4	26.8
	女性（計）	1,497	36.0	30.9	35.1	30.7	42.4	21.5	17.0	24.4	14.2	10.1
	18・19歳	34	23.5	17.6	26.5	23.5	29.4	2.9	5.9	14.7	-	5.9
	20歳代	181	24.9	21.5	12.7	17.7	22.1	5.5	3.9	11.6	5.5	7.2
	30歳代	214	22.0	27.6	22.0	18.2	34.1	8.4	7.5	14.5	7.0	11.2
	40歳代	283	31.8	30.7	26.5	26.5	37.8	11.0	14.5	21.6	8.1	9.9
	50歳代	262	35.5	35.1	39.3	35.9	53.4	17.6	19.8	29.8	12.6	17.9
	60歳代	248	46.4	36.3	50.4	38.7	50.0	34.3	26.2	31.0	22.2	6.5
	70歳以上	275	51.3	32.7	52.4	42.2	50.9	47.6	26.2	33.8	27.6	7.6
職業	自営業（小計）	347	55.3	43.2	37.2	40.1	28.0	33.7	31.7	23.9	24.8	28.5
	農林漁業	29	62.1	27.6	31.0	51.7	20.7	51.7	34.5	13.8	24.1	17.2
	商工サービス業	216	58.8	45.8	41.2	42.6	30.1	35.6	32.9	27.3	28.7	32.9
	その他の自営業	68	42.6	42.6	27.9	23.5	20.6	22.1	32.4	19.1	16.2	23.5
	家族従業者	34	52.9	41.2	35.3	47.1	35.3	29.4	20.6	20.6	17.6	20.6
	勤め人（小計）	1,224	46.8	40.0	29.1	31.3	21.5	18.8	23.5	16.8	19.0	22.0
	管理職	107	59.8	51.4	43.0	46.7	25.2	27.1	39.3	17.8	37.4	21.5
	専門・技術職	230	44.3	33.9	22.2	28.3	22.2	16.1	20.0	12.6	13.9	13.9
	事務職	366	42.9	43.2	31.7	27.3	21.3	19.1	24.6	17.8	16.9	19.9
	技能・労務職	341	50.1	39.0	25.2	30.8	17.6	17.0	21.1	15.8	18.8	29.3
	サービス職	180	43.9	36.1	31.7	35.0	26.1	20.0	21.1	21.7	18.9	22.8
	その他（小計）	1,429	43.0	32.5	39.1	34.7	38.3	30.3	22.6	25.8	19.7	13.9
	パートタイム・アルバイト	401	36.2	32.7	36.2	32.7	43.9	22.2	15.5	26.2	15.5	11.5
	専業主婦・主夫	491	41.1	28.5	40.9	34.4	46.2	30.3	21.4	27.7	18.3	11.2
	学生	152	36.8	32.9	14.5	25.7	14.5	2.6	9.2	11.8	3.3	11.2
	無職	372	56.2	38.2	50.3	41.4	32.3	50.5	37.6	28.5	33.1	21.0
	その他	13	15.4	15.4	30.8	23.1	15.4	23.1	15.4	23.1	7.7	15.4

		全　体	ある	ない	無回答
		(n)			(%)
全　体		3,000	4.2	95.7	0.0
地域	北海道	120	5.8	94.2	-
	東　北	220	3.2	96.8	-
	関　東	1,050	3.1	96.9	-
	中　部	540	5.2	94.8	-
	近　畿	480	3.8	96.3	-
	中　国	180	7.2	92.2	0.6
	四　国	90	5.6	94.4	-
	九　州	320	5.0	95.0	-
都市規模	21大都市 (計)	900	3.4	96.6	
	東京都区部	220	3.6	96.4	
	20大都市	680	3.4	96.6	
	その他の市 (計)	1,860	4.5	95.4	0.1
	人口10万人以上の市	1,220	4.8	95.2	-
	人口10万人未満の市	640	4.1	95.8	0.2
	町村	240	5.0	95.0	-
年代	18・19歳	75	9.3	90.7	-
	20歳代	374	3.5	96.5	-
	30歳代	437	4.1	95.9	-
	40歳代	582	4.1	95.9	-
	50歳代	529	3.4	96.6	-
	60歳代	489	3.9	96.1	-
	70歳以上	514	5.4	94.4	0.2
性別	男　性	1,503	5.5	94.4	0.1
	女　性	1,497	2.9	97.1	-
性・年代	男性 (計)	1,503	5.5	94.4	0.1
	18・19歳	41	12.2	87.8	-
	20歳代	193	5.2	94.8	-
	30歳代	223	4.5	95.5	-
	40歳代	299	6.0	94.0	-
	50歳代	267	4.9	95.1	-
	60歳代	241	4.6	95.4	-
	70歳以上	239	6.7	92.9	0.4
	女性 (計)	1,497	2.9	97.1	-
	18・19歳	34	5.9	94.1	-
	20歳代	181	1.7	98.3	-
	30歳代	214	3.7	96.3	-
	40歳代	283	2.1	97.9	-
	50歳代	262	1.9	98.1	-
	60歳代	248	3.2	96.8	-
	70歳以上	275	4.4	95.6	-
職業	自営業 (小計)	347	4.9	95.1	-
	農林漁業	29	6.9	93.1	-
	商工サービス業	216	4.6	95.4	-
	その他の自営業	68	5.9	94.1	-
	家族従業者	34	2.9	97.1	-
	勤め人 (小計)	1,224	4.7	95.3	-
	管理職	107	6.5	93.5	-
	専門・技術職	230	5.2	94.8	-
	事務職	366	6.0	94.0	-
	技能・労務職	341	3.2	96.8	-
	サービス職	180	2.8	97.2	-
	その他 (小計)	1,429	3.7	96.2	0.1
	パートタイム・アルバイト	401	2.7	97.3	-
	専業主婦・主夫	491	3.1	96.9	-
	学生	152	5.9	94.1	-
	無職	372	3.8	96.0	0.3
	その他	13	30.8	69.2	-

問8 SQ1 A スポーツボランティアの実施内容

		全体 (n)	日常的団体・クラブの運営や世話	日常的スポーツの指導	地域大会・イベントの運営や世話	日常的スポーツの審判	地域スポーツの審判	日常的スポーツ施設の管理の手伝い	全国大会・イベントの運営や世話	全国スポーツの審判 (%)
	全 体	127	40.2	38.6	33.1	25.2	13.4	9.4	6.3	1.6
地域	北海道	7	28.6	57.1	-	28.6	14.3	14.3	-	-
	東 北	7	28.6	57.1	42.9	42.9	14.3	-	-	-
	関 東	33	27.3	39.4	15.2	33.3	9.1	21.2	9.1	-
	中 部	28	46.4	32.1	60.7	14.3	14.3	10.7	3.6	-
	近 畿	18	55.6	22.2	33.3	16.7	5.6	-	5.6	5.6
	中 国	13	53.8	38.5	30.8	7.7	23.1	-	15.4	-
	四 国	5	20.0	40.0	20.0	60.0	-	-	-	-
	九 州	16	43.8	50.0	37.5	31.3	25.0	6.3	6.3	6.3
都市規模	21大都市 (計)	31	35.5	48.4	25.8	16.1	9.7	9.7	12.9	-
	東京都区部	8	25.0	50.0	12.5	-	-	25.0	12.5	-
	20大都市	23	39.1	47.8	30.4	21.7	13.0	4.3	13.0	-
	その他の市 (計)	84	42.9	33.3	34.5	28.6	13.1	9.5	4.8	2.4
	人口10万人以上の市	58	48.3	29.3	32.8	31.0	12.1	13.8	-	1.7
	人口10万人未満の市	26	30.8	42.3	38.5	23.1	15.4	-	15.4	3.8
	町村	12	33.3	50.0	41.7	25.0	25.0	8.3	-	-
年代	18・19歳	7	14.3	57.1	14.3	28.6	-	-	14.3	-
	20歳代	13	23.1	53.8	46.2	23.1	7.7	7.7	7.7	-
	30歳代	18	50.0	27.8	27.8	27.8	11.1	11.1	5.6	5.6
	40歳代	24	50.0	41.7	29.2	29.2	16.7	12.5	8.3	4.2
	50歳代	18	50.0	38.9	27.8	33.3	16.7	11.1	-	-
	60歳代	19	36.8	31.6	31.6	15.8	21.1	5.3	5.3	-
	70歳以上	28	35.7	35.7	42.9	21.4	10.7	10.7	7.1	-
性別	男 性	83	38.6	47.0	30.1	32.5	20.5	7.2	6.0	2.4
	女 性	44	43.2	22.7	38.6	11.4	-	13.6	6.8	-
性・年代	男性 (計)	83	38.6	47.0	30.1	32.5	20.5	7.2	6.0	2.4
	18・19歳	5	20.0	60.0	-	20.0	-	-	-	-
	20歳代	10	30.0	60.0	40.0	30.0	10.0	10.0	10.0	-
	30歳代	10	40.0	40.0	20.0	50.0	20.0	10.0	10.0	10.0
	40歳代	18	44.4	50.0	22.2	38.9	22.2	11.1	5.6	5.6
	50歳代	13	46.2	46.2	38.5	30.8	23.1	-	-	-
	60歳代	11	36.4	36.4	27.3	27.3	36.4	9.1	9.1	-
	70歳以上	16	37.5	43.8	43.8	25.0	18.8	6.3	6.3	-
	女性 (計)	44	43.2	22.7	38.6	11.4	-	13.6	6.8	-
	18・19歳	2	-	50.0	50.0	50.0	-	-	50.0	-
	20歳代	3	-	33.3	66.7	-	-	-	-	-
	30歳代	8	62.5	12.5	37.5	-	-	12.5	-	-
	40歳代	6	66.7	16.7	50.0	-	-	16.7	16.7	-
	50歳代	5	60.0	20.0	-	40.0	-	40.0	-	-
	60歳代	8	37.5	25.0	37.5	-	-	-	-	-
	70歳以上	12	33.3	25.0	41.7	16.7	-	16.7	8.3	-
職業	自営業 (小計)	17	47.1	29.4	35.3	29.4	17.6	5.9	5.9	-
	農林漁業	2	-	50.0	-	50.0	-	-	-	-
	商工サービス業	10	50.0	30.0	60.0	40.0	20.0	10.0	10.0	-
	その他の自営業	4	75.0	25.0	-	-	-	-	-	-
	家族従業者	1	-	-	-	-	100.0	-	-	-
	勤め人 (小計)	57	36.8	35.1	29.8	33.3	21.1	5.3	5.3	3.5
	管理職	7	28.6	57.1	14.3	28.6	28.6	-	-	-
	専門・技術職	12	33.3	25.0	41.7	25.0	16.7	-	-	16.7
	事務職	22	31.8	31.8	27.3	40.9	9.1	9.1	9.1	-
	技能・労務職	11	45.5	45.5	18.2	45.5	45.5	9.1	-	-
	サービス職	5	60.0	20.0	60.0	-	20.0	-	20.0	-
	その他 (小計)	53	41.5	45.3	35.8	15.1	3.8	15.1	7.5	-
	パートタイム・アルバイト	11	36.4	-	45.5	-	-	18.2	18.2	-
	専業主婦・主夫	15	53.3	26.7	26.7	6.7	-	20.0	6.7	-
	学生	9	44.4	66.7	22.2	33.3	-	11.1	11.1	-
	無職	14	35.7	71.4	50.0	21.4	14.3	14.3	-	-
	その他	4	25.0	100.0	25.0	25.0	-	-	-	-

VIII

参考文献

Reference

IX

データの使用申請について

Application form for permission
to use the raw data of this survey

Ⅷ　参考文献

Borg, G. (1973) Perceived exertion: a note on "history" and methods. Medicine and Science in Sports, 5 (2) : pp 90-93.

Borg, G. (1982) Psychophysical bases of perceived exertion. Medicine and Science in Sports and Exercise, 14 (5) : pp 377-381.

小野寺孝一・宮下充正 (1976) 全身持久性運動における主観的強度と客観的強度の対応性 −Rating of Perceived Exertion の観点から−. 体育学研究, 21 (4) : pp 191-203.

国土地理協会 (2021) 令和3年版 住民基本台帳 人口・世帯数表.

世界保健機関　世界標準化身体活動質問票 (Global Physical Activity Questionnaire; GPAQ) . http://paplatform.umin.jp/doc/gpaq.pdf (最終閲覧日：2022年12月1日)

世界保健機関　世界標準化身体活動質問票 (GPAQ) 解析の手引き. http://paplatform.umin.jp/doc/gpaq_guide.pdf (最終閲覧日：2022年12月1日)

宮下充正 (1980) トレーニングの科学. 講談社.

笹川スポーツ財団 (1993) スポーツライフ・データ1993 −スポーツライフに関する調査報告書−.

笹川スポーツ財団 (1994) スポーツライフ・データ1994 −スポーツライフに関する調査報告書−.

笹川スポーツ財団 (1996) スポーツライフ・データ1996 −スポーツライフに関する調査報告書−.

笹川スポーツ財団 (1998) スポーツライフ・データ1998 −スポーツライフに関する調査報告書−.

笹川スポーツ財団 (2000) スポーツライフ・データ2000 −スポーツライフに関する調査報告書−.

笹川スポーツ財団 (2002) スポーツライフ・データ2002 −スポーツライフに関する調査報告書−.

笹川スポーツ財団 (2004) スポーツライフ・データ2004 −スポーツライフに関する調査報告書−.

笹川スポーツ財団 (2006) スポーツライフ・データ2006 −スポーツライフに関する調査報告書−.

笹川スポーツ財団 (2009) スポーツライフ・データ2008 −スポーツライフに関する調査報告書−.

笹川スポーツ財団 (2010) スポーツライフ・データ2010 −スポーツライフに関する調査報告書−.

笹川スポーツ財団 (2012) スポーツライフ・データ2012 −スポーツライフに関する調査報告書−.

笹川スポーツ財団 (2014) スポーツライフ・データ2014 −スポーツライフに関する調査報告書−.

笹川スポーツ財団 (2016) スポーツライフ・データ2016 −スポーツライフに関する調査報告書−.

笹川スポーツ財団 (2018) スポーツライフ・データ2018 −スポーツライフに関する調査報告書−.

笹川スポーツ財団 (2020) スポーツライフ・データ2020 −スポーツライフに関する調査報告書−.

笹川スポーツ財団 (2020) スポーツ白書2020 −2030年のスポーツのすがた−.

文部科学省 (2006) スポーツ振興基本計画 (平成13年度〜平成23年度) .

文部科学省 (2012) スポーツ基本計画.

文部科学省 (2017) 第二期スポーツ基本計画.

文部科学省 (2022) 第三期スポーツ基本計画.

データの使用申請について

■ ローデータの使用申請について

笹川スポーツ財団（SSF）では、本調査のローデータ（クロス集計結果含む）を無料公開しています。ご希望の方はSSFウェブサイト（https://www.ssf.or.jp/）のデータ使用申請フォームからお申し込みください。ダウンロード用のページURLをお送りいたします。過去の調査のローデータもすべて公開しています。

なお、郵送またはFAXでも受け付けておりますので、次ページの「笹川スポーツ財団 調査データ使用申請書」に必要事項をご記入の上、下記宛てにお送りください。

注：本調査のローデータの形式は、統計分析ソフト「SPSS for Windows」および表計算ソフト「Microsoft Excel」です。

■ 本報告書の引用・転載について

本報告書ならびに関連するSSFウェブサイトやプレスリリースの引用・転載について、使用申請書の提出は不要です。本報告書名または調査名を出典として明記してください。掲載内容（成果物）の写しを下記宛てにお送りくださいますようお願いいたします。

データ使用申請先

笹川スポーツ財団　スポーツ政策研究所　宛

〒107-0052　東京都港区赤坂1-2-2 日本財団ビル3階

TEL：03-6229-5300
FAX：03-6229-5340
Email：data@ssf.or.jp

笹川スポーツ財団　調査データ使用申請書

年　　　月　　　日

笹川スポーツ財団　御中

住　所

所　属

氏　名　　　　　　　　　　　　印

　笹川スポーツ財団が実施した調査のローデータの使用について、関係書類を添えて下記のとおり申請いたします。なお、本目的以外にデータを使用せず、公表する際には本データの使用を明記し、完了時にその成果物の写しを提出いたします。

記

1. 使用希望調査名：

_____

2. 連絡責任者：

フリガナ	
氏　名	
所　属	
役　職	
住　所	〒　　　－
電　話	FAX
E-mail	

3. 使用目的および内容:

使用期間	年　　月　　日　～　　年　　月　　日
使用目的	
使用方法	
公表方法 および 公表時期	

スポーツライフ・データ 2022
　　－スポーツライフに関する調査報告書－
執筆および編集担当

【SSFスポーツライフ調査委員会】

委員長	高 峰 　 修	明治大学　政治経済学部　教授		
委　員	青 野 　 博	公益財団法人 日本スポーツ協会　スポーツ科学研究室　室長代理		
	大 勝 志津穂	愛知東邦大学　人間健康学部　教授		
	甲 斐 裕 子	公益財団法人 明治安田厚生事業団　体力医学研究所　上席研究員		
	鎌 田 真 光	東京大学大学院　医学系研究科　講師		
	佐々木 玲 子	慶應義塾大学　体育研究所　教授		
	澤 井 和 彦	明治大学　商学部　准教授		
	野 井 真 吾	日本体育大学　体育学部　教授		
	横 田 匡 俊	日本体育大学　スポーツマネジメント学部　准教授		
	吉 田 智 彦	公益財団法人 笹川スポーツ財団　スポーツ政策研究所　シニア政策ディレクター		

【笹川スポーツ財団】

宮 本 幸 子	スポーツ政策研究所	政策ディレクター
武 長 理 栄	同	シニア政策オフィサー
鈴 木 貴 大	同	政策オフィサー
姜 　 泰 安	同	政策オフィサー

スポーツライフ・データ 2022
－スポーツライフに関する調査報告書－

発　　行	2022年12月31日
発 行 者	渡邉 一利
発 行 所	笹川スポーツ財団 〒107－0052　東京都港区赤坂1-2-2 日本財団ビル3階 TEL. 03-6229-5300　FAX. 03-6229-5340 URL https://www.ssf.or.jp/　Email data@ssf.or.jp
印刷／製本	株式会社 日本パブリシティ
カバーデザイン	三本木 敦彦
	写真：AFLO
	ISBN 978-4-915944-84-0 ©笹川スポーツ財団　本体3,000円

The 2022 SSF National Sports-Life Survey

Date	31 Dec. 2022
Produced by	Kazutoshi Watanabe
Published by	Sasakawa Sports Foundation 1-2-2 Akasaka Minato-ku, Tokyo 107-0052 Japan TEL. +81-3-6229-5300　FAX. +81-3-6229-5340 URL https://www.ssf.or.jp/　Email data@ssf.or.jp
Printed by	Nihon Publicity Co.,Ltd.
Cover Designed by	Atsuhiko Sanbongi
	ISBN 978-4-915944-84-0 ©Sasakawa Sports Foundation, 2022 Printed in Japan

---

本報告書の内容を引用された場合、その掲載部分の写しをSSF宛にご送付ください。
本調査事業はボートレース公益資金による日本財団の助成を受けて実施したものです。